라틴아메리카 경제의 이해

| 증보판 |

자원,
불평등,
그리고
개혁

김기현·권기수 지음

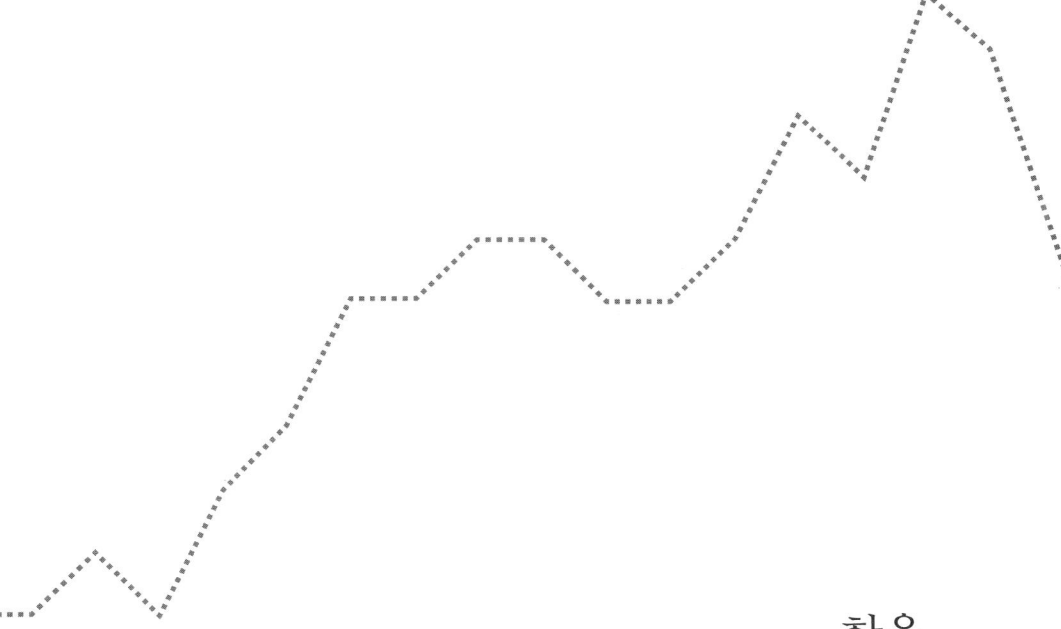

한울
아카데미

이 책은 2008년 한국연구재단의 인문한국사업 해외지역연구 분야 연구소로 선정된(NRF-2008-362-B00015) 서울대학교 라틴아메리카연구소의 지원으로 간행되었다.

이 도서의 국립중앙도서관 출판예정도서목록(CIP)은 서지정보유통지원시스템 홈페이지(http://seoji.nl.go.kr)와 국가자료공동목록시스템(http://www.nl.go.kr/kolisnet)에서 이용하실 수 있습니다.
CIP제어번호: CIP2017006338(양장), CIP2017006372(학생판)

라틴아메리카, 영원한 가능성의 대륙

라틴아메리카는 영원한 가능성의 대륙이다. 필자가 약 35년 전 대학에 들어갈 당시 세상 물정을 좀 안다 하는 사람들은 라틴아메리카가 무한한 가능성이 있으므로 언젠가 반드시 크게 빛을 볼 날이 올 것이라고 했다. 그러나 지금까지 그러한 가능성은 제대로 실현되지 않았다. 오히려 한때 외채위기의 여파로 '잃어버린 10년'을 겪으면서 그 가능성은 사라지는 듯 보였고, 라틴아메리카의 아프리카화가 공공연히 거론되기까지 했다. 그렇지만 지금 어느 누구도 라틴아메리카의 가능성이 사라졌다고 말하지 않는다. 가능성이 실현되지 않았지만 사라지지도 않았기 때문이다. 가능성이 실현되지 않지만 그렇다고 사라지지도 않으니, 라틴아메리카는 영원한 가능성의 대륙이다.

2000년대 자원 가격의 상승으로 라틴아메리카의 중요성이 그 어느 때보다 더 부각되었다. 그로 인해 사람들은 이제야 비로소 라틴아메리카의 가능성이 실현되는 것이 아닌가 생각했다. 그러나 최근 자원 가격의 하락으로 라틴아메리카 경제에 다시 위기가 찾아왔다. 그렇다고 라틴아메리카의 가능성이 사라지는 것은 아니다. 라틴아메리카는 영원한 가능성의 대륙이기 때문이다.

그렇다면 라틴아메리카의 이런 가능성을 말하는 근거는 도대체 어디에 있는가? 그에 답하기 위해 지금부터 우리는 라틴아메리카가 가진 다양한 잠재력을 살펴보고자 한다.

먼저 우리는 라틴아메리카 국가들의 통합 가능성에 주목해야 한다. 라틴아메리카는 총 33개국이다.[1] UN에 정식으로 등록된 회원국이 2000년을 기준으로 192개국이니까 국가 수로는 전 세계의 17%를 차지하는 셈이다. 그런데 흥미로운 것은 이들 중 주요 19개국이 스페인어와 포르투갈어를 사용한다는 점이다. 국가 수로는 33개국 중 19개국이지만 주요 국가의 대부분이 여기에 속하기 때문에 라틴아메리카 인구의 95% 이상이 스페인어와 포르투갈어를 사용한다고 할 수 있다. 게다가 이 두 언어는 매우 유사하기 때문에 사실상 라틴아메리카는 하나의 언어로 소통이 가능한 지역이다. 그뿐만 아니라 라틴아메리카 국가들은 원주민 문명, 식민지 경험 등 공동의 역사를 가지고 있으며, 정치적으로도 모두 대통령중심제를 채택하고 있고, 종교도 대부분 가톨릭이다. 특히 경제적으로는 모두 개발도상국이자 채무국으로서 공동의 이해관계에 있다. 이러한 사실은 라틴아메리카가 언젠가 통합을 통해 세계경제의 새로운 강자로 떠오를 수도 있음을 말해준다. 200년 전 미국이나 유럽의 열강들과 당당히 맞서기 위해 시몬 볼리바르(Simón

---

[1] 라틴아메리카의 33개국을 지리적으로 구분해보면, 우선 북미에 1개국(멕시코), 중미에 7개국(과테말라, 엘살바도르, 온두라스, 니카라과, 코스타리카, 파나마, 벨리즈), 안데스 지역에 5개국(베네수엘라, 콜롬비아, 에콰도르, 페루, 볼리비아), 코노수르 지역(Cono Sur, 남부 원추형 지대)에 5개국(칠레, 파라과이, 아르헨티나, 우루과이, 브라질), 카리브 대안티야스 제도에 5개국(바하마, 쿠바, 자메이카, 아이티, 도미니카공화국), 카리브 소안티야스 제도에 8개국(앤티가바부다, 바베이도스, 도미니카연방, 그레나다, 세인트키츠네비스, 세인트루시아, 세인트빈센트그레나딘, 트리니다드토바고), 남미 카리브 유역에 2개국(가이아나, 수리남)이 있다. 이런 구분은 단순히 지리적 위치에 따른 것이 아니라, 경제적·정치적·사회적 조건 등이 모두 복합적으로 고려된 것이다. 따라서 라틴아메리카 국가들을 이런 식으로 구분해서 기억해두면 여러 가지 점에서 도움이 된다.

〈표 1〉 라틴아메리카의 주요 지표

(단위: 천 km², 천 명, 백만 달러)

지역	국가	면적	인구(2015)	GDP(2015) (중남미 전체 대비 %)
북미	멕시코	1,964	127,017	1,143,793(21.6)
중미	과테말라	109	16,342	63,794
	엘살바도르	21	6,126	25,850
	온두라스	112	8,075	20,420
	니카라과	121	6,082	12,692
	코스타리카	51	4,807	54,136
	파나마	78	3,929	51,132
	벨리즈	23	359	1,752
안데스	베네수엘라	912	31,108	371,337(7.0)[a]
	콜롬비아	1,039	48,228	292,080(5.5)
	에콰도르	277	16,144	100,176
	페루	1,285	31,376	189,111(3.6)
	볼리비아	1,099	10,724	32,997
코노수르	칠레	757	17,948	240,796(4.5)
	파라과이	407	6,639	27,093
	아르헨티나	2,737	43,416	583,168(11.0)
	우루과이	176	3,431	53,442
	브라질	8,515	207,847	1,774,724(33.5)
대안티야스 제도	바하마	14	388	8,853
	쿠바	110	11,389	77,150[a]
	자메이카	11	2,725	14,262
	아이티	28	10,711	8,765
	도미니카공화국	49	10,528	68,102
소안티야스 제도	앤티가바부다	0.44	91	1,259
	바베이도스	0.43	284	4,385
	도미니카연방	0.75	72	517
	그레나다	0.35	106	984
	세인트키츠네비스	0.26	55	876
	세인트루시아	0.62	185	1,431
	세인트빈센트 그레나딘	0.39	109	737
	트리니다드토바고	5	1,360	23,559
남미 카리브 유역국가	가이아나	215	767	3,166
	수리남	164	542	5,150
라틴아메리카		19,949	632,403	5,293,792

주: a: 쿠바와 베네수엘라는 2013년 통계이다.
자료: 세계은행(2017).

Bolívar)가 외쳤던 라틴아메리카 통합의 꿈은 사라지지 않고 여전히 가능성으로 남아 있다.

다음으로 주목해야 할 것은 라틴아메리카의 지리적 크기이다. 라틴아메리카의 면적은 총 1,994만km²(한반도의 약 94배)로 전 세계 면적의 약 15%를 차지한다. 국가별로 살펴보면 브라질이 851만km²(한반도의 약 38배)로 가장 넓다. 브라질은 국가 면적으로 전 세계에서 중국, 캐나다, 미국, 러시아 다음으로 5위다. 브라질 다음으로 면적이 넓은 나라는 아르헨티나로서 274만 km²(한반도의 약 12배)이고, 다음은 멕시코로 196만km²(한반도의 약 9배)이며, 그 뒤로 129만km²(한반도의 약 6배)인 페루, 110만km²(한반도의 약 5배)인 볼리비아, 104만km²(한반도의 약 5배)인 콜롬비아가 있다. 한 국가의 면적은 그 나라의 미래 가능성을 말해준다. 따라서 라틴아메리카는 영토의 크기에서도 충분히 잠재력이 있다. 비행기를 타고 세 시간 동안 끝없이 펼쳐지는 광활한 아르헨티나의 팜파스를 내려다보면 누구나 자연이 이 대륙에 선사한 혜택에 입이 다물어지지 않고, 그 무한한 잠재력을 고스란히 인정하지 않을 수 없다. 흔히 지구의 허파라 불리는 지상 최대의 아마존 밀림 또한 라틴아메리카 미래의 가능성을 보여주는 조건으로 손색이 없다. 7,000km에 달하는 거대한 안데스 산맥 아래 매장된 각종 지하자원은 라틴아메리카 가능성의 핵이다.

인구 면에서도 라틴아메리카는 결코 만만치 않다. 라틴아메리카의 인구는 2015년 기준 6억 3,240만 명으로, 전 세계 약 73억 인구의 8.6%에 달한다. 특히 브라질 인구는 2억 784만 명으로 라틴아메리카 전체 인구의 33.3%를 차지한다. 세계적으로도 중국, 인도, 미국, 인도네시아 다음으로 많은 것이다. 라틴아메리카에서 인구가 1억 명이 넘는 또 다른 나라로는 멕시코가 있다. 멕시코의 인구는 1억 2,701만 명으로 라틴아메리카 전체 인구의 18.8%를 차지한다. 그다음은 콜롬비아로 인구수가 4,822만 명으로 우리

나라와 비슷하고, 라틴아메리카 전체에서 차지하는 비율은 약 7.8%이다. 아르헨티나의 인구는 4,341만 명이고, 라틴아메리카 전체에서 차지하는 비율은 6.9% 수준이다. 그다음으로는 페루(3,137만 명)와 베네수엘라(3,110만 명)가 있고, 그 외 인구가 1,000만 명이 넘는 나라로는 칠레(1,794만 명), 과테말라(1,634만 명), 에콰도르(1,614만 명), 쿠바(1,138만 명)가 있다. 따라서 라틴아메리카 총 33개국 중 인구가 1억 명이 넘는 나라는 둘, 1,000만 명이 넘는 나라는 이 두 나라를 포함해 모두 10개국이다. 인구는 면적과 함께 그 나라 혹은 그 지역의 가장 기본적인 잠재력을 나타낸다. 따라서 인구수에서도 중국만큼은 아니지만 라틴아메리카의 잠재력은 결코 작지 않다.

면적과 인구에 비해 라틴아메리카의 경제 규모가 세계경제에서 차지하는 비중은 아직 그만큼 크지 않다. 2015년 라틴아메리카의 GDP는 5조 2,937억 달러로서 전 세계 GDP의 약 7.0%를 차지했다. 그중 브라질의 GDP는 2015년 기준 1조 7,747억 달러로서 라틴아메리카 전체 GDP의 33.5%를 차지했다. 브라질의 GDP 규모는 라틴아메리카에서는 물론 1위이고 전 세계에서도 10위권 내에 든다(2015년 브라질의 GDP 규모는 세계 9위였다). 면적으로 보나, 인구수로 보나, GDP 규모로 보나, 브라질은 라틴아메리카의 리더일 뿐 아니라, 세계 수준의 대국으로서 중국, 인도, 러시아와 함께 소위 브릭스(BRICs)를 형성하고 있다. 다음으로 GDP가 높은 나라는 멕시코로서 GDP 규모가 1조 1,437억 달러로 세계 순위는 15위이다. 멕시코의 GDP가 라틴아메리카 전체에서 차지하는 규모는 21.6%이다. 멕시코는 인도네시아(16위), 한국(11위), 터키(18위), 오스트레일리아(12위) 등 G20 소속 국가 중 G7이나 브릭스에 속하지 않는 중견국 연합인 '믹타(MIKTA)'에 속해 있다.

아르헨티나는 브라질이나 멕시코보다 규모가 훨씬 작지만 여전히 3위 자리를 버티고 있다. 2001년 경제위기 전까지 아르헨티나는 브라질, 멕시코

(단위: 달러)

소득 수준[a]	국가	일인당 GDP
고소득국가	바하마	22,817
	트리니다드토바고	17,321
	세인트키츠네비스	15,771
	우루과이	15,573
상위중소득국가	바베이도스	15,429
	앤티가바부다	13,714
	아르헨티나	13,431
	칠레	13,416
	파나마	13,268
	베네수엘라	12,265[b]
	코스타리카	11,260
	수리남	9,485
	그레나다	9,212
	멕시코	9,005
	브라질	8,538
	세인트루시아	7,735
	도미니카연방	7,116
	쿠바	6,789[b]
	세인트빈센트그레나딘	6,739
	도미니카공화국	6,468
	에콰도르	6,205
	콜롬비아	6,056
	페루	6,027
	자메이카	5,232
	벨리즈	4,878
하위중소득국가	엘살바도르	4,219
	가이아나	4,127
	파라과이	4,081
	과테말라	3,903
	볼리비아	3,076
	온두라스	2,528
	니카라과	2,086
저소득국가	아이티	818
라틴아메리카 평균		8,363

주: a: 세계은행의 소득수준 분류는 일인당 국민총소득(GNI)에 따른다.
  b: 쿠바와 베네수엘라는 2013년 통계이다.
자료: 세계은행(2017).

와 함께 라틴아메리카의 3대 대국으로 평가되었다. 하지만 2000년대 초반 경제위기 이후 국가의 위상이 많이 떨어져 현재 GDP는 5,831억 달러로 라틴아메리카 전체 GDP의 11.0% 정도를 차지할 뿐이다. 지역 순위는 여전히 3위이지만, 세계 순위는 21위로 떨어졌다(2000년대 초반까지도 아르헨티나의 GDP 세계 순위는 20위권 이내였다). 그럼에도 아르헨티나는 남미 스페인어권을 대표하는 국가의 자격으로 브라질, 멕시코와 함께 G20의 회원국에 포함되어 있다. 다음으로 베네수엘라의 GDP가 3,713억 달러(라틴아메리카 전체의 7.0%)로 아르헨티나와 거의 비슷한 수준이고, 그 뒤를 2,920억 달러(라틴아메리카 전체의 5.5%)의 콜롬비아, 2,407억 달러(라틴아메리카 전체의 4.5%)의 칠레, 1,891억 달러(라틴아메리카 전체의 3.6%)의 페루가 따른다.

라틴아메리카의 두 대국인 브라질과 멕시코의 GDP를 합한 총액이 이 지역 전체 GDP에서 차지하는 비율은 자그마치 55.1%에 이른다. 그리고 중규모 5개국(아르헨티나, 베네수엘라, 콜롬비아, 칠레, 페루)의 GDP 합이 전체에서 차지하는 비율은 31.6%이다. 따라서 라틴아메리카는 33개국이지만 이들 7개 국가가 전체 GDP에서 차지하는 비율이 86.7%에 달한다. 앞으로 우리가 주목하는 나라들도 주로 이들 7개국이 될 것이다.

일인당 GDP로 본 라틴아메리카의 평균 경제 수준은 세계은행 기준에 따르면 상위중소득국가(Upper middle income countries)의 수준에 있다. 2008년 라틴아메리카의 일인당 GDP는 평균 8,363달러였다.[2] 그렇지만 심각한 사

---

2) 세계은행은 일인당 국민총소득(GNI)을 기준으로 국가를 분류한다. 2015년 세계은행의 일인당 GNI 기준에 따른 국가별 분류 기준은 고소득국가(High income countries)는 12,476 달러 이상, 상위중소득국가(Upper middle income countries)는 4,306~12,475달러, 하위중소득국가(Lower middle income countries)는 1,026~4,035달러, 저소득국가(Low income countries)는 1,025달러 이하이다. 그에 따르면 일인당 GDP 기준으로 고소득국가로 분류된 아르헨티나는 상위중소득국가로, 상위중소득국가로 분류된 엘살바도르는 하위중소득국가에 속하게 된다.

회적 불평등으로 인해 시장의 크기는 평균 소득 수준에 비해 제한되어 있다. 따라서 만약 앞으로 성장이 지속되고 그와 함께 불평등이 완화된다면 라틴아메리카 시장의 규모는 급속히 확장될 가능성이 있다.

한 가지 흥미로운 것은 다른 대륙과 달리 라틴아메리카 국가들의 일인당 GDP 수준이 국가별로 큰 차이가 없다는 점이다. 즉, 라틴아메리카는 아시아나 유럽과 달리 지역 내 국가들의 경제적 수준이 대부분 유사하다. 저소득국가는 거의 없고(아이티가 유일하다), 카리브에 있는 인구 10만 명 정도의 작은 섬나라들과 남미의 우루과이를 제외하고는 고소득국가 역시 없다. 심지어 고소득국가에 분류되는 나라들도 대부분 상위중소득국가와의 경계선을 겨우 넘어서는 정도이다. 이는 경제적 이해관계에 있어 공동전선을 형성할 수 있는 기반이 된다는 점에서 이점이 되기도 하지만, 한편으로 지역경제를 이끌어갈 리더가 부재하다는 점에서 단점으로 작용하기도 한다.

그러나 유사한 경제적 수준에도 불구하고 그들 사이에 차이가 존재하는 것 또한 사실이다. 특히 라틴아메리카 소지역 간의 소득격차는 매우 뚜렷하다. <표 2>와 <그림 1>을 통해 보듯이 고소득국가는 대부분 카리브의 작은 섬나라들이다. 이들 국가는 인구가 적기 때문에 관광업으로 벌어들이는 수입이나 미국 기업들에게 세금 회피처를 제공하는 대가로 얻는 이익만으로도 고소득국가에 위치할 수 있다. 다음으로 소득이 높은 지역은 남미의 코노수르 지역이다. 이 지역의 5개국(아르헨티나, 브라질, 칠레, 우루과이, 파라과이)은 파라과이를 제외하고는 모두 일인당 GDP가 8,000달러 이상인 상위중소득국가이다. 반면 중미는 사실상 중미에서 유일하게 백인 국가라고 할 수 있는 코스타리카와 파나마 운하가 있는 파나마, 영어를 사용하는 벨리즈를 제외하고, 모두(과테말라, 엘살바도르, 온두라스, 니카라과)가 하위중소득국가에 속한다.[3] 중미 국가 외에 하위중소득국가에 속하는 나라는 볼리비아, 파라과이, 가이아나가 있다. 그중 볼리비아와 파라과이는 내륙국가라

〈그림 1〉 구매력지수(PPP)에 따른 라틴아메리카 국가의 일인당 GDP 및 경제성장률

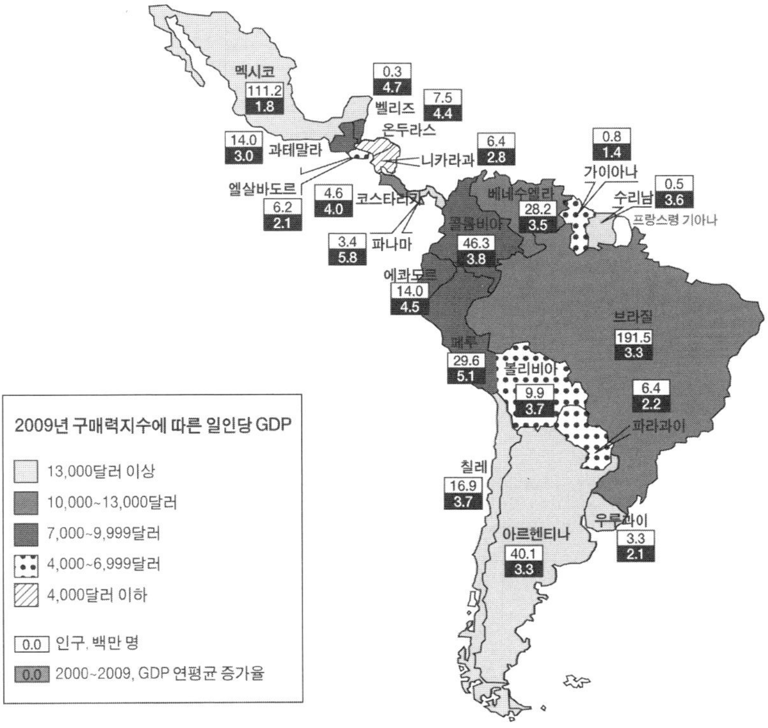

멕시코
0.3
111.2
4.7
1.8

벨리즈
7.5
4.4

온두라스

과테말라
14.0
3.0

니카라과
6.4
2.8

엘살바도르
4.6
4.0

코스타리카

가이아나
0.8
1.4

베네수엘라
28.2
3.5

수리남
0.5
3.6

프랑스령 기아나

6.2
2.1

콜롬비아
46.3
3.8

파나마
3.4
5.8

에콰도르
14.0
4.5

브라질
191.5
3.3

페루
29.6
5.1

볼리비아
9.9
3.7

6.4
2.2

파라과이

2009년 구매력지수에 따른 일인당 GDP

13,000달러 이상

10,000~13,000달러

7,000~9,999달러

4,000~6,999달러

4,000달러 이하

0.0 인구, 백만 명

0.0 2000~2009, GDP 연평균 증가율

칠레
16.9
3.7

아르헨티나
40.1
3.3

우루과이
3.3
2.1

자료: *The Economist*, September 9th, 2010.

는 공통점이 있다. 한편 볼리비아를 제외한 안데스 국가의 소득 수준은 대체로 코노수르 지역의 국가들보다는 낮고 중미 지역의 국가들보다는 높다. 하지만 석유 수출국인 베네수엘라의 소득 수준은 코노수르 지역 국가의 소득수준과 거의 유사하다.

마지막으로, 라틴아메리카의 잠재력을 말할 때 무엇보다 중요한 것이 바

3) 아르헨티나와 엘살바도르의 분류에 대해서는 각주 2를 참조하라.

<표 3> 라틴아메리카의 연평균 성장률[a]

(단위: %)

구분	GDP 성장률	1인당 GDP 성장률	소비자물가지수 상승률
1961~1970년	5.3	2.7	18.5
1971~1980년	5.6	3.3	27.6
1981~1990년	1.2	-0.9	173.0
1991~2000년	3.2	1.5	45.2
2001~2004년	2.0	0.6	8.5
2005~2010년	3.9	2.6	6.0
2011~2015년	2.1	1.0	3.7

주: a: 카리브 지역을 포함한다.
자료: 세계은행(2017).

로 천연자원이다. 라틴아메리카는 세계 원유 매장량의 약 15%를 보유하고 있으며, 광물 자원으로는 동의 약 50%, 니켈의 15% 이상, 리튬의 85% 이상(볼리비아의 리튬 매장량이 인정된다면 그 비율은 더 증가할 것이다), 은의 40% 이상을 보유하고 있다. 이 외에도 전 세계 경작 가능 토지의 1/4(이들 중 상당 부분이 경작되지 않고 있다), 세계 담수량의 30%를 가지고 있어 농업 부분에서도 무한한 가능성을 지니고 있다.

면적, 인구, 자원으로 대변되는 라틴아메리카의 잠재력은 2000년대에 그 가능성이 실현되는 것처럼 보였다. <표 3>에서 보듯이 라틴아메리카는 2005~2010년 사이 GDP 성장률 3.9%를 기록함으로써 다른 시기에 비해 상대적으로 높은 성장률을 기록했다. 특히 이러한 성장이 물가 상승률 6.0%라는 라틴아메리카 기준으로 상당한 안정과 함께 이루어진 것이라 더 큰 의미가 있다. 1960년대와 1970년대에도 GDP 성장률이 높긴 했지만, 물가 상승률 또한 각각 18.5%, 27.6%로서 불안함이 없지 않았다.

위기가 자주 반복되기로 유명했던 라틴아메리카 경제가 최근 서구 경제의 위기에도 잠시 가벼운 성장둔화만을 겪은 후 급속히 회복할 수 있었던 것도 과거와는 달라진 점이다. 2010년 라틴아메리카의 경제성장률은 다시

5% 수준을 회복했다. 물론 최근 세계경제의 침체와 원자재 가격의 하락으로 라틴아메리카 경제도 2011~2015년 평균 GDP 성장률이 2.1%로 하락하면서 최근 위기에 직면하고는 있지만 그렇다고 그 잠재력과 가능성이 사라지는 것은 아니다.

경제성장과 함께 다양한 경제사회적 지표들도 향상되었다. 2002년에서 2008년 사이 약 4,000만 명 정도가 빈곤층에서 벗어났다. 소득불평등도 감소하는 추세이다. 실업률도 2009년 8.2%에서 2010년은 7.3%로, 국제 금융 위기 이전인 2008년 수준으로 하락했다. 최근 위기로 인해 2016년 실업률은 다시 9.0%로 상승한 것으로 보인다.

라틴아메리카의 이러한 안정과 성장은 상당 부분 중국 경제가 호황을 누림에 따라 원자재 수요가 급속히 증가한 결과이기도 하지만, 다른 한편으로 내부적으로 건전한 재정정책을 유지했기 때문이다.

이런 결과에 근거하여 일부에서는 라틴아메리카의 장밋빛 미래를 예측하기 시작했다. 만약 라틴아메리카가 현재와 같은 안정과 성장을 지속한다면, 2025년 일인당 GDP는 현재의 두 배(구매력지수 기준으로 2만 2,000달러)가 될 것이며, 브라질은 GDP 규모에서 중국, 미국, 인도, 일본에 이어 세계 5대 대국에 포함될 것이라고 전망했다. 또 카리브를 제외한 지역에서 약 6개국 정도는 현재 스페인 정도의 소득 수준에 달해 고소득국가에 들어갈 것으로 예상했다(*The Economist*, 2010. 9. 9).

물론 문제점도 없지 않다. 라틴아메리카의 잠재력이 실현되는 데 가장 큰 걸림돌은 낮은 생산성이다. 1960년대 이래 라틴아메리카는 세계의 다른 어떤 지역보다도 낮은 생산성 증가율을 보여주었다. 노동력의 약 절반이 비공식 부문에 종사하는 현실은 라틴아메리카에서 생산성 증가가 낮은 주요 요인 중 하나이다. 위험을 무릅쓰고 연구개발에 과감히 투자하는 혁신적 기업가 정신의 부재 또한 라틴아메리카의 낮은 생산성 증가의 고질적 원인이다.

<표 4> 라틴아메리카의 주요 자원 매장량 및 점유율

분류	광물 자원(단위)	세계 순위	국가	매장량	점유율(%)
주요 에너지원	원유(억 배럴)	2	베네수엘라	1,723	12.9
		16	브라질	129	1.0
		18	멕시코	117	0.9
	천연가스 (조m³)	8	베네수엘라	6.43	3.4
6대 전략 광물	동(백만 톤)	1	칠레	160	29.6
		2	페루	63	11.7
		3	멕시코	38	7.0
	철광석(백만 톤)	5	브라질	16,000	10.0
	아연(천 톤)	3	페루	19,000	9.5
	우라늄(천 톤)	7	브라질	278	5.1
	니켈(천 톤)	4	쿠바	5,500	7.7
		5	브라질	4,500	6.3
6대 준전략 광물	텅스텐(천 톤)	5	볼리비아	53	1.9
	리튬(천 톤)	1	칠레	7,500	75.8
		2	아르헨티나	800	8.1
		5	브라질	190	1.9
	몰리브덴(천 톤)	3	칠레	1,100	12.6
기타 광물	은(톤)	1	칠레	70,000	17.5
		2	페루	59,000	14.8
		4	멕시코	37,000	9.3
	코발트(천 톤)	3	쿠바	500	7.6

자료: 한국수출입은행(2010).

또 다른 문제점은 역시, 아직도 세계에서 가장 높은 수준의 사회적 불평등이다. 비록 최근에 약간 상황이 나아지고는 있지만, 라틴아메리카의 뿌리 깊은 사회적 불평등은 정치적 불안을 야기함으로써 경제성장의 걸림돌이 되고 있다. 최근에 증가하고 있는 범죄와 폭력 또한 라틴아메리카가 해결해야 할 심각한 과제 중 하나이다. 멕시코와 콜롬비아의 살인율이 세계 최고 수준이라는 사실은 어제오늘의 일이 아니다. 폭력은 대부분 마약과 관련된 조직범죄의 확산으로 인한 것이지만, 근본적으로는 법질서의 확립이 제대로 이루어지지 않기 때문에 발생한다. 폭력으로 인한 사회적 불안이 외국인 투자 등 경제에 미치는 악영향이 적지 않다고 볼 때, 공정한 법질서의 확립과 부패의 근절은 안정적 경제성장을 위한 필수 조건이다. 따라서 폭력과 부패 문제의 해결이나 완화 없이 라틴아메리카의 지속적인 성장을 기대하기는 어렵다.

원자재 수출에 의존하는 경제구조도 문제이다. 에두아르도 갈레아노(Eduardo Galeano)가 말했듯이 "대지의 부의 결과로서 인간의 빈곤"이 되지 않게 하기 위해서는 원자재 수출에 의존하는 경제에서 벗어나야 한다(갈레아노, 1999). 이를 위해서는 단순 원자재 수출을 넘어 원자재에 부가가치를 높이는 기술과 마케팅 혁신에 과감한 투자를 해야 한다.

라틴아메리카가 건전하고 효과적인 리더십을 통해 이런 문제들을 슬기롭게 헤쳐나간다면 무한한 잠재력을 바탕으로 현재의 위기를 극복하고 다시 한 번 새로운 가능성을 보여줄 것이다. 지금까지 어떤 위기에도 라틴아메리카의 가능성은 사라진 적이 없었기 때문이다.

참고문헌

갈레아노, 에두아르도(Eduardo Galeano). 1999. 『수탈된 대지: 라틴아메리카 5백년사』. 박광순 옮김. 범우사.

한국수출입은행 해외경제연구소. 2010. 『2010 세계국가편람』. 한국수출입은행.

"A Special report on Latin America." *The Economist, Septembr 9*, 2010.

CEPAL. 2009. *Anuario Estadístico de América Latina y el Caribe. 2009*. Santiago de Chile: Naciones Unidas.

_____. 2010. *Anuario Estadístico de América Latina y el Caribe*. 2010. Santiago de Chile: Naciones Unidas.

World Bank. 2010. *2010 World Development Indicators*. Washington D. C.: World Bank.

_____. 2017. "Indicators." http://data.worldbank.org/indicator.

차례

3부 다시 부상하는 라틴아메리카(2000년대)

—

1부

왜 라틴아메리카 경제는
쇠퇴했는가?

(식민지시대~1970년대)

—

1장 1차산품 수출경제의 어제와 오늘(식민지시대~1920년대)

|단원 핵심 주제|
● 라틴아메리카의 1차산품 수출경제는 어떻게 형성되었는가?
● 1차산품 수출 모델이 라틴아메리카 경제에 미친 영향은 무엇인가?
● 라틴아메리카는 1차산품 수출경제에서 벗어났는가?
● 라틴아메리카는 왜 1차산품 수출경제에서 벗어나지 못하는가?

라틴아메리카 경제 하면 가장 먼저 떠오르는 것은 무엇인가? 외채, 인플레이션, 불평등, 빈곤 등등 많은 것이 생각나겠지만 그중에서도 가장 두드러지는 것은 1차산품의 수출일 것이다. 1차산품 수출경제는 그 자체로도 라틴아메리카 경제를 이해하기 위한 중요한 특징 중 하나지만, 나아가 라틴아메리카 경제의 많은 문제점의 근인이라는 점에서 더 큰 중요성을 지닌다.

물론 천연자원의 풍요로움은 경제에 손실을 주기보다 득이 되는 경우가 더 많다. 그러나 라틴아메리카는 지금까지 그 풍요로움에 안주함으로써 득을 오히려 독으로 만들었다. 갈레아노(Galeano, 1971)가 『라틴아메리카의 절개된 혈관(Las venas abiertas de América Latina)』에서 말한 "대지의 부의 결과로서 인간의 빈곤"은 결코 과장된 이야기가 아니다.

따라서 이 장에서는 라틴아메리카 경제의 가장 큰 잠재력이자 동시에 많은 문제점의 뿌리이기도 한 1차산품 수출경제에 대해 다루고자 한다. 이를 위해 먼저 라틴아메리카에서 1차산품 수출경제가 어떻게 형성되었으며, 1차산품 수출경제가 라틴아메리카에 미친 영향은 무엇이고, 1차산품 수출경제의 현 상황은 어떠한지를 살펴보고, 마지막으로 왜 라틴아메리카가 1차산품 수출경제에서 벗어나지 못하는지에 대해 생각해볼 것이다.

1. 1차산품 수출경제의 형성

라틴아메리카 역사는 언뜻 급격한 변화의 산물처럼 보인다. 특히 20세기 들어 멕시코혁명, 볼리비아혁명, 쿠바혁명, 니카라과혁명의 발발, 아르헨티나에서 페론주의의 등장, 칠레에서 아옌데 인민연합 정부의 탄생, 체 게바라의 등장과 민족해방운동의 전개, 그리고 멕시코의 사파티스타 봉기에 이르기까지 라틴아메리카는 부단한 변화의 소용돌이 속에 놓여 있었다.

그럼에도 라틴아메리카 역사의 진정한 특징은 변동성이기보다는 지속성이다. 극단적으로 말하자면 오늘날 라틴아메리카의 정치, 경제, 사회, 문화에서 나타나는 대부분의 모습은 이미 스페인의 정복과 식민지화 과정에서 형성된 것이다. 즉, 500여 년 전에 형성된 경제사회구조가 지금까지 본질적인 변화 없이 지속되고 있는 것이다. 1차산품 수출경제와 경제사회적 불평등은 바로 그런 지속성의 대표적 사례이다. 따라서 혁명의 외관은 바로 지속성의 역설적 결과라고 할 수 있다. 변화하지 않기 때문에 혁명이 발생하는 것이다. 물론 혁명조차도 라틴아메리카 경제사회의 본질을 바꿀 수는 없었다. 우리가 라틴아메리카 1차산품 수출경제를 이해하기 위해 식민지시대까지 거슬러 올라가는 것도 바로 이런 이유 때문이다.

널리 알려진 바와 같이 스페인이 아메리카를 정복하고 식민지화하는 데 가장 중요한 동기는 귀금속의 획득이었다. 스페인의 정복자들은 소위 '엘도

라도(El Dorado)'를 찾아 그 험난한 길도 마다하지 않았다.[1] 스페인의 초기 정복자들은 북미에 이주한 영국의 청교도와는 달리 토지를 획득하고, 농사를 짓고, 정착을 하는 것이 주목적이 아니었다. 그들은 아메리카 대륙에 정착하고 뿌리를 내리기보다는, 아메리카 대륙의 부를 스페인 본국으로 이전하는 데 더 많은 관심을 가졌다.

초기 정복 과정에서 나타나는 이러한 성격은 스페인 식민지화의 기본적인 특징을 형성했다. 그것은 아메리카의 식민지가 오직 스페인 본국을 위해서만 존재하게 하는 것이었다. 그에 대해 셀소 푸르타도(Furtado, 1969)는 유럽의 봉건 영주들이 자신들이 지배한 지역 주민의 경제적 잉여를 획득하고 그것을 어찌 되었던 자신의 지역에서 이용한 데 반해, 아메리카의 스페인 지배자들은 광산이나, 토지, 인디오로부터 획득한 부를 지역 내에서 사용하지 않고 유럽으로 이전하는 데 목적을 두었다고 지적했다.

스페인 왕실은 **통상원**(Casa de Contratación)과 같은 기구를 통해 식민지에서 제조업을 금지하고, 식민지 간의 무역을 금지하는 등의 조치를 취함으로써 이러한 목적을 달성했다. 스페인의 이와 같은 식민지 정책을 흔히 **중상주의**(Mercantilismo)라고 부른다. 중상주의는 무역흑자를 통해 귀금속을 축적하고, 또 그를 통해 국가의 부를 증대시키고자 하는 이념을 말한다. 스페인의 아메리카 대륙 정복과 식민지화, 아메리카에서 귀금속 광산의 개발은 왕실이 그 이념을 실현할 수 있는 최적의 조건을 제공해주었다.

스페인은 아메리카 부의 원천을 독점적으로 소유하고 유지해나가기 위

---

1) 가톨릭의 세력 확대라는 종교적 열망도 정복의 주요한 요인 중 하나였다. 정복자가 가는 길에는 항상 사제들이 함께했으며, 심지어 정복자들도 가지 않는 오지를 사제들이 먼저 간 경우도 적지 않다. 교회가 라틴아메리카에 남긴 유산은 이중적이다. 교회는 정복자들이 원주민을 노예화하는 것을 막았지만 동시에 원주민의 문화를 파괴했다. 또 라틴아메리카의 빈곤과 불평등을 비판하지만 동시에 대중의 수동성을 조장하기도 했다.

해 다양한 조치를 취했다. 1494년의 토르데시야스 조약은 그를 위한 첫걸음이었다. 스페인은 이 조약을 통해 포르투갈에 아프리카 해안을 정복할 권리를 양보하는 대신 아메리카에서 독점적 권한을 인정받고자 했다. 물론 브라질의 일부를 포르투갈에 내어준 것은 스페인의 뼈아픈 실수였다.

16세기 중반 페루와 누에바에스파냐에서 거대한 은광이 발견되자 스페인 왕실은 신대륙과의 무역을 자국민에게로 제한하고, 외국인의 참여를 금지했다. 본국의 제조업과 농업을 보호하기 위해 본국에서 생산되는 품목과 같은 부문의 제품들이 다른 유럽 국가들로부터 식민지에 공급되는 것을 금지했다. 아메리카의 식민지에는 금과 은을 생산하고, 본국의 생산품을 소비하는 시장의 역할만이 주어졌다. 따라서 16세기 스페인의 중상주의는 아메리카 대륙의 부를 본국으로 가져가기 위해 광산업 외에 식민지의 다른 경제활동을 철저히 규제하고 통제했다. 식민지에서 제조업은 금지되었고, 식민지 간의 무역도 허용되지 않았다. 영국, 프랑스, 네덜란드 해적들의 스페인 상선에 대한 공격은 스페인이 이베리아 반도와 식민지 사이에 오가는 무역에 대한 경계를 더욱 강화하게 했다. 무역이 가능한 항구도 스페인에서는 세비야, 식민지에서는 멕시코의 베라크루스와 파나마의 포르토베요로 제한했다. 이렇게 스페인의 식민지 정책은 아메리카를 오직 스페인 본국의 번영을 위해서만 존재하도록 만드는 것이었다.

물론 중상주의 정책과 식민지로부터 오는 부가 스페인과 포르투갈에 긍정적인 영향만을 준 것은 아니다. 식민지의 풍부한 부를 소유한 스페인과 포르투갈의 중상주의는 국가의 부를 증대하기 위해 오직 무역 독점에만 관심을 기울였다. 반면 같은 중상주의라도 영국, 프랑스, 네덜란드와 같은 나라들은 무역흑자를 통한 국부 증대의 방안으로 생산비용의 감소, 생산의 전문화, 기술개혁 등에 힘을 쏟았다. 그 결과 스페인은 풍부한 부의 원천을 소유하고도 자본주의 발전에서는 다른 유럽 국가들에 점차 뒤처질 수밖에 없었다.

'정복사업가' 에르난 코르테스(Hernan Cortés)

스페인 왕실은 탐험과 정복에 드는 막대한 비용을 충당할 수 없었다. 정복의 비용을 댄 사람들은 주로 왕실과 가까이 지내는 상인들이었다. 정복자들도 정복에 필요한 비용의 일부를 대부분 스스로 마련했다. 스페인의 아메리카 대륙 정복을 정복사업이라고 부르는 이유도 바로 여기에 있다. 자신의 재산을 털어 정복에 나선 정복자들이 정복이 끝나면 투자한 자금을 건지고 이익을 남기는 데 혈안이 된 것은 바로 이런 이유 때문이다. 왕실은 단지 정복사업을 허가해주고 그 대가로 수익의 1/5을 받는 데 그쳤다.

정복사업을 위해 정복자들이 가장 먼저 한 일은 금과 은을 약탈하는 것이었다. 그러나 당시 잉카나 아스텍이 보유하고 있던 금과 은은 '엘도라도'의 신화와는 달리 정복자들을 만족시킬 만큼 충분한 양이 아니었다. 따라서 이들은 갖가지 사업에 손을 댔다. 그중 가장 중요한 것이 **엔코미엔다**(Encomienda)라 불리는 원주민 노동력 착취 제도였다. 엔코미엔다 제도에 기반을 둔 농장에서는 주로 밀 재배와 가축 사육이 대대적으로 이루어졌다. 엔코미엔다 제도는 왕실이 원주민을 정복자에게 위탁하여 원주민을 보호하고 그들에게 기독교를 전파한다는 취지에서 시작되었지만, 보다 근본적인 목적은 정복자들이 원주민 노동력을 착취하기 위한 것이었다. 이를 통해 아메리카의 원주민들은 이전의 신분과는 상관없이 모두 백인을 위해 평생 노동력을 제공하고 공물을 바치는 신세로 전락했다.

에르난 코르테스는 멕시코 시 중심부에 넓은 토지를 소유하고 있었으므로 그곳에 점포나 가옥을 지어 임대함으로써 수익을 올렸다. 또 엔코미엔다 농장에서 공물로 거둬들인 물품(특히 의류)을 판매하거나, 더운 지방의 저지대에서 사탕수수를 재배하고 거기에서 생산되는 설탕을 수출하여 큰 수익을 올렸다.

광산업도 주요한 수입원 중 하나였다. 미초아칸과 오악사카에서 1,000여 명의 원주민 노동력을 동원하여 금을 채굴했다. 그러나 코르테스가 죽기 1년 전인 1546년에야 비로소 멕시코 사카테카스에서 대규모 은광이 발견되었으니, 결국 코르테스는 광산업을 통해서는 그가 원했던 만큼의 부를 축적할 수 없었다. 어쨌든 그는 정복사업가로서 다양한 방법을 통해 거대한 부를 챙김으로써 대부호로서 부유한 말년을 보냈다(마스다 요시오, 2003: 74~76).

2. 식민지시대 1차산품 수출경제의 발전과 변화

1546년 볼리비아의 포토시와 멕시코의 사카테카스에서 대규모 은광이 발견되고, 1554년에는 은의 함량이 적은 곳에서도 수익을 올릴 수 있는 수은합금 기술이 개발됨에 따라 아메리카 식민지에는 본격적으로 귀금속 생산 경제가 발전하기 시작했다. 아메리카의 경제활동은 안데스 지역의 포토시와 멕시코 지역의 사카테카스를 중심으로 편성되었다. 아르헨티나는 짐수레를 끌 짐승과 기초적 수공업품을, 칠레 북부는 농산품을 포토시 광산에 제공했다. 카리브 지역은 멕시코에서 스페인으로 광물을 운송하는 선단에 필요한 물품을 제공하는 활동을 통해 발전했다. 16세기 이들 지역을 제외한 나머지 아메리카 지역의 경제활동은 매우 미약했다.

그러나 17세기 중반 아메리카의 경제활동에 새로운 변화가 일어났다. 이러한 변화를 촉구한 것은 무엇보다 안데스 은 생산량의 급격한 하락이었다. 아메리카 식민지에서 은 생산은 1570년경에 전성기에 접어들어, 17세기 초에 절정에 달했다. 그 후 안데스의 은 생산은 포토시 광산의 고갈로 차츰 하강 곡선을 그리다가, 1606년경 볼리비아 오루로 은광의 발견으로 생산량을 어느 정도 유지할 수 있었다. 하지만 1630년대 말부터는 급격한 하락세를 피할 수 없었다. 구체적으로 16세기 말 600만 페소의 가치에 달했던 안데스 지역의 은 생산은 1630년대에 800만 페소 수준까지 증가했다가 17세기 말, 18세기 초에는 300만 페소 이하로 떨어졌다. 그러다 18세기 초에 다시 새로운 은광이 발견되어 생산을 부분적으로 회복했다. 반면 멕시코의 은 생산은 1570년경 200만 페소 정도로 시작해 17세기 초반에는 500만 페소 수준에 이르렀으며 1640년경에는 다시 감소하여 200만 페소 수준이 되었다. 그러나 그 후 새로운 은광이 잇따라 개발되면서 1660년부터 은 생산량이 다시 회복되기 시작해 1880년경에는 2,000만 페소 수준으로 급증했다.

〈표 1-1〉 식민지시대 말 라틴아메리카 각 지역의 주요 수출품과 역외·역내 교역 현황

지역	지방	주요 수출품	라틴아메리카 지역 외 수출 여부	라틴아메리카 지역 내 수출 여부
멕시코	중부	설탕, 직물	×	○
	오악사카	곡물	○	○
	유카탄	인디고a	○	○
	북부	가축, 직물	×	○
	북부	은	○	×
중미, 카리브	엘살바도르	인디고a	○	○
	온두라스	은	○	×
	코스타리카	담배	×	○
	안티야스	설탕	○	×
베네수엘라	해안	카카오	○	○
	평원	가축	○	○
콜롬비아	동부 고지대	금, 은	○	×
에콰도르	고지대	직물	×	○
	해안	카카오	○	○
페루, 볼리비아	고지대	은	○	×
	고지대	수은	×	○
	북부 해안	설탕	×	○
	남부 해안	면화	×	○
칠레	북부	은	○	×
	중부	밀	○	○
아르헨티나, 파라과이, 우루과이	북부와 중부	수공품	×	○
	쿠요	포도주	×	○
	북동부	마테차, 가축	×	○
	북동부	설탕	○	×
	라플라타	쇠기름, 가축	○	×
브라질	중부	금, 다이아몬드	○	×
	남부	가축	×	○
	아마존	삼림 자원	○	×

주: a: 식물에서 추출한 염료.
자료: Cardoso and Brignoli(1979: 218~220).

17세기 중반 이후 안데스 광산을 중심으로 은의 생산이 감소하자, 식민지 경제는 농업에서 새로운 활로를 찾고자 했다. 멕시코는 16세기에 이미 중부의 쿠에르나바카와 서부의 미초아칸을 중심으로 사탕수수와 면화를 생산하기 시작했다. 멕시코 북부에서는 광산업에 필요한 식량을 공급하기

위해 상업 작물의 생산과 축산업이 활기를 띠기 시작했다. 쿠바를 중심으로 카리브와 중미 지역에서는 담배와 사탕수수 생산이 활성화되었다. 베네수엘라 해안 지역과 에콰도르의 과야킬에서는 카카오 생산이 늘어났다. 카카오는 원래 멕시코와 중미의 특산물이었는데, 17세기 들어 유럽의 수요가 증가하자 베네수엘라와 에콰도르가 새로운 생산지로 부상했다. 이들 지역의 생산은 곧 멕시코와 중미의 생산을 초과하게 되었다. 페루의 북부 해안 지역에서는 사탕수수 생산, 남부 해안 지역에서는 면화 생산이 활발하게 이루어졌다. 칠레 중부에서는 밀 생산이 활성화되었고, 아르헨티나의 북동부는 가축, 라플라타 지역은 가죽과 쇠기름 등의 생산이 활기를 띠었다. 브라질에서는 17세기 초 사탕수수 생산이 활성화되면서 포르투갈의 식민지화가 본격적으로 전개되기 시작했다.

이렇듯 17세기 식민지 경제의 특징은 은 생산의 감소와 상업 농산물 재배의 활성화라고 할 수 있다. 또 스페인의 중상주의 정책이 여전히 유효했음에도, 통제가 느슨해진 틈을 타 식민지 지역 간에 교역이 활발히 전개되었다. 에콰도르의 키토에서 생산된 직물이 페루나 콜롬비아 지역으로 보내졌고, 베네수엘라에서 생산된 카카오는 멕시코로 수출되었다. 아르헨티나의 가축이 안데스 지역으로 수출되었고, 칠레 중부의 밀 또한 페루로 대량 수출되었다. 이와 같이 아메리카의 역내 교역이 발달함으로써 식민지 경제의 자립 기반도 육성되는 것처럼 보였다.

스페인은 17세기부터 식민지와의 교역에서 사실상 독점적 지위를 상실했다. 17세기 말경 스페인은 식민지 시장의 약 5%만을 지배할 뿐이었다. 밀무역 등의 방식으로 식민지 시장의 약 30%는 네덜란드인과 플랑드르인이, 25%는 프랑스인이, 20%는 제노바인이 차지했고, 영국인과 독일인도 각각 10%씩을 점유했다. 17세기 말에 이미 아메리카의 무역은 스페인이 아닌 다른 유럽 국가들이 장악하고 있었다.

16세기에 식민지와의 독점적 교역을 위해 확립된 선단 제도는 17세기에 들어 매우 불규칙해졌으며, 18세기 초 스페인에서 왕위 계승 전쟁이 일어났을 때는 한 번도 선단을 파견하지 못했다. 스페인에 프랑스의 후원을 받는 부르봉 왕조가 들어서자 식민지와의 교역은 프랑스 해군의 힘에 의존할 수 있게 되었다. 그럼에도 식민지로 향하는 선단은 1706년에서 1712년까지 멕시코에 네 번, 페루에 한 번에 불과했다. 반면 페루 대외무역의 68%는 프랑스 선박에 의해 이루어졌다. 영국 또한 스페인령 아메리카에 대한 정식 교역권을 확보했다. 스페인 왕실은 결국 1778년 아메리카 식민지와 스페인 본국과의 교역을 스페인의 세비야와 카디스 항구로 제한함으로써 독점적으로 운영해왔던 기존의 정책을 포기하기에 이르렀다.

한편 18세기에 들어서면서 영국과 프랑스 같은 나라들이 필요한 농산물을 자국의 식민지에서 직접 수입하게 됨으로써 라틴아메리카 농산물에 대한 수요가 감소했다. 스페인도 라틴아메리카의 상품을 소비할 충분한 시장이 되지 못했다. 그에 따라 라틴아메리카 경제는 1차산품 수출경제에서 자급자족적인 봉건적 아시엔다(Hacienda) 경제로 전환되어갔다.

식민지시대의 아시엔다는 기본적으로 자급자족을 추구했다. 특히 대부분의 아시엔다가 일급노동자나 계절노동자들에게 월급 대신 지불하는 옥수수를 자급자족했다. 상당수의 중소규모 아시엔다와 **라티푼디오**(Latifundio, 대규모 아시엔다)들은 옥수수뿐 아니라 고기, 유제품, 가죽, 기름, 운송용 가축까지 자급자족해서 사용했다. 대규모 아시엔다와 교회 소속의 농장들은 곡물과 가축뿐 아니라 기본적 제조품까지도 자급자족할 수 있었다. 이들 농장은 내부에 목공소와 철공소를 소유함으로써 필요한 농기구와 수레를 스스로 만들어서 사용했으며, 심지어 비누공장·가죽공장·직물공장까지도 소유하고 있었다.[2)]

아시엔다들은 또한 부족한 물건을 구입하기 위해 시장에 의존하기보다는 아시엔다 간의 상호 교환을 통해 문제를 해결했다. 멕시코 북부 지역의 광산업자들은 노동자들에게 공급할 곡식과 가축을 충당하기 위해 시장을 이용하기보다 자신의 아시엔다를 구입해 그곳에서 직접 생산하는 방법을 선호했다. 이러한 아시엔다는 곡물과 가축뿐 아니라 땔감, 석탄, 운송용 가축, 가죽, 기름, 그 밖에 광물을 채굴하고 정련하는 데 필요한 다양한 물건을 직접 생산해서 공급했다.

이렇게 18세기 무렵의 라틴아메리카 경제는 1차산품의 수출보다는 자급 자족적 아시엔다가 그 근간을 이루게 되었다. 그리고 이러한 상황은 19세기 말 1차산품 수출이 다시 활성화될 때까지 어느 정도 지속되었다.

3. 브라질의 식민지 경제: 전형적인 1차산품 수출경제

포르투갈은 1494년 토르데시야스 조약을 통해 브라질 땅의 일부를 손에 넣었다. 그때 포르투갈이 소유한 땅은 현재의 브라질 영토만큼은 아니었다. 현재의 상파울루 시 인근의 경도를 기점으로 대서양 쪽이 당시 포르투갈의 영토였다. 따라서 오늘날 브라질이 소유하고 있는 아마존 지역은 17세기까지는 스페인의 땅이었다.

아프리카와 아시아 쪽으로 진출하고 있던 포르투갈에게 가치 있는 것이라고는 하나도 없던 브라질이 처음부터 매력적인 곳은 아니었다. 16세기 동

---

2) 식민지시대 초기 중상주의적 통제가 엄격할 때에도 스페인과 포르투갈은 라틴아메리카의 공업을 완전히 막지는 못했다. 물론 식민지에서 초기 공업은 매우 제한적으로 이루어졌다. 그것은 해상교통이 중단되거나 혹은 어려움에 처함으로써 본국과의 교역이 일시적으로 중단되었을 때, 아르헨티나의 내륙과 같이 외부와의 소통 없이 완전히 자급자족하는 지역의 경우, 칠레와 같이 변방으로서 식민지 본국이 별 관심을 가지지 않는 지역과 같은 특수한 경우에만 가능했다.

안 브라질에서는 리마나 누에바에스파냐와는 달리 포르투갈이 식민지화를 본격화할 만한 금·은과 같은 귀금속이 발견되지 않았다. 또한 아스텍, 잉카와 같은 대규모 원주민 문명이 부재했고 원주민들이 분산되어 있었기 때문에, 이 지역에서 노동력으로 활용할 원주민을 충분히 확보하는 것은 쉽지 않았다.

따라서 포르투갈의 브라질 식민지화는 느리게 진행되었고, 16세기에 브라질은 오직 **팔로 브라질**(Palo brasil, 붉은 나무라는 뜻으로 염색 원료로 사용된다. 브라질이라는 국가 명칭도 여기에서 유래했다)만을 수출하는 역할을 담당했다. 그러나 당시 활성화되고 있던 유럽의 섬유 산업이 팔로 브라질에 관심을 가지게 됨에 따라 포르투갈 왕실은 브라질에서의 영토 지배권을 확실히 하기 위해 1530년부터 식민지화를 촉진하게 되었다.

왕실은 식민지화를 촉진하기 위해 브라질로 가고자 하는 귀족들에게 엄청난 규모의 토지를 하사했다. 17세기의 브라질은 이러한 거대한 농장들을 기반으로 사탕수수 산업을 본격적으로 개발하기 시작했다. 원주민 노동력을 충분히 확보하기도 어려웠고, 또 브라질의 원주민을 노동력으로 활용하기도 쉽지 않았기 때문에 16세기 말부터 아프리카의 노예가 대규모로 수입되었다. 광대한 토지와 대규모 노예 노동으로 인해 브라질은 17세기 중반 세계에서 가장 규모가 큰 사탕수수 생산국이 되었다. 브라질 경제도 그로 인해 번영을 누릴 수 있었다.

그러나 한 가지 작물에 의존하는 이러한 번영이 오래갈 수는 없었다. 1624년 네덜란드는 사탕수수 산업을 자기 소유로 만들기 위해 감행했던 브라질 침략이 실패로 돌아가자 대안으로 카리브에 사탕수수 플랜테이션을 건립했다. 네덜란드뿐 아니라 영국과 프랑스도 카리브 지역에 사탕수수 플랜테이션을 설립했다. 서구 국가들의 플랜테이션은 점차적으로 브라질의 사탕수수 산업 지배를 무너뜨리기 시작했다. 17세기 말 사탕수수 가격은 하락했고, 브라질은 유럽 시장을 점차적으로 상실해갔다.

사탕수수 산업의 위기로 브라질 경제가 침체에 빠져들 무렵인 1690년 미나스제라이스에서 금광이 발견되었고, 1729년에는 같은 지역에서 다이아몬드 광산이 발견되었다. 귀금속으로 인한 부는 다시 브라질에 놀라운 번영을 가져왔다. 그로 인해 식민지 브라질에 대한 포르투갈의 관심도 다시 증가했다. 포르투갈은 스페인이 16세기에 아메리카의 식민지에서 실현했던 것과 같은 중상주의 정책을 뒤늦게 브라질에서 강화했다. 금광 발견 이전 브라질에서 포르투갈의 중상주의 정책은 매우 느슨한 것이었다. 사탕수수만이 브라질의 유일한 수익 사업이었기 때문에 포르투갈은 브라질에서 영토 소유권을 확실히 하고 식민지 기반을 확립하기 위해 브라질에 사업 다각화를 허용할 수밖에 없었다. 그때까지 포도를 제외한 대부분의 상품들이 브라질에서 생산이 허용되었다.

물론 포르투갈도 모국의 사업을 보호하고 육성하기 위해 식민지와의 교역을 통제했다. 예를 들어 포르투갈이 주로 생산하는 포도는 브라질에서 생산이 금지되었고, 교역할 수 있는 항구도 제한되었다. 겉으로 드러나는 정책은 스페인과 별 차이가 없었지만 정책의 실제 적용에서는 많은 차이가 있었다. 무엇보다 포르투갈 왕실은 노예무역을 위해 대서양을 오가는 모든 배들을 제대로 통제할 수 없었다. 아시아와 아프리카에까지 펼쳐진 광대한 포르투갈 제국의 관할 영역에 비해 그 해군은 스페인에 비해 상대적으로 약했기 때문에, 포르투갈의 식민지에서는 밀수가 성행했다.

이런 상황에서 브라질에서 금과 다이아몬드가 발견되자 포르투갈은 통제를 더 확고히 하고자 했다. 포르투갈 왕실은 브라질에 들어오고 나가는 모든 교역을 더 강력하게 통제하기 시작했다. 1785년에는 심지어 브라질의 모든 제조업을 금지하기에 이르렀다. 그러나 18세기는 이미 포르투갈이 아무리 식민지를 통제하고자 해도 실현이 불가능한 시기였다. 1703년 포르투갈이 영국 시장에 포도주를 특혜적 조건으로 수출하는 대가로 영국에 포르투갈과 그 식민지 시장에 상품을 판매할 수 있는 권리를 부여한 메수엔 조약(El Tratado de Methuen)[3]이 체결되었다. 이로 인해 포르투갈의 식민지 교역 독점은 이미 실현될 수 없는 상황이었다.

이러한 상황에서 영국은 메수엔 조약을 활용하여 '금 시대'(18세기 미나스 제라이스 주에서 발견된 금은 17세기의 사탕수수에 이어 브라질 부의 새로운 원천이 되었다)의 호황으로 인한 브라질의 공산품 수요를 충족시켜나갔고, 그로 인해 영국은 18세기에 이미 브라질의 최대 교역국이 되었다. 포르투갈의 통제에 대한 브라질인의 불만은 그들이 영국 상품에 자유롭게 접근할 수 있게 되면서 다소 완화되었다. 그러나 브라질은 결국 영국과의 보다 독립적인 관계를 획득하기 위해 포르투갈과의 식민지 관계를 종식시키게 된다.

---

3) 1703년 12월 27일 포르투갈과 영국 사이에 맺은 단 3항으로 이루어진 짧은 자유무역협정이다. 이 협정을 통해 영국은 포르투갈의 포도주를, 포르투갈은 영국의 양모를 대량 수입하게 되었다. 비교우위론에 따른 18세기 버전의 이 자유무역협정으로 인해 포르투갈은 양모뿐 아니라 영국의 값싼 공산품을 수입하면서 제조업의 기반이 붕괴되었다. 포르투갈의 식민지인 브라질의 운명도 본국과 다르지 않았다.

요약하자면 식민지시대 브라질 경제는 사탕수수, 금, 다이아몬드와 같은 단일 산품 수출에 의해 국가의 운명이 좌우되는, 철저하게 1차산품 수출에 의존하는 경제의 전형을 보여준다.

4. 독립이 1차산품 수출경제에 변화를 가져왔는가?

　라틴아메리카의 독립은 스페인과 포르투갈의 중상주의적 식민지 통치를 종식시켰다. 그러나 식민지 통치의 종식이 라틴아메리카 1차산품 수출경제에 근본적 변화를 가져온 것은 아니다. 독립 직후 폭력의 소용돌이 속에서 라틴아메리카 경제는 황폐해졌다. **카우디요**(Caudillo, 무장 세력의 우두머리, 독립 직후 라틴아메리카 정치를 지배했다)가 난무하는 어지러운 정치 상황에서 지주들은 자신의 아시엔다에서 고립적으로 봉건적 자급자족 경제를 유지해 나갔다. 19세기 라틴아메리카 경제를 사실상 지배하고 있던 영국이 1차산품을 주로 자국 식민지에서 조달함에 따라 라틴아메리카의 1차산품에 대한 서구의 수요도 감소했다. 스페인과 포르투갈은 이미 쇠퇴하여 라틴아메리카 1차산품의 주요 수입원이 될 수도 없었다. 따라서 라틴아메리카 경제는 19세기 중반까지 식민지시대 말기부터 나타나기 시작한 아시엔다를 중심으로 한 봉건적 자급자족 경제가 대세를 이루었다.

　그러나 이러한 상황은 1850년경부터 변화하기 시작했다. 영국과 프랑스에 이어 미국과 독일, 그리고 뒤이어 러시아와 일본까지도 산업화에 뛰어들면서 세계자본주의는 새로운 호황을 맞이했다. 증기기관의 발달은 세계적 교역의 활성화에 기여했다. 그로 인해 세계적으로 원자재나 농산물과 같은 1차산품에 대한 수요도 급증했다. 이로 인해 라틴아메리카 경제는 봉건적 자급자족 경제에서 다시 1차산품 수출경제로 전환되었다.

물론 19세기 라틴아메리카에서 미국이나 일본과 같은 산업화 시도가 없었던 것은 아니다. 19세기 초 멕시코는 보수적 정치인 **루카스 알라만**(Lucas Alamán)의 주도하에 산업발전을 시도했다. 1823~1825년, 1830~1832년, 1851~1853년 세 번에 걸쳐 내무부와 외무부 장관을 역임했던 알라만은 멕시코 최초의 은행인 아비오 국립은행(Banco Nacional de Avío)을 설립해 산업화 추진에 필요한 신용을 제공했다. 또한 섬유업을 보호·육성하기 위해 외국에서 수입하는 면직물에 높은 관세를 부과했다. 그 자신도 광산 회사를 설립해 운영했으며, 1925년에는 독립 이후 멕시코 최초의 주철 공장을 설립하기도 했다. 알라만의 이런 적극적인 산업화 정책에 힘입어 1844년경 멕시코의 직물 생산은 국내 수요를 넘어서는 수준에까지 이르렀다.

그러나 다수의 국민이 빈곤한 멕시코에서 국내 수요만으로 공업의 발전을 충분히 뒷받침할 수는 없었다. 게다가 정치적 불안정, 영국과 프랑스 등 외부 세력과 그와 결탁한 국내 세력의 압력은 알라만의 산업화 노력을 곧 물거품으로 만들어버렸다. 멕시코 섬유업은 1850년경에 이미 다시 쇠퇴의 길을 걷고 있었다. 보수적 정치인 알라만의 한계는 여기까지였다. 기본적으로 대농장주와 이해관계를 같이한 알라만은 기존의 봉건적 질서를 뿌리 뽑음으로써 산업부르주아가 주도하는 자본주의 산업화를 추진할 의지도 능력도 부족했다. 토지개혁 없이 봉건적 지주 세력이 주도하는 산업화는 곧 국내 수요의 부족이라는 벽에 부딪히며 그 동력을 상실했다.

아르헨티나의 **후안 마누엘 데 로사스**(Juan Manuel de Rosas)의 사례도 라틴아메리카의 조기 산업화가 왜 실패할 수밖에 없었는지를 잘 보여준다. 19세기 아르헨티나의 역사는 부에노스아이레스의 자유무역주의자들과 내륙의 보호무역주의자들 간의 내전으로 점철되었다. 내륙의 보호무역주의자들을 대표하는 로사스는 1835년 그의 두 번째 대통령 임기를 시작하면서 보호주의적 관세법을 공포했다. 그것은 철이나 마구·농기구 등 내륙 지역에서 생산하는 물품의 수입을 금지하고, 의류·주류 등의 수입에 대해서는 고율의 세금을 부과하는 것이었다. 이러한 보호주의의 결과 부에노스아이레스에는 100개 이상의 공장이 새로 생겨났고, 아르헨티나 사람들은 코르도바나 투쿠만, 살타, 멘도사 등 내륙에서 생산된 국내산 직물과 농기구, 담배, 공예품, 포도주 등을 소비했다. 특히 투쿠만에서 만든 고급 가구는 칠레, 볼리비아, 페루 등지로 수출되기도 했다.

그러나 관세법이 공포되고 10년도 채 지나지 않아 영국과 프랑스의 군함이 파라나 강을 통해 내륙으로 침략하기 시작했다. 무력을 앞세우고 들어온 외세는 아르헨티나를 봉쇄하면서 시장을 개방하라고 압박했다. 아르헨티나는 1841년부터 사실상 보호무역주의를 완화하고 있었다. 당시 아르헨티나도 멕시코와 마찬가지로 민족자본주의 발전을 지속적으로 추진할 만한 산업부르주아 세력이 거의 존재하지 않았기 때문에 산업화 시도는 외부의 압력에 쉽게 무너지고 말았다. 그 자신이 농장주 출신인 로사스가 추진한 산업화는 단명에 끝날 운명을 이미 내포하고 있었던 것이다. 로사스는 결국 계급 이익에 충실했다.

그 후 1868년 부에노스아이레스의 자유주의자를 대표하는 **도밍고 파우스티노 사르미엔토**(Domingo Faustino Sarmiento)[4] 정부가 들어서자 산업화 시도는 완전히 사라지고, 아르헨티나는 서구 국가를 위해 농산물을 제공하는 역할을 충실히 수행하게 되었다.

외부 세력에 의해 산업화가 실패로 돌아간 사례로서 파라과이를 살펴보는 것은 매우 흥미롭다. 1864년 브라질, 우루과이, 아르헨티나 삼국동맹(Triple Alianza)과의 전쟁에서 패배하기 전까지 파라과이는 라틴아메리카에

---

4) 아르헨티나 교육의 아버지라고도 알려져 있는 사르미엔토는 1845년에 쓴 『문명과 야만(Civilización y Barbarie)』에서 다음과 같이 말했다. "우리는 공업가도 항해가도 아니다. 유럽은 원료의 대가로 몇 세기에 걸쳐 우리에게 공산품을 제공할 것이다."

서 외국 자본에 의해 기형화되지 않은 유일한 국가였다. '닥터 프랑스'라 불린 호세 가스파르 로드리게스 데 프란시아(José Gaspar Rodríguez de Francia, 1813~1940년 집권)와 카를로스 안토니오 로페스(Carlos Antonio López, 1844~1862년 집권), 프란시스코 솔라노 로페스(Francisco Solano López, 1862~1870년 집권) 부자의 장기 독재체제하에서 파라과이는 자립적 경제발전의 맹아를 육성하고 있었다. 프란시아는 대지주로 구성된 과두지배층을 붕괴시켰고, 그런 상황에서 가부장적 국가는 민족부르주아의 역할을 대신했다. 1865년 외세의 침략이 시작되었을 때 파라과이는 직물, 종이와 잉크, 도기, 화약 등 다양한 분야에 걸쳐 다수의 공장을 소유하고 있었다. 제철업과 조선업도 발전해 있었다. 무엇보다 중요한 것은 이 모두를 외국 자본에 의존하지 않고 이루어냈다는 사실이다.

그러나 이러한 파라과이 모델의 성공은, 라틴아메리카에서 자유무역을 추구한 영국 등의 유럽 국가와 자유주의 모델을 선택한 다른 라틴아메리카의 이웃 국가에 심각한 위협으로 다가왔다. 결국 1865년 파라과이는 자유무역을 지지하는 '삼국동맹' 국가들과 전쟁에 돌입했고, 그 후 5년에 걸친 피비린내 나는 전쟁에서 패배하면서 그 운명이 완전히 달라졌다.

전쟁에서 승리한 세력들은 무엇보다 파라과이에 자유무역제도를 도입하고 대농장을 회복시켰다. 그리고 전쟁의 폐허를 복구하기 위해 처음으로 외국에서 차관이 도입되었다. 그 결과 막 싹트기 시작했던 파라과이의 산업은 완전히 소멸되었다. 가부장적 권력에 의한 독특한 방식으로 자립적 경제발전과 산업화를 추구했던 파라과이도 외세의 힘에 굴복하고 결국은 다른 라틴아메리카 국가들과 마찬가지로 1차산품 수출경제로 전락하고 만 것이다.

멕시코, 아르헨티나, 파라과이 세 나라의 사례는 19세기 라틴아메리카의 산업화 시도가 왜 실패로 돌아갈 수밖에 없었는지를 잘 보여준다. 결론적으로 민족부르주아가 미성숙한 상태에서 지주계급에 의해 추진된 산업화는 국내의 제한적 소비시장과 외세의 압력이라는 벽에 부딪혀 쉽게 허물어지고 말았다.

한편 라틴아메리카 경제는 서구 자본주의의 활성화로 인해 자원과 농산물에 대한 수요가 급증하면서 1870년부터 1914년까지 1차산품 수출에 의한 이른바 '**황금시대**(Edad de Oro)'를 맞이한다. 1850년에서 1912년 사이 라틴아메리카의 인구는 연평균 1.5% 성장한 데 비해 수출은 연평균 3.9% 증가했다. 따라서 라틴아메리카 전체의 일인당 수출액은 1850년경 5.2달러였던 것이 1870년에는 8.9달러, 1890년에는 11.7달러, 1912년에는 20.4달러로 증가했다. 이는 1850년 7.0달러에서 1912년에 24.4달러로 증가한 미국과 비슷한 수치이다. 특히 아르헨티나는 1850년경 일인당 수출액이 10.3달러에 불과했지만 1912년 62.0달러로 급증했다. 같은 시기에 칠레의 일인당 수출액도 7.8달러에서 44.7달러로 급증했다. 이 시기에 일인당 수출액이 감소한 나라는 54.9달러에서 50.3달러로 하락한 우루과이와 4.9달러에서 4.7달러로 미약한 감소를 보인 온두라스, 두 나라뿐이다. 1912년 일인당 수출액이 미국의 24.4달러를 넘어선 나라로는 쿠바(64.7달러), 아르헨티나(62달러), 우루과이(50.3달러), 칠레(44.7달러), 코스타리카(27.1달러) 등이 있었다(Bulmer-Thomas, 1994: 69).

1차산품 수출로 인한 경제적 붐이 일어나자 라틴아메리카는 1차산품 수출경제를 보다 더 강화해나갔다. 그것도 한두 가지 수출품에 의존하는 단일작물 수출경제, 즉 **모노컬처**(Monoculture)가 대세를 이루었다. <표 1-2>는 1913년경 라틴아메리카 주요 국가들의 1차산품 의존도를 잘 보여준다.

<표 1-2>에서 보듯이 아르헨티나, 멕시코, 파라과이, 페루를 제외하면 두 가지 주요 수출품이 전체 수출에서 차지하는 비율이 50%를 넘는 나라가 대부분이다. 두 가지 수출품이 전체의 70% 이상을 차지하는 나라도 주요 21개국 중 13개국으로 반을 넘는다. 특히 쿠바, 엘살바도르, 과테말라에서

(단위: %)

국가	1위 수출 품목	비율	2위 수출 품목	비율	1위와 2위의 합계 비율
아르헨티나	옥수수	22.5	밀	20.7	43.2
볼리비아	주석	72.3	은	4.3	76.6
브라질	커피	62.3	고무	15.9	78.2
칠레	초석	71.3	구리	7.0	78.3
콜롬비아	커피	37.2	금	20.4	57.6
코스타리카	바나나	50.9	커피	35.2	86.1
쿠바	설탕	72.0	담배	19.5	91.5
도미니카공화국	카카오	39.2	설탕	34.8	74.0
에콰도르	카카오	64.1	커피	5.4	69.5
엘살바도르	커피	79.6	귀금속	15.9	95.5
과테말라	커피	84.8	바나나	5.7	90.5
아이티	커피	64.0	카카오	6.8	70.8
온두라스	바나나	50.1	귀금속	25.9	76.0
멕시코	은	30.3	구리	10.3	40.6
니카라과	커피	64.9	귀금속	13.8	78.7
파나마	바나나	65.0	코코넛	7.0	72.0
파라과이	마테차	32.1	담배	15.8	47.9
페루	구리	22.0	설탕	15.4	37.4
푸에르토리코	설탕	47.0	커피	19.0	66.0
우루과이	양모	42.0	고기	24.0	66.0
베네수엘라	커피	52.0	카카오	21.4	73.4

자료: Bulmer-Thomas(1994: 59).

는 두 가지 수출품이 전체 수출의 90% 이상을 차지했다. 한편 볼리비아의 주석, 칠레의 초석, 쿠바의 설탕, 엘살바도르와 과테말라의 커피는 이들 한 가지 품목이 국가 전체 수출에서 차지하는 비율이 70% 이상이다. 과테말라에서는 심지어 커피 하나가 전체 수출에서 차지하는 비율이 84.8%에 달했다.

주요 수출 품목을 보면 볼리비아, 칠레, 콜롬비아, 페루 등 안데스 유역 국가와 멕시코가 주로 광산물을 수출한 반면, 이들을 제외한 나머지 국가들

1차산품에 의해 결정된 국가의 흥망성쇠

독립 직후 부에노스아이레스는 더러운 도살장의 도시에 불과했다. 살라데로(Saladero, 소금 절이는 공장)라 불리는 도살장에서는 팜파스의 소들이 대량으로 도살되었다. 도살된 소는 유럽으로 수출이 가능한 가죽과 유지만 베어낸 다음, 고기는 직접 소비하거나 아니면 거리에 버려져 들개나 독수리, 갈매기 등의 밥이 되었다(물론 일부 고기는 건조하거나 소금에 절여서 브라질이나 쿠바의 흑인 노예들에게 수출하기도 했지만 그 양이 많지는 않았다). 그로 인해 당시의 부에노스아이레스에서는 고기 썩는 냄새와 피비린내가 진동해 코를 들고 다닐 수가 없을 정도였다.

냉동선의 발명은 이런 아르헨티나에 획기적 변화와 발전의 계기를 가져다주었다. 1876년 최초의 냉동선 '르 프리고리피크'(Le Frigorifique, 말 그대로 냉동선이라는 뜻)호가 부에노스아이레스에 입항한 이후 아르헨티나는 양질의 고기를 유럽으로 수출할 수 있게 되었다. 그로 인해 아르헨티나의 육류 수출은 획기적으로 증가했다. 과거에 가죽과 유지만 취하고 대부분 버려졌던 나머지 고기가 이제는 중요한 수출 자원이 된 것이다. 1906년 영국은 자국에서 소비되는 육류의 약 절반을 아르헨티나에서 수입했다. 기존의 농산물 수출 호조에다 육류 수출이 획기적으로 증가함에 따라 1913년 아르헨티나의 수출 총액은 5억 달러를 돌파했다. 이는 당시 라틴아메리카 전체 수출의 약 1/3에 해당하는 액수였다. 1910년 독립 100주년을 기념할 당시 아르헨티나의 GDP는 라틴아메리카 전체 GDP의 약 절반을 차지할 정도였다. 수도 부에노스아이레스는 '남미의 파리'로 불렀다. 1차산품 수출을 통한 아르헨티나의 번영은 1950년대까지 지속되었다. 그러나 현재 아르헨티나는 GDP 규모가 라틴아메리카 전체의 약 10%, 일인당 국민소득 세계 62위, 라틴아메리카 8위(한국수출입은행, 2009)인 그저 그런 개발도상국으로 전락했다.

식민지시대 남미 최대의 도시였던 페루의 리마는 독립 이후 스페인이 철수하자 완전히 황폐화되었다. 거리에는 오물이 나뒹굴고 독수리가 부패물을 찾아 날아다녔다. 이런 리마에 새로운 번영을 가져다준 것은 바다 조류의 배설물인 구아노(Guano)였다. 리마의 해변에 수만 년 동안 쌓인 조류의 배설물이 비료를 만드는 데 귀중한 원료가 됨으로써 수출이 획기적으로 증가했다. 1842년에서 1870년 사이 약 900만 톤의 구아노가 유럽이나 북미로 수출되었다. 리마는 구아노 수출을 통해 식민지시대의 영광과 활기를 잠시 회복할 수 있었다. 그러나 새로운 비료 원료의 발견으로 페루의 운명도 다시 쇠퇴의 길을 걸을 수밖에 없었다.

식민지시대 초기, 볼리비아의 포토시에서도 말 그대로 '엘도라도'에 버금가는 은광이 개발되었다. 그러나 은광이 고갈됨에 따라 볼리비아 경제는 쇠퇴하기 시작했고, 독립 이후 볼리비아에서 과거의 화려했던 모습은 전혀 찾아볼 수 없었다. 그러나 1870년대부터 주석 광산이 개발되면서 볼리비아 경제는 다시 활기를 찾았다. 유럽과 미국 등에서 통조림 캔과 경금속 합금에 주석을 사용하게 되면서 수요가 획기적으로 증가했고 가격도 몇 배로 뛰었다. 이런 와중에 볼리비아의 주석 왕으로서 주석 산업을 거의 독점하다시피 했던 코차밤바 출신의 메스티소 시몬 파티뇨(Simón Patiño)는 많은 돈을 벌게 되었다. 파티뇨는 볼리비아라는 작은 나라 출신임에도 불구하고 주석 광산으로 부를 얻어 당시 세계 10대 부호의 반열에까지 오를 수 있었다. 그는 유럽과 미국 사교계의 거물이 되었으며, 아들을 스페인 귀족의 딸과 결혼시키기도 했다. 파티뇨는 파리와 뉴욕에 호화스러운 저택을 짓고 살면서 실제 그에게 부를 가져다준 조국 볼리비아에는 거의 발걸음을 하지 않았다. 주석이 볼리비아에 가져다준 것은 결국 아무것도 없었다.

초석은 페루, 볼리비아, 칠레의 국가 운명을 갈라놓았다. 당시 볼리비아와 페루의 영토였던 아타카마 사막에는 엄청난 양의 초석이 매장되어 있었다. 1860년경 비료의 원료로서 초석에 대한 수요가 급증하자 황폐했던 아타카마 사막에 갑자기 활기가 일어났다. 사막의 북쪽은 페루가 개발에 나섰고, 남쪽은 볼리비아로부터 광업권을 따낸 영국과 칠레가 개발하기 시작했다. 당시 아타카마 지역에 투자되었던 자본은 59%가 페루, 19%가 칠레, 14%가 영국의 것이었다. 그런데 재정난에 허덕이던 볼리비아 정부가 1878년 초석 개발 회사들로부터 징수하는 세금을 인상하자, 칠레 회사들이 계약 조건을 내세워 이를 거부했다. 볼리비아 정부는 이에 대응해 칠레 회사들을 강제수용해버렸다. 물론 이런 볼리비아의 조치 뒤에는 초석 개발의 경쟁자인 페루가 있었다. 이를 계기로 칠레는 볼리비아의 영토를 침입했고, 칠레 대 페루·볼리비아 동맹군 간의 4년에 걸친 이른바 **'태평양 전쟁'**이 발발했다. 이 전쟁에서 페루와 볼리비아 동맹군은 인구가 그들의 1/3도 채 되지 않는 칠레에게 패배하고 만다. 상대적으로 국가적 통합을 이루고 있었던 칠레가 인구의 대부분이 원주민으로 국가적 통합이 전혀 이루어지지 않았던 페루와 볼리비아에 승리한 것은 어찌 보면 당연한 결과였다. 어쨌든 그 결과 칠레는 라틴아메리카에서 아르헨티나와 함께 가장 부유한 국가로 성장했으며, 페루와 볼리비아는 라틴아메리카의 이류 국가로 전락했다.[5] 특히 볼리비아는 전쟁에서 패배함으로써 태평양에 접한 영토를 상실하고 내륙국가가 되었다. 이는 지금까지도 볼리비아의 발전에 큰 걸림돌이 되고 있다.

이와 같은 사실들은 1차산품이 라틴아메리카 국가들의 운명을 어떻게 좌우했는지를 보여주는 일부 사례에 불과하다. 위에서 언급되지 않은 라틴아메리카의 많은 나라들에서 한두 가지의 1차산품이 국가의 운명을 결정한 예는 수없이 많다.

은 주로 커피, 설탕, 카카오, 바나나, 담배, 고무, 옥수수, 밀, 양모, 고기 등 농산물을 수출했다. 이는 석유가 본격적으로 개발되기 이전 라틴아메리카의 주요 수출품이 광산물이기보다는 농산물이었음을 보여준다.

5. 1차산품 수출경제의 문제점과 위기

그러나 1차산품 수출로 인한 붐은 결코 오래 지속되지 않았다. 1차산품에 의존하는 경제, 특히 한두 가지 작물에 의존하는 모노컬처 경제는 새로운 소재의 발견이나 서구 경제의 경기 흐름에 따라 큰 타격을 받기 때문이다. 페루의 구아노는 1870년 새로운 비료 원료로 각광받기 시작한 초석의 개발로 무용지물이 되었다. 브라질은 커피 가격의 하락으로 1898년 국가파산 위기에 몰렸다. 1907년에는 세계적인 경기후퇴로 호황을 누리던 멕시코

---

5) 1939년경 라틴아메리카 주요 국가의 일인당 국민소득을 보면 칠레 174(달러, 이하 단위 생략), 베네수엘라 92, 콜롬비아 76, 페루 72, 볼리비아 47, 에콰도르 44, 아르헨티나 218, 쿠바 98, 멕시코 61, 브라질 44였다.

의 에네켕(Henequen)⁶⁾ 산업과 사탕수수 산업이 사양길로 접어들기 시작했다. 특히 에네켕 산업은 나일론의 발명으로 완전히 황폐화되었다. 칠레의 초석 산업 또한 한때 이 나라를 라틴아메리카 최고의 부국으로 만들었지만, 화학비료가 널리 사용되기 시작하면서 결국 사양길로 접어들지 않을 수 없었다.

라틴아메리카 1차산품 수출경제의 결정적 위기는 제1차 세계대전과 1929년 세계대공황으로 인해 발생했다. 전쟁과 대공황에 따른 서구 경제의 위기는 <표 1-3>과 <표 1-4>에서 보는 것처럼 라틴아메리카 1차산품 수출에 큰 타격을 가했다.

제1차 세계대전의 충격을 가장 심하게 받은 나라는 커피, 바나나, 카카오 등 열대 기호 농산물을 주로 수출했던 콜롬비아, 브라질, 과테말라, 코스타리카, 니카라과, 에콰도르, 파나마이다. 이들 국가에서 주요 수출품의 구매력 가치는 1913년을 100으로 볼 때 1917~1918년 사이 각각 54, 48, 34, 52, 43, 48, 46으로 떨어졌다.

반면 볼리비아의 주석은 구매력 가치가 1917~1918년에 평균 95로서 상대적으로 덜 하락했다. 특히 이미 석유가 개발되고 있던 멕시코의 경우 이 무렵부터 석유가 석탄을 대신해서 주요한 에너지원이 됨에 따라 수출품의 구매력 가치가 오히려 178로 증가했다. 멕시코는 페루, 쿠바와 함께 제1차 세계대전 기간 중에 수출품의 구매력 가치가 증가한 유일한 나라가 되었다.

1913년에서 세계대공황 직전인 1928년까지 라틴아메리카 각국의 경제 상황을 살펴보면 석유가 주요 수출품인 국가들만이 5% 이상의 고도성장을

---

6) 에네켕은 선인장의 일종으로 선박 로프 등의 재료로 사용되었다. 멕시코 유카탄 반도가 주요한 생산지이다. 에네켕 산업이 한창 번영하던 1905년에 한국인 1,000여 명이 이 지역에 계약노동자로 이주하기도 했다. 한국인의 유카탄 반도 이주는 1900년 하와이 사탕수수 농장 이민에 이은 한국인의 두 번째 자발적 해외이민이었다.

국가	1917~1918년 평균	1928년	주요 수출품(1923~1925년)
연평균 5% 이상 성장한 고도성장 국가(1917~1928년)			
베네수엘라	37	281	구리, 석유
콜롬비아	54	276	커피, 석유
멕시코	178	251	석유, 은
페루	106	198	석유, 면
연평균 2~5% 성장한 중간성장 국가(1917~1928년)			
파라과이	96	174	케브라초(콩과 식물), 나무
엘살바도르	82	167	커피
브라질	48	158	커피
아르헨티나	60	146	밀, 옥수수
과테말라	34	139	커피, 바나나
연평균 1% 이하 성장한 저성장 국가(1917~1928년)			
코스타리카	52	118	커피, 바나나
쿠바	118	118	사탕수수
칠레	78	108	초석, 구리
니카라과	43	104	커피, 바나나
우루과이	87	100	고기, 양모
에콰도르	48	93	카카오
볼리비아	95	82	주석
파나마	46	56	바나나

자료: Bethell(ed.)(1991: 61).

실현했음을 알 수 있다. 상대적으로 뒤늦게 석유를 개발하기 시작한 베네수엘라와 콜롬비아는 1917~1918년 수출품의 구매력 가치가 각각 37과 54까지 떨어졌으나, 그 후 석유 개발을 시작함에 따라 1928년 수출품 구매력 가치는 각각 281과 276으로 상승했다.

반면 비석유수출 국가들은 대부분 5% 이하의 성장에 머물렀다. 특히 1928년에도 수출품의 구매력 가치가 1913년의 수준을 겨우 회복하거나,

〈표 1-4〉 라틴아메리카 주요 국가의 일인당 실질 생산지수(1929~1933년)

연도	아르헨티나	브라질	칠레	멕시코	페루
1929	100.0	100.0	100.0	100.0	100.0
1930	93.0	93.6	92.0	91.2	87.2
1931	84.9	89.0	68.7	92.9	75.4
1932	80.1	89.4	67.2	76.5	70.3
1933	81.8	99.0	78.7	83.3	93.1

자료: Cardoso y Helwege(1993: 57).

회복하지 못한 코스타리카, 쿠바, 칠레, 니카라과, 우루과이, 에콰도르, 볼리비아, 파나마와 같은 국가들의 평균 성장률은 1% 이하였다. 이러한 사실은 석유 수출국을 제외하고 대부분의 라틴아메리카 국가에서 1차산품 수출경제의 황금시대가 제1차 세계대전을 기점으로 대공황 이전에 이미 끝났음을 말해준다.

그럼에도 라틴아메리카 1차산품 수출경제 모델에 결정적 전환의 계기를 가져온 것은 1929년에 발생한 세계대공황이었다. 세계대공황은 세계경제에 큰 변화를 가져왔다. 산업화된 국가들의 경제활동이 위축되었고, 자국의 산업을 보호하기 위해 서로 보호무역주의를 취함에 따라 세계의 교역량이 극적으로 감소했다. 따라서 1차산품의 수출을 통한 국제교역에 의존하고 있던 라틴아메리카의 경제는 1차산품에 대한 수요 하락으로 심각한 타격을 입었다. 그러나 충격의 정도는 세계시장에의 통합 정도, 수출품의 종류, 국가 개입 여부에 따라 국가마다 조금씩 다르게 나타났다.

<표 1-4>에서 보는 것처럼 가장 큰 타격을 입은 나라는 구리, 초석 등 광산물을 주로 수출하고, 수출 의존도가 매우 높은 칠레였다. 칠레의 일인당 실질 생산지수는 1929년 100을 기준으로 1932년에는 67.2까지 급락했다. 회복도 느려서 1933년에도 겨우 78.7의 수준에 도달했을 뿐이다. 반면 수출 의존도가 높지 않은 브라질의 경우 1931년 일인당 실질 생산지수는

1929년 대비 89.0까지 떨어졌지만, 외채 지불을 조기에 중지하고 커피 생산의 소득을 유지하기 위해 정부가 적극적으로 개입한 결과 급속히 회복되어 1933년에는 1929년과 거의 같은 생산 수준에 도달할 수 있었다. 브라질을 제외한 라틴아메리카 국가 대부분의 생산지수는 대공황이 발생한 지 5년이 지난 후에도 여전히 대공황 이전의 수준에 크게 미치지 못했다.

제1차 세계대전과 세계대공황은 라틴아메리카의 1차산품 수출경제 모델에 위기를 야기했다. 세계교역이 점차 축소되는 상황에서 라틴아메리카는 더 이상 1차산품의 수출에만 의존할 수 없었다. 따라서 라틴아메리카에서도 산업화의 필요성에 대한 인식이 점차 확산되었다. 경제위기가 발생함에 따라 사회적 갈등이 심화되고 급진적 정치 세력이 등장했으며, 민족주의 이데올로기가 출현하는 등 정치사회적으로도 새로운 지평이 열리고 있었다.

멕시코의 카르데나스, 브라질의 바르가스, 아르헨티나의 페론, 칠레의 인민전선(Frente Popular), 페루의 아프리스모(Aprismo), 베네수엘라의 민주행동당(Acción Democrática) 등 소위 **포퓰리즘**이라는 카테고리에 포함되는 정치 세력들은 라틴아메리카의 경제를 해외 의존적인 1차산품 수출 중심에서 보다 자립적인 민족경제로 전환시키고자 했다. 이러한 움직임의 결과는 바로 다음 장에서 보게 될 수입대체산업화로 나타나게 된다.

6. 현재 라틴아메리카는 1차산품 수출 의존 경제에서 벗어났는가?

세계대공황 이후 1930년대부터 시작된 산업화는 라틴아메리카 경제를 1차산품 수출에 의존하는 경제에서 벗어나게 했는가? 결론적으로 말하자면 <표 1-5>에서 보듯이 대부분의 라틴아메리카 국가들은 여전히 1차산품 수출에 의존하는 경제에서 벗어나지 못하고 있다. 특히 볼리비아, 칠레,

(단위: %)

국가	제1 수출품	비율	제2 수출품	비율	1차산품
아르헨티나	옥수수	8.0	쇠고기	6.7	68
볼리비아	천연가스	54.2	주석	20.5	95
브라질	커피	8.5	철광석	5.2	48
칠레	구리	42.9	포도	4.6	90
콜롬비아	커피	49.0	석유	12.6	75
코스타리카	커피	31.9	바나나	20.4	70
쿠바	설탕	75.5	감귤류	2.2	86
도미니카공화국	설탕	22.2	니켈	16.0	74
에콰도르	석유	49.0	바나나	10.6	97
엘살바도르	커피	68.1	면화	1.9	80
과테말라	커피	40.4	면화	3.5	83
아이티	커피	23.9	설탕	0.2	27
온두라스	바나나	32.8	커피	31.3	88
멕시코	석유	43.6	커피	3.5	55
니카라과	커피	43.0	면화	22.2	97
파나마	바나나	22.4	새우	18.5	80
파라과이	면화	32.4	콩	29.1	92
페루	구리	16.4	어분	6.8	81
우루과이	양모	19.1	쇠고기	14.0	61
베네수엘라	석유	79.1	알루미늄	4.2	92
라틴아메리카	**석유**	**20.2**	**커피**	**7.0**	**66**

자료: Bulmer-Thomas(1994: 9).

에콰도르, 니카라과, 파라과이, 베네수엘라는 1차산품 수출이 전체 수출에
서 차지하는 비율이 1989년까지 여전히 90%를 넘었다. 제1 수출품 한 품목
이 전체 수출에서 50%를 넘게 차지한 경우로는 볼리비아의 천연가스, 쿠바
의 설탕, 엘살바도르의 커피, 베네수엘라의 석유가 있으며, 40%를 넘는 경
우로는 칠레의 구리, 콜롬비아의 커피, 에콰도르의 석유, 과테말라의 커피,
멕시코의 석유, 니카라과의 커피가 있다. 조사 대상 주요 20개국 중 제1 수

(단위: %)

국가	식품	농산물 원료	탄화수소 연료	일반 광물	1차산품	제조업
한국	1	1	4	2	8	92
아르헨티나	48	2	16	4	70	29
브라질	28	4	5	9	46	54
칠레	21	8	3	54	86	13
멕시코	5	1	12	2	20	80
베네수엘라	1	0	85	3	89	12
라틴아메리카	16	2	19	7	44	56

자료: 세계은행(2006).

출품, 제2 수출품 단 두 가지가 전체 수출에서 차지하는 비율이 50%를 넘는 나라의 수는 10개국으로 반을 차지했다. 이는 라틴아메리카 국가들이 여전히 한두 가지의 1차산품 수출에 크게 의존하고 있음을 말해준다.

　몰론 아르헨티나와 브라질의 경우는 제1·제2 수출품이 차지하는 비율이 각각 14.7%, 13.7%로 더 이상 과거와 같은 모노컬처 경제라고 할 수 없다. 그러나 아르헨티나의 1차산품 수출이 전체에서 차지하는 비율은 여전히 68%로 매우 높다. 단지 브라질에서만 1차산품 수출이 전체 수출에서 차지하는 비율이 50% 이하에 머물렀을 뿐이다.[7] 라틴아메리카 전체를 보면 1차

7) 1998년까지도 라틴아메리카 각국의 10대 수출품 중에서 공산품은 거의 찾아볼 수 없었다. 남미공동시장(MERCOSUR) 협정의 혜택으로 브라질로 자동차를 수출하게 된 아르헨티나의 경우 자동차가 전체 수출의 7%를 차지해 유일하게 10대 수출품 안에 드는 공산품으로 기록되었다. 브라질의 경우에는 소형 항공기가 전체 수출에서 2%를 차지하면서 10대 수출품 안에 기록되었으며, 도미니카공화국에서는 섬유가 전체 수출의 23%를 차지하면서 단일 제조업 수출 품목으로는 라틴아메리카에서 가장 큰 비율을 차지했다. 페루에서는 면 셔츠가 전체 수출의 2%로 10위 수출품 안에 드는 유일한 공산품으로 겨우 기록되었다. 한편 멕시코는 북미자유무역협정(NAFTA)으로 인해 수출이 1차산품에 집중되는 경향에서 벗어난 유일한 나라가 되었다. 멕시코의 10대 수출품 중에는 석유만이 유일한 1차산품으로 전체 수출의 5%를 차지했고, 나머지는 모두 자동차, 부품, 모니터, TV와 같은 가전제품 등의 공

<table 1-7> 라틴아메리카 주요 국가의 주요 원자재 품목별 의존도
(2004년, 각국 총수출에서 차지하는 비율)

(단위: %)

원자재 품목		50 이상	20~49	10~19
에너지상품	원유 및 석유 제품	베네수엘라(82) 에콰도르(53)	바베이도스(35) 콜롬비아(25) 멕시코(38) 트리니다드토바고(39)	아르헨티나(14)
	천연가스		볼리비아(28) 트리니다드토바고(21)	
광산물	보크사이트와 알루미늄	자메이카(66)		
	석탄			콜롬비아(11)
	동		칠레(46)	페루(20)
	금			페루(19)
농산물	커피			과테말라(11) 온두라스(18) 니카라과(17)
	바나나		도미니카(21)	코스타리카(9) 에콰도르(13) 온두라스(11) 파나마(12)
	콩		파라과이(42)	아르헨티나(12)
	어류		파나마(39)	
	갑각류와 연체동물		벨리즈(26)	파나마(15)
	쇠고기		우루과이(21) 니카라과(20)	

자료: Jiménez and Tromben(2006: 62).

산품 총수출이 전체 수출에서 차지하는 비율이 66%로 여전히 높았으며, 이 중 석유가 20.0%로 1위, 커피가 7.0%로 2위를 차지했다.

<표 1-6>은 신자유주의 시장경제 모델이 적용된 지 약 15년이 지난 현 시점에도 라틴아메리카 경제가 여전히 1차산품 수출에 의존하는 경제에서

산품이다.

벗어나지 못하고 있음을 한국과 비교하여 명백하게 보여준다. 2004년의 상황은 1989년과 비교하여 전반적으로 큰 차이가 없다. 아르헨티나만 1차산품 수출의 비율이 1989년 68%에서 2004년 70%로 약간 증가했을 뿐, 다른 나라의 1차산품 수출 비율은 2~4% 수준에서 약간 감소했다. 다만 멕시코의 경우 1차산품 수출 비율이 1989년 55%에서 2004년 20%로 대폭 감소해 눈에 띈다. 이는 멕시코가 1994년부터 북미자유무역을 통해 미국으로 제조업 상품을 수출하는 전진기지 역할을 맡게 되면서 나타난 현상이다. 멕시코의 이러한 변화에 따라 라틴아메리카 전체의 1차산품 수출 의존도도 1989년 66%에서 2004년 44%로 하락했다.

그럼에도 라틴아메리카의 1차산품 수출 비율은 44%로 한국의 8%와 비교하여 아직 매우 높다. 특히 멕시코와 브라질을 제외한 나라들의 수치는 여전히 70%가 넘는다. 따라서 라틴아메리카 경제는 아직도 1차산품 수출 의존에서 벗어나지 못하고 있으며, 1차산품 가격의 변동에 따라 전체 경제의 흐름이 상당 부분 좌우되는 현실에 있다고 할 수 있다.

한두 가지 수출 품목에 의존하는 구조도 여전하다. 1차산품 수출에 대한 의존도를 각국의 수출에서 10% 이상을 차지하는 품목별로 구분하여 살펴보면 많은 나라들의 경제가 아직까지도 한두 가지의 1차산품 수출에 의존하는 구조에서 벗어나지 못하고 있음을 알 수 있다. 특히 지역별로 베네수엘라, 에콰도르, 콜롬비아, 볼리비아 등 안데스 국가는 석유 등 에너지 수출에 대한 의존도가 높고, 칠레와 페루는 광물 수출에 의존하고 있으며, 과테말라를 비롯한 중미 국가들과 남미의 아르헨티나와 우루과이는 주로 농산물 수출에 의존하고 있다.

이상과 같이 라틴아메리카 수출의 원자재에 대한 의존도는 여전히 매우 높으며, 일부 국가는 아직까지도 한두 가지 원자재 수출에 집중적으로 의존하고 있다.

산업화의 아이러니: 멕시코의 '잃어버린 10년'

1차산품 수출경제는 국제적 환경의 변화에 따라 또 장기적인 교역조건의 악화로 인해 많은 어려움을 겪어왔다. 그러나 최근에는 그와 정반대 현상이 일어나고 있어 흥미롭다. <표 1-6>에서 보듯이 멕시코는 지속적으로 1차산품 수출에 대한 의존을 줄여 2004년 현재 총수출에서 1차산품이 차지하는 비율이 20%에 불과하다. 그러나 멕시코는 2000년대 첫 10년간 평균 경제성장률 1.9%를 기록함으로써, 1차산품 수출에 대한 의존도가 높은 칠레와 브라질의 같은 시기 평균 성장률인 3.8%와 3.2%에 훨씬 미치지 못했다. 세계경제포럼에서 발표하는 국제 경쟁력 지수에서도 멕시코는 2001년 42위에서 2009년 60위로 하락했다. ≪아메리카에코노미아≫(2010.8)가 매년 발표하는 라틴아메리카 500대 기업의 수를 보더라도 이에 속하는 멕시코 기업의 수는 2002년 241개에서 2010년 119개로 감소했다. 또한 멕시코는 2000년 세계 9위의 GDP 규모에서 2009년 14위로 추락했다. 이 모든 사실은 멕시코가 1980년대 외채위기에 이어 2000년대에 또다시 '잃어버린 10년'을 맞게 되었음을 말해준다.

그러면 2000년대에 라틴아메리카에서 유일하게 1차산품 수출 의존에서 벗어난 멕시코가 오히려 1차산품 수출 의존도가 높은 국가들에 비해 더 나쁜 경제적 성과를 낸 이유는 무엇인가? 그것은 멕시코 경제의 과도한 미국 의존 때문이다. 멕시코는 1994년 **북미자유무역협정**(NAFTA, 스페인어로는 Tratado de Libre Comercio: TLC) 이후 경제구조를 1차산품 수출 위주에서 **마킬라도라**(Maquiladora, 보세 가공업) 산업 위주로 전환했다. 그러나 2001년 중국의 세계무역기구(WTO) 가입으로 멕시코의 마킬라도라 산업이 중국과 경쟁하게 됨에 따라 북미자유무역협정(NAFTA)으로 인한 멕시코 산업의 경쟁력이 상실되었다. 게다가 2008년 미국의 경제위기는 수출의 80% 이상을 미국 시장에 의존하고 있던 멕시코 산업에 결정적인 타격을 가했다. 반면 원자재 수출 비중이 감소함에 따라 멕시코는 중국의 성장과 그에 따른 원자재 수요 증가와 가격 상승의 효과를 누릴 수 없었다. 멕시코의 경제는 미국에 의존함으로써 브라질과 칠레의 제1 교역국이 이미 미국에서 중국으로 바뀌었고, 페루의 제1 교역국도 곧 중국으로 바뀔 것으로 예상되는 남미의 상황과는 완전히 다른 방향으로 나아가고 있다.

물론 브라질과 칠레 등 1차산품 수출 의존 국가들이 현재 누리고 있는 호황이 언제까지 지속될 것인지는 아무도 알 수 없다. 하지만 멕시코의 사례는 자체적 기술개발이나 시장 다각화 노력 없이 지리적 이점만을 내세워 하나의 시장에 전적으로 의존하는 경제는 아무리 1차산품 수출에서 제조업 중심으로 구조적 전환을 이루었다고 해도 그 미래를 보장받을 수 없음을 여실히 보여준다.

7. 왜 라틴아메리카는 1차산품 수출경제에서 벗어나지 못하는가?

라틴아메리카가 1차산품 수출경제에서 벗어나지 못하는 이유에 대해서는 다양한 이론이 존재한다. 이런 주장은 크게 보아 외적 요인론과 내적 요인론 두 가지로 구분할 수 있다. 우선 외적 요인을 주장하는 사람들은 라틴아메리카가 1차산품 수출경제에 빠지게 된 것은 스페인과 포르투갈의 식민지 정책, 즉 **중상주의** 때문이며, 독립 이후에도 영국과 미국에의 경제적 종속이 이 지역을 1차산품을 주로 수출하는 지역으로 구조화했다고 말한다.

이들의 주장에 따르면 중상주의에 입각한 식민지 정책은 본국에서 생산하는 산품들이 식민지에서 생산되는 것을 금지했고, 식민지 지역 간의 교역을 제한했으며, 다른 유럽 국가들의 식민지 시장 접근도 통제했다. 그에 따라 아메리카의 식민지는 스페인과 포르투갈이 생산하거나 수출하고자 하는 상품(주로 공산품)을 제조할 수 없었고, 오직 식민지 모국이 원하는 것(주로 1차산품)만을 생산할 수 있게 되었다.

독립 이후에도 이러한 외부적 제약은 지속되었다. 비록 예전과 같은 식민지적 통제는 아니었지만 19세기에는 영국, 20세기에는 미국이 각각 라틴아메리카 경제를 실질적으로 지배하고 통제했다. 이들이 거의 '강제로' 이식하고자 했던 자유무역은 결국 경쟁력이 떨어지는 라틴아메리카의 산업발전을 어렵게 만들었으며, 그로 인해 라틴아메리카는 독립 이후에도 여전히 1차산품 수출경제에서 벗어날 수 없게 되었다.

그러나 이와 같은 외적 요인에 의한 설명에는 명백한 한계가 있다. 예를 들어 정복 초기에 중상주의가 강력하게 적용되지 않았을 때에도 라틴아메리카에서는 산업발전이 이루어지지 않았다. 초기에 산업생산 발전이 이루어지지 않았던 것은 식민지의 통제가 아니라 본래 광물 붐 그 자체가 갖는 왜곡적 성격 때문이었다. 은광이 개발됨에 따라 식민지의 자본은 모두 수익성이 높은 광산업으로 집중되었다. 따라서 광산업을 제외한 나머지 부문은 부족한 자본과 노동력을 놓고 광산업과 경쟁해야만 했다. 따라서 중상주의가 본격화되지 않은 시점에서도 라틴아메리카에서 광산업을 제외한 다른 산업에 손을 댄다는 것은 매우 높은 비용을 치러야 가능했다. 풍부한 금과 은으로 제조품을 외부에서 싼값에 수입할 수 있었기 때문에 식민지에서 제조업을 한다는 것은 매우 비효율적이었다. 이는 라틴아메리카 자원의 풍요로움 그 자체가 제조업의 발전을 저해해왔음을 말해준다.

이러한 주장은 최근에 '네덜란드 병(Enfermedad holandesa)'으로 알려진 현상과도 일치한다. 네덜란드 병은 1977년 영국의 경제 주간지 ≪이코노미스트(The Economist)≫가 최초로 사용한 용어로서, 네덜란드가 1959년 천연가스전 발견 이후 제조업의 쇠퇴를 맞이했던 사례를 통해 천연자원의 개발과 제조업 쇠퇴의 관계를 설명할 때 흔히 거론된다. 즉, 천연자원의 개발로 인해 수출이 증가하고, 외화가 대량으로 유입됨에 따라 자국 화폐의 가치가 상승하고, 그로 인해 자국 제조업의 경쟁력이 하락함으로써 결국 탈산업화의 과정을 걷게 된다는 논리이다.

브라질의 경제는 네덜란드 병이 가장 잘 드러나는 사례이다. 포르투갈 왕실은 라틴아메리카의 다른 지역에서 스페인 왕실이 했던 것과 같이 그렇게 강력한 지배를 실시하지 않았다. 따라서 초기에 브라질은 매우 다양한 산업기반을 발전시켰었다. 하지만 북동부 지역에서 사탕수수 산업이 본격화되면서 브라질도 곧 네덜란드 병에 빠지게 되었다. 사탕수수 이후에도 금과 다이아몬드, 커피 등 한두 가지 산품에 자본이 집중되면서 1930년대까지 전형적인 1차산품 수출경제에서 벗어나지 못했다.

이러한 현상은 1970년대 석유수출 국가들에서도 발생했다. 당시 석유수출 국가들은 유가 상승으로 인해 막대한 부를 얻게 되었다. 그러나 그로 인해 국내 임금이 상승했고, 제조업은 상대적으로 수익성이 하락함에 따라 모든 자본이 석유 산업에 집중되었다. 따라서 제조업은 이들 국가에서 사양길을 걸을 수밖에 없었다.

이러한 과정은 나이지리아, 멕시코, 베네수엘라와 같은 개발도상국뿐 아니라 영국, 노르웨이 같은 선진국에서도 똑같이 발생했던 현상이다. 따라서 네덜란드 병은 라틴아메리카가 1차산품 수출경제에서 벗어나지 못하는 이유가 앞서 언급한 것처럼 중상주의 정책이나 강대국들에 의한 자유무역의 강압적 실현과 같은 외부적 요인 때문만이 아님을 말해준다. 대신 1차산품 수출에의 집중은 선진국, 개발도상국 할 것 없이 수익성 높은 자원개발이 활성화되면 불가피하게 빠질 수밖에 없는 함정이라고 할 수 있다.

결국 네덜란드 병은 식민지시대뿐 아니라 독립 이후에도 라틴아메리카가 1차산품 수출경제에서 빠져나오지 못하는 중요한 요인임이 분명하다. 따라서 라틴아메리카가 1차산품 수출경제에서 벗어나지 못하는 이유는 외부적 요인에 있다기보다 선진국이든 개발도상국이든 간에 수익성 높은 산업에 집중하게 되는 자본의 본질적 속성에 있다고 보는 것이 더 타당하다.

그러나 네덜란드 병으로 라틴아메리카 경제의 1차산품 의존을 모두 설명할 수는 없다. 최근 케이(Kay, 2002)와 같은 학자들은 라틴아메리카 내부의 계급관계로 눈을 돌리고 있다. 그들은 강력한 지주계급과 광산주계급의 존재가, 라틴아메리카가 1차산품 수출경제에서 벗어나는 것을 막는 또 다른 내부적 요인이라고 지적한다.

이런 사실은 라틴아메리카의 상황을 한국과 비교해보면 잘 드러난다. 일

제 식민지 세력과 유착되어 있던 한국의 봉건적 지주계급은 일본이 패망하고 독립이 되자 수세에 몰릴 수밖에 없었다. 그로 인해 토지개혁도 비교적 성공적으로 진행되었다. 따라서 한국의 지주계급은 자본가계급으로 변모하거나 아니면 소멸될 수밖에 없었다.

반면 라틴아메리카의 지주 계급은 승리한 제국인 미국과 유착관계에 있었으므로 한국의 지주계급이 겪었던 그런 수세적 위치에 몰리지 않았다. 따라서 라틴아메리카의 토지개혁은 여러 차례의 혁명에도 불구하고 쿠바를 제외한 그 어떤 나라에서도 실질적 효과를 거두지 못했다. 토지개혁이 이루어진 일부의 경우에도 대부분 사후에 다시 원상태로 돌아갔다. 그 결과 라틴아메리카는 아직까지도 세계에서 토지 집중이 가장 큰 지역으로 남아 있다.

이런 강력한 지주계급의 존재로 인해 지주계급의 이익 또한 정치에 반영되지 않을 수 없었다. 라틴아메리카 국가들은 산업화 과정에서 번번이 이들의 저항에 부닥쳤고, 산업화 과정은 왜곡되었다. 결국 강력한 지주계급의 존재야말로 라틴아메리카가 1차산품 수출경제에서 벗어나지 못하는 또 다른 내부적 요인이라고 말할 수 있다.

결론적으로 라틴아메리카 경제가 1차산품 수출 의존에서 벗어나지 못하는 것은 식민지 중상주의 정책이나 서구 선진국들의 실질적 경제 지배와 같은 외부적 요인에도 물론 원인이 있지만, 결국에는 자원이 풍요로운 라틴아메리카가 이른바 네덜란드 병으로 인해 스스로 1차산품에 집중하게 된 데 더 큰 이유가 있다. 게다가 강력한 지주계급의 존재, 즉 국내 산업자본가 세력의 약세는 이러한 구조의 변화를 더욱 어렵게 했다. 그 결과 라틴아메리카는 아직까지도 1차산품 수출경제에서 벗어나지 못하고 있다. 1차산품 수출에의 의존이 비록 지금은 약인 것처럼 보이나 역사적으로 독인 경우가 더 많았다.

참고문헌

마스다 요시오. 2003.『이야기 라틴아메리카사』. 신금순 옮김. 심산.

한국수출입은행. 2009.『2009 세계국가편람』. 한국수출입은행.

AméricaEconomía. 2010. No. 390, Agosto.

Bethell, Leslie(ed.). 1991. *The Cambridge History of Latin America, Vol. VIII: Latin America since 1930: Spanish South America*. NY: Cambridge University Press.

Bulmer-Thomas, Victor. 1994. *The Economic History of Latin America since Independence*. NY: Cambridge University Press.

Cardoso, Eliana y Ann Helwege. 1993. *La Economía Latinoamericana: Diversidad, Tendencias y Conflictos*. México: F.C.E.

Cardoso, F. H. y H. Brignoli. 1979. *Historia económica de América Latina, Vol. I: Sistemas agrarios e historia colonial*. Barcelona: Editorial Crítica.

Curtin, Philip. 1969. *The Atlantic Slave Trade: A Census*. Wisconsin: The University of Wisconsin Press.

Furtado, Celso. 1986. *La Economía Latinoamericana: Formación Histórica y Problemas Contemporáneos,* 19a. ed. México: Siglo XXI. (포르투갈어 초판: 1969)

Galeano, Eduardo. 1980. *Las venas abiertas de América Latina,* 47a. ed. México: Siglo XXI. (초판: 1971)

Jiménez, Juan Pablo and Varinia Tromben. 2006. "Fiscal policy and the commodities boom: the impact of higher prices for non-renewables in Latin America and the Caribbean." *CEPAL Review,* No. 90, December, pp. 59~84.

Kay, Cristóbal. 2002. "Why East Asia overtook Latin America: Agrarian Reform, Industrialization and development." *Third World Quarterly,* Vol. 23, No. 6, pp. 1073 ~1102.

Sarmiento, Domingo F. 2003. *Facundo: Civilización y Barbarie en las Pampas Argentinas*. Stockcero. (초판: 1845)

World Bank. 2006. 2006 *World Development Indicators*. Washington, D. C.: World Bank.

2장 수입대체산업화의 빛과 그림자(1930~1970년대)

|단원 핵심 주제|
- 라틴아메리카가 산업화를 본격적으로 추진하게 된 배경은 무엇인가?
- 라틴아메리카 산업화의 성격은 어떠한가?
- 라틴아메리카가 산업화를 위해 실현한 구체적 정책에는 어떤 것들이 있는가?
- 라틴아메리카 산업화의 결과는 어떠한가?

1930년대부터 1980년대까지 라틴아메리카에서 실현되었던 산업화 모델을 우리는 **수입대체산업화**(Industrialización Sustitutiva de Importación: ISI)라고 부른다. 앞서 살펴본 1차산품 수출경제가 라틴아메리카 경제의 본질적 측면이라면, 수입대체산업화야말로 1980년대 라틴아메리카의 '잃어버린 10년(Década perdida)'을 야기한 직접적 요인이다. 따라서 1차산품 수출경제에 대한 의존과 수입대체산업화 모델의 한계, 이 두 가지 요소는 라틴아메리카 경제의 쇠퇴를 설명하는 양 축이라고 할 수 있다. 따라서 2장에서는 수입대체산업화와 그 한계를 살펴봄으로써 1980년대 라틴아메리카가 왜 '잃어버린 10년'이라는 경제적 위기에 빠져들 수밖에 없었는지를 이해해보고자 한다.

1. 교역조건의 악화

흔히 라틴아메리카에서 산업화가 시작된 것은 1930년대부터라고 말한다. 1929년 미국에서 발생한 세계대공황으로 인해 라틴아메리카의 1차산품 수출이 감소했고 수출품의 가격도 하락했다. 그에 따라 수입을 위한 외환이 부족해졌고 결과적으로 공산품 수입이 감소했다. 공산품 수입의 감소는 공산품의 국내 생산을 자극했다. 이런 과정을 통해 대공황은 라틴아메리카 산업화의 시발점이 되었다는 주장이다.

이런 주장은 브라질 등 일부 국가에서는 사실이기도 했지만 라틴아메리카 대부분의 국가에서 실제 상황은 그와 달랐다. 세계대공황 이후 서구 경제가 회복될 때까지 새로이 산업화를 실현하기보다 오히려 기나긴 경제적 정체의 시기를 겪어야만 했던 국가들이 대부분이었다.

실제로 라틴아메리카에서 산업화가 본격적으로 전개된 것은 1940년대부터였다. 서구 경제의 회복과 함께 1차산품의 수출이 다시 활기를 띠고, 1차산품의 수출 가치가 급격히 상승하자 라틴아메리카 경제도 새로운 활력을 보이기 시작했다. 라틴아메리카의 산업화도 결국은 1차산품 수출의 회복과 함께 시작되었던 것이다.

그러나 이번에는 1차산품의 수출 호황에도 다시 과거와 같은 단순 1차산품 수출경제로 회귀하지 않았다. 당시 라틴아메리카의 분위기는 보다 민중적이고 민족적인 성향의 경제정책을 요구하고 있었다. 경제의 자급자족이라는 민족주의적 목표를 달성하기 위해 라틴아메리카는 1차산품 수출을 지속하면서도, 공산품은 예전과 같이 수입해서 쓰지 않고 국내에서 생산하는 자급자족적 산업화 모델을 추진하게 되었다. 자급자족적 산업화를 위한 국내 수요는 1차산품 수출 증가의 이익을 대중에게 분배하는 포퓰리즘 정책을 통해 창출되었다. 결과적으로 제2차 세계대전 이후 1차산품 수출의 새로운 붐은 라틴아메리카가 민족적·민중적 성격을 지닌 산업화를 본격적으로 추진하는 것을 가능하게 했다.

라틴아메리카가 이런 성격의 산업화를 추진하게 된 것은 무엇보다 불안정한 세계시장에 의존하지 않는 자립경제의 구축이라는 목표 때문이었다. 1차산품의 **교역조건 악화**(Deterioro de los términos de intercambio)는 그러한 생각의 이론적 배경이 되었다. 이러한 이론은 **라울 프레비시**(Raúl Prebisch)를 중심으로 한 **라틴아메리카 경제위원회**(Comisión Económica para América Latina: CEPAL)[1]에 의해 제시되었다. 이들은 라틴아메리카가 산업화를 통해 경제자립을 찾아야 하는 이유를 바로 1차산품의 교역조건 악화에서 찾았다.

교역조건 악화 이론은 라틴아메리카 경제발전의 내외적 장애요인에 대한 시장의 자연적 해결 메커니즘의 회의로부터 시작되었다. 특히 외적 측면에서 시장의 문제점을 분석하는 가운데 **중심부**(Centro)와 **주변부**(Periferia)의 개념이 도출되었고, 중심부와 주변부의 관계에서 문제의 핵심이 교역조건의 악화에 있다고 생각했다. 중심부와 주변부 개념에 따르면 노동의 국제적 분할구도하에서 라틴아메리카는 원자재의 생산과 수출에 전문화됨으로써 공산품을 생산하고 수출하는 선진 자본주의국가에 종속적 역할을 수행한다. 즉, 선진 산업국가의 구심력은 그들 자신의 기술적 진보와 생산성 증대의 이익을 자신에게 보다 집중시킬 뿐 아니라 주변국 진보의 결실 또한 중앙으로 흡수해간다. 주변부 국가 이익의 중심부 국가로의 집중이 바로 교역조건의 악화를 통해 일어난다는 것이다.

교역조건 악화는 한마디로 원자재의 일정량으로 구매할 수 있는 공산품

---

[1] 라틴아메리카 경제위원회의 스페인어 머리글자는 CEPAL, 영어는 ECLAC(Economic Commission for Latin America and the Caribbean)이다. 이 책은 본문에서는 CEPAL로 통일해서 사용하고, 인용 출처와 참고문헌의 경우에는 인용된 자료의 언어에 따라 CEPAL과 ECLAC를 구별해서 표기한다.

의 양이 장기적으로 감소하는 추세를 말한다. 생산성 증대에 비례해서 상품 가격이 하락하는 경우에, 생산성 증대가 더 활발한 공산품의 가격이 생산성 증대가 상대적으로 낮은 원자재 가격보다 더 하락해야 한다. 그러면 고전적 교역이론이 주장하는 것처럼 기술진보의 이익이 세계 모든 지역에 고루고루 퍼지게 되고 라틴아메리카는 굳이 자체적으로 산업화를 추진할 필요성을 느끼지 않을 것이다. 그런데 현실은 반대로 원자재의 상대적 가격이 장기적으로 하락하는 추세를 보인다.

프레비시는 'CEPAL선언'이라고도 불릴 정도로 유명한 저술인 『라틴아메리카의 경제발전과 주요한 문제점들(El desarrollo económico de la América Latina y algunos de sus principales problemas)』(1949)에서 이러한 추세를 통계를 통해 증명했다. <표 2-1>은 공산품에 대한 라틴아메리카 1차산품 교역조건의 악화를 명백하게 보여준다.

원자재는 경제성장 국면에서는 공산품과 마찬가지로 가격이 상승하지만 경기후퇴기에는 원자재의 가격 하락이 공산품의 가격 하락보다 더 크다. 때문에 장기적으로 원자재 가격은 공산품에 비해 상대적으로 더 하락한다. 프레비시는 결국 교환관계에서 생산성의 증대가 가격 하락을 가져옴으로써 각국의 기술진보의 이익이 다른 국가로 상호 이전된다는 고전경제학의 비교우위론은 잘못된 가정이며, 현실에서 1차산품 생산성 증대의 이익은 중심부로 이전되지만 중심부 생산성 증대의 이익은 주변부로 이전되지 않는다고 주장한다.

프레비시는 이러한 결과가 나타나는 이유를 경제의 순환주기에 따른 생산비용의 변화에서 찾았다. 즉, 경기상승기와 호경기 국면에서는 일반적으로 임금이 상승하는데, 그로 인한 비용 증대가 생산성 증대로 인한 가격 하락 요인보다 더 커지면 가격이 상승하게 된다. 따라서 성장 국면에서 가격 상승 효과는 수요 증가에 비해 생산성 증대가 그다지 크지 않은 주변부에서

시기	원자재의 일정량으로 획득할 수 있는 공산품의 양
1876~1880년	100.0
1881~1885년	102.4
1886~1890년	96.3
1891~1895년	90.1
1896~1900년	87.1
1901~1905년	84.6
1906~1910년	85.8
1911~1913년	85.8
-	-
1921~1925년	67.3
1926~1930년	73.3
1931~1935년	62.0
1936~1938년	64.1
-	-
1946~1947년	68.7

자료: Naciones Unidas(1994: 237).

더 크게 나타난다. 성장 국면에서 원자재 가격의 상승은 공산품 가격의 상 승보다 조금 높게 나타나는 경향이 있다.

반면 경기후퇴 국면에서 원자재 가격의 하락은 공산품 가격의 하락보다 훨씬 더 크게 나타난다. 그것은 성장 국면에서 이익의 증대가 임금의 증가 로 이어졌듯이 경기후퇴 국면에서 이익의 감소는 앞선 임금 증가 부문을 삭 감하는 방향으로 나타나야 하는데 실제로는 그것이 쉽지 않기 때문이다. 특 히 중심부에서는 강력한 노동조직과 그들의 저항으로 임금 삭감이 더 쉽지 않다. 그렇기 때문에 중심부의 기업들은 수익 감소로 인한 자국 노동자의 임금 삭감과 가격 인하의 부담을 주변부로 이전시키고자 한다. 한편 원자재 가격의 하락은 원래의 감소폭보다 훨씬 더 크게 나타나는데, 이는 주변부 노동자의 조직과 저항력이 중심부에 비해 상대적으로 약하기 때문이다.

프레비시가 원자재와 공산품 가격의 움직임을 단지 임금과 같은 생산비용의 측면에서만 파악한 것은 분명 한계가 있다. 1차산품의 교역조건이 악화되는 데에는 생산비용의 측면도 중요하지만 그 외에도 다른 여러 중요한 요인이 있다. 첫째, 엥겔법칙으로도 나타나듯이 소득이 증가해도 1차산품, 특히 농산물에 대한 소비는 제한적으로 증가하며, 둘째, 신소재 개발 등에 의해서도 일부 1차산품 수요가 급격히 하락하는 현상이 발생하며, 셋째, 기술개발로 인해 전체 부가가치에서 1차산품이 차지하는 비중이 점차 축소되고 있고(소프트웨어 산업이 주요 사례), 넷째, 1차산품의 생산성 증대는 흔히 해당 상품의 수출가격 하락으로 이어져 생산국에 혜택을 주기보다 오히려 중심부 소비자에게 이익이 이전되는 효과로 나타난다.

주변부의 교역조건 악화라는 문제에 대한 프레비시의 대안은 국가가 경제에 적극적으로 개입하는 것이었다. 그는 국가가 경제에 적극적으로 개입해야 할 영역을 세 부문으로 규정한다. 첫째는 산업화 추진이다. 원자재 수출경제의 한계를 극복하고, 생산성과 소득 수준을 증대하고, 나아가 넘치는 노동력을 흡수하기 위해서는 주변부도 산업화를 추진해야 한다. 그를 위해서는 국가가 적극적으로 산업화를 이끌어가야 한다. 둘째는 보호주의의 필요성이다. 교역조건의 악화로 인한 외화 부족으로 성장에 제동이 걸리는 것을 막고 산업화를 지속적으로 추진하기 위해서 국가는 국내 산업을 적극적으로 보호해주어야 한다는 것이다. 마지막은 국제무역 질서의 개편이다. 국제무역에서 1차산품의 교역조건 악화와 같은 왜곡을 개선하기 위해 국가가 국제무대에서 이 문제를 더욱 적극적으로 다루어야 한다는 것이다. 구체적으로는 주변부의 기술개발을 위해 더 많은 자본이 주변부에 투자되도록 촉구하고, 무역협력 정책을 통해 주변부가 이룩한 기술적 진보의 결실이 중심부로 흡수되는 것을 최대한 막아야 하며, 최종적으로 무역 협력으로도 피할 수 없는 교역조건 악화로 인한 손실을 보상하기 위해 국제 금융지원과 같은 정책을 실현해야 한다.

요약하자면 프레비시는 20세기 중반까지 라틴아메리카 경제의 전형적 모습이었던 고전적 시장경제와 자유무역 이론에 바탕을 둔 1차산품 수출경제의 문제를 중심부와 주변부의 관계, 즉 그러한 관계에서 발생하는 교역조건의 악화 이론으로 설명했다. 그리고 그 대안으로 주변부의 산업화와 보호무역주의, 국제협력의 촉구 등을 제안했으며, 이를 구체적으로 실현하기 위해 국가가 적극적으로 개입할 것을 촉구했다.

프레비시의 이러한 사상은 소위 '**발전주의**(Desarrollismo)' 이데올로기라 불리며, CEPAL의 주도하에 1980년대까지 라틴아메리카 발전 모델의 사상적·이론적 기반이 되었다. 라틴아메리카의 산업화는 바로 이런 이론적 배경하에서 탄생했다.

라울 프레비시와 CEPAL

라틴아메리카 경제를 이야기할 때 **프레비시**만큼 중요한 인물도 없을 것이다. 그는 라틴아메리카 산업화 모델의 사상적 기초를 제공했으며, 1940년대부터 1980년대까지 CEPAL을 통해 라틴아메리카의 경제정책을 사실상 주도했다.

프레비시는 1901년 아르헨티나의 투쿠만에서 태어났다. 1918년에 부에노스아이레스 대학 경제학부에 입학하여 1922년에 졸업했으며, 그 이듬해에 재무부 관료가 되었다. 1925년에서 1948년까지는 부에노스아이레스 대학에서 경제정책학 교수를 지냈다. 48세의 나이로 CEPAL에 몸담기 전까지 프레비시는 교수로 재직하는 한편 주요 관직을 맡으면서 실물경제에 깊이 관여했다. 1927년에서 1930년까지는 국립은행의 경제연구소장직을 맡았으며, 급진당 정권이 무너지고 조합주의적 성격의 군부 정권이 들어선 1930년부터 1932년까지는 재무부 차관, 1935년부터 1943년까지는 그가 설립에 주도적으로 관여한 중앙은행장 역할을 수행했다. 프레비시의 사상은 바로 이런 실물경제에의 참여를 통해 아르헨티나의 현실적 문제와 직면하는 과정에서 탄생했다. CEPAL의 이론적 기초가 될 주요한 문제제기들이 이런 과정 속에서 성숙되었던 것이다.

프레비시의 기본 사상은 아르헨티나 경제가 대공황의 영향에서 벗어나기 위해서는 기존의 시장 자율 기능에 더 이상 의존해서는 안 된다는 것이다. 대신 공공지출 확대나 수입 제한과 같은 교역통제 정책을 통해 정부가 시장에 적극적으로 개입해야 한다고 주장했다. 이런 프레비시의 사상은 CEPAL을 통해 체계화되었으며, 또한 CEPAL의 이론은 프레비시를 통해 널리 영향력을 발휘하게 되었다. 프레비시는 1949년에 연구책임자로 CEPAL과 처음 인연을 맺어 이듬해 1950년에는 총책임자로 임명되었고, 1964년 ILPES(라틴아메리카 경제사회 기획위원회)로 자리를 옮기기까지 CEPAL에 몸담았다. 따라서 CEPAL은 프레비시 사상의 인큐베이터이며, 프레비시는 CEPAL 이론의 가장 영향력 있는 전파자였다.

CEPAL은 UN 산하 **라틴아메리카 경제위원회**를 말한다. 미국은 처음에 라틴아메리카가 전쟁 피해 지역도 아니고, 또 이 지역을 미주기구(Organización de los Estados Americanos: OEA)를 통해 미국의 독자적 헤게모니하에 두고자 했기 때문에 UN 산하에 CEPAL을 설립하는 것에 대해 미온적 태도를 취했다. 그러나 라틴아메리카 국가들의 적극적 요구와 이 지역에서 미국의 지배적 위치를 견제하려는 유럽의 이해관계가 맞아떨어져, 1951년 결국 CEPAL은 UN의 정식기구로 설립되었다.

CEPAL이 UN에서 정식으로 설립되자 그것이 라틴아메리카 경제정책에 미치는 영향력은 매우 커졌다. 당시는 국제적으로 냉전이 치열했던 시기였기 때문에 미국의 대라틴아메리카 정책의 기조도 공산화를 막는 것이 주된 목표였다. 따라서 이 시기에는 UN에서도 라틴아메리카의 입장이 상대적으로 많이 반영되었고, 그로 인해 CEPAL의 위상도 높았다. 또한 CEPAL의 정책들은 UN을 통해 사실상 국제적 타당성과 보편성을 인정받았기 때문에 라틴아메리카 각국에 미치는 영향력이 매우 컸다. 따라서 CEPAL이 발전정책을 수립하면 각국 정부는 그에 따라 정책의 구체적 실현과 일정을 결정하는 것이, 1980년대까지 라틴아메리카 각국이 경제정책을 결정하는 일반적 형태였다. CEPAL은 교육을 통해 자신의 정책을 각국에서 실현할 인적 자원을 공급하는 역할도 맡았다. 그로 인해 라틴아메리카 각국에서 CEPAL의 영향력은 더욱 강화되었다. CEPAL은 이러한 과정을 통해 1980년대 외채위기 이후 IMF가 라틴아메리카 경제정책에 영향력을 강화할 때까지 라틴아메리카 각국의 경제정책 결정에서 사실상 주도적인 영향력을 행사했다.

2. 수입대체산업화의 성격

라틴아메리카 산업화의 성격은 한마디로 **수입대체산업화**라고 규정할 수 있다. 1960년대에 시작된 한국의 산업화를 **수출지향적 산업화**라고 한다면 라틴아메리카의 산업화는 수입대체를 위한 산업화이다. 즉, 자원과 국내 수요가 부족한 한국의 경우 산업을 발전시키기 위해 공산품의 수출은 절대적인 과제였다. 따라서 모든 산업화 정책은 수출을 확대하는 데 초점이 맞추어졌다. 반면 라틴아메리카의 경우 자원이 풍부하기 때문에 굳이 공산품을 수출해야 할 절박함이 없었다. 즉, 1차산품 수출을 지속하면서, 수입해서 쓰던 공산품만 국내에서 대신 생산해서 쓰게 되면, 교역조건 악화와 같은 문제도 해결하면서 동시에 산업화도 이룰 수 있다고 생각했다. 따라서 라틴아메리카의 산업화는 수입대체를 목표로 폐쇄적이고 내부 지향적이며 닫힌 경제를 추구하게 되었다. 그 성격은 <그림 2-1>에서 잘 드러난다.

<그림 2-1>에 따르면 한국은 수입과 수출이 전체 GDP에서 차지하는 비율이 거의 70%에 육박한다. 반면 라틴아메리카 국가들인 콜롬비아, 멕시코, 아르헨티나, 브라질은 20% 내외 수준에 머무르고 있다. 특히 브라질의 수치는 16%로서 1988년 인구 2,500만 명이 넘은 세계 26개국 중에서 가장 낮다. 조사 대상 국가 중 경제에서 대외 부문이 차지하는 비율이 라틴아메리카 국가들보다 낮거나 비슷한 나라는 방글라데시, 미국, 일본, 인도뿐이다. 물론 전반적으로 인구가 적은 국가일수록 국내에서 만들 수 있는 상품이 제한적이므로 수입과 수출에 대한 의존도가 높고, 인구가 많은 국가일수록 그 비율은 낮게 나타난다. 따라서 수입과 수출이 GDP에서 차지하는 비율이 25% 이하인 나라들을 보면 중국, 방글라데시, 미국, 일본, 인도 등 인구가 1억 명이 넘는다. 그러나 당시 라틴아메리카 국가들은 브라질을 제외하고 콜롬비아, 멕시코, 아르헨티나의 인구수가 1억 명 미만(콜롬비아와 아르

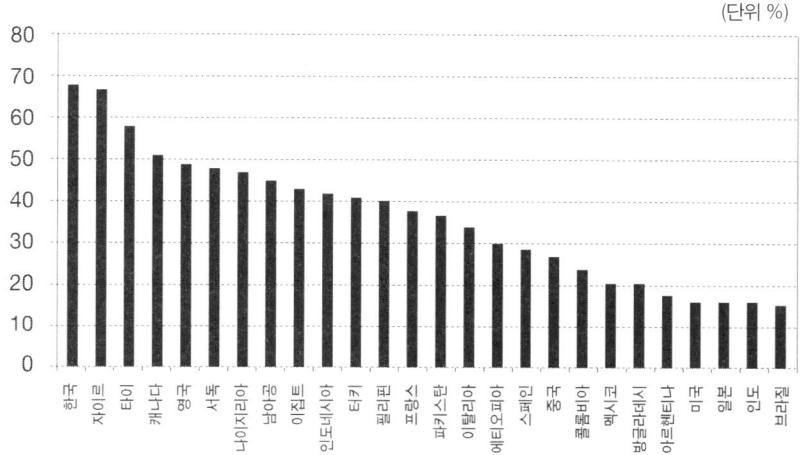

〈그림 2-1〉 GDP에서 수출과 수입이 차지하는 비율(인구 2,500만 명 이상 국가, 1988년)

(단위 %)

자료: 세계은행(1990).

헨티나는 5,000만 명 이하)이었음에도 불구하고 그 수치가 전체 조사 대상국 중에서 가장 낮게 나타났다. 이것은 1980년대까지 라틴아메리카 경제가 과도하게 내부 지향적이고 폐쇄적이었음을 말해준다.

　<그림 2-1>에서 알 수 있듯이 1980년대까지 라틴아메리카 산업화의 특징은 한마디로 내부 지향적·폐쇄적 성격의 수입대체산업화였다. 이는 수출 지향적인 한국의 산업화와는 완전히 다른 성격이라고 할 수 있다. 결론적으로, 아직도 여전한 1차산품 수출 의존과 수입대체산업화는 1980년대까지 라틴아메리카 경제를 특징짓는 가장 근본적인 요인이었다. 따라서 라틴아메리카 경제의 근원을 이해하기 위해 1차산품 수출과 수입대체산업화를 살펴보는 것은 매우 중요하다.

3. 수입대체산업화의 구체적 특징들

1) 보호무역주의 그러나 환율은 과대평가

수입대체산업화를 위한 가장 중요한 정책적 수단은 보호무역주의였다. 국제경쟁력이 없는 산업을 보호하고 국내에서 그 산업을 육성하기 위해서 무엇보다 다양한 보호주의 정책이 필요했다. 선진 산업국가들이 특정 사양 산업만을 보호하는 데 비해 라틴아메리카와 같은 개발도상국들은 심지어 산업 전 분야에 걸쳐 보호무역주의를 적용해야 했다.

보호주의를 위한 구체적 정책으로는 관세 및 비관세장벽이 있다. 비관세장벽으로는 수입금지, 수입쿼터제, 수입허가제, 국가보조 등이 널리 적용되었다. 대부분의 공산품 수입에는 높은 관세가 붙었지만, 꼭 수입해야 하는 식량이나 자본재, 중간재 등에는 수입허가제를 적용하여 관세를 낮게 책정했다.

그러나 이런 광범위한 국내 산업 보호정책을 실행했음에도, 수입을 억제하고 수출을 증대하는 데 가장 효과적인 수단 중 하나인 국내 화폐의 평가절하를 선택한 나라는 거의 없었다. 이는 라틴아메리카 수입대체산업화 정책의 또 다른 특징이기도 하다.

라틴아메리카 수입대체산업화의 바탕에는 1차산품 수출이 자리 잡고 있다. 즉, 1차산품 수출이 잘되어야 그 수익으로 국내 수요도 창출하고 필요한 자본재도 수입할 수 있다. 그러나 1960년대 이후, 전후 세계경제 붐이 끝남에 따라 라틴아메리카 1차산품 수출의 호황도 동시에 막을 내렸다. 따라서 1차산품 수출과 국내 수요에 의존하는 라틴아메리카의 산업화도 새로운 방향을 모색할 필요가 있었다. 화폐의 평가절하를 통해 국내 산업을 간접적으로 보호하고 수출도 촉진하는 정책이 필요했다. 그렇지만 라틴아메리카는

1960년대는 물론 1970년대에도 평가절하 정책을 추진하지 않았다. 그 이유는 무엇인가?

한 상품의 국제경쟁력은 상품의 질과 가격에 의해 결정된다. 그런데 상품의 질 향상은 장기적으로 끊임없는 기술개발에 의해 가능하다. 단기적으로 경쟁력에 영향을 미치는 것은 수입품과 수출품의 가격을 결정하는 환율이다. 따라서 환율은 단기적으로 수출 증대와 수입 감소를 위한 정책 수단으로서 매우 중요하다. 만약 기술 수준이 높지 않은 개발도상국이 수출을 증대하고 동시에 수입을 감소시키고자 한다면 평가절하를 단기적인 주요 정책 수단으로서 활용해야 한다.

그러나 1950년대 라틴아메리카의 경우 대부분의 국가들이 국내의 인플레이션에도 불구하고 고정환율제를 채택하여 자국 화폐의 평가절상을 유지했다. 1960년대 칠레와 브라질의 경우 제한적으로 변동환율제를 실시해 어느 정도 평가절상을 피하고자 했으나, 결국 국내 화폐의 무한적 가치 하락을 막기 위해 정부개입을 허용하게 되었고, 다시 평가절상이라는 문제에 빠졌다. 1970년대에는 브라질이 유연한 환율정책을 실시했지만, 그 외 대부분의 국가들은 여전히 평가절상을 유지했다(Cardoso y Helwege, 1993: 84~85).

자국 화폐의 평가절상을 유지함으로써 라틴아메리카는 다양한 보호주의 정책에도 불구하고 지속적으로 대규모 경상수지 적자를 감수해야만 했다. 심지어 라틴아메리카는 1980년대 외채위기의 상황에서도 평가절상 기조를 유지하기 위해 노력했다. 1990년대 신자유주의 안정화 경제정책의 기본적인 처방 중 하나도 바로 환율의 안정이었다.

1차산품 수출이 감소하고 자본재 수입이 증가함으로써 경상수지 적자가 심화되어갔지만 라틴아메리카가 자국 화폐의 평가절하를 통해 수출 증대와 수입 감소를 추진하지 못한 이유는 무엇보다 국내의 물가불안 때문이었다. 라틴아메리카는 수입대체산업화에도 불구하고 중간재와 자본재를 수입에 의존할 수밖에 없었다. 따라서 평가절하를 하게 되면 이들 수입품의 가격이 상승해 국내 산업화에 큰 타격을 주고, 국내 물가를 불안하게 만들며, 국내 생산비용을 증가시킴으로써 노동자의 해고와 같은 사태를 발생시킬 수 있었다. 따라서 평가절하는 수출 증대에는 기여할 수 있으나 내부적으로 물가상승과 고용불안을 일으켜 국민 삶의 수준을 하락시킴으로써 사회적 불안의 요인이 된다.

라틴아메리카 국가들이 1960년대와 1970년대에 수출 증가와 수입 감소를 위한 가장 효과적인 선택인 평가절하 정책을 쉽게 선택할 수 없었던 이유는 바로 여기에 있다. 물론 경상수지 적자의 누적에도 불구하고 1970년대까지 평가절상을 유지할 수 있었던 것은 외국 자본의 대량 유입을 가능하게 하는 자본수지 측면의 국제적 호조건이 있었기 때문이다. 따라서 국제금융 호조건의 종식이 수입대체산업화의 위기를 가져온 것은 당연한 귀결이었다.

2) 국가개입에 의한 산업 육성

라틴아메리카 산업화의 또 다른 특징은 국가가 산업 육성에 적극적으로 개입했다는 점이다. 물론 한국도 국가가 경제에 적극적으로 개입했지만 국가개입의 성격에서는 양자가 매우 다르다. 한국의 경우 국가가 경제에 적극적으로 개입하기는 했지만 경제개발계획 등을 통해 산업화를 후원하고 촉진하는 역할을 맡았을 뿐 전략적 산업을 제외하고 생산에 직접적으로 참여하지는 않았다. 국가는 금융 등의 메커니즘을 통해 민간기업을 통제했지만 스스로 생산자가 된 경우는 일부 전략산업을 제외하면 거의 없다.

반면 라틴아메리카에서는 국가가 생산에 직접 참여했다. 특히 석유, 에너지, 철강, 시멘트, 항공, 통신 등 전략산업은 거의 대부분 국가가 직접 소유

순위	멕시코	브라질	한국
1	PEMEX (국영)	Petrobras (국영)	삼성 (국내 민간)
2	Chrysler de México (외국인)	Petrobras Distribuidora (국영)	럭키금성 (국내 민간)
3	GM de México (외국인)	Shell Brasil (외국인)	대우 (국내 민간)
4	Teléfonos de México (국영)	Esso Brasil (외국인)	선경 (국내 민간)
5	Ford Motor Company (외국인)	Eletropaulo (국영)	쌍용 (국내 민간)
6	Altos Hornos de México (국영)	Cia Vale do Rio Doce (국영)	한국화약 (국내 민간)
7	Gigante (국내 민간)	Cia Energética São Paulo (국영)	포항제철 (국영)
8	Volkswagen de México (외국인)	Texaco (외국인)	현대자동차 (국내 민간)
9	Compañía Mexicana de Aviación (국영)	Cia Brasileira Distribução (국내 민간)	효성 (국내 민간)
10	Celanese mexicana (국내 민간)	Furnas Centrais Elétricas (국영)	현대중공업 (국내 민간)

자료: Gereffi(1990).

하고 운영했다. 또한 한국에서는 국가가 수출에서 가격경쟁력을 확보하기 위해 노조를 억압하고 임금을 억제하는 역할을 했다면, 라틴아메리카에서 국가는 수입대체산업화 발전에 필요한 국내 수요의 창출을 위해 노동자 임금 증가, 복지 증대, 사회적 서비스 확대와 같은 정책에 더 많은 노력을 기울였다. 산업화에서 국가가 경제에 적극적으로 개입했다는 측면에서 한국과 라틴아메리카는 유사하나, 그 역할은 완전히 다른 것이었다.

한국과 라틴아메리카의 기업 소유 형태를 비교해보면 그러한 차이는 분명해진다. <표 2-2>는 1987년 기준으로 한국과 라틴아메리카 주요 국가들의 10대 기업 중에서 국영기업이 차지하는 비중을 보여준다. 10대 기업

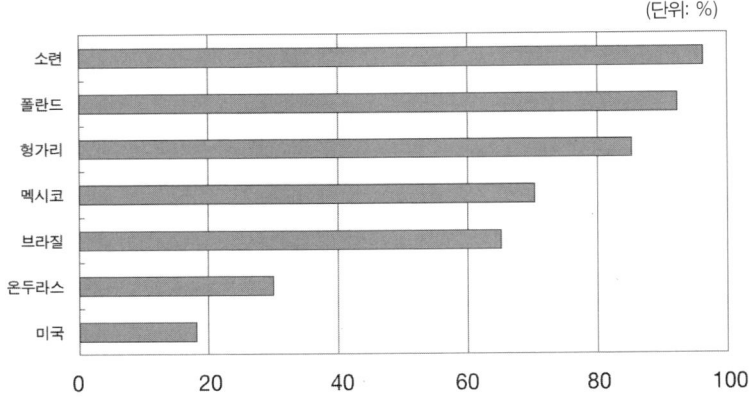

〈그림 2-2〉 1980년대 주요 국가 GNP에서 공공 부문이 차지하는 비율

(단위: %)

자료: Wiarda(1995: 114).

중 국영기업의 수는 한국이 1개인 것에 비해, 멕시코는 4개, 브라질은 6개
이다. 반면 국내 민간기업의 수는 한국이 9개인 데 반해, 멕시코는 2개, 브
라질은 1개에 불과하다. 한국 기업이 대부분 국내 민간기업의 소유였던 것
에 비해 라틴아메리카의 기업은 주로 정부 아니면 외국인 소유였다.

　10대 기업의 소유 형태에서 나타나는 이러한 차이는 국가 전체 GNP에
서 국영기업이 차지하는 비중을 살펴보면 더욱 명확하게 나타난다. <그림
2-2>는 소련 및 동구 사회주의권이 붕괴되기 이전 세계 권역별 주요 국가
들의 GNP에서 공공 부문이 차지하는 비율을 나타낸 것이다. <그림 2-2>
는 멕시코와 브라질의 GNP 대비 공공 부문의 비율이 각각 65%와 70%로
서 미국의 18%와는 엄청난 차이가 나는 반면, 사회주의권인 헝가리의
85%, 폴란드의 92%, 소련의 96%와는 거의 유사한 수준이었음을 보여준
다. 라틴아메리카 다른 국가들의 공공 부문 비율은 대게 적게는 30%(온두라
스), 많게는 70%(멕시코) 사이에 위치한다. 물론 볼리비아와 같이 공공 부문
의 비율이 거의 90%에 달하는 나라도 있다.

이 그림을 통해 알 수 있는 것은 멕시코와 브라질을 비롯해 대부분의 라틴아메리카 국가들에서 기업을 소유하는 것은 흔히 말하듯 외국 기업도 아니고, 그렇다고 국내 민간기업도 아닌 바로 국가라는 것이다.[2] 공공 부문의 비율이 20% 이하인 경우를 자유시장경제라 규정하고, 80%가 넘는 경우를 거의 사회주의경제라고 한다면, 그 중간에 있는 라틴아메리카의 경제구조는 '**국가독점자본주의**(Capitalismo monopolista del Estado)' 혹은 '**중상주의**'라 부를 수 있을 것이다. 이와 같은 생산에서 국가의 참여는 라틴아메리카 수입대체산업화 모델의 또 다른 특징이다.

3) 주로 현지시장 접근형인 외국인 투자기업

라틴아메리카의 산업화에 나타나는 또 다른 특징 중 하나는 외국인 투자기업의 중요성이다. 앞서 <표 2-2>에서 살펴본 대로 1987년 10대 기업 중 외국인 투자기업의 수는 멕시코가 4개, 브라질이 3개였다. 이와 같은 비중은 10대 기업 중 외국인 투자기업이 하나도 없는 한국과 비교할 때 결코 적은 것이 아니다. 라틴아메리카에서 국가가 전략적 산업을 거의 소유했다면, 자동차 산업이나 전자 산업과 같이 기술집약적인 산업은 대부분 외국인 투자기업들이 차지했다.[3] 예를 들어 라틴아메리카의 자동차, 컴퓨터, 전자,

---

2) 브라질의 경우는 소유의 형태가 좀 더 복잡하다. 브라질은 미국과 같은 연방주의 시스템이기 때문에 공공 부문 소유 65% 중에서 40%는 연방정부가, 20%는 주정부가, 나머지 5%는 시 등 지방정부가 각각 소유하고 있다.

3) 브라질의 10대 기업 중 외국인 투자기업은 주로 Shell, Esso, Texaco와 같은 석유 기업들이었다. 브라질이 석유와 같은 전략산업 부문에서 외국 기업의 진출을 허용한 것은 당시 석유 수입국으로서 석유의 자급자족 달성이라는 목표가 절박했기 때문이다. 그를 위해서는 외국 자본의 힘을 빌려서라도 석유개발을 가속화할 필요가 있었다. 최근 석유개발이 본격화되고 프레-살(Pre-sal)유전이 발견되면서 브라질은 석유의 자급자족을 달성했다. 그 후 브라질은

자동차 타이어, 화학, 담배 등의 부문은 거의 외국인 투자기업들이 장악했다고 해도 과언이 아니다. 대표적으로 1990년대 중반 라틴아메리카 100대 기업 중 자동차 부문에 속하는 12개 기업 중 10개 기업이 외국인 투자기업의 소유였고, 단지 2개 기업만이 국내 민간기업의 소유였다. 전자 및 컴퓨터 산업에서는 200대 기업에 속하는 9개의 기업 중 7개 기업이 외국인 투자기업 소유였고, 국내 민간기업이 소유한 것은 단지 2개뿐이었다(≪아메리카에 코노미아≫, annual edition, 1995/1996).

물론 1차산품 위주인 라틴아메리카 경제에서 기술집약적인 산업이 차지하는 비중은 상대적으로 크지 않기 때문에, 전체 경제 규모에서 외국인 투자기업이 차지하는 비중은 국영기업의 비중에 훨씬 미치지 못한다. 그러나 반대로 외국인 투자기업들이 주로 기술집약적인 산업에 치중되어 있다는 것은 이 부문에서 외국인 투자기업들의 비중이 절대적이라는 것을 의미한다. 따라서 라틴아메리카에서 국내 민간자본은 외국인 투자기업과의 합작에 참여하거나,[4] 혹은 유통과 같은 서비스 업종에서 겨우 자신의 영역을 확보할 수 있었다.

물론 한국도 기술집약적 산업의 경우 산업화 초기에 외국 자본과의 합작투자가 불가피했다. 그러나 한국 기업들은 점차적으로 기술이전 등을 통해 외국 자본과 합작투자했던 기업을 순수한 한국 기업으로 만들려고 노력했고, 또 그러한 목표를 대부분 달성했다. 현대자동차는 처음에 포드 등과 합작하여 자동차산업 기술을 배웠고, 그를 바탕으로 자동차 산업의 국산화를 시도하여 현재 대부분 국내 기술로 만든 자동차를 수출까지 하고 있다. 반면 라틴아메리카에서는 그러한 노력조차 찾아보기 힘들었다. 한국보다 훨

___

석유산업 부문에서 국영석유회사인 페트로브라스의 지배력을 점점 더 강화했고, 상대적으로 외국인 투자기업들의 비중은 크게 감소했다.

4) 외국인 투자기업들의 투자는 대부분 국내 자본과 50 대 50의 합작투자로만 허용되었다.

씬 일찍 자동차 산업이 시작되었던 멕시코에서는 아직도 여전히 외국인 투자기업이 자동차 산업을 지배하고 있다. 이러한 차이야말로 바로 양국 산업화의 본질적 성격을 드러낸다고 할 수 있다.

또한 외국인 투자기업들의 성격에서도 한국과 라틴아메리카 사이에는 명백한 차이가 있다. 우선 한국에 투자하는 외국인 투자기업들은 해외 생산 거점형으로서, 싸고 질 좋은 노동력을 이용해 생산된 제품을 미국과 같은 제3의 시장에 수출하기 위한 목적을 가지고 있다. 따라서 주로 중소기업형 투자가 많고, 투자도 소수 지분 참여가 대부분이다. 반면 라틴아메리카에서 외국인투자는 현지시장 접근형이다. 이런 형태의 외국인 투자기업은 주로 기술집약적 산업에 치중하고, 대부분 대기업이며, 다수 지분을 소유하고, 생산된 상품도 현지시장에서 소비시키는 것이 일반적이다.[5] 외국인 투자기업의 성격에서 나타나는 이러한 차이는 뒤에서 다시 살펴보겠지만 그 나라의 경제에 미치는 영향에서도 큰 차이를 보인다.

4. 수입대체산업화의 결과

1930년대부터 1980년대까지 라틴아메리카에 적용되었던 수입대체산업화 모델은 지역경제에 많은 영향을 미쳤다. 그리고 그 결과는 긍정적인 면과 부정적인 면을 동시에 갖고 있다. 오늘날 라틴아메리카 경제가 쇠퇴한

---

5) 최근 라틴아메리카, 특히 멕시코의 경우 외국인투자의 형태가 현지시장 접근형에서 벗어나 무역장벽 회피형으로 바뀌고 있다. 1990년대 이후 멕시코에서 외국인투자는 **북미자유무역협정**(NAFTA)을 활용하여 미국 시장에 수출하기 위한 형태가 주를 이루었다. 이러한 투자는 주로 기술집약형이지만 노동집약형도 없진 않다. 무역장벽 회피형 외국인투자에서도 외국인은 주로 다수의 지분을 소유한다.

이유는 근본적으로 1차산품 수출 의존에서 벗어나지 못한 데 있지만, 직접적으로는 수입대체산업화 모델이 실패했기 때문이다. 그렇다면 수입대체산업화 모델이 라틴아메리카 경제에 남긴 유산은 무엇인가?

1) 수입대체산업화의 긍정적 결과

수입대체산업화가 라틴아메리카 경제에 미친 가장 긍정적인 결과는 무엇보다 라틴아메리카의 산업구조를 1차산업에서 2차산업으로 변화시킨 데 있다. 물론 수출에서는 여전히 1차산품이 중심이지만, 국내 산업구조에서는 상당한 변화가 야기되었다. 무엇보다 전체 산업에서 차지하는 농업 비중의 감소로 농업에 종사하는 노동력이 눈에 띄게 줄어들었다. 1956년 아르헨티나 인구의 26%가 농업에 종사했었다면 1980년에는 13%만이 농업에 종사했다. 브라질에서는 농업 종사자의 비율이 1940년 70%에서 1980년 31%로 감소했다. 칠레의 농업 종사자 비율은 1940년 41%에서 1980년 16%로, 멕시코의 비율은 같은 기간 63%에서 37%로 감소했다. 농업에 종사하는 노동력의 감소는 산업화로 인해 농업에 종사했던 노동력이 2차산업으로 이전되었음을 말해준다(Cardoso y Helwege, 1993: 98).

수입대체산업화의 또 다른 성과는 소비재 수입의 감소이다. <표 2-3>에서 볼 수 있듯이 브라질의 소비재 수입 의존도는 1949년 9.0%에서 1959년 1.9%로 감소했고, 멕시코에서는 1950년 2.4%에서 1960년 1.3%로 줄었다. 따라서 1960년대 무렵 라틴아메리카에서 가장 산업이 발전했던 브라질과 멕시코의 경우 더 이상 소비재를 외국에서 거의 수입하지 않아도 괜찮게 되었음을 알 수 있다. 그러나 소비재와 달리 자본재와 중간재의 수입 의존도는 여전히 높다. 특히 자본재의 경우 국내 수요의 반 정도를 여전히 수입에 의존하고 있다. 중간재와 자본재의 수입 의존도는 브라질에서 각각

<표 2-3> 브라질과 멕시코의 부문별 수입 의존도(1949~1960년)

(단위: %)

구분		소비재	중간재	자본재
브라질	1949년	9.0	25.9	63.7
	1959년	1.9	11.7	32.9
멕시코	1950년	2.4	13.2	66.5
	1960년	1.3	10.4	54.9

자료: Cardoso y Helwege(1993: 99).

25.9%에서 11.7%로, 63.7%에서 32.9%로 감소했고, 멕시코 역시 각각 13.2%에서 10.4%로, 66.5%에서 54.9%로 감소했다.

수입대체산업화의 또 다른 성과는 사회복지의 확대이다. 수입대체산업화는 기본적으로 국내 수요에 의존하기 때문에 산업화를 성공적으로 유지하기 위해서 국내 수요를 지속적으로 창출할 필요가 있었다. 따라서 임금 인상이나 빈곤층 대책 등 다양한 사회정책들이 확대되었다. 이른바 포퓰리즘이라는 정치체제 아래서 이러한 사회복지의 확대는 여러 가지 문제점에도 불구하고 수입대체산업화의 또 다른 긍정적 결과로 평가받는다.

그러나 수입대체산업화의 사회복지 확대에 대한 비판적 주장도 제기되었다. 세계경제가 호황이었던 시기에 만약 라틴아메리카가 자유시장경제 정책을 적용했더라면 수입대체산업화 모델이 사회복지에서 획득한 성과보다 더 큰 성과를 얻을 수 있었을 것이라는 주장이다. 그러나 국내 수요를 강조하는 수입대체산업화보다 자유시장경제가 대중에게 더 많은 혜택을 줄 수 있었을 것이라는 가정은 역사적으로 볼 때 현실적 타당성이 별로 없어 보인다. 따라서 사회보장제도의 확산은 그 자체로 수입대체산업화의 가장 큰 성과 중 하나라고 보아도 무방할 것이다. 물론 국가의 재정 능력을 넘어서는 과도한 사회정책의 확대는 또 다른 문제를 야기하기도 한다.

2) 수입대체산업화의 그림자

수입대체산업화에 대한 비판은 1940년대에 이미 좌파와 우파 양 진영에서 시작되었다. 좌파는 수입대체산업화가 산업자본가와 다국적기업의 권력을 강화하는 한편, 산업화를 위해 농업을 희생시킴으로써 당시로서는 다수인 농민에 대한 착취를 영구화한다고 비판했다. 우파는 수입대체산업화가 자원의 부적절한 분배를 야기한다고 비판했다. 즉, 라틴아메리카가 전통적으로 비교우위에 있는 1차산업을 외면하고 2차산업에 투자를 집중하는 것은 경제적으로 비효율적이라는 주장이다.

수입대체산업화에 대한 이런 이데올로기적 비판을 넘어, 우리는 여기서 그 실제 결과를 통해 수입대체산업화의 부정적 측면을 살펴보고자 한다. 수입대체산업화의 부정적 측면으로는 첫째, 수입대체산업화의 주요 정책이었던 보호무역주의가 산업의 비효율성을 가져왔다. 라틴아메리카는 수입대체산업화로 인해 거의 대부분의 소비재를 국내에서 생산할 수 있게 되었다. 그러나 문제는 그러한 소비재 상품의 경쟁력이 질과 가격 모든 면에서 다른 나라 제품에 비해 크게 떨어졌다는 점이다. 국내시장에서 거의 독점적 지위를 누렸던 라틴아메리카의 소비재는 그와 같은 특권을 누릴 수 없는 국제시장에서는 경쟁력이 없었다.

둘째, 자본이 산업에 집중됨에 따라 농촌이 황폐화되었다. 수입대체산업화 기간에 농업은 두 가지 측면에서 어려움에 직면했다. 하나는 도시 노동자들의 소비 수준을 유지하는 데 필요한 물가안정을 위해 환율의 과대평가를 유지함에 따라 농업 수출의 수익이 감소한 것이다. 다른 하나는 노동자들의 임금인상을 억제하는 수단으로 그들의 주요한 소비 품목인 농산물의 가격을 통제함으로써 농업이 희생된 것이다. 즉, 수입대체산업화는 기본적으로 농촌의 희생을 통해 도시의 산업화를 추진했다. 이를 두고 농촌에 대한 도시의 '**내부식민주의**(Colonialismo interno)'라 부르기도 한다. 결과적으로 농민들이 일자리를 잃고 도시로 대규모 이전을 하는 현상이 발생했다. 또한 전통적 수출산업이었던 농업이 붕괴됨으로써 주요한 외화 획득원이 상실되기도 했다.

셋째, 가장 심각한 문제로 예산적자가 확대되었다. 수입대체산업화는 국가가 주도적 역할을 담당했다. 즉, 국가가 생산도 담당하고 소비도 책임지는 산업화였다. 따라서 산업화를 육성하기 위해 정부는 지속적인 지출 증대가 불가피했다. 국영기업은 수익보다는 공익적 목적(예를 들면, 직업 창출이나 사회복지서비스 제공)의 달성이 우선이기 때문에 기본적으로 적자를 낼 수밖에 없는 구조였다. 또 국영기업에서 발생한 모든 적자는 결국 정부재정의 부담이었고, 소비 확대를 위한 사회지출의 확장도 결국 정부지출의 확대를 통해서 가능했다. 처음에는 1차산품 수출의 호황으로 정부의 재정수입이 확대되어 정부지출에 어려움이 없었지만, 점차 1차산품 수출로 인한 세수가 감소하면서 재정적으로 어려워지기 시작했다.

1970년대부터는 외자도입을 통해 부족한 재원을 충당했다. 그러나 그것도 부족한 경우에는 정부가 화폐를 발행하는 이른바 **시뇨리지**(Señoreaje, 화폐 주조를 통해 통치자가 얻는 이익) 행위를 통해서 산업화를 지탱했다. 이러한 행위는 당연히 화폐량을 증대시켰다. 그리고 그것은 결국 1980년대에 외채위기와 함께 진행된 심각한 인플레이션을 야기하게 되었다.

넷째, 산업에 대한 투자를 촉진하기 위해 낮은 이자율 정책을 유지함으로써 낮은 저축률과 자본의 해외도피라는 문제를 동시에 발생시켰다. 낮은 이자율 정책은 원래 목적한 대로 산업에 대한 투자를 증가시켰다. 그러나 환율이 불안하고 이자율도 낮은 상황에서 라틴아메리카의 자본은 국내 은행에 저축되기보다 대부분 해외로 빠져나갔다. 이는 자본이 부족한 라틴아메리카 경제에 어려움을 더욱 가중시켰다.

다섯째, 이중 산업구조로 인해 다수 노동자에게 피해가 발생했다. 라틴아메리카에는 자동차 산업과 같은 첨단 자본집약산업과 원시적 가내공업이 여전히 공존한다. 자동차 산업이나 석유 산업과 같은 국가 전략산업에 종사하는 노동자들은 강력한 노조를 바탕으로 높은 수준의 임금과 노동조건을 누린다. 그로 인해 라틴아메리카에서 잘 조직된 노조가 있는 공기업이나 기술집약적인 외국인 투자기업에 종사하는 노동자들은 흔히 중산층으로 간주된다. 그러나 문제는 이런 기업에 고용되는 사람이 전체 노동자 중 일부에 불과하다는 것이다. 또한 이들 기업은 대부분 자본과 기술집약적 산업에 치중하기 때문에 고용 효과가 크지 않다. 따라서 여전히 높은 증가율을 보이는 라틴아메리카의 노동인구를 이들 기업이 충분히 흡수하는 것은 불가능하다. 더 심각한 문제는 그들이 높여놓은 임금이나 노동조건으로 인해 노동집약적 산업에의 투자가 어려워졌고, 그로 인해 노동집약적 분야에서 고용 기회마저 감소했다는 것이다. 결국 노동시장의 상황과 동떨어진 정부의 산업화 정책으로 인해 다수의 노동자들은 직업을 갖지 못한 채 실업자가 되거나 노동조건이 현격히 떨어지는, 즉 법의 보호를 받을 수 없는 비공식 부문에서 일할 수밖에 없게 되었다. 그래서 라틴아메리카에서는 오히려 자동차 산업과 같은 자본집약적 산업을 육성하기 이전에 먼저 단계적으로 노동집약적 산업을 발전시켜야 했다는 주장이 설득력 있게 들리기도 한다.

마지막으로 여섯째, 외국인 투자기업들도 긍정적 결과만을 가져온 것이 아니었음을 지적할 필요가 있다. 라틴아메리카는 소비재의 국내 생산이라는 목표를 달성하기 위해 자동차나 전자와 같은 기술집약적 부문에서 외국인 투자기업을 끌어들일 필요가 있었다. 외국인 투자기업은 소비재의 국내 생산이라는 소기의 목적을 달성하는 데는 기여했지만 모든 면에서 긍정적이지만은 않았다. 무엇보다 외국인 투자기업의 투자는 장기적으로 외자의 순유출 효과를 유발했다. 외국인투자는 초기에 외화자본의 유입 효과가 있었으나 점차적으로 발생한 이익금을 자국으로 대량 환수해감에 따라 결과적으로 국제수지에 마이너스 효과를 가져왔다. 이는 **종속경제의 탈자본화**로 설명될 수 있다.

게다가 외국인 투자기업들은 대부분 자본집약적 산업에 있었기 때문에 고용창출 효과도 그다지 크지 않았다. 상부의 주요 직책들은 대부분 외국인이 차지하고 현지인은 기껏해야 하부의 사무직에 머물러야 했다. 그뿐만 아니라 앞서 살펴본 대로 라틴아메리카에 투자한 외국인 투자기업은 대부분 현지시장 접근형으로서 라틴아메리카의 내수시장을 겨냥한 생산을 했기 때문에 수출에 기여한 면도 거의 없다. 오히려 생산에 필요한 자본재와 원자재를 그들의 모국에서 수입함에 따라 무역수지에 마이너스 효과를 가져왔다.

종속경제의 탈자본화

라틴아메리카는 자신의 경제적 어려움을 설명하는 이론적 도구로서 종속이론을 개발했다. 1960년대와 1970년대에 유행했던 종속이론의 핵심은 라틴아메리카 경제가 종속이라는 상황 때문에 절대 서구자본주의처럼 될 수 없다는 것이다. 즉, 서구자본주의와 라틴아메리카의 종속자본주의는 동전의 양면과 같이 서로 밀접하게 연결되어 있지만 절대 서로 같아질 수 없다는 주장이다. 라틴아메리카 경제의 종속은 수입대체산업화 시기에 외국 다국적기업을 통한 탈자본화 현상으로 나타났다. 종속이론에는 비판적 태도를 취하는 정통 좌파인 아구스틴 쿠에바(Augustín Cueva)도 탈자본화 상황에 대해서 다음과 같이 인정했다.

제2차 세계대전 동안 세계자본주의 체제 속에서 헤게모니를 명백하게 구축한 미국은 그때부터 라틴아메리카 대륙으로 가지를 확장하기 시작했다. 그들은 이미 1950년대 이전부터 지배해왔던 광물, 석유와 같은 수익성 있는 광산업의 채굴 활동을 포기하지 않았다. 또한 오래전부터 소유해왔던 플랜테이션이나 복합농업에도 관심을 버리지 않았다. 그럼에도 불구하고 지금 그들의 눈은 산업과 금용 부문에 맞추어져 있다.

1945년 라틴아메리카의 제조업 부문에서 활동한 미국의 자회사 수는 182개였다. 1950년에는 그 수가 259개, 1955년에는 357개로 늘어났다. 이 무렵부터 그 수는 어지러울 정도로 증가했다. 1960년에 미국 자회사의 수는 612개였고, 5년 후에는 888개가 되었다. 절대적 기준으로 라틴아메리카 산업에 투자된 미국 자본은 1950년 7억 8,000만 달러에서 1965년 27억 4,100만 달러로 증가했다. 그와 함께 산업 부문에서 미국의 통제는 더 공고해졌고, 라틴아메리카의 종속 경제도 새로운 국면을 맞이했다.

한편 미국의 은행들도 확장의 대열에 참가했다. 1955년 미국의 은행들이 라틴아메리카 총 10개국에 진출했었다면, 1967년에는 카리브 지역을 포함해 그 수가 22개국으로 늘어났다. 지점의 수도 56개에서 134개로 증가했다.

교역조건이 악화되던 바로 그 시점에, 미국의 직접투자는 1951~1955년의 5년 동안 총 16억 6,000만 달러였던 것이 1956~1960년의 5년 동안 31억 1,700만 달러로 크게 증가했다. 교역조건의 악화로 인한 자본의 '부족'이 그로 인해 보전될 수 있었던 것으로 보인다. 같은 시기에 자본의 해외 차입도 현저히 증가했다. 해외금융은 1946~1949년 국내 총투자의 3.3%를 차지한 데 이어, 1950~1954년에는 4.9%, 1955~1961년에는 9.3%로 증가했다.

그러나 이러한 보전은 라틴아메리카 경제의 실질적 탈자본화 과정을 감추는 환상에 불과한 것이었다. CEPAL은 1949년에서 1952년 사이에 실현된 투자의 60%가 기존 투자 수익의 재투자라고 지적했다. 1929년까지 단지 6% 정도의 수익을 올렸던 외국인 자본은 연평균 20% 이상의 고수익을 올리게 되었다. 따라서 이 시기의 외국인투자는 대부분 그러한 초과 수익을 단순 재투자한 것에 불과하다. 사실 1956년에서 1960년까지 외국인 투자기업이 수익 송금, 차입금 이자 등을 통해 라틴아메리카에서 유출한 자본은 투자로 유입된 자본보다 63억 1,600만 달러나 더 많았다. 1961년에서 1968년 사이 라틴아메리카에서 미국 자본의 순유입은 115억 달러였던 반면에 순유출은 145억 달러로 증가했다. 단지 이 시기에만(1961~1968년) 30억 달러의 탈자본화가 이루어진 것이다(Cueva, 1990: 193~196)

5. 수입대체산업화의 종식

수입대체산업화의 전성기는 1940년대에서 1960년대 초까지였다. 이 시기 라틴아메리카는 평균 4.5%의 성장을 이룩함으로써 19세기 말 20세기 초의 1차산품 수출 '황금시대'에 이어 또다시 새로운 '황금시대'를 맞이했다. 새로운 '황금시대'에는 물가 상승률도 상대적으로 낮았으며, 문맹률, 유아 사망률, 상하수도 보급률 등 다양한 사회적 지표가 향상되었다.

수입대체산업화 모델에 처음으로 위기의 징후가 나타난 것은 1960년대 초였다. 1960년에서 1967년 사이 일인당 국민소득은 평균 2.1% 증가했으나, 이러한 증가세는 선진국의 3.7%, 아시아의 6.4%에 비하면 상대적으로 낮은 수치였다. 물가 상승률은 상대적으로 높게 나타났다. GDP 성장률도 상대적으로 낮았다. 라틴아메리카 수입대체산업화의 위기였던 1965년에서 1990년 사이 한국과 라틴아메리카 주요 국가의 성장률을 비교해보면 그 차이는 확연하다. 한국의 평균 성장률이 7.1%였던 것에 비해 라틴아메리카에서는 가장 상황이 좋았던 브라질조차 3.3% 성장하는 데 그쳤다. 아르헨티나와 베네수엘라의 평균 성장률은 마이너스를 기록했다(<표 2-4> 참조).

제2차 세계대전 이후 전후 복구에 따른 경제적 붐이 끝남에 따라 라틴아메리카의 1차산품 수출도 어려움에 직면하게 되었다. <표 2-5>에서 보듯이 1970년대부터 원유를 제외한 모든 1차산품의 교역조건이 악화되었다. 그로 인해 수입대체산업화도 위기에 직면하게 되었다. 수입대체산업화의 발전은 기본적으로 1차산품의 수출과 밀접한 관계가 있었다. 수입대체산업화의 기반이 되는 국내 수요의 창출은 정부재정이 확대되어야 가능했고, 정부재정은 1차산품 수출에 의존했기 때문에 수입대체산업화의 운명도 결국은 1차산품의 수출에 달려 있었던 것이다. 또한 수입대체산업화를 위해서는 자본재를 계속 수입해야 했기 때문에 1차산품 수출의 교역조건 악화는

(단위: %)

국가	1965~1990년	1990~2000년	2000~2004년
한국	7.1	5.8	4.7
아르헨티나	-0.3	4.3	-0.1
브라질	3.3	2.9	2.0
칠레	0.4	6.6	3.7
멕시코	2.8	3.1	1.5
베네수엘라	-1.0	1.6	-1.2

자료: 세계은행(1992; 2006).

그대로 대외수지의 악화로 나타났다.

이러한 어려움을 극복하기 위해서 1960년대에 브라질과 콜롬비아 등은 수출 증대를 통해 돌파구를 찾으려고 노력했다. 고정환율제에서 탈피해 평가절하를 시도하기도 했으나 인플레이션의 압박으로 인해 그러한 정책을 지속할 수 없었다. 이러한 상황에서 벗어나기 위해 라틴아메리카가 취할 수 있는 선택은 수출 증대를 위한 평가절하와 긴축정책을 동시에 실시하는 것이었다. 그러나 두 정책 모두 높은 사회적 비용을 요구하기 때문에 쉽사리 선택할 수 있는 대안이 아니었다.

1970년대에 그러한 정책을 제대로 실시한 나라는 라틴아메리카에서 칠레가 유일했다. 칠레는 아옌데(Salvador Allende)의 사회주의 실험을 1973년 쿠데타로 눌러버린 피노체트(Augusto Pinochet)의 철권정치 아래서 재정긴축을 단행할 수 있었고, 개방을 통한 수출확대 전략도 동시에 펼쳐나갔다. 그러나 칠레를 제외한 라틴아메리카의 다른 어떤 나라도 1970년대에 그런 과감한 정책을 채택하지는 못했다. 브라질, 아르헨티나 등 칠레와 마찬가지로 군부가 정권을 장악하고 있던 나라에서도 상황은 마찬가지였다. 아르헨티나와 우루과이 등의 군부정권이 1970년대에 잠시 긴축정책을 실시하기는

구분	1970년	1980년	1990년	1995년	2000년	2001년	2002년
식료품	166	177	100	100	87	91	97
농산물 원료	130	133	100	116	93	81	89
광물	144	120	100	87	85	80	78
원유	19	204	100	64	127	113	117

자료: 세계은행(2006).

했으나 칠레처럼 지속적이지는 않았다. 1960년대부터 등장한 라틴아메리카의 군부정권은 공산주의의 위협에 대응하기 위한 것이었지, 새로운 경제 모델의 적용을 위한 것이 아니었다.

다만 1960년대에 이미 한계를 드러내기 시작한 수입대체산업화 모델이 1970년대에도 지속될 수 있었던 것은 1970년대에 넘쳐난 오일달러 때문이었다. 오일쇼크 이후 생성된 오일달러는 서구 경제가 침체한 상황에서 적절한 투자처를 찾지 못했다. 미국이나 런던 국제금융시장의 실질 이자율은 거의 마이너스 수준에 달했다. 따라서 라틴아메리카는 싼 자본을 손쉽게 유입할 수 있었고, 자본수지 흑자를 통해 경상수지 적자를 메울 수 있었다. 수입대체산업화 모델은 이를 통해 단지 생명을 좀 더 유지할 수 있었다.

그러나 그 결과는 참담했다. 1975년 GDP 대비 19%였던 라틴아메리카의 외채는 1982년 46%로 증가했다. 외채의 증가는 결국 1980년대 미국의 이자율 상승과 함께 라틴아메리카 외채위기의 주요한 요인이 되었다. 50년 이상 유지해온 라틴아메리카의 수입대체산업화 모델도 결국 외채위기와 함께 막을 내리게 된다.

참고문헌

AméricaEconomía, Annual edition. 1995/1996.

Cardoso, Eliana y Ann Helwege. 1993. *La Economía Latinoamericana: Diversidad, Tendencias y Conflictos.* México: F.C.E.

Cueva, Agustín. 1990. *El Desarrollo del Capitalismo en América Latina,* 13a. ed. *aumentada.* México: Siglo XXI. (초판: 1977)

Gereffi, Gary. 1990. "Big business and the State" in Gary Gereffi and Donald L. Wyman. *Manufacturing Miracles: Paths of Industrialization in Latin America and East Asia.* New Jersey: Princeton University Press. pp. 90~109.

Naciones Unidas. 1994. *Postwar Price Relations in Trade Between Underdevelopment and Industrialized Countries.* Documento E/CN.1/Sub.3/w5.

Prebisch, Raúl. 1994. "El desarrollo económico de la América Latina y algunos de sus principales problemas." en Ruy Mauro Marini y Margara Millán(Compiladores). *La Teoría Social Latinoamericana: Textos escogidos. Tomo I. De los orígenes a la CEPAL.* CELA/UNAM. (초판: 1949)

Wiarda, Howard J. 1995. *Latin American Politics.* Belmont, California: Wardsworth Publishing Company.

World Bank. 1990. *World Tables.* Washington, D. C.: World Bank.

_____. 1992. *World Development Report 1992.* Washington, D. C.: World Bank.

_____. 2006. *2006 World Development Indicators.* Washington, D. C.: World Bank.

–

2부

라틴아메리카 경제는
체질을 개선했는가?

(1980~1990년대)

–

3장 '잃어버린 10년(Década Perdida)': 외채위기와 인플레이션(1980년대)

|단원 핵심 주제|

• 외채위기가 발생한 원인은 무엇인가?
• 외채위기를 해결하기 위해 어떤 처방이 필요했는가?
• 인플레이션의 원인은 무엇인가?
• 비정통파와 정통파의 안정화 정책에는 어떤 차이가 있는가?

1차산품 수출의 정체와 교역조건의 악화, 수입대체산업화 모델의 실패로 인해 1980년대에 라틴아메리카는 이른바 '잃어버린 10년'을 경험해야만 했다. <표 3-1>에서 보듯이 콜롬비아와 칠레를 제외한 라틴아메리카 국가 대부분은 1981년에서 1989년 사이 일인당 국민소득 0% 이하의 성장을 기록했다. 페루, 볼리비아, 베네수엘라 등 광산물 수출 국가의 쇠퇴는 그 정도가 더 컸다. 이들 국가의 일인당 국민소득은 3% 이상 감소했다. 라틴아메리카 전체로는 일인당 국민소득이 1% 감소했다. 이 시기에 투자 감소는 더 심각한데, 아르헨티나의 경우 일인당 투자가 12.9%나 감소했다. 칠레만이 0.2% 증가했을 뿐이다. 라틴아메리카 평균도 5.4% 감소했다. 이 지표만으로도 라틴아메리카의 1980년대를 왜 '잃어버린 10년'이라고 부르는지 충분히 알 수 있다.

'잃어버린 10년' 동안 라틴아메리카 경제가 직면해야 했던 가장 심각한 문

<표 3-1> 라틴아메리카 주요 국가의 연평균 성장률(1981~1989년)

(단위: %)

국가	일인당 국민소득	일인당 소비	일인당 투자
아르헨티나	-2.9	-3.0	-12.9
볼리비아	-3.4	-3.0	-8.2
브라질	0.0	0.0	-3.5
콜롬비아	1.7	1.1	-0.9
코스타리카	-0.7	-0.9	-2.6
칠레	1.0	0.2	0.2
에콰도르	-0.1	-0.4	-7.2
온두라스	-1.4	-1.1	-6.7
멕시코	-1.1	-0.9	-5.9
페루	-3.1	-2.6	-7.6
우루과이	-0.8	-0.3	-8.8
베네수엘라	-3.1	-3.0	-9.8
라틴아메리카	-1.0	-1.1	-5.4

자료: CEPAL(1989); BID(1990).

제는 외채와 인플레이션이었다. 따라서 이 장에서는 라틴아메리카가 1990년대 신자유주의 시장경제개혁으로 가는 길목이었던 1980년대의 외채위기와 인플레이션 문제를 분석하고자 한다. 이를 위해 우선 외채위기와 인플레이션의 원인을 파악하고 그에 대응하기 위한 정책들의 차이를 분석할 것이며 정책들의 실제 적용 사례를 살펴봄으로써 왜 라틴아메리카가 1990년대에 시장경제개혁으로 나아갈 수밖에 없었는지를 이해해보고자 한다.

1. 외채위기

1) 라틴아메리카의 외채 문제는 얼마나 심각했나?

외채 문제의 심각성을 나타내는 지표는 여러 가지가 있다. 단순히 외채의 총액이 많다고 해서 외채 문제가 심각한 것은 아니다. 세계에서 외채 총액이 가장 많은 나라는 미국이지만 미국에서 외채위기가 발생한 적은 없다. 여기에는 물론 다양한 원인이 있겠지만 외채 총액이 단순히 외채의 심각성을 나타내는 것이 아님은 분명하다. 외채 문제의 심각성을 알아보는 데는 그 나라의 경제 규모에 비해 외채가 어느 정도 수준인가를 살펴보는 것이 매우 중요하다. 즉, GDP 대비 외채의 비율은 현재 외채 문제의 심각성을 따져보는 첫째 기준이다.

다음으로 중요한 것은 수출 대비 외채이자지급 비율을 살펴보는 것이다. 이러한 수치는 어떤 나라가 외채지급을 제대로 할 수 있는지, 혹은 미래에 외채가 얼마나 더 증가할 것인지 등을 가늠해볼 수 있는 중요한 근거가 된다. 수출과 외채이자지급은 모두 경상수지에 포함된다. 따라서 아무리 수출을 많이 하더라도 소득수지에서 외채이자지급으로 인해 대규모 적자가 난다면 경상수지는 결국 적자를 면치 못할 것이다. 그리고 경상수지 적자는 결국 다시 외채 증가의 중요한 요인이 된다. 따라서 수출 대비 외채이자지급의 비율이 높을수록 그 나라의 외채지급 위험도는 높고, 미래의 외채 증가 가능성도 높은 것으로 판단할 수 있다. 그 외에도 외채 문제의 심각성을 나타내는 지표는 많이 있으나, 1980년대 라틴아메리카 외채 문제의 심각성을 보여주는 데에는 두 가지 지표만으로도 충분하다.

1997년 한국 외환위기 상황과 비교해보면 라틴아메리카 외채 문제의 심각성은 더욱 명확하게 드러난다. 우선 1997년 당시 한국의 외채는 세계은

〈표 3-2〉 라틴아메리카 주요 국가의 외채와 외채이자지급(1989년)

(단위: 십억 달러, %)

국가	총외채	외채/GDP	이자 지급/총수출
아르헨티나	61.9	60.5	27.5
볼리비아	5.8	135.5	17.2
브라질	112.7	30.7	36.1
코스타리카	4.6	100.0	13.4
칠레	18.5	96.6	15.1
에콰도르	11.5	113.3	12.7
온두라스	3.4	81.9	15.6
멕시코	102.6	58.0	27.3
페루	19.9	47.3	5.6
우루과이	4.5	50.1	18.3
베네수엘라	34.1	57.7	24.1
라틴아메리카	**434.1**	**53.6**	**22.3**

자료: 세계은행(1990).

행 기준으로 1,208억 달러로서 당시 GDP 4,766억 달러의 26% 수준이었다
(IMF식 대외지불부담 기준으로는 외채 총액이 1,774억 달러로 GDP 대비 37%였다).
그리고 수출 대비 이자 및 이윤 송금액은 1,360억 달러 중 110억 달러로서
약 8%였다. 일반적으로 GDP 대비 외채의 비율이 30%가 넘거나, 수출 총
액 중 외채이자지급 비율이 10%가 넘으면 국제수지상 대외적으로 취약한
것으로 판단한다.

이러한 기준에 비추어보면 라틴아메리카의 외채 상황은 매우 심각했음
이 분명하다. 1982년 멕시코가 자신의 외채에 대한 **모라토리엄**(Moratorium,
지불유예선언)[1]을 하면서부터 1980년대 라틴아메리카는 외채위기에 빠져들

---

1) 모라토리엄은 채무국이 외채에 대한 지급을 일시적으로 중단하겠다고 선언하는 것을 말한
   다. 상환할 의사가 있다는 점에서 디폴트(Default)와 다르다. 지급불능이라는 의미의 디폴
   트(스페인어로는 그대로 Default라고 쓰거나 의미대로 풀어서 Suspensión de pagos라고도

었다. <표 3-2>의 1989년 상황은 라틴아메리카의 외채 문제가 1980년대 말에도 여전히 진행 중이었음을 보여준다. 라틴아메리카 평균 GDP 대비 외채의 비율은 50%를 넘었고, 볼리비아는 135.5%에 달하기도 했다. 그 외 코스타리카와 에콰도르가 100%를 넘었고, 칠레와 온두라스도 80%를 넘었다. 브라질만이 30.7%로서 비교적 안정권에 있을 뿐이었다.

그러나 수출 대비 외채이자지급의 비율을 보면 브라질도 안정권은 아니다. 이 부문에서 브라질의 수치는 36.1%로서 조사 대상국 중 가장 높다. 이것은 브라질의 외채 총액이 1989년까지는 상대적으로 높은 편이 아니었지만 이후의 전망은 결코 안정적이지 않음을 말해준다. 이 부문에서 다른 나라들의 수치는 아르헨티나 27.5%, 멕시코 27.3%, 베네수엘라 24.1%로, 페루를 제외한[2] 모든 나라가 10% 이상을 기록했다. 라틴아메리카 전체의 평균도 22.3%로 매우 높다. GDP 대비 외채의 비율과 총수출 대비 외채이자지급 비율, 이 두 수치만 보더라도 라틴아메리카의 외채가 외환위기를 경험했던 한국과 비교해서도 매우 심각한 수준이었다는 것을 알 수 있다.

2) 1980년대 외채위기의 특징

라틴아메리카에서 외채 문제는 어제오늘의 일이 아니다. 독립 이후 라틴아메리카는 반복되는 외채위기에서 벗어나지 못하고 있었다. 독립전쟁 직

한다)는 채권국이 채무국이 그런 상태에 빠졌음을 지적하기 위해 주로 하는 선언이다. 채무 국이 스스로 디폴트를 직접 선언하는 경우는 드물며, 다만 '채무국이 디폴트 상태에 빠졌다' 는 형태로 주로 사용된다. 그러나 2001년 경제위기 이후 아르헨티나가 일부 외채에 대해 지 급 거부 의사를 분명히 함에 따라 '부분적 디폴트'라고 규정되기도 했다.

2) 페루가 예외로 나타난 것은 페루의 외채 상황이 좋아서가 아니라 당시 비정통파 정책을 펼 쳤던 페루의 알란 가르시아 대통령이 국제금융기관들에 맞서 외채이자지급을 총수출의 10% 이하로 제한하는 부분적 모라토리엄 정책을 실현했기 때문이다.

후에는 전쟁에 의한 파괴로 인해 모든 경제활동이 중단되었고, 전쟁 비용을 충당하기 위해 끌어왔던 외채가 불어남에 따라 1828년 브라질을 제외한[3] 라틴아메리카 국가 대부분이 외채 지급불능 상태에 빠졌다. 그 후 1830년대부터 1850년대까지 라틴아메리카는 새로운 외채를 도입할 수 없었고, 빌려준 돈을 받을 수 없었던 유럽 국가들은 군사적 힘으로 그것을 받아내고자 했다.

1860년대부터 일부 1차산품의 수출이 호황을 맞이하면서 다시 외자도입이 가능해졌다. 그러나 라틴아메리카 국가들은 이러한 외자를 내전으로 낭비하거나 철도 건설 등에 과도하게 투자했다. 그 결과 1870년 세계경제의 붕괴와 함께 아르헨티나와 브라질을 제외한 라틴아메리카 국가 대부분이 또다시 외채 지급중지 상태에 빠졌다. 1873년과 1876년 사이 온두라스, 산토도밍고, 코스타리카, 파라과이, 우루과이가 외채지급을 중지했고, 멕시코, 에콰도르, 베네수엘라는 이미 1860년대 말에 외채 지급불능 상태에 빠져 있었다. 구아노 경기로 호황을 누렸던 페루 경제도 1876년 갑자기 붕괴되기 시작했다.

1880년대에는 잠시 상황이 호전되었으나 1890년대에 다시 위기를 맞이했다. 냉동 기술의 발달로 고기 수출이 확대됨에 따라 서구 국가들이 자본 빌려주기 전쟁을 벌일 정도였던 아르헨티나는 1890년 외채가 GDP의 300%까지 증가하면서 결국 외채지급을 중단할 수밖에 없었다. 이러한 위기를 틈타 유럽 자본이 대거 아르헨티나 기업을 소유하기 시작했다. 그로 인해 아르헨티나는 경제 주권을 상당 부분 상실하지 않을 수 없었다. 같은 시기 브라질은 아르헨티나의 위기에도 불구하고 계속해서 외채를 유입할 수 있었

---

3) 브라질은 라틴아메리카에서 유일하게 왕정을 유지하면서 상대적으로 평화적인 독립을 달성했기 때문에 위기 상황을 피할 수 있었다.

외채와 파이전쟁(Guerra de los pasteles)

독립 이후 멕시코는 카우디요 간의 내전으로 얼룩졌다. 그 와중에 시민들의 자산이 파괴되었으며, 외국인들도 그런 상황을 피해 갈 수 없었다. 1838년 한 프랑스인 제빵업자는 멕시코 정부에 그에 대한 피해보상을 요구하게 되었다. 이를 계기로 당시 프랑스 왕 루이 필리프는 60만 페소라는 과도한 보상을 요구했다. 동시에 멕시코가 지급중지한 수백만 달러의 외채도 상환할 것을 요구했다. 프랑스는 멕시코의 모든 항구를 봉쇄하고, 대서양 최대 항구인 베라크루스 항을 점령했다. 이에 대해 멕시코는 프랑스에 전쟁을 선포했다. 멕시코인들은 이를 '파이전쟁'이라고 부른다. 물론 이 전쟁의 이면에는 프랑스의 아메리카 대륙 지배라는 야망이 담겨 있지만, 표면적인 구실은 외채상환이었다.

그 후에도 멕시코는 끊임없는 내전으로 국고가 바닥났고, 정부재정은 거의 파산 지경에 이르렀다. 결국 1861년 당시 베니토 후아레스 대통령은 모라토리엄을 선언하게 되었다. 이에 프랑스, 영국, 스페인 해군은 다시 베라크루스를 점령했다. 영국과 프랑스는 협상을 통해 철수했지만, 나폴레옹 3세하의 프랑스는 이를 멕시코에 라틴제국을 설립할 기회로 여기고 또다시 멕시코시티까지 진격을 시도했다. 이 전쟁에서 멕시코는 빈약한 무기로 무장한 4,000명의 군대로 당시 세계 최강의 프랑스군 8,000명을 격퇴했다. 이날이 바로 5월 5일이었고, 현재 멕시코인들은 '신코데마요(Cinco de mayo, 스페인어로 5월 5일이라는 뜻)'를 독립기념일과 함께 최대의 국경일로 축하하고 있다. 그러나 프랑스는 그 후에도 다시 멕시코를 침공했고, 멕시코는 1864년에서 1867년까지 3년 동안 프랑스의 지배 아래 놓이게 되었다. 이렇게 19세기 동안 외채는 서구가 라틴아메리카를 침략하는 구실이 되기도 했다.

다. 그러나 커피 가격이 하락하자 브라질도 위기에 직면했다. 하지만 브라질은 외채 지급중지까지 나가지는 않았다. 평가절하를 통한 수출 증대와 긴축정책으로 위기를 극복해나갔다. 20세기 초 다시 커피 가격이 상승하고 고무 산업이 호황을 맞이하면서 브라질 경제는 회복되었다.

20세기 초반, 즉 1900년대부터 1920년대까지 라틴아메리카 경제는 1차산품 수출 확대를 통해 이른바 '황금시대'를 맞이했다. 그러나 1929년 미국의 대공황과 함께 라틴아메리카 경제도 다시 위기에 직면했다. 대공황으로 인해 라틴아메리카의 1차산품 수출이 급감함으로써 아르헨티나를 제외한 라틴아메리카 국가 대부분이 외채지급의 어려움에 직면하게 되었다. 1931년 볼리비아, 칠레, 페루, 브라질이 외채지급을 중단했다. 다음 해에는 코스타리카, 파나마, 도미니카공화국, 우루과이, 콜롬비아가 부분적으로 외채지급을 중단했다. 멕시코는 1910년 혁명 이후 1914년부터 이미 외채를 지급하지 않고 있었다.

제2차 세계대전은 라틴아메리카 외채 문제에 실마리를 제공했다. 라틴아메리카 국가들에 외채의 대부분을 제공한 미국과 영국은 아르헨티나, 브라질, 칠레 등이 추축국과 가까워질 것을 우려하여, 또 멕시코인을 병력으로 충원하거나 미국 내에 부족한 노동력으로 활용하기 위해 이들 채무국에 여러 가지 좋은 조건들을 제시했다. 그 과정에서 멕시코에는 외채의 90%, 브라질에는 외채의 63%를 탕감해주었다. 그 후 라틴아메리카는 1950년대부터 1970년대까지 외채 문제에서 벗어날 수 있었다.

1980년대의 외채위기는 이전의 외채위기와 다른 특징이 있다. 첫째, 지금까지의 위기가 주로 교역의 축소에 의한 것이었다면, 1980년대의 외채위기는 교역이 상대적으로 확대된 상황에서 이자율 상승 등과 같은 금융적 요인이 새로운 원인이 되었다. 둘째, 1930년대의 위기가 세계 모든 국가가 겪는 세계적 공황의 결과였다면, 1980년대의 위기는 라틴아메리카 국가들과 필리핀 등 과거 스페인의 식민 지배를 경험했던 나라들에 한정되었다. 그로 인해 1980년대부터 이른바 '**스페인 병**(Enfermedad hispánica)'이라는 용어가 등장했다. 셋째, 1930년대의 외채가 주로 채무국이 발행한 국채의 형태였다면, 1980년대의 외채는 대부분 민간은행의 대부금 혹은 정부의 공식차관과 같은 형태였다. 따라서 1930년대에는 외채 협상의 주도 세력이 채권자연합이었고, 상대적으로 그 자금력이나 영향력이 제한적이었으며, 따라서 외채지급을 장기간 중지하는 것이 가능했다. 반면, 1980년대에는 국제기구나 해당 채권국 자체가 협상의 주체로 나섬에 따라 국제적으로 경제적 고립을 피하기 위해 외채지급을 쉽게 거부할 수 없었고, 또 국제기구나 해당 채권국의 개입에 따라 외채지급을 지속하기 위한 새로운 경제 모델을 받아들여야만 했다. 넷째, 1930년대의 위기는 3년 후에 플러스 성장으로 전환되었지만, 1980년대의 위기는 보다 장기적이어서 라틴아메리카는 10년간 마이너스 성장을 겪어야만 했다.

3) 외채위기의 발생 요인은 무엇인가?

1980년대 라틴아메리카 외채위기의 발생 요인은 크게 보아 외적 요인과 내적 요인으로 나눌 수 있다. 우선 외적 요인을 살펴보면 라틴아메리카 외채위기의 기원은 1974년 오일쇼크로 거슬러 올라간다. 1974년부터 유가가 급격하게 상승함에 따라 서구 경제는 **스태그플레이션**(Stagflación 혹은 estancamiento con inflación)이라는 상황에 직면했다. 따라서 국제금융시장에서 자본에 대한 수요가 감소했고, 국제 실질 금리도 마이너스를 기록했다. 그 결과 라틴아메리카를 비롯해 자원이 풍부한 제3세계 국가들은 싼 금리로 외자를 대량 유입할 수 있었다.

그러나 미국의 레이건 정부가 들어서면서 스태그플레이션을 잡고 경제를 회복시키기 위해 경제정책의 전환을 단행했다. 이는 곧 <표 3-3>에서 보는 것과 같은 국제금리의 폭등으로 이어졌다. 1974년에 시작된 실질 금리 마이너스가 1977년까지 이어지는 동안 라틴아메리카는 외국 자본을 싼 금리에 대량으로 유입할 수 있었다. 그러한 자본은 당연히 과도한 투자를 불러왔다. 외채는 급격히 증가했고, 1981년부터 국제금리가 급격히 상승하

(단위: %)

연도	미국 실질 기준 금리	런던 은행 간 실질 금리
1974	-2.2	-1.9
1975	-2.9	-3.1
1976	-1.3	-2.0
1977	-1.4	-1.8
1978	1.7	1.1
1979	3.2	2.6
1980	3.0	2.0
1981	8.1	6.0
1982	6.8	5.3
1983	5.5	4.6
1984	6.9	6.1

자료: Devlin(1989).

기 시작하자 라틴아메리카는 외채이자지급을 더 이상 제대로 수행할 수 없게 되었다. 결국 1982년 멕시코가 모라토리엄을 선언했고, 그 후 라틴아메리카 국가 대부분이 외채위기에 빠졌다. 결과적으로 라틴아메리카의 외채위기는 싼 금리에 과도하게 유입한 외채의 이자율이 급격히 상승하여 지급 불능 상태에 빠지게 됨으로써 발생했다. 따라서 국제금리의 상승은 1980년대 라틴아메리카 외채위기의 가장 중요한 요인이라고 할 수 있다.

외부적 요인 중 이자율 상승이 가장 중요하기는 하지만 그 외 다른 요인도 간과할 수 없다. 수입 가격(특히 유가)의 상승이나 수출의 감소 등도 국가에 따라 외채위기의 주요한 요인이 되었다. <표 3-4>는 외채위기 이전 시기 라틴아메리카 주요 7개국이 받은 국제수지의 충격을 요인별로 보여준다. 이 표는 각국이 외채위기를 겪게 된 다양한 요인을 구체적으로 파악하는 데 도움을 준다. 우선 크게 보아 이들 7개국을 석유 수출국과 수입국으로 나눌 수 있는데, 당시 석유 수입국이던 콜롬비아, 브라질, 칠레, 아르헨티나

(단위: 십억 달러, %)

국가	무역수지에의 충격		이자율 상승에 따른 충격	수출 수요 감소에 따른 충격	총경상수지 충격	
	전체 무역	석유 무역			총액	GDP 비중
콜롬비아	-4.3	-0.9	-0.9	-1.6	-6.8	-4.9
브라질	-31.7	-17.9	-8.9	-7.9	-48.5	-4.6
칠레	-1.9	-1.4	-1.5	-1.5	-4.8	-4.6
아르헨티나	-6.2	-0.6	-3.7	-3.6	-13.4	-3.0
페루	2.3	1.2	-0.8	-1.1	0.4	0.5
멕시코	22.5	21.0	-8.4	-2.4	11.7	1.6
베네수엘라	24.0	29.4	-4.6	-0.3	19.1	7.8

자료: Enders and Mattione(1984).

는 2차 오일쇼크로 인한 유가 상승으로 무역수지에서 각각 적자를 기록했다. 그리고 석유로 인한 무역수지 적자는 그대로 전체 무역수지 적자에 반영되었다. 반면에 석유 수출국인 페루, 멕시코, 베네수엘라는 석유로 인해 무역수지에서 흑자를 달성했다. 특히 멕시코와 베네수엘라는 석유 덕택으로 무역수지에서 2백억 달러 이상의 흑자를 달성했다. 따라서 유가 상승이 외채위기에 미친 영향은 콜롬비아, 브라질, 칠레, 아르헨티나에서는 부정적이었지만, 페루, 멕시코, 베네수엘라에서는 긍정적이었다고 할 수 있다.

한편 이자율 상승과 수출 수요의 감소는 조사 대상 7개국 모두에 부정적으로 나타났다. 따라서 이자율 상승과 수출 수요의 감소는 모든 국가에서 외채위기의 주요한 요인이었다고 볼 수 있다. 물론 브라질의 경우 이자율 상승과 수출 수요 감소에 따른 마이너스 효과보다는 유가 상승으로 인한 마이너스 효과가 상대적으로 더 컸다. 반대로 아르헨티나의 경우 유가 상승으로 인한 무역수지의 마이너스 요인보다 이자율 상승과 수출 수요 감소에 따른 부정적 효과가 오히려 더 크게 나타났다. 이렇듯 외채위기 요인의 중요성은 국가별로 차이가 난다.

이자율 상승, 무역수지 악화, 수출 수요 감소, 이 세 가지 요인이 경상수지에 미친 충격의 강도를 GDP 비중으로 살펴보면 흥미로운 현상이 나타난다. 콜롬비아, 브라질, 칠레, 아르헨티나가 세 가지 요인으로 인해 받은 경상수지의 충격이 GDP의 -3%에서 -5% 정도인 데 비해 페루, 멕시코, 베네수엘라의 경우에는 석유 수출 증대가 이자율 상승이나 다른 수출품 수요 감소로 인한 마이너스 요인을 상쇄하여 오히려 각각 GDP에서 0.5%, 1.6%, 7.8% 흑자를 기록한 것이다. 다시 말해 이들 세 나라는 이자율이 상승했지만 석유 수출로 인해 외화 수입이 증가했기 때문에 또 다른 요인이 없었더라면 외채이자지급을 안정적으로 이행할 수도 있었다. 급작스러운 이자율 상승으로 인한 충격이 컸지만 동시에 유가 상승으로 인한 추가 수입이 적지 않았기 때문에 모라토리엄까지 가지 않았을 수도 있었다.

따라서 이들 석유 수출국들이 외채위기에 직면하게 된 데에는 앞서 살펴본 요인들 외에 또 다른 변수들이 고려되어야 한다. 그중 가장 중요한 것이 **자본의 해외도피**(Fuga de capitales)이다. 자본의 해외도피란 투자 또는 투기와 같이 적극적으로 이자와 이윤을 추구하기 위해서가 아니라 소극적으로 자본의 원금을 보전하기 위해 안정적인 나라로 자본을 피난시키는 단기자본의 국제적 이동을 말한다. 자본이 해외로 도피하는 경우는 기본적으로 인플레이션이나 평가절하로 인해 자국 화폐의 가치 상실에 대한 불신이 클 때, 정치적 불안 등으로 자국 통화의 외화 환전이 제한 또는 금지될 우려가 있을 때, 그 외 세금 회피나 자금출처조사 회피 등의 세제적 요인이 있는 경우에 발생한다.

라틴아메리카 주요 국가들의 외화 해외도피 정도를 살펴보면, 유가 인상으로 석유 수출 이익의 증대가 이자율 상승에 따른 외채이자지급액 증가를 초과했음에도 멕시코, 베네수엘라와 같은 석유 수출국들이 왜 외채위기를 겪어야만 했는지를 잘 보여준다. <표 3-5>에서 멕시코와 베네수엘라의 자

〈표 3-5〉 라틴아메리카 주요국의 자본의 해외도피 상황(1973~1987년)

(단위: 백만 달러, %)

국가	해외도피자산 총액, 1973~1987년	해외도피자산 총액, 1987년	총외채 대비 해외도피자산 비율, 1987년
아르헨티나	29,469	43,674	76.9
브라질	15,566	20,634	18.3
콜롬비아	1,913	2,994	19.5
멕시코	60,970	79,102	73.3
페루	2,599	4,148	23.0
우루과이	83	902	21.3
베네수엘라	38,815	48,027	131.5

자료: Pastor(1990).

본 해외도피액은 총외채 대비 각각 73.3%와 131.5%에 달한다. 베네수엘라
의 경우 산술적으로 해외도피한 자산만 환수할 수 있다면 그것으로 외채를
모두 갚고도 남는다는 말이 된다. 즉, 멕시코와 베네수엘라는 자산의 해외
도피만 효율적으로 통제할 수 있었다면, 혹은 불가능한 일이겠지만 도피된
자산만 환수할 수 있었다면 외채위기를 피할 수도 있었다.

　미국과 국경을 접하고 있는 멕시코의 지리적 조건으로 보나, 자산을 가진
자들을 쉽게 통제할 수 없는 라틴아메리카의 정치적 환경으로 보나, 라틴아
메리카에서 강제적 수단을 통해 자산의 해외도피를 막는 것은 어려울 것이
다. 따라서 자본의 해외도피는 라틴아메리카의 외채 문제에서 항상 중요한
내부적 요인으로 작용하고 있다.

4) 외채위기 해결을 위한 노력들

　1982년 멕시코가 모라토리엄을 선언하고 나서 라틴아메리카에 외채위
기가 닥쳤을 때 대부분의 분석가들은 이러한 상황이 오래가지 않을 것이라

고 예상했다. 외채위기를 촉발한 세계경제의 위축, 이자율 상승 등은 일시적인 것으로 라틴아메리카의 외채 문제도 이자율 하락과 함께 곧 해소될 것이라고 판단했다. 그러나 기대와 달리 이자율은 크게 하락하지 않았고 라틴아메리카에 대한 신규 대출도 회복되지 않았다. 결국 라틴아메리카는 10년 동안 마이너스 성장이라는 고통을 겪어야만 했다.

　　라틴아메리카의 위기가 예상과는 달리 10년이나 지속된 이유는 무엇보다 서구의 이자율이 기대한 만큼 하락하지 않았고, 1차산품의 가격이 쉽게 회복되지 않았기 때문이다.[4] 1차산품의 가격이 하락하는 상황에서 그를 보전하기 위한 수출의 확대가 과다 공급을 불러왔고, 그것은 다시 1차산품 가격의 하락 추세를 가속화했다. 산업의 경쟁력 회복을 위한 실질 임금의 하락은 국내 수요의 감소를 불러왔다. 평가절하는 국내 화폐로 표시된 채무의 부담을 증가시켜 재정적자를 더욱 심화시켰다. 무역수지 흑자를 위한 내수와 투자의 축소가 성장의 하락세를 지속시켰다. 이러한 악순환은 인플레이션을 야기한 동시에 투자 감소, 성장 감소라는 최악의 상황을 만들었다.

　　라틴아메리카가 위기에서 벗어날 수 있는 근본적 처방은 수출을 획기적으로 증가시킴으로써 무역수지의 대폭적 흑자를 지속적으로 달성하거나, 아니면 외국 자본을 다시 유입함으로써 경상수지 적자를 자본수지로 보전하거나 둘 중 하나였다. 그러나 수출의 확대, 특히 수출 가격의 회복은 쉽게 이루어지지 않았다. 또한 8년간의 조정 기간을 거치는 동안 외국 자본의 신규 대출도 살아나지 않았다. 이런 상황에서 라틴아메리카는 채무스와프(Swaps de la deuda),[5] 녹색스와프(La solución verde, swaps de deuda por naturaleza),[6]

---

4) 당시 1차산품의 가격 하락 추세는 순환적인 것이 아니라 대세라고 판단되었다. 자원 수출국의 수출을 늘리기 위한 과다 공급과 선진국의 신소재 개발, 자원절약기술 개발, 농업 생산성 증대, 농업보조 정책 등으로 인해 1차산품의 가격 하락은 더 이상 회복되기 어려울 것으로 보였다. 따라서 라틴아메리카 경제도 본질적으로 쇠퇴의 길로 접어들었다고 생각되었다.

부실채권 재구매(Recompras),[7] 이자경감(Alivio de los intereses) 등 다양한 방법을 통해 외채위기 상황에 대처하지 않을 수 없었다.

그러나 이런 해결책들은 임시방편에 불과했을 뿐, 근본적 해결책이 되지 못했다. 라틴아메리카는 외국 자본의 신뢰를 회복하고, 외국 자본을 다시 유입하기 위한 새롭고 획기적인 방안이 필요했다. 1985년 당시 미국의 재무부 장관이었던 베이커(James A. Baker)는 라틴아메리카가 신뢰를 회복하기 위해서는 자유시장경제 개혁이 필요하다고 주장했다. 그는 만약 라틴아메리카가 자유시장경제 개혁을 실현한다면 세계은행이 그 대가로 290억 달러의 신용을 제공해주겠다고 제안했다. 그러나 당시 라틴아메리카는 자유시장경제 개혁이 가져올 비용이 너무나 크다고 판단했기 때문에, 외채가 GDP의 135%에 달하고 인플레이션이 1980~1985년 사이 연평균 2,000%를 넘어섰던 볼리비아를 제외하고는 제의를 받아들이지 않았다.

그러나 라틴아메리카의 외채위기가 여전히 해결될 기미를 보이지 않자 1989년 당시 미국의 재무부 장관 브래디(Nicholas Brady)는 결국 새로운 해결

---

5) 국제채권시장에서 할인된 라틴아메리카의 채권들은 1990년 원래 가격의 13.3%(아르헨티나), 28.0%(브라질), 64.0%(콜롬비아), 64.3%(칠레), 41.2%(멕시코), 5.3%(페루), 44.5%(베네수엘라)에 거래되었다. 서구의 투자가들은 이런 할인된 채권을 사서 라틴아메리카의 자산과 교환했는데 이런 방식을 채무스와프라 부른다. 이러한 방식을 통해 1988년 한 해에 아르헨티나는 13억 달러, 브라질은 91억 달러, 칠레는 29억 달러, 멕시코는 66억 달러의 외국 채무를 국내 채무로 전환할 수 있었다. 이런 방식은 외채를 감소시키는 데는 도움이 되었지만 국내 채무를 증가시키고 인플레이션을 유발한다는 문제점이 있었다.

6) 채무스와프와 마찬가지로 라틴아메리카의 할인된 채권을 사서 라틴아메리카의 자산과 교환하는 방식인데, 이때 교환의 대상이 다름 아닌 밀림과 같은 자연환경이라는 점에서 일반적인 채무스와프와는 차이가 있다. 이 경우 국내 채무의 증가, 인플레이션 유발과 같은 문제가 야기되지는 않지만 국내 자연에 대한 개발권의 상실 등 주권의 문제가 발생한다.

7) 할인된 가격의 부실채권을 채무국 정부가 직접 재구매하고 그에 대해 정부가 지급 우선권을 보증하는 방식이다. 이 역시 국내 채무 증가에 대한 부담은 없지만, 기존의 우선권을 가진 채권자들의 반발이 문제가 된다.

책을 제시했다. 그것은 세계은행과 IMF가 자신의 재원으로 라틴아메리카의 채권에 대한 지불보증을 약속하고, 그 대가로 민간은행들이 채무국의 외채를 일부 탕감해주며 대출을 다시 새로 시작한다는 것이었다. 물론 그에 대해 채무국인 라틴아메리카는 민간투자를 끌어들이기 위한 민영화, 개방, 긴축재정 등 다양한 정책을 수용해야 한다는 조건이 있었다.

민간은행의 외채이자 탕감 규모는 연간 60억 달러로서 이는 라틴아메리카 주요 채무국 외채이자지급의 약 15%, GDP의 1% 수준으로 미약한 것이었다. 그럼에도 라틴아메리카 국가들은 그 외에 다른 대안이 없었기 때문에 브래디 플랜을 받아들일 수밖에 없었다. 그 결과 라틴아메리카 경제는 국가가 주도하는 수입대체산업화 모델에서 시장이 주도하는 신자유주의 경제개혁이라는 새로운 패러다임 속으로 들어가게 되었다.

2. 인플레이션과 안정화 정책

1) 1980년대 라틴아메리카의 인플레이션은 얼마나 심각했나?

1985년 5월에서 8월 사이 볼리비아의 물가 상승률은 전년 대비 60,000%를 기록했다. 이는 전 세계 역사상 일곱 번째로 높은 물가 상승률이었다. 상인들은 달러를 사기 위해 길거리를 돌아다녔고, 달러를 매입하기 위해 줄을 서서 기다리는 사이에도 막대한 손실을 보았다. 1988년 니카라과의 물가 상승률은 33,603%였으며, 1989년 아르헨티나는 4,924%, 1990년 브라질은 2,360%, 1990년 페루는 8,292%의 인플레이션을 기록했다. 이 외에도 1980년대에는 연간 물가 상승률이 1,000%를 넘는 경우가 적지 않았다. 세 자릿수 인플레이션은 1980년대 라틴아메리카에서는 너무 흔한 일이라 일

(단위: %)

국가	1960~1969년	1970~1979년	1980~1985년	1986~1989년
인플레이션이 높은 국가				
아르헨티나	22.9	132.8	335.5	1,392.1
볼리비아	6.3	15.9	2,251.5	28.7
브라질	45.8	30.5	142.0	795.6
칠레	25.1	174.0	23.8	18.3
페루	9.8	26.5	97.3	1,169.2
파라과이	50.1	59.3	48.9	73.0
평균	36.6	53.7	224.0	844.8
인플레이션이 중간인 국가				
콜롬비아	11.2	19.3	23.1	24.8
코스타리카	2.0	10.4	34.2	16.8
에콰도르	4.2	11.9	25.6	49.9
멕시코	2.7	14.7	56.4	84.1
파라과이	4.3	11.1	17.0	25.4
평균	4.7	15.3	45.1	63.5
인플레이션이 낮은 국가				
엘살바도르	0.4	9.4	15.2	22.9
과테말라	0.5	8.9	8.2	16.7
아이티	2.2	9.2	10.6	0.9
온두라스	1.9	6.6	8.8	6.0
파나마	1.0	6.0	5.0	0.4
도미니카공화국	1.3	9.2	16.9	32.6
베네수엘라	1.1	6.6	12.9	42.3
평균	1.1	7.9	11.9	24.0

자료: IMF(여러 해).

일이 손에 꼽을 수도 없을 지경이다.

물론 그렇다고 라틴아메리카의 모든 나라가 높은 인플레이션을 경험한 것은 아니다. 인플레이션 정도에 따라 라틴아메리카 국가를 분류하면 <표 3-6>과 같다. 수입대체산업화가 활발하게 진행되었던 남미 코노수르 지역의 물가 상승률이 상대적으로 높게 나타났고, 산업화가 거의 진행되지 않았던 농업 중심의 중미나 카리브 소규모 국가들의 인플레이션은 상대적으로 낮게 나타났다. 멕시코의 경우 수입대체산업화가 활성화되었지만 석유 수출 등의 힘으로 중간 수준의 인플레이션을 기록했다. 베네수엘라는 중미나 카리브 국가와 달리 농업 위주의 소규모 국가가 아니지만 석유 수출 덕분에 인플레이션을 낮게 유지할 수 있었다. 석유 수출로 인한 외화의 유입이 자국 화폐의 급격한 가치 하락을 막을 수 있었던 것이다.

높은 수준의 인플레이션을 기록한 국가들의 경우 1980~1985년 평균 물가 상승률은 224%로 세 자릿수였고, 1986~1989년 사이에는 더 높아져 평균 844.8%였다. 특히 볼리비아의 경우 1984~1985년 연평균 물가 상승률이 2,251.5%였으며, 아르헨티나는 1986~1989년 사이 1,392.1%, 페루는 1,169.2%였다. 한편 콜롬비아, 코스타리카, 에콰도르, 멕시코, 파라과이 등 인플레이션이 중간인 국가들도 1980~1985년, 1986~1989년 사이에 각각 연평균 45.1%, 63.5%의 결코 낮지 않은 물가 상승률을 기록했다. 낮은 인플레이션을 기록한 국가들조차 1980년대 물가 상승률이 같은 기간 각각 11.9%, 24.0%로서 결코 안정적이라고 할 수 없는 수준이었다. 조사 대상국 중 1980년대에 한 자릿수 인플레이션을 기록한 나라는 1980~1985년 사이 과테말라, 온두라스, 파나마, 1986~1989년 사이 아이티, 온두라스, 파나마 뿐이었다. 이런 나라들은 경제 규모가 매우 작다는 점을 감안할 때 사실상 라틴아메리카 경제의 거의 전부가 1980년대에 두 자릿수 혹은 세 자릿수 이상의 높은 인플레이션을 경험했다고 해도 과언이 아니다.

인플레이션은 두 가지 측면에서 심각한 문제를 야기한다. 첫째, 경제사회적 측면에서 물가상승은 임금구매력을 하락시켜 심각한 사회적 불안을 야기한다. 둘째, 경제적 측면에서 높은 인플레이션은 평가절하의 위험을 가져와 외국인투자를 위축시키고 국내 자본의 해외도피를 야기한다. 인플레이션으로 인한 경제적 불안은 모든 경제 주체로 하여금 생산에 집중하게 하기보다는 자산을 보전하기 위한 금융적 수단에 더 많은 관심을 가지게 함으로써 경제를 왜곡한다. 따라서 1980년대의 라틴아메리카 경제에서는 외채 문제의 해결과 함께 인플레이션을 잡고 경제의 안정화를 달성하는 것이 최대의 과제로 떠올랐다.

2) 인플레이션에 대한 두 가지 생각: 구조주의와 통화주의

1980년대에는 인플레이션의 원인과 처방을 놓고 두 가지 생각이 팽팽히 맞섰다. 하나는 CEPAL의 **구조주의**(Estructuralismo)이고, 다른 하나는 IMF 중심의 **통화주의**(Monetarismo)였다. 수입대체산업화 모델을 사실상 주도했던 CEPAL은 외채위기와 인플레이션 문제에 직면하면서 기존의 국가주도의 경제 모델을 수정할 필요를 느꼈다. 그렇다고 통화주의를 완전히 받아들일 수도 없었다. CEPAL의 구조주의는 기본적으로 경제에서 안정이 중요하지만 그렇다고 무리한 통화긴축 정책을 펼침으로써 경기침체가 오는 것을 받아들일 수는 없다는 입장이었다.

인플레이션의 원인에 대해서도 통화주의자들이 화폐량의 증가에 따른 과다수요에만 집중했다면, CEPAL의 구조주의자들은 구조적 불균형(Desequilibrios estructurales)을 주요한 요인으로 보았다. 구조주의라는 이름도 바로 여기서 오는 것이다. CEPAL의 관점에 따르면 인플레이션을 유발하는 데에는 화폐량 증가뿐 아니라 국제수지 불균형과 평가절하, 국내화폐 매도와 달러 매수, 지진·흉년·전쟁 등으로 인한 갑작스러운 공급 부족, 임금 상승, 이자율 상승 등의 다양한 구조적 요인들이 있다. 그런데 이들 중 어떤 하나에 문제가 생겨 가격 인상 요인이 발생하면, 물가연동(Indización)에 따라 다른 요인도 따라서 인상되고, 그 결과 전체적으로 인플레이션이 발생하게

<표 3-7> 통화주의와 구조주의 논쟁

구분	통화주의	구조주의
기본 인식	인플레이션은 나쁘다, 안정이 최우선이다	인플레이션도 나쁘지만, 안정을 위한 긴축정책이 가져올 성장의 정체는 더 나쁘다
인플레이션 원인	재정적자→화폐량 증가→초과수요	구조적 불균형
인플레이션 처방	재정적자 감소, 화폐량 감소	가격 통제, 임금상승 억제
주장하는 그룹	IMF와 보수그룹	CEPAL과 진보개혁그룹

된다. 구조주의의 인플레이션 처방은 바로 그런 불균형을 야기하는 부문을 가격통제나 임금인상제한 정책 등을 통해 임의로 억제함으로써 경제 전반의 인플레이션 경향을 사전에 차단하는 것이다.

반면 통화주의자들은 경제에서 기본적으로 안정이 가장 중요하다고 생각한다. 즉, 안정 없이는 성장도 없다는 주장이다. 따라서 이들은 안정을 위해 엄격한 거시경제 정책을 실현할 것을 제안한다. 통화주의자들은 인플레이션 문제가 기본적으로 통화량의 증대에 따른 초과수요 때문에 발생한다고 주장한다. 수입대체산업화 아래에서 정부는 국내수요 창출을 위해 재정지출을 확대해야만 했고, 재정지출의 확대는 결국 재정적자와 화폐량의 증가를 가져왔다. 따라서 통화주의자들은 인플레이션을 감소시키기 위해서는 무엇보다 긴축정책을 통해 정부의 재정적자를 줄이고, 국내 신용확대를 최대한 억제해야 한다고 주장한다.

3) 정통파 정책과 비정통파 정책의 적용

1980년대 라틴아메리카에서는 이론적으로 통화주의와 구조주의가 팽팽히 맞서고 있었다. 통화주의에 따른 정책을 **정통파**(Ortodoxia) **정책**이라 하고, 구조주의에 기반을 둔 정책을 **비정통파**(Heterodoxia) **정책**이라고 불렀다. 실제

정책에 반영된 것을 보면 1980년대까지는 여전히 비정통파 정책이 우세를 보이고 있었다. 정통파 정책이 안정화를 달성하기 위해서는 더 효과적일지 모르지만, 높은 사회적 비용을 초래한다는 이유로 라틴아메리카 국가 대부분이 여전히 비정통파 정책을 선호하고 있었다. 물론 비정통파 정책도 안정화의 필요성은 인식했다. 그러나 그를 위해서 긴축과 같은 극약처방을 실시하기보다는 노사 간의 합의를 통한 임금억제와 가격통제 같은 미온적 방법을 선호했다. 라틴아메리카의 국가들은 비정통파 정책이 정치적 안정을 위해서 더 유효한 정책이라고 판단했다.

1970년대까지 정통파 정책이 실현된 사례(칠레: 1973~1978년, 아르헨티나: 1976~1978년, 페루: 1975~1978년, 우루과이: 1974~1978년, 브라질: 1964~1973년)[8]를 보면 모두 보수적 군부정권하에서 이루어졌다는 공통점이 있다. 특히 칠레, 아르헨티나, 우루과이 등의 군부정권은 정통파 정책의 사상적 배경이라 할 수 있는 '시카고 보이즈(Chicago Boys)'의 신보수주의(Neoconservadurismo) 사상을 진지하게 받아들였고, 그에 따라 코노수르 지역은 그들 이데올로기의 시험장이 되었다.

이들 국가들이 신보수주의 정책을 받아들이지 않을 수 없었던 것은 주요 수출품인 구리, 밀, 양모, 고기 등의 가격이 이 시기에 극단적으로 오르내림에 따라 경제에 일시적 충격이 발생했기 때문이다. 이러한 사정은 신보수주의 정책이 적용되기 바로 전해 이들 국가의 경제성장률과 물가 상승률(아르헨티나는 1975년 각각 -2.5%와 183%, 칠레는 1971~1973년 평균 -1.0%와 192%, 우루과이는 1974년 각각 -0.5%와 66%를 기록했다)을 보면 잘 드러난다.

1970년대에 적용된 신보수주의 정책은 일시적으로 인플레이션을 감소

---

8) 1970년대 코노수르 지역의 보수적 군부정권이 모두 자유주의 시장경제를 받아들인 것은 아니다. 브라질의 군부정권은 1973년 이후 오히려 기존의 보수주의 정책을 포기하고 중앙계획과 정부지출의 확대를 통한 성장 우선 정책을 채택했다.

시키고 국제수지 적자를 줄이는 효과가 있었다. 그러나 한편으로 실업률이 과도하게 증가함으로써 사회적 긴장이 고조되기도 했다. 신보수주의 정책은 높은 사회적 비용이 들었지만 경제적으로 부분적인 성공조차 이루지 못했다. 즉, 성장을 위한 장기적 비전이 없었다. 그래서 1979년 1차산품 수출이 일시적으로 호황을 누리면서 경제 상황이 호전되었을 때 이들 3개국은 모두 신보수주의 정책을 포기했다. 이렇게 1970년대의 신보수주의 정책은 비상 상황에 일시적으로 적용되는 임시처방의 성격이 강했다.

1980년대 외채위기라는 긴급 상황 속에서도 자유시장경제 개혁을 적용한 나라는 많지 않았다. 1983년 이후 칠레가 다시 자유시장경제 개혁을 실시했고, 외채 모라토리엄을 선언한 멕시코가 1983년에 자유시장경제 개혁을 받아들였으나 1985년 곧 다시 포기해버렸다. 외채와 인플레이션이 감당할 수 없는 수준에 이르게 된 볼리비아는 1986년부터 시장경제개혁을 받아들였다. 따라서 1980년대까지만 해도 라틴아메리카에서 자유시장경제 개혁의 정통파 정책은 여전히 대세가 아니었다.

반면 CEPAL의 구조주의에 기반을 둔 비정통파 정책은 브라질을 비롯한 아르헨티나, 페루 등에서 적극적으로 추진되었다. 1980년대 막 민주화를 달성한 라틴아메리카의 많은 국가들은 높은 사회적 비용을 요구하는 정통파 정책보다는, 노사 간의 사회적 합의를 통해 경기후퇴 없이 가격 안정을 이룬다는 비정통파 정책에 더 끌릴 수밖에 없었다. 1985년에 시작된 아르헨티나의 아우스트랄(Austral) 플랜, 페루의 인티(Inti) 플랜,[9] 그리고 그다음 해인 1986년에 시작된 브라질의 크루사도(Cruzado) 플랜은 비정통파 정책의 대표적 사례들이다.

---

9) 페루의 인티 플랜은 재정적자의 문제를 경시한다는 점에서, 온건한 인플레이션 대책인 비정통파 정책의 수준을 넘어 포퓰리즘의 범주로 정의되기도 한다.

시카고 보이즈(Chicago Boys)

러시아혁명 이후 사회주의권이 형성되고, 대공황 이후에는 자본주의 진영에서도 국가의 경제 개입이 대세로 자리 잡게 되자 자유시장경제를 주장하던 자유주의자들은 설 곳을 잃게 되었다. 모두가 경제에서 국가개입과 계획의 필요성을 강조할 때 오스트리아의 자유주의 경제학자 프리드리히 하이에크(Friedrich Hayek)는 사회주의나 케인스 이론에 바탕을 둔 국가개입 확대와 복지국가를 비판하면서 고전적 자유주의와 자본주의 시장경제를 옹호했다.

한편 미국의 시카고 대학은 동부의 명문대학들에 맞서 자신의 입지를 굳히기 위해 유럽의 저명한 학자들을 유입하기 시작했다. 그에 따라 하이에크도 시카고 대학에 자리를 잡게 되었다. 거기서 하이에크는 1944년 사회주의와 복지국가를 모두 비판하는 『노예의 길(The Road to Serfdom)』(시카고대학교 출판부)을 통해 자신의 사상을 전파하기 시작했다. 그리고 그의 제자인 밀턴 프리드먼(Milton Friedman)과 아놀드 하버거(Arnold Harberger)는 하이에크의 사상을 미국과 라틴아메리카에 전파하는 중심 역할을 맡았다. 그로 인해 시카고 대학은 자유주의 시장경제의 메카로 부상했다.

자유주의 시장경제 사상을 라틴아메리카에 이식하기 위한 첫 번째 프로젝트는 칠레 가톨릭 대학(Universidad Católica de Chile)과 함께 시작되었다. 1956년 시카고 대학 경제학과는 칠레 가톨릭 대학 경제학과와 3년의 협력 프로그램을 맺었다. 시카고 대학은 칠레 가톨릭 대학에 교수를 파견해 강의를 하고, 현대적 도서관을 건립해주고, 우수한 칠레 학생들에게는 시카고 대학에서 공부할 수 있도록 장학금을 제공했다. 이렇게 양성된 경제학자들을 '시카고 보이즈'라고 부른다. '시카고 보이즈'는 졸업 후 시카고 대학으로 유학을 가서 학위를 취득한 사람뿐 아니라, 칠레 가톨릭 대학 경제학과를 나온 사람 모두를 포함한다. 자유주의 시장경제 사상으로 무장한 '시카고 보이즈'는 피노체트가 아옌데의 사회주의 정권을 무너뜨리고 권력을 잡자, 경제정책의 주도적 세력으로 부상했다. 그리고 칠레뿐 아니라 코노수르 지역의 다른 국가들에도 자유주의 시장경제개혁을 전파했다.

4) 정통파 정책과 비정통파 정책의 결과

아우스트랄, 인티, 크루사도는 각각 해당 국가의 새로운 화폐를 말한다. 이들 정부는 정책 변화의 상징으로 새로운 화폐를 도입함으로써 인플레이션에 대한 기대심리를 누르고 국민의 신뢰를 확보하고자 했다. 즉, 이들은 인플레이션의 원인이 그러한 기대심리에 있다고 파악했기 때문에 기대심리를 누른다면 경제의 정체 없이 가격통제 정책만으로도 인플레이션을 잡을 수 있다고 판단했다.

그러나 <표 3-8>에서 볼 수 있듯이 정통파 정책이 인플레이션을 잡는 데 성공한 반면, 비정통파 정책은 처음에는 약간의 성과를 거두었으나 결국 안정화를 달성하는 데 실패했다. 1985년 인플레이션이 8,170%에 달했던 볼리비아는 1986년 강력한 정통파 안정화 정책을 실현한 결과 1986년 물가 상승률이 66%를 기록한 데 이어 1987년 이후에는 10%대에서 안정되었다. 칠레 또한 1983년 이후 정통파 정책을 실현한 결과 1980년대 전반에 걸쳐 10~30% 사이의 상대적으로 안정적인 물가 상승률을 보여주었다. 한편 멕시코는 1983년 정통파 정책을 실현함으로써 1985년까지 20%대의 상대적 안정을 보여주었지만 1985년 정통파 정책을 포기함에 따라 1986년 106%, 1987년 159%라는 세 자릿수 물가 상승률을 기록했다. 그러나 멕시코는 1988년 다시 신자유주의 시장개혁에 따른 긴축정책을 실현하여 두 자릿수의 상대적 안정을 이룰 수 있었다.

반면 비정통파 정책을 실현한 나라의 경우를 보면, 아르헨티나는 1985년 아우스트랄 플랜을 실시하여 1986년 물가 상승률이 두 자릿수로 내려가는 듯했으나, 1987년부터 다시 세 자릿수 인플레이션으로 접어들었으며 1989년에는 결국 네 자릿수인 4,924%라는 초인플레이션을 기록했다. 브라질의 경우도 1986년 두 자릿수의 인플레이션을 기록한 이후 1987년부터 물가가

(단위: %)

연도	안정화 성공 사례			안정화 실패 사례		
	볼리비아	칠레	멕시코	아르헨티나	브라질	페루
1960~1979	11	99	9	78	38	18
1980~1985	2,252	24	15	336	142	97
1985	8,170	26	64	385	228	158
1986	66	17	106	82	58	63
1987	11	22	159	175	366	115
1988	22	13	52	388	993	1,723
1989	17	21	20	4,924	1,765	2,777
1990	18	29	30	1,833	2,360	8,292

자료: ECLAC(1991).

다시 상승하기 시작하여 1990년에는 2,360%라는 네 자릿수의 초인플레이션에 도달했다. 페루의 경우는 상황이 더 심각했다. 1986년에는 63%의 두 자릿수 인플레이션을 기록함으로써 다소 안정화되는 것처럼 보였으나 다음 해부터 다시 상승하기 시작해서 1990년에는 8,292%라는 초인플레이션을 기록했다.

　이렇게 비정통파 정책이 물가안정에 실패한 것은 무엇보다 통화량 축소로 인한 수요의 감소 없이 임금과 가격의 강제적 통제만으로 경제 주체의 궁극적 신뢰를 회복할 수 없었기 때문이다. 가격통제와 임금억제는 일시적으로 인플레이션을 완화하는 효과는 있었지만 통화량 축소로 인한 수요의 감소 없이 물가는 언제든지 다시 고개를 들 수밖에 없었다. 따라서 재정긴축과 통화량의 감소 없는 안정화 정책은 1980년대 라틴아메리카의 경제 현실에서는 근본적 처방이 될 수 없었다. 안정화를 달성하기 위해서, 또 외채 위기에서 벗어나기 위해서 라틴아메리카 국가들에게 남은 선택은 이제 오직 하나, 신자유주의 시장개혁을 받아들이는 것이었다.

페루 알란 가르시아(Alan García) 정부의 비정통파 정책

1980년대 IMF 정통파 정책의 도전이 강력하게 제기되는 상황에서 정권을 잡게 된 페루 APRA당의 알란 가르시아는 라틴아메리카에서 정통파 모델에 저항한 가장 상징적 인물이 되었다. 외채이자지급을 수출의 10% 내로 제한하겠다는 상징적 선언을 통해 IMF와는 확실한 선을 그으면서 가르시아 정부는 안정과 성장을 동시에 달성한다는 목표를 세웠다. 안정을 우선하는 IMF의 정통파 모델과 달리 가르시아 정부의 비정통파 정책은 기본적으로 국내 소비 확대를 통해 경제를 활성화하는 것을 최우선 목표를 삼았다. 1985년 가르시아가 정권을 잡았을 때 페루 경제는 높은 인플레이션과 낮은 성장률이라는 심각한 상황에 빠져 있었다. 그렇기 때문에 단기적으로 경제를 활성화하는 것이 가장 시급했다. 반면 인플레이션은 점진적으로 완화하는 정책을 채택했다. 국가 재정수지에 대한 신중함 없이 국내 소비 확대를 통해 경제 활성화를 추구한다는 점에서 가르시아 정부의 정책은 비정통파 정책의 수준을 넘어 포퓰리즘으로 분류되기도 한다.

가르시아 정부의 점진적 안정화와 단기적 경제 활성화 정책은 초기에 큰 성공을 거두는 듯 보였다. 점진적 안정화 정책의 결과 물가 상승률은 1985년 184%에서 1986년 63%로 하락했고, 경제성장률도 1985년 9.5%에 이어 1986년에는 6.9%를 기록했다. 1980년대 라틴아메리카 국가들의 성장률이 대부분 마이너스 수준이었던 것을 감안하면 이는 놀라운 성과였다. 실질 임금 또한 1979년을 100이라고 할 때, 1985년 59에서 1986년 87로 회복되었다. 이러한 성과로 인해 가르시아 정부의 정책은 한때 라틴아메리카 진보 세력의 대안으로까지 고려되기도 했다.

그러나 이러한 성공은 사실 이전 벨라운데 정부가 긴축정책을 통해 쌓아놓은 외환보유고로 인해 가능했다. 가르시아 정부는 국내 수요 확대로 인한 경상수지 적자를 기존의 외환보유고를 사용해 보전했다. 외채이자지급을 수출의 10% 이하로 제한함으로써 더 이상 외국 자본이 유입되지 않자 가르시아 정부는 경상수지 적자를 보전하기 위해 외환보유고를 사용했다. 그러나 민간투자의 증대, 외국인투자의 유입, 수출 증대가 없는 상황에서 내수시장의 확대와 외환보유고에만 의존하는 정책은 실패가 예정되어 있었다.

월 2.2%씩 제한적으로 평가절하하는 환율정책은 인티(Inti)화의 평가절상을 야기했다. 그것은 경제 활성화 정책에 따른 수입의 증가와 1차산품 가격의 하락이라는 요인과 함께 경상수지 적자의 폭을 더욱 확대시켰다. 그로 인해 1985년 12월 5억 2,520만 달러였던 순 외환보유고가 1986년 12월 2억 190만 달러로 하락했다. 1987년 12월에는 2,080만 달러를 기록했다. 1988년 9월에는 외환보유고가 마침내 0에 도달했다. 결국 1998년 인티화는 87% 평가절하되었고, 안정화되어가던 물가도 1,723% 상승했다. 1989년과 1990년 페루의 물가 상승률은 각각 2,777%와 8,292%였다.

이러한 가르시아 정부 비정통파 모델의 결과는, 1차산품 가격 하락으로 교역조건이 악화되고 멕시코가 모라토리엄을 선언한 이후 외국 자본 유입이 어려워진 구조적 위기 상황에 처한 라틴아메리카 국가들이 국제금융기구들에 맞서, 과거와 같이 성장 위주의 정책을 선택한다면 어떤 결과를 낳게 되는지를 상징적으로 보여주었다. 결국 가르시아 정부는 1988년 IMF와 협상할 준비가 되어 있음을 알렸고, 사실상의 긴축을 의미하는 '점진적 쇼크(Shocks graduales)' 정책을 채택하지 않을 수 없었다.

알란 가르시아 정부의 이러한 실패는 비단 페루만의 문제가 아니었다. 그것은 라틴아메리카 전체에서 비정통파 정책의 실패를 의미했다. IMF의 정통파 정책에 반대했던 세력에게는 대안의 상실을 의미하기도 했다. 따라서 알란 가르시아의 실패는 라틴아메리카가 이제 더 이상 신자유주의 정통파 정책을 받아들이지 않을 수 없다는 정당화의 구실이 되었다. 신자유주의 정통파 정책에 반대하는 것은 가르시아 정부하의 페루 경제와 같은 운명을 선택하는 것으로 간주되었다. 아이러니하게도 가르시아 정부의 경험은 라틴아메리카가 신자유주의 모델에 대한 합의를 도출하는 데 가장 크게 기여했다.

참고문헌

Banco Interamericano de Desarrollo. 1990. *Economic and Social Progress in Latin America: 1990 Report*. Washington, D. C.: BID.

Devlin, Robert. 1989. *Debt and crisis in Latin America: The Supply Side of the History*. Princeton University Press.

ECLAC. 1989. *Preliminary Overview of the Economy of Latin American and the Caribbean 1989*. NY: ECLAC.

_____. 1991. *Preliminary Overview of the Economy of Latin American and the Caribbean*. NY: ECLAC.

Enders, Thomas and Richard Mattione. 1984. *Latin America: The Crisis of Debt and Growth*. Washington: The Brookings Institution.

IMF. various numbers. *International Financial Statistics*. Washington, D. C.: IMF.

Pastor, M. 1990. "Capital Flight from Latin America." *World Development,* No. 18, January, pp. 1~18.

World Bank. 1990. *World Debt Tables,* 1989~1990. Washington, D. C.: World Bank.

4장 새로운 대안을 찾아서: 동아시아 경제와의 비교

|단원 핵심 주제|

- 종속이론가들은 라틴아메리카의 쇠퇴에 대해 어떤 주장을 했는가?
- 신고전주의는 라틴아메리카 경제에서 국가의 역할에 대해 어떻게 비판했는가?
- 라틴아메리카 경제에 대한 문화적 분석은 유효한가?
- 라틴아메리카 경제 모델과 관련하여 최근에는 어떠한 논의가 이루어지고 있는가?

1. 종속이론가들의 분석

흥미롭게도 동아시아와 라틴아메리카 경제 모델에 대한 비교는 종속이론가들로부터 시작되었다.[1] 그들은 종속적 자본주의 발전의 길을 가는 개발도상국들은 결코 서구 선진국과 같은 산업화를 이룰 수 없다고 주장해왔기에, 동아시아 국가들이 개발도상국의 선진국화 가능성을 보여준 상황에 대해 무엇인가 새로운 설명을 해야만 했다.

종속이론가들이 보는 라틴아메리카 경제와 동아시아 경제의 차이는 우선 다국적기업의 역할에 있었다. 그들에 따르면 동아시아에서는 산업화 과

---

1) 대표적으로 Peter Evans, "Class, state, and dependence in East Asia: lessons for Latin Americanists." in Frederic C. Deyo(ed.), *The Political Economy of the New Asian Indust-rialism*(N. Y.: Cornell University Press, 1987), pp. 203~226 참조.

정에서 다국적 자본의 역할이 제한적이었던 것에 비해, 라틴아메리카에서는 다국적기업이 제2차 세계대전 이전에 1차산업 부문을 지배한 데 이어 수입대체산업화 과정에서도 주요 산업을 지속적으로 지배했다.

일본 다국적기업은 일본이 제2차 세계대전에서 패배한 이후 1960년대 중반까지 동아시아에서 투자를 재개하지 않았으며, 미국 다국적기업의 투자도 라틴아메리카에 집중됨으로써 시장이 상대적으로 작고 정치적 위험 부담도 큰 아시아의 국가들은 다국적기업들의 관심을 받지 못했다는 것이다. 따라서 동아시아에서 외국인직접투자의 강도는 1960년대 후반까지 매우 약했으며, 그 후에도 라틴아메리카에 비해 크게 증가하지 않았다.

게다가 동아시아와 라틴아메리카는 다국적기업들의 소유 형태도 달랐다. 한국에서는 외국인 투자기업이 100% 소유하는 형태가 전체 투자의 6%에 불과했던 반면, 멕시코에서는 50%, 브라질에서는 60%에 달했다. 이런 맥락에서 볼 때 한국을 비롯한 동아시아 국가들은 외국인직접투자보다는 차관 형식으로 외자를 도입함으로써 비록 외채는 늘었지만 산업의 주도권은 유지할 수 있었다(Evans, 1987: 208~209).

종속이론가들은 원조의 성격에도 중요한 차이가 있다고 보았다. 라틴아메리카에서 외국의 원조는, 외국 자본의 이익을 후원함으로써 외국 자본에 대한 라틴아메리카의 종속성을 심화시켰다면, 한국이나 타이완과 같은 나라에서 원조는 경제적 이해관계보다는 반공주의체제를 유지하기 위한 성격이 강했다. 이러한 점이 바로 양 지역의 종속성의 차이를 설명하는 중요한 요인이라고 강조한다.

에반스(Peter Evans)는 이러한 종속성의 차이가 계급관계와 밀접히 연결된다고 주장한다. 즉, 라틴아메리카에서는 국가, 국내 자본가, 외국 자본의 삼각 계급동맹에서 외국 자본이 지배적 역할을 담당했다면, 동아시아에서는 상대적 자율성을 확보한 국가가 지배적 역할을 담당했다. 동아시아에서 국가가 이러한 지배적 역할을 맡을 수 있었던 요인으로는 일본 식민 통치의 유산인 국가 관료주의적 개입 전통과, 이데올로기 대치 상황에서 정당화된 반공적 군부의 지배를 들었다(Evans, 1987: 212~213).

국내 계급구조와 종속성을 연결하여 라틴아메리카 경제와 동아시아 경제를 비교하는 분석은 외부적 요인만으로 이 두 지역 경제의 차이를 모두 설명할 수 없다는 한계가 있지만, 두 지역 경제의 차이를 설명하는 중요한 단서를 제공한다는 점에서 매우 흥미롭다. 그 단서는 라틴아메리카에서 지주계급 지배가 지속되었다는 것이다. 1차산품 수출에의 지속적 의존이 라틴아메리카 경제의 구조적 문제 중 하나라고 볼 때, 종속이론가들이 종속성을 분석하면서 계급문제를 다룬 것은 라틴아메리카 경제의 구조적 본질을 이해하는 데 매우 유용한 실마리를 제공하는 것이었다.

2. 신고전주의의 분석

종속이론가들에 이어 동아시아와 라틴아메리카 경제의 차이에 주목한 사람들은 바로 신고전주의 경제학자들이었다. **신고전주의** 이론가들은 라틴아메리카의 실패와 동아시아 성공의 차이의 주된 원인을 국가의 경제 개입 정도에서 찾고자 했다. 특히 수입대체산업화 모델에서 드러난 강도 높은 보호무역주의, 정부 주도의 산업화, 정부의 과도한 경제활동 개입을 라틴아메리카 경제 실패의 근인으로 지적했다.

신고전주의 시각에 따르면 수입대체산업화는 비록 라틴아메리카에 성장을 가져다주기는 했지만, 국가가 과도하게 개입하여 지속적 성장을 위한 안정 기반을 위협하는 왜곡된 발전구조를 양산했다. 무엇보다 과도한 보호무역주의와 일반화된 정부의 통제가 기업가들로 하여금 지대 추구적 활동을 하게 했고, 변화하는 세계경제의 환경에 신속히 대응할 수 없는 경제구조를 만들었다. 공공 부문 예산의 과다한 적자와 비효율적인 세제구조는 초과수요를 창출함으로써 1980년대 만성적 인플레이션의 원인이 되었고, 내부 지향적 발전전략은 산업의 수출경쟁력을 약화시켰다(Edwards, 1995).

신고전주의 시각에 따르면 라틴아메리카 국가들이 수입대체산업화라는 내부 지향적 성장을 추구하면서 거시경제적 안정의 중요성을 경시하는 동안, 동아시아 국가들은 적극적으로 수출을 촉진하고 거시경제적 안정을 유지하는 전략을 채택했다. 그에 따라 동아시아의 국내 저축률은 외국 자본에 의존할 필요성이 현저히 감소되는 수준에까지 이르렀다. 이러한 차이는 결국 두 지역의 국가개입 형태와 정도가 다르기 때문에 발생한 것이다.

결국 신고전주의자들이 라틴아메리카와 비교해 동아시아 경제의 성공에서 가장 강조하는 것은 무엇보다 건전한 거시경제 정책과 개방을 통한 국내외 경쟁 시스템의 도입이다. 따라서 무역을 보호하거나, 산업을 주도하거나, 수요를 창출하는 데 역점을 두었던 라틴아메리카에서 국가의 역할은 문제점으로 지적된다.

신고전주의자들이 동아시아 경제에서 수출 지향 정책의 중요성을 강조한 것은 올바른 지적이라고 할 수 있다. 그러나 한 가지 간과한 것은 동아시아 경제가 수출을 지향하는 동시에 국내 산업의 경쟁력을 확보하기 위해서 다양한 보호주의 처방도 동시에 적용했다는 점이다. 신고전주의가 지적하는 것처럼 동아시아 경제 성공의 원인이 단순히 개방경제에만 있지는 않다.

거시적 안정의 문제 또한 과장된 측면이 있다. 한국을 비롯한 동아시아 국가들은 1980년대의 라틴아메리카와 같은 극심한 인플레이션을 경험하지는 않았지만, 1970년대에는 항상 인플레이션의 압력 아래에 있었다. 1970년대만 놓고 보면 라틴아메리카의 인플레이션이 결코 동아시아 국가들보다 더 높았다고 말할 수도 없다. 다만 라틴아메리카는 1980년대 들어 극심한 인플레이션에 시달리게 된다. 그러나 그것은 단순히 방만한 재정운영 때문이라기보다는, 1차산품 수출 교역조건의 지속적 악화, 과도한 외자도입, 미국 이자율의 상승, 미국 경제의 침체와 같은 국제경제의 외부적 환경 변화에 따른 결과라고 보는 것이 더 타당하다. 물론 그러한 외부적 조건이 변하지 않는 이상 결국 해결책은 내부에서 찾을 수밖에 없겠지만 말이다.

3. 경제 모델의 차이를 넘어

신고전주의 사상가들이 동아시아와 라틴아메리카의 차이를 국가의 역할에서 찾으려고 한 시도에 대해서 즉각적인 반론이 제기되었다. 제레피(Gereffi, 1990)는 라틴아메리카 경제의 실패 요인이 수입대체산업화 모델과 국가 역할의 강화에 있는 것이 아님을 증명하기 위해 양 지역의 경제발전 모델을 비교하면서 동아시아 경제발전 모델에서도 국가가 중요한 역할을 수행했음을 입증했다.

그는 우선 경제발전 모델을 크게 **수출주도형산업화**(Export-oriented industrialization: EOI)와 수입대체산업화로 나누고, 수출주도형산업화는 다시 원자재 수출, 노동집약적 상품 수출, 고부가가치 수출의 3단계로, 수입대체산업화는 기본소비재 수입대체 생산과 자본재 기술집약산업 수입대체 생산의 2단계로 나누었다. 그리고 그에 따라 동아시아와 라틴아메리카의 경제가 역사적으로 각각 어떤 단계를 거쳐왔는지 분석했다.

제레피에 의하면 양 지역의 경제발전 모델은 초기에 원자재 수출과 기본소비재 수입대체산업화를 차례로 시도했다는 점에서 동일하다. 멕시코와 브라질은 1880~1930년에, 타이완은 1895~1945년에, 한국은 1910~1945년에 모두 수출주도형산업화의 1단계인 원자재 수출주도형근대화를 시작했다. 그리고 각각 1930~1955년, 1950~1959년, 1953~1960년에, 역시 모두 수입대체산업화의 1단계인 기본소비재 수입대체 근대화를 적용했다. 그러나 수입대체산업화 1단계에서 발생한 문제에 직면하는 과정에서 양 지역의 발전 모델에 차이가 나타나기 시작했다. 자원이 풍부하고 상대적으로 국내시장이 발달해 있던 브라질(1955~1968년)과 멕시코(1955~1970년)가 수입대체산업화 2단계로 나아간 것에 비해, 자원이 빈약하고 국내시장이 거의 존재하지 않았던 한국(1961~1972년)과 타이완(1960~1972년)은 수입대체산업화를 포기하고 노동집약적 생산품을 수출하는 수출주도형산업화 2단계를 채택했다. 그러다가 1970년대 초반 이후 양 지역의 발전 모델은 다시 비슷해지기 시작했다. 브라질과 멕시코가 각각 1968년, 1970년부터 수입대체산업화 2단계를 시도하는 동시에 수출을 촉진하기 위한 다각적 노력을 기울이는 동안, 한국과 타이완은 1973년부터 수출주도형산업화 3단계를 추진하면서 수입대체산업화 2단계도 동시에 시도함으로써 양 지역 간의 경제발전 모델의 차이도 많이 사라졌다(Gereffi, 1990: 17~22).

제레피는 아시아도 수출주도형산업화를 추진하는 동시에 보호주의를 통해 국내 산업의 육성에 힘을 기울였으며, 라틴아메리카도 수입대체산업화를 시도했지만 수출을 촉진하기 위해 많은 노력을 기울였다는 점에서 아시아와 라틴아메리카의 경제발전 모델을 수출주도형산업화와 수입대체산업화로 양분하는 것은 지나친 단순화라고 보았다.

라틴아메리카와 동아시아의 산업화된 국가들을 내부 지향적, 외부 지향적 발전 모델을 대표한다고 하는 그러한 대조는 양자 모두에게 있어 지나치게 단순화된 것이다. 이러한 구별은 일정 시기에는 어느 정도 타당하다고 할 수 있지만, 보다 넓은 역사적 시각에서 볼 때 양 지역 국가들은 내부 지향적, 외부 지향적 접근을 함께 추구했음을 알 수 있다(Evans, 1990: 18).

따라서 수출주도형산업화와 수입대체산업화와 같은 경제발전 모델은 어느 것도 그 자체가 만병통치약이 될 수 없고 상호 배타적이 아닌 보완적 관계가 되어야 한다고 주장했다. 게다가 수입대체산업화에서는 국가가 지나치게 경제에 개입했고, 수출주도형산업화에서는 국가의 역할이 최소화되었다는 신고전주의 이데올로그들의 주장에 대해서도 양 모델이 모두 국가의 역할을 매우 중요시했음을 지적하면서 반대의 입장을 취했다.

결론적으로 제레피는 한 나라에서 성공한 모델이 다른 나라에서도 똑같은 결과를 가져오리라 확신할 수 없기 때문에, 동아시아와 라틴아메리카의 발전의 길 중 어느 것이 더 좋다고 말하는 것은 어리석은 생각이라고 주장했다. 역사적 조건의 산물인 발전은 그 패턴이 반복될 수 없으며, 결국 각국의 역사적·문화적·정치적 상황이 다르기 때문에 경제 모델의 성공 여부도 그러한 조건에 따를 수밖에 없다.

동아시아의 경제발전 모델이 보호무역주의와 같은 국가의 개입을 최소화함으로써 성공을 거두었고, 라틴아메리카가 과도한 국가개입으로 인해 실패했다는 신고전주의 이론에 대해, 동아시아 경제발전 모델에서도 국가의 역할이 매우 중요했음을 밝힌 점에서 제레피의 기여를 인정하지 않을 수 없다.

4. 세계은행의 시각: 국가 질의 차이

IMF, WTO와 함께 신자유주의와 세계화의 확산을 위해 노력하고 있는 세계은행(World Bank)은 지나치게 시장의 역할을 강조하는 신자유주의 이데올로기에 비해 제한적이나마 국가의 역할을 인정하는 유연한 입장을 취하기 시작했다. 세계은행은 1993년 유명한 「동아시아의 기적(The East Asian

Miracle)」이라는 보고서를 통해 동아시아 경제의 성공 비결이 무엇인지를 분석하고, 그를 통해 라틴아메리카를 비롯한 다른 개발도상국 지역을 위한 교훈을 찾고자 했다.

세계은행은 이 보고서에서 1965년부터 1990년까지 동아시아 23개국의 성장률이 다른 모든 지역에 비해 훨씬 더 높았음을 보여주면서, 이러한 성공이 신자유주의적 '건전한 발전정책(Sound development policy)'을 넘어 국가의 적극적인 발전 혹은 산업정책에서 기인했음을 주장했다.

세계은행에 따르면 '동아시아의 기적'은 높은 수준의 국내 민간투자, 인적 자원의 급속한 성장, 높은 국내 저축률, 농업생산성 향상, 인구성장률 감소, 잘 훈련된 노동력, 효과적인 공공행정 시스템과 같은 물적·인적 자원의 우수한 축적이라는 성장의 기본 조건이 있었기 때문에 가능했다. 물론 신자유주의가 강조하는 정부의 안정적인 거시경제 운영이 민간투자를 활성화하는 데 기여했고, 금융 시스템의 개선은 다각적 측면에서 저축률을 증가시켰으며, 초등·중등 교육에 초점을 맞춘 교육정책이 숙련된 노동력을 급속히 증가시켰고, 효과적인 농업정책은 농업의 생산성을 증대시켰으며, 외국의 기술과 아이디어에 대한 개방적 사고가 기술적 혁신을 가져왔음은 기본적으로 인정했다.

그러나 세계은행은 이러한 정책들이 동아시아 경제의 성공을 다 설명할 수는 없다고 밝혔다. 세계은행은 대부분의 동아시아 국가에서 정부가 경제 전반의 발전 혹은 구체적 산업의 발전을 촉진하기 위해 적극적으로 개입했음을 강조한다. 전략산업을 육성하기 위한 정부의 개입 정책은 전략산업으로 선택된 산업에 대한 신용 지원, 기업의 안정적 이익을 보장하기 위한 대출 이자율의 상한선 유지, 수입대체산업의 보호, 사양산업 보조, 국책은행의 설립과 지원, 실용기술 개발을 위한 공공투자, 기업의 수출 목표 설정, 수출지원기구 설립, 공공 부문과 민간 부문의 원활한 정보 교환 등을 포함한다.

그러나 세계은행은 이러한 정책 모두를 실현하는 것만으로 산업발전을 이룰 수 있다는 순진함에 빠지지는 않는다. 이러한 정책 중에는 성장에 직접적으로 기여하는 것도 있지만, 반면 성장과 무관하거나 오히려 성장에 걸림돌이 되는 정책도 있을 것이라고 가정한다. 그런데 구체적으로 어떤 정책이 성장에 기여하는지 정확히 알 수 없기 때문에 세계은행은 어떤 정책을 취할 것인지를 구체적으로 제시하기보다는, 정부가 그러한 개입 정책을 성공적으로 실현하기 위해 필요한 사전 조건이 무엇인가를 밝히는 것으로 대신했다.

세계은행이 정부의 성공적 경제 개입을 위해 제시하는 사전 조건으로는 첫째, 선택적 개입을 위한 명백한 실행 기준을 설립하고 그 실행을 모니터할 수 있는 제도적 메커니즘을 구축하는 것과 둘째, 개입의 직접적·간접적 비용이 거시적 안정을 위협할 정도로 과도해지지 않게 하기 위해 다양한 견제 장치를 마련하는 것이 있다. 실제 동아시아에서 국가의 선택적 개입이 거시경제적 안정을 위협할 때는 항상 정부가 거시적 안정을 우선하는 모습을 보여주었다. 그렇기 때문에 국가의 선택적 개입으로 인한 가격의 왜곡이 다른 개발도상국에 비해 덜 심각했다. 따라서 어떤 구체적인 정책이 성장에 기여할 것인가를 이해하려고 노력하는 것보다 정책이 효과를 거둘 수 있게 하는 제도적·경제적 주변 상황을 구축하는 것이 더 중요하다고 할 수 있다.

마지막으로 세계은행은 아시아 국가들 중에서도 동남아시아의 국가들이 동북아시아의 국가들에 비해 경제발전에서 훨씬 덜 개입적이었다고 한다. 게다가 동남아시아의 급속한 성장은 한국, 타이완, 일본, 중국이 급속한 성장기에 직면했던 국제경제 환경과는 매우 다른 상황에서 이루어졌고, 또 자원이 풍부한 동남아시아의 조건이 라틴아메리카를 비롯한 대부분의 개발도상국과 유사함을 지적하면서, 동아시아보다는 오히려 동남아시아의 경제발전 경험이 다른 개발도상국에 유용한 모델이 될 수 있다고 지적했다.

정리하자면, 세계은행의 주장은 언뜻 국가의 적극적 역할을 인정한다는 점에서 이데올로기적 신자유주의 시장경제론과는 차이가 있는 것처럼 보인다. 하지만 엄밀히 살펴보면 세계은행은 정부개입의 필요성을 강조한다기보다 오히려 불가피한 개입에 대해 제한을 설정하는 경향이 더 강하다. 실제 세계은행은 정부가 구체적으로 어떤 역할을 해야 한다고 규정하기보다는, 정부가 개입하더라도 거시경제적 안정을 헤쳐서는 안 된다는 점과 정부의 전횡을 막기 위한 제도적 견제 메커니즘을 만들 필요성이 있음을 보다 강조한다. 즉, 정부가 어떤 역할을 하는가에 상관없이 이 두 원칙을 잘 지키는 정부가 '좋은 정부'인 것이다.

5. 문화 차이에 대한 해석과 그 한계

좋든 싫든 1990년대 이후 라틴아메리카에도 신자유주의가 이식되었다. 사실상 지구 상 대부분의 개발도상국이 신흥시장이라는 이름으로 신자유주의 시장경제에 노출되었다고 할 수 있다. 그러나 그 성과가 모든 지역에서 같지는 않았다. 신자유주의 시장경제의 성과가 지역에 따라 또 국가에 따라 달리 나타난 원인을 어떻게 설명할 것인가? 이 문제는 신자유주의 주창자들이 부닥친 새로운 이론적 해결 과제였다. 그에 따라 문화적 해석이 다시 고개를 들기 시작했다.

『역사의 종말』(1992)로 유명한 후쿠야마(Francis Fukuyama)는 동아시아와 라틴아메리카의 문화적 차이에 주목했다. 그에 따르면 두 지역을 비교해보았을 때, 경제성장의 주요인으로 꼽히는 자본, 노동력, 천연자원의 풍부함은 장기적으로 성장과 직접적 관계가 없었으며, 그보다는 경제정책의 질이 더 큰 차이를 가져왔다. 하지만 이러한 경제정책의 차이도 라틴아메리카가 신자유주의 정책을 받아들이면서 사라졌기 때문에 이제는 제도의 질이 무엇보다 중요한 차이를 낳고 있다.

후쿠야마는 실제 최근의 상황을 보면 아시아에서 정부의 경제 간섭이 라틴아메리카보다 심하고 국영기업의 비중도 라틴아메리카보다 결코 낮지 않으며, 보호주의의 강도가 더 높다는 점을 솔직히 인정한다. 그럼에도 동아시아 국가들의 경제적 결과가 여전히 더 좋은 것은 국가개입주의 정책이 다른 지역에 비해 동아시아에서 더 잘 수행되었기 때문이라고 설명한다. 예를 들어 한국과 브라질의 철강 산업은 공히 정부개입에 의해 공기업으로 출발했으나, 한국의 철강 산업이 세계 최고 수준에 도달한 데 비해 브라질의 철강 산업은 비효율성을 벗어나지 못하고 있다. 그 이유는 한국이 라틴아메리카에서 흔히 일어나는 정치적 '후원'(Patronaje: 정치적 지지를 대가로 직업, 선물, 돈, 혹은 계약권, 허가권 등을 부여하는 행위)을 위해 국영기업을 활용하는 함정에 빠지지 않았기 때문이다. 이런 사례로 보아 후쿠야마는 정부의 개입 그 자체보다는 그것을 실행하는 '제도적 효율성'의 차이에 주목했다고 할 수 있다.

> 올바른 경제정책을 취하는 것 외에도 국가가 그것을 제대로 이행하기 위해 경쟁력 있는 제도를 갖추어야 한다는 것은 개발 공동체 내부에서는 이미 널리 알려진 사실이다. 이것은 어떤 상황에서는, 심지어 효율적인 제도에 의해 실행된 잘못된 정책조차 비효율적인 제도에 의해 실행된 좋은 정책보다 더 좋은 결과를 산출할 수 있다는 것을 말한다(Fukuyama, 2000: 15).

이런 차원에서 후쿠야마는 동아시아와 라틴아메리카의 경제적 성과의 차이는 결국 제도적 효율성의 차이라는 결론에 도달한다. 라틴아메리카는 강력한 국가의 전통을 이어받았으나 효율적 행정을 위한 제도는 유산받지 못했다. 때문에 19세기 이래 라틴아메리카의 관료들은 정치화되었고, 정책은 유력 정치인들의 개인적 패트런(후원)주의에 의해 조정될 수밖에 없었다. 반면 동아시아의 고도로 전문화된 관료들은 엘리트 의식을 갖고, 개인적·정치적 유혹으로부터 제도적 효율성을 지켜낼 수 있었다. 따라서 후쿠야마는 제도적 효율성의 차이를 설명하기 위해 결국 역사적·문화적 접근을 시도하게 되었다.

우선 그는 동아시아에서 일본 도쿠가와 시대의 지방 관료제와 중국 제국 시대의 행정 시스템 등 잘 갖추어진 제도를 제도적 효율성의 예로 든다. 반면 라틴아메리카는 토착적 뿌리 없이 외국에서 수입된 패트런적 체제가 지배함으로써 국가를 가족이나 파벌의 사적 부를 챙기는 수단으로 이용하는 문화가 팽배했다고 설명한다.

유교문화에 따른 교육의 강조와 잘 훈련된 관료의 양성도 동아시아의 경제가 성장할 수 있었던 중요한 문화적 요인으로 지적했다.

> 아시아의 제도적 효율성을 설명하는 또 다른 문화적 측면이 있다. 유교적 전통은 관료의 훈련과 선발에서 좋은 틀을 제시할 뿐 아니라 일반인들에게는 관료적 권위와 교육을 많이 받은 사람에 대한 존중을 가르친다(한때 관료와 학자 그룹은 어느 정도 하나의 동일 그룹을 형성했었다). 동아시아는 관료의 질뿐 아니라 그들을 따르는 국민의 의지에서도 라틴아메리카와는 다르다(Fukuyama, 2000: 17).

후쿠야마의 이러한 주장은 알베르토 몬타너에 의해 더욱 심도 있게 논의된다. 헌팅턴과 해리슨의 『문화가 중요하다』(2001)에 발표된 글에서 몬타너는 라틴아메리카의 저개발을 설명하는 전통적 문화 요인들(이베리아의 봉건적 유산, 가톨릭 전통, 원주민의 존재, 부의 불평등 분배, 제국주의의 수탈, 국가 역할의 부재)을 넘어 최근에 제기된 사회경제적 엘리트의 문화적 가치가 경제적 실패의 주요한 요인이라고 지적했다.

그는 라틴아메리카 주요 엘리트의 문화적 가치와 태도를 개별적으로 분석했다. 먼저 정치가들에 대해서 다음과 같이 지적한다.

> 라틴아메리카의 정치가는 법률을 준수하기 위해 선출된 공직자가 아니라, 법률 위반 정도에 따라 권위가 결정되는 독재자와 같은 사람이다. 라틴아메리카에서 진정한 힘의 정의는 그것이다. 즉, 법률을 위반하면서도 버티어나갈 수 있는 능력이 곧 권력이다. 사실 많은 라틴아메리카 사람들이 개인적 능력보다는 충성을 중시하는 인간관계를 유지하고 또 중시한다. 그런데 라틴아메리카 문화에서 충성은 친구나 가족의 범위를 넘어서지 않는다. 그리하여 공공 분야에 대한 불신임이 팽배하고 공동선이라는 개념이 매우 취약하다. 따라서 동지와 지지자들을 후하게 밀어주는 사람, 바로 이런 사람이 가장 성공적인 정치가가 된다(몬타너, 2001: 117).

물론 이러한 전통이 라틴아메리카에만 있는 것은 아니지만 이 지역에서 그것이 너무 노골적이고 또 극심하다는 것이다.

군부 또한 정치가의 실패로부터 국가를 수호하는 역할을 맡았지만 실제로 성공을 거두지 못했다. 라틴아메리카의 군부는 각종 제도가 허약하고 혼란스러운 지역에서 국가를 재건해야 한다는 책임 의식과 엘리트 의식을 바탕으로 정치경제에 적극적으로 참여했다. 하지만 이러한 군부의 국가경영조차도 부패를 양산했을 뿐, 기업의 효율성과 투명성을 확보하는 데에는 실패했다. 기업가들 또한 혁신을 통해 수익을 창출하기보다는 정경유착에 의한 특혜를 통해 이익을 챙기려는 행태를 보였다. 그들은 "시장 경쟁을 통해

서가 아니라 정치적 영향력을 등에 업고 돈을 벌어보겠다는 영리주의(지대추구적—저자 주) 사업가이다. 이런 영리주의 사업가들은 그 이익을 부패한 정치가와 나누어 갖고, 그 결과 이익과 부패가 되풀이되는 악순환을 만들어낸다". 물론 이러한 관행이 라틴아메리카에만 있는 것은 아니지만 "이런 부패 행위가 남미에서 벌어지는 빈도와 강도는 정말 놀라울 정도이며, 그런 행위에 대한 무관심과 묵인 또한 그에 못지않게 놀랍다"(몬타너, 2001: 119~120).

성직자나 지식인 또한 이러한 문화에서 예외가 아니다. 교회는 비록 중요한 경제적 행위자는 아니지만 아직까지 사람들의 가치와 태도에 미치는 영향력은 매우 크다는 점에서 여전히 중요한 엘리트 그룹이다. 그런데 라틴아메리카 가톨릭 교회의 상당수는 해방신학자와 같은 진보적 세력에 의해 장악되었으며, 신자유주의를 '야만적'이라고 비난하는 등 경제개혁에 걸림돌이 되고 있다. 심지어 좌파가 아닌 가톨릭 교회조차도 재산 소유와 세속적 성공의 가치에 대해 부정적 입장을 취함으로써 경제적 성공에 위배되는 가치를 확산하고 있다.

라틴아메리카의 지식인들 또한 경제발전과 상반되는 문화를 가지고 있다. 이들은 작가나 예술가 등으로 명성을 얻으면 그 분야의 전문가로 남기보다 모든 문제의 전문가로서 행동하기 일쑤다. 또 이들 대부분은 반시장·반서구적인 세계관을 형성하는 데 기여하며, 대학이나 사회의 발전에 기여할 유능한 전문가를 양성하기보다는 반체제 사상을 전파하는 온상의 역할을 하고 있다. 나아가 라틴아메리카에는 비효율적인 기업 노조, 생산성 향상에 반대하는 노조, 부패한 노조 등의 세력이 강하게 남아 있으며, 무장폭력을 일삼는 혁명가 집단의 존재 또한 정치적 안정을 손상시키고 경제발전에 걸림돌이 되고 있다고 지적한다.

결론적으로 몬타너는 엘리트 그룹만이 라틴아메리카의 가난과 부패에

책임이 있는 것은 아니라고 하면서도, 엘리트 그룹의 문화가 경제발전에 미치는 영향이 결코 적지 않음을 강조한다. 따라서 이들이 먼저 변화해야 라틴아메리카의 전반적인 "저발전의 문화"가 변화할 수 있을 것이라고 주장한다.

경제적 실패의 요인을 문화에서 찾는 이러한 시도는 사실상 각 지역이나 국가의 경제적 성공과 실패의 차이를 더 이상 다른 요인으로 설명할 수 없을 때 최종적으로 접근하는 방식이다. 문화적 요소의 애매함으로 인해 그것을 명확히 증명할 수 없다는 점이 오히려 그러한 접근을 매력적으로 만드는 이유가 된다. 그렇지만 경제적 실패에 대한 문화적 설명에는 많은 문제점이 있다.

우선 국가 간에 혹은 지역 간에 다양한 문화적 차이가 나타남에도 불구하고 하나의 문화적 단위로 구분하는 것의 한계와 문화가 가지는 다중적 특성을 지적하지 않을 수 없다. 예를 들어 후쿠야마가 동아시아의 제도적 효율성의 기반이 되었다고 긍정적으로 평가하는 유교문화조차, 그 이면에는 상공인을 무시함으로써 경제발전에 필수적인 산업과 기술 따위의 직업에 종사하는 것을 꺼리게 하는 반자본주의적 측면이 있다. 또한 위계질서를 중요시하는 유교문화는 충성과 권위에 대한 복종을 강조하기 때문에 순응주의를 낳아 개인의 독창성과 창의성을 억제하는 측면도 있다. 그뿐만 아니라 덕치를 중요시하는 유교문화는 신자유주의의 핵심인 법치주의와도 어느 정도 거리가 있다.

『나쁜 사마리아인들』을 집필한 장하준의 주장이다.

이렇듯 경제발전에 확실하게 좋거나 확실하게 나쁜 문화란 존재하지 않는다. 단지 사람들이 자신들의 문화 속에 들어 있는 '원료들'을 가지고 무엇을 하느냐에 따라 결과가 달라질 뿐이다. 어떤 경우에는 긍정적인 요소가 우세할 수 있고, 또 어떤 경우에는 부정적인 요소가 우세할 수 있다. 시대적인 상황이나 지리적인 위치에 차이가 있다면, 설령 두 사회가 (이슬람교나 유교, 혹은 기독교라는) 똑같은 원료를 가지고 있더라도 전혀 이질적인 행동양식을 드러낼 수 있다. 실제로 이런 사례는 무수히 존재한다(장하준, 2007: 296).

게다가 문화는 변화하는 것이다. 한국의 경제적 성공에 기여했다고 생각하는 문화적 내용들, 예를 들어 근면, 시간 준수, 검약과 같은 것들이 1960년대 전까지만 해도 그 반대의 형태로 존재했다. '코리안 타임'이 말해주듯 한국은 한때 지구상에서 시간 개념이 부족한 대표적인 나라였다. 농한기의 한국 청년들은 그야말로 게으름의 상징이었다. 그러나 경제발전과 함께 이러한 문화는 사라졌고 이제는 정반대가 되었다. 이렇게 문화는 경제발전에 영향을 주기도 하지만 역으로 경제발전이 문화를 바꾸는 경우도 흔히 나타난다. 이런 사실로 보아 경제발전의 문화적 설명이라는 것은 결국 '사후 정당화'에 지나지 않는다고 말할 수 있다.

6. 최근의 논의: 기술혁신과 교육

동아시아와 라틴아메리카의 경제적 성과와 요인을 비교하는 이론적 검토는 1990년대 이래 주로 국가와 시장의 측면에서 이루어져왔다. 그러나 최근에 다시, 보다 구체적인 원인을 찾고자 하는 시도가 이루어지고 있다. 크리스토발 케이(Kay, 2002)는 「왜 아시아가 라틴아메리카를 추월했는가?」라는 논문에서 국가와 시장의 논쟁을 넘어서 토지개혁의 문제를 들고 나왔다. 그의 논지는 에반스의 계급 분석과 일맥상통하는 바가 있다. 케이는 동아시아의 교훈을 주로 산업정책이나 교역정책, 혹은 국가의 역할에서 찾으려는 시도를 비판하면서 농업구조, 지주와 농민의 관계, 토지개혁 등의 문제를 분석하지 않고 양 지역의 차이를 설명할 수 없다고 주장했다.

케이는 특히 토지개혁과 정치권력의 문제에 초점을 맞추었는데, 한국과 타이완의 경우 산업화 이전에 다양한 이유로 지주계급이 소멸함으로써 국가가 지주계급을 대신하여 농업의 잉여를 산업화로 적극 이전했고 그로 인해 토지개혁이 산업화에 기여할 수 있었다고 한다. 반면 라틴아메리카에서는 지주계급이 여전히 정치적 영향력을 유지하고 있기 때문에 토지개혁도 제대로 추진될 수 없었을 뿐 아니라, 그나마 이루어진 토지개혁도 경제적 이유보다는 정치적 이유로 실행되었기 때문에 국내시장의 확대나 농업 잉여의 산업이전과 같은 효과를 내지 못했다고 주장한다.

물론 토지개혁이 경제발전을 위한 만병통치약은 아니다. 하지만 그를 위한 매우 중요한 도구, 즉 필요조건임은 분명하다. 토지개혁만으로 경제적 성장과 사회적 평등을 이룰 수는 없지만, 토지개혁 없이 성장과 평등을 달성하는 것은 사실상 불가능하다는 점에서 이러한 차이에 대한 분석은 지금까지 잠시 잊고 있었던 동아시아와 라틴아메리카의 중요한 차이점을 지적한 것이라고 볼 수 있다.

풍요로운 천연자원과 지주계급의 영향력 지속은 라틴아메리카의 지배계급이 힘들여 기술혁신과 산업화를 이루기보다는 지대를 추구하도록 하는 의식과 행위를 확산시켰다. 아시아 국가들이 제한된 자원으로 산업의 경쟁력을 확보하기 위해 인적 자원을 육성하고 산업화 과정에서 효율성을 추구하는 동안, 라틴아메리카의 지배층은 대부분 풍요로운 자원이 주는 혜택에 만족했다. 산업화에서도 라틴아메리카의 산업자본가들은 치열한 국제경쟁에서 살아남기 위해 노력하기보다 보호된 국내시장에 안주하거나, 외국 기업과의 합작을 통해 외국 기업이 창출하는 이익의 일부를 자기 것으로 하는 데 만족했다.

그로 인해 라틴아메리카는 산업화를 진행했음에도 수출에서는 여전히 1차산품에 의존하고 있다. 수출의 대부분을 여전히 1차산품에 의존하고 있다는 사실은 부가가치 창출이나 교역조건의 측면에서 라틴아메리카 경제가 구조적으로 취약함을 설명하는 가장 중요한 요인이다.

라틴아메리카가 지속적으로 성장하기 위해서는 무엇보다 이러한 1차산품 의존을 극복하고, 부가가치가 더 높은 산업으로 이전하는 것이 중요하다. 그를 위해서는 정부 차원의 효과적인 과학기술 육성과 엘리트 교육정책이 뒤따라야 할 것이다. 과학기술을 발전시키고 교육정책을 성공적으로 실행하기 위해서는 사회적 시스템의 개혁도 이루어져야 한다. 이런 차원에서 멕시코의 경제학자 엔리케스 카보(Enríquez Cabot)가 라틴아메리카에서 과학과 기술에 대한 투자와 교육에 관심이 부족한 원인을 지적한 다음의 글은 매우 신선하게 들린다.

일반적으로 라틴아메리카에서 지식은 사회적 신분상승의 수단이 아니었다. 사회적 신분상승을 위해서 그보다는 가족관계, 인맥, 기업가나 정치인과의 친분관계가 더 중요했다. 지식에 대한 대가가 부족한 이런 분위기에서 가장은 자식의 교육을 위해 투자하는 데 별 관심이 없고, 학생들은 학교에 많은 것을 요구하지 않는다. 아무도 지식의 생산을 위한 자질 향상에 관심이 없다. 왜냐하면 그것이 결국 기여하는 바가 별로 없기 때문이다. 지식의 가치를 믿는 사람들은 사회적·경제적으로 보다 나은 대접을 받을 수 있는 곳을 찾아 자신의 나라를 떠나고 있다(Cabot, 2006: 35).

이러한 지적은 라틴아메리카 경제 실패의 근본 원인에 가장 가까이 다가 간 것이라고 생각된다. 지금까지 주로 국가의 역할을 둘러싸고 전개된 국가 대 시장의 논쟁보다 더 신선하고 본질에 접근하는 것이다. 누가 뭐라 해도 라틴아메리카 경제의 근본 문제는 여전히 1차산품 수출에 지나치게 의존하는 데 있다. 그를 극복하기 위해 1차산품에서 보다 많은 부가가치를 창출하든, 아니면 새로운 산업을 개발하든, 가장 필요한 것은 기술혁신이다. 기술혁신을 위해 가장 중요한 것은 효과적인 투자와 교육개혁이다. 국가 대 시장이라는 이데올로기적 논쟁을 넘어 교육을 통한 신분상승을 가능하게 하는 공정 경쟁의 사회적 분위기를 창출해야 한다는 지적이 신선하게 들리는 것은 바로 이 때문이다.

외채위기 이후 라틴아메리카 경제의 실패는 흔히 동아시아 경제의 성공과 비교되었다. 그리고 국제금융기구들이 내린 결론은 양 지역 간 국가 역할에 차이가 있다는 것이었다. 그러나 라틴아메리카 경제의 문제점이 국가에만 있다고 생각하는 것은 지나치게 이데올로기적이다. 라틴아메리카 경제 실패의 요인을 여기서 단정할 수는 없다. 그러나 동아시아 경제와 비교해볼 때 그 요인이 더욱 다면적으로 분석될 필요가 있음은 분명하다.

참고문헌

몬타너, 카를로스 알베르토. 2001. 「문화와 라틴아메리카 엘리트의 행태」. 새뮤얼 P. 헌팅턴·로렌스 E. 해리슨 엮음. 『문화가 중요하다』. 김영사.

장하준. 2007. 『나쁜 사마리아인들: 장하준의 경제학 파노라마』. 부키.

후쿠야마, 프랜시스. 1992. 『역사의 종말: 역사의 종점에 선 최후의 인간』. 한마음사.

Cardoso, F. H. y Enzo Faletto. 1986. *Dependencia y desarrollo en América Latina*, 20a. ed. México: Siglo XXI.

Edwards, Sebastian. 1995. *Crisis and Reform in Latin America*. N. Y.: Oxford University Press.

Enriíquez Cabot, Juan. 2006. "Seremos tan relevantes como lo es Africa." *AméricaEconomía*, 6~19 de octubre, pp. 34~35.

Evans, Peter. 1987. "Class, state, and dependence in East Asia: lessons for Latin Americanists." in Frederic C. Deyo(ed.). *The Political Economy of the New Asian Industrialism*. N. Y.: Cornell University Press. pp. 203~226.

Fukuyama, Francis. 2000. *Economic and political development in East Asia and Latin America: Discerning Differences*. George Mason University. www.sais-jhu.edu/faculty/fukuyama/articles (검색일: 2010. 3. 7).

Gama, Júlio. 2006. "La lección de Asia" *AméricaEconomía*, 6~19 de octubre, pp. 20~24.

Gereffi, Gary. 1990. "Paths of Industrialization: An Overview." in Gary Gereffi and Donald L. Wyman. *Manufacturing Miracles: Paths of Industrialization in Latin America and East Asia*. N. J.: Princeton University Press. pp. 3~31.

Kay, Cristóbal. 2002. "Why East Asia overtook Latin America: agrarian reform, industrialization and development." *Third World Quarterly*, Vol. 23, No. 6, pp. 1073~1102.

Kim, Ki-Hyun. 2007. "Un Análisis Comparativo de las experiencias de Desarrollo de Corea y América Latina." *Asian Journal of Latin American Studies*, Vol. 20, No. 3, pp. 5~24.

World Bank. 1993. *The East Asian Miracle: Economic Growth and Public Policy*. Washington D. C.: Oxford University Press.

5장 신자유주의 경제개혁(1990년대)

|단원 핵심 주제|
● 신자유주의란 무엇인가?
● 라틴아메리카에 신자유주의를 이식하기 위해 IMF는 어떤 역할을 했는가?
● 라틴아메리카의 신자유주의 수용이 가능했던 조건은 무엇인가?
● 신자유주의의 구체적 정책은 무엇인가?

1. 신자유주의란 무엇인가?

자유주의는 중세 봉건 사회질서에 대한 대항원리로서 탄생했다. 영주나 절대왕정의 보호를 받던 부르주아 계급은 힘이 커지면서 더 이상 그들의 보호와 간섭을 필요로 하지 않게 되었고, 스스로의 힘으로 서고자 했다. 이러한 현실의 반영이 바로 자유주의였다. 그러나 자유주의는 대중의 성장과 함께 국가의 사회적 역할이 강조되고, 또 국가의 역할을 중요시하는 마르크스주의와 케인스주의가 등장하면서 수세에 몰리게 된다. 이런 상황에서 자유주의를 다시 회복하고자 한 것이 바로 **신자유주의**(Neoliberalismo)였다.

자유주의는 근대화 과정에서 많은 변화를 경험했기 때문에 신자유주의가 회복하고자 하는 자유주의가 정확히 무엇인가 하는 문제가 제기된다. 정치적으로 자유주의는, 기본적으로 부르주아의 계급적 이익을 대변했지만 투표권과 시민권의 확대로 인해 자유뿐 아니라 평등의 가치도 중시하게 되었다. 경제적으로 자유주의는 자유방임(Laissez-faire)을 표방했다. 그러나 대공황을 거치면서 경제적 측면에서 자유주의도 정부의 역할을 인정하게 되었다. 재정운영을 통해 수요를 조절하고, 조세제도와 복지정책을 통해 빈곤의 문제에서도 정부의 적극적인 역할을 지지하게 되었다.

자유주의의 이러한 변화에 대해 신자유주의는 대공황 이후 확대된 국가의 역할을 다시 축소하고 자유방임주의를 회복하고자 했다. 신자유주의의 아버지라고 할 수 있는 하이에크는 마르크스는 물론이고 케인스도 동시에 비판했다. 하이에크는 이들이 주장하는 국가의 경제 개입 확대가 자유를 위협하고 궁극적으로는 '노예의 길(The road to serfdom)'로 나아가게 할 것이라고 주장했다. 마르크스와 케인스는 기본적으로 시장에서 '보이지 않는 손(Invisible hand)'의 기능을 믿지 않았다는 점에서 공통적이다. 반면 마르크스는 자본주의가 종말을 고하고 공산주의 사회가 도래할 것이라고 주장했고, 케인스는 국가가 적극적으로 개입함으로써 그러한 상황을 막고 자본주의 경제를 살릴 수 있다고 생각했다는 데 차이가 있다. 어쨌든 양쪽 모두 시장경제의 자율 기능을 믿지 않았다는 점에서, 또 경제에서 국가의 주도적·적극적 역할의 필요성을 강조한다는 점에서 서로 일치한다. 그에 대해 하이에크는 인간의 이성과 지식이 불완전하기 때문에 인간이 만든 제도와 계획은 시장의 자율 기능보다 열등한 결과를 낳을 수밖에 없다고 생각했다. 즉, 경제와 사회는 시장에 의한 자생적 진화를 통해서만 발전이 가능하다고 보았다.

하이에크의 주장에도 불구하고 서구 경제는 대공황 이후 복지국가 모델을 통해 놀라운 발전을 이룩했다. 그러나 복지 확대로 인한 세금의 증가로 자본가들의 불만이 커지기 시작했으며, 1970년대에 오일쇼크가 발생하고 스태그플레이션이 지속되자 복지국가 모델은 위기에 직면하게 되었다. 물가에 연동된 임금인상과 통화팽창으로 인플레이션이 고착화되었고, 성장이 둔화됨에 따라 복지국가의 번영은 더 이상 지속될 수 없었다. 따라서 복지를 축소하고 경제를 활성화할 대안의 필요성이 제기되었다.

이러한 움직임에 가장 앞서간 나라는 영국과 미국이었다. 영국의 대처 총리는 노조에 강경한 입장을 취하면서, 누진세를 감소시키고 민영화와 규제 완화를 강력하게 추진했다. 마찬가지로 미국의 레이건 대통령도 노조의 파업을 분쇄하는 등 강경책을 펼치면서 대규모 감세와 규제 완화 정책을 통해 복지국가를 해체하는 등 신자유주의 사상을 정책적으로 실현하기 시작했다.

특히 1980년대 말 소련 및 동구 사회주의국가들이 붕괴함에 따라 국가 역할의 축소와 시장의 확대를 추구하는 신자유주의는 더욱 힘을 얻게 되었다. 신자유주의는 세계화 과정을 통해 개발도상국은 물론이고 동구의 구사회주의권 국가들에도 널리 전파되었다.

1990년 미국 워싱턴 시에 기반을 둔 IMF, 세계은행, 미주개발은행(Inter-American Development Bank: IDB)[1] 등 국제금융기관과 미국의 재무성은 경제적 위기에 처한 개발도상국, 특히 라틴아메리카를 위한 개혁 패키지를 제시했다. 그것은 안정화, 민영화, 개방화 등을 통해 경제에서 기존 국가 역할을 최소화하고 시장의 기능을 강화하는 신자유주의 노선을 추구하는 것이었다. 이를 두고 미국경제연구소(IIE)의 존 윌리엄스(John Williams)는 시장 우선의 신자유주의 노선이 국가주도형 경제 모델보다 우월하다는 데 대해 경제학자들 간에 합의가 이루어졌다고 선언하면서, 이를 '**워싱턴 컨센서스**(Consenso de Washington)'라고 명명했다. 이후 워싱턴 컨센서스에서 제시된 개혁

---

1) 미주개발은행은 1959년 라틴아메리카의 개발을 촉진하기 위해 세계은행 모델에 따라 미주 기구(Organization of American States: OAS)하에 설립된 은행이다. 2010년 현재 회원국은 미국과 라틴아메리카 등 역내 국가뿐 아니라 일본, 독일, 프랑스, 스페인 등 역외 국가를 포함하여 48개국이다. 한국은 아시아에서는 일본 다음으로 2005년에 회원국으로 가입했다. 그에 따라 세계은행이나 미주개발은행 등이 지원하는 이 지역의 개발사업에 한국도 참여가 가능해졌다.

프로그램은 개발도상국과 구사회주의국가들, 즉 소위 '신흥시장(Mercado emergentes)' 국가들의 시장개혁 정책의 표준이 되었다. 따라서 우리가 라틴 아메리카의 신자유주의 경제정책이라고 할 때 그것은 곧 워싱턴 컨센서스 에서 제시된 경제개혁프로그램을 말하는 것이기도 하다.

2. IMF와 신자유주의

라틴아메리카에 신자유주의 경제정책을 이식하는 데 결정적 역할을 한 국제기구는 IMF이다. IMF는 수입대체산업화 시대의 CEPAL에 이어 1990 년대 이후 라틴아메리카의 경제정책 결정에서 가장 영향력 있는 기관이 되 었다. IMF가 창설되었던 제2차 세계대전 직후만 해도 그 기능은 공공신용 을 통해 국제수지 균형화를 지원하는 것에 제한되어 있었다. 그러나 세계자 본주의의 재구조화로 국제금융자본이 고갈되고 외채위기가 발생한 상황에 서 IMF는 라틴아메리카에서 새로운 임무를 부여받았다. 그것은 산업선진 국과 은행의 이익을 대변하여 그들과 채무국가 사이를 중재하는 일이었다. 에드마르 리스보아(Edmar Lisboa)의 지적에 따르면, "현재 IMF는 지역 국가 들과 민간은행 채권자들 사이에서 외채 재협상을 지휘하는 지휘자와 같다. 단순히 국제수지 문제를 다루는 데에서 벗어나, IMF는 이제 라틴아메리카 외채 문제의 모든 조정 과정에 간여하고 있다"(Lisboa, 1986: 60).

스태그플레이션과 장기적 경기침체를 극복하고 국제경쟁력을 회복하기 위해 미국 자본주의의 구조적 변화를 추진하고 있던 레이건 정부는 미국의 전통적 영향권인 라틴아메리카에서 주도권을 공고히 하고 기획하고 있던 세계화를 촉진할 필요성을 느꼈다. 라틴아메리카의 외채는 이러한 미국의 전략적 필요성을 충족할 구실로서 이용되었다. 그리고 미국은 IMF에서의 확고한 주도권을 활용해 IMF가 이러한 임무를 맡도록 새로운 역할을 부여했다.

한편 외채를 재교섭하고 새로운 외자를 도입해야 하는 절박한 상황에 처한 라틴아메리카의 국가들은 IMF에 의해 '권고된' 경제정책 노선을 따르지 않을 수 없었다. 게다가 IMF는 채무국이 공동전선을 구축하거나 자본의 동결에 도전적으로 대응할 가능성을 우려해, 보다 더 엄격해졌고 그 기능도 다각화되어갔다.

한편 라틴아메리카의 경제정책에 영향을 미칠 수 있는 다른 국제기관들은 채무국과 민간 채권은행의 조정자 역할을 전담한 IMF에 비해 상대적으로 실질적 힘이 미약했다. 세계은행의 영향력은 제한적이었고, CEPAL은 과거에 강력한 리더십이 있었지만 재정적 능력이 없는 학문적 성격의 연구기관이라는 한계로 인해 역시 그 힘을 발휘할 수 없었다. 결과적으로 라틴아메리카의 정책결정 과정에 미치는 힘은 IMF에 모아졌다.

페드로 부스코빅(Pedro Vuscović)이 지적하는 것처럼 CEPAL의 제의는 현실적으로 강압권이 없는 반면, IMF가 내거는 조건들은 각국의 구체적 정책 하나하나에 간섭할 수 있는 힘이 실려 있었다. "만약 위기에 대한 CEPAL의 사상이 아이디어 차원에서 가장 의미 있는 것이라면, IMF는 위기에 직면한 구체적 정책의 차원에서 의심할 바 없이 같은 수준의 의미가 있다"(Vuscović, 1990: 151).

세계은행의 영향력도 제한적이었다. 그에 대해 리카르도 캄포스(Ricardo Campos)는 다음과 같이 언급했다.

세계은행은 오늘날 라틴아메리카와 카리브 지역의 국가들이 경험하고 있는 경제적 위기에서 중요한 임무를 맡지 않고 있다. 라틴아메리카에 자본 유입이 감소하는 것을 막을 힘이 없기 때문에, 외채상환을 수월하게 하기 위한 특별 프로그램을 제외하면 위기 극복을 위한 긴급처방의 결정에서 세계은행이 미치는 영향력은 거의 무의미하다(Campos, 1993: 61).

따라서 IMF는 결국 다른 대안 없이 외채위기 상황에 처해 있는 라틴아메리카의 경제정책 결정에서 실질적인 영향력을 가진 유일한 국제기관이 되었다. IMF가 채무국에 미치는 영향력의 정도는 각국의 정부와 노조의 관계, 경제발전 수준, 국가구조, 국내시장을 향해 구성된 산업의 비중 등에 따라 다양하게 나타난다. 그에 대해 제임스 페트라스와 하워드 브릴(Petras and Brill, 1986)은 IMF와 채무국과의 관계를 세 가지 형태로 나누어 분석했다.

첫째 형태는 '복종'의 관계이다. 이러한 범주에는 서구 선진국이 거의 관심을 가지지 않아 '버려진 케이스'로 간주되는 아프리카 국가들이 포함된다. 이런 국가에서 IMF의 통제는 직접적이고 신용은 매우 까다롭게 조건 지어지며, 해당 국가는 주권에 아주 심각한 침해까지 받아들여야만 한다.

둘째 형태는 '일치와 복종적 협약'이라고 정의할 수 있다. 이 범주에는 상대적으로 경제가 발전했지만 최근에 구조적 경제위기에 빠진 멕시코나 브라질과 같은 나라들이 포함된다. 이러한 경제에서 IMF의 안정화 정책은 구조적 위기를 극복하기 위해 정치적·경제적 전망을 공유하는 각국 정부를 통해 간접적으로 실현된다. 그렇지만 이와 같은 상대적 자치성은 위기가 장기화되고 구조적 모순의 뿌리가 깊을 때 곧 상실되고 만다. 경제위기 시에 IMF의 힘은 증대되고 각국 정부의 자율성은 감소한다. 특히 외채위기 시에 IMF에게 보다 많은 조정 권한이 부여된다.

셋째 형태는 '협상과 저항'이라고 할 수 있다. 1970년대 자메이카의 마이클 만리 정권과 칠레의 아옌데 정권은 IMF의 조건들에 저항했고 대안적 전략을 제시했다. 1980년대 초의 볼리비아나 알폰신 대통령 집권 시기의 아르헨티나에서도 IMF의 정책은 노동자나 농민조합의 저항을 받아야만 했

다. IMF는 이에 채권은행의 보이콧으로 대응했고, 결국 상대 국가들은 IMF
에 의해 강요된 긴축프로그램을 받아들이지 않을 수 없었다. 아르헨티나의
키르츠네르 정부는 최근 IMF에 대해 저항한 대표적 사례이다.

결론적으로 1990년대에 라틴아메리카에 신자유주의 경제정책이 실현되
는 데 IMF의 영향은 결정적이었다고 할 수 있다. 물론 IMF의 정책 권고가
강압적이었는가에 대해서는 논란의 여지가 있지만, 외채위기가 장기화되
는 상황에서 외국 자본을 다시 유입하고 외채위기를 극복하기 위해서는
IMF와의 협상 타결이 전제 조건이었다. 따라서 IMF의 정책 '권고'를 받아
들이는 것이 당시 라틴아메리카 국가들로서는 현실적으로 가능한, 유일한
선택이었다.

3. 라틴아메리카는 왜 신자유주의 개혁을 받아들일 수밖에 없었는가?

앞서 언급한 대로 신자유주의 개혁에는 경제성장의 정체, 실업의 증가,
빈부격차의 확대 등 많은 사회적 비용이 따른다. 따라서 1970년대까지도
신자유주의 경제정책은 비상 상황에만 적용되는 임시적 긴급처방의 성격
이 강했다. 그러나 1990년대부터 신자유주의 개혁은 하나의 새로운 패러다
임이 되었다. 라틴아메리카 국가들이 신자유주의 개혁을 새로운 패러다임
으로 받아들이게 된 데에는 여러 가지 요인이 있었다.

첫째, 비정통파 모델의 실패가 다른 대안에 대한 가능성을 소멸시켰다.
비정통파 정책을 적용한 페루, 아르헨티나, 브라질 등은 외채위기 이후 국
가개입 경제 모델의 마지막 시험장이었다. 그들의 실패는 1930년대 이래
적용되어왔던 국가주도의 발전전략이 외채위기 상황의 라틴아메리카에서
더 이상 효과가 없음을 증명했다. 반면 일찍이 1970년대부터 정통파 정책

을 받아들였던 칠레는 다른 국가들이 마이너스 성장을 한 1980년대에도 지속적으로 성장함에 따라 라틴아메리카에서 가장 성공한 사례로 인식되었다. 비정통파 모델을 적용한 국가들의 실패와 정통파 정책을 실현한 칠레의 성공은 칠레식 발전전략을 라틴아메리카 경제발전의 새로운 본보기가 되도록 했다.

둘째, 동아시아 개발도상국들의 성공적인 산업화가 라틴아메리카 국가들에게 새로운 자극이 되었다. 같은 개발도상국으로서 라틴아메리카보다 발전이 늦었던 동아시아 국가들〔특히 한국, 타이완, 싱가포르, 홍콩 등 신흥공업국(New Industrialized Countries: NICS)〕이 산업화를 성공적으로 이룩하고, 특히 라틴아메리카가 위기를 겪고 있던 1980년대에도 고도성장을 지속하자 라틴아메리카 국가들은 이들의 성장 모델에 관심을 가지게 되었다. 앞서 살펴본 대로 1980년대 신고전주의자들은 라틴아메리카 경제와 동아시아 경제의 차이를 국가의 역할에서 찾았다. 특히 동아시아 국가들이 사회적 지출을 정치적 목적에 따라 과도하게 확대하지 않고 경제안정을 우선적으로 유지해온 점, 수입대체산업화 대신 수출주도형산업화를 적용한 점, 산업경쟁력 확보를 위해 과도한 보호주의를 피한 점, 수출을 위해 자국 화폐의 과대평가를 피한 점, 경제에서 국가의 규제가 훨씬 적었던 점 등에 주목했다. 동아시아 경제와 라틴아메리카 경제의 이러한 비교는 결국 라틴아메리카도 경제에서 국가의 개혁이 필요함을 인식하게 되는 계기가 되었다.

자체 대안 상실, 동아시아 경제에서의 교훈, IMF의 사실상의 강권 등의 요인으로 인해 신자유주의 시장경제개혁은 이제 라틴아메리카에서 가능한 유일한 대안으로 인식되기 시작했다. CEPAL 또한 이러한 상황을 반영하여 시장경제개혁을 받아들이기 위한 새로운 방안을 제시했다. CEPAL은 1990년 『평등적 생산 변혁(Transformación Productiva con Equidad)』이라는 글을 통해 라틴아메리카의 입장에서 시장경제개혁을 어떻게 받아들일 것인가 하는 문제를 정리했다.

　신자유주의에 대한 CEPAL의 접근은 사실 1988년 4월 브라질에서 열린 CEPAL의 제22차 정기회의에서 회장인 제르트 로젠탈(Gert Rosental)이 한 연설에서부터 나타나기 시작했다. 당시 로젠탈은 CEPAL이 경제 모델에 관하여 과거 라틴아메리카 각국 정부에 가졌던 실질적 영향력을 회복하기 위해, 전통적 입장을 포기하고 현실의 변화에 적응해야 한다고 주장했다.

　　현실은 지속적으로 변화하는 것이므로 CEPAL의 사상도 그러한 경제 사회적 상황에 적응할 필요가 있다. 사무국은 결코 개념의 틀을 변화할 수 없는 것으로 규정하지 않았다. 라울 프레비시도 여러 차례에 걸쳐 우리들 사상에 끊임없는 개혁이 필요함을 역설했다. 그렇게 함으로써 CEPAL의 경제사상이 지역 안팎에서 놀라운 영향력을 발휘할 수 있었던 것이다(Rosental, 1988: 8).

　또한 로젠탈은 가장 시급한 변화로 두 가지를 지적했다. 첫째는 지속적인 성장을 위해 산업의 기능적 종속은 어쩔 수 없는 것이므로 세계자본주의 체제의 지역경제 가입은 불가피하다는 것이고, 둘째는 자원의 합리적 배분을 위해 시장의 장점을 인정해야 한다는 것이었다(Rosental, 1988: 8).

　그러나 CEPAL은 외채위기 시에 IMF가 부과하는 안정화 정책이나 구조 조정 정책이 경기후퇴, 실업 증대, 부의 집중과 같은 사회적 불안을 야기한다는 점을 간과하지 않았다. 따라서 경제의 불가피한 조정을 계속하면서 사회적 갈등을 완화할 정책을 보완해야 한다고 주장했다. 이러한 역사적 요구에 입각하여 CEPAL은 '개혁 신구조주의'라 알려진 '평등적 생산 변형' 혹은 '안으로부터의 발전(Del desarrollo hacia adentro al desarrollo desde dentro)'(Sunkel, 1991)이라는 새로운 전략을 제시했다. 이러한 제안은 IMF의 강압적이고 엄격한 신자유주의에 대응한 자발적이고도 절제된 성격으로 인해 많은 지지 세력을 확보했다. 그러나 이러한 CEPAL의 제안은 기본적으로 신자유주의 시장경제개혁을 받아들인 것으로서, 그 틀을 벗어나지 않는다.

『평등적 생산 변형』의 저자로 알려진 페르난도 파인실베르(Fernando Fajnzylber)는 IMF의 신자유주의와 CEPAL의 제안을 다음과 같이 비교한다.

> 신자유주의와 CEPAL의 제안 사이에는 네 개의 명백한 합일점이 있다. 첫째, 경제운용 방식에 긴급한 변화가 필요함을 인식한다. 둘째, 라틴아메리카 경제의 국제시장 가입 필요성을 인정한다. 셋째, 라틴아메리카 발전의 새로운 국면에서 국가 역할 수정의 필요성을 제기한다. 넷째, 양자 모두 거시적 안정의 중요성을 강조한다. 이런 긴급성, 국제시장 가입의 필요성, 국가 역할 수정의 필요성, 거시적 안정이라는 네 가지 측면에서 양자의 제안은 서로 유사하다(Fajnzylber, 1994: 207).

그러나 파인실베르는 CEPAL의 제안에 IMF의 신자유주의와는 다른 차이점 또한 존재한다고 주장한다. 신자유주의가 이론적 모델을 통해 현실을 변화시키려고 한 데 비해, CEPAL은 현실로부터 제안을 구성했다는 점이다. 다시 말해 CEPAL은 시장에 대한 절대적 믿음을 가진 것이 아니라 현실적 불가피함이라는 실용적 입장에서 시장을 받아들였음을 명백히 했다.

빈곤 문제에서도 신자유주의는 사회적 갈등 요인이 되는 극단적 빈곤에만 선택적으로 관심을 기울인다면, CEPAL은 생산성 증대를 통한 전 국민의 삶의 수준 개선을 목표로 한다는 점에서 차이가 있다. 따라서 기술진보는 CEPAL의 새로운 중심 테마가 되었다.

개방에 대해서 CEPAL은 기술진보를 통한 진정한 경쟁력 향상을 위해 지역경제의 국제시장 가입이 필요하다고 인정하지만, 그것이 국내 산업을 급속히 파괴하거나 대량적 실업 등의 문제를 발생시키는 것을 원하지 않는다. 따라서 CEPAL은 신자유주의와 달리 점진적이고 선택적인 개방을 선호한다. 또한 CEPAL은 시장과 민간 부문이 경쟁력과 효율성 증대를 위해 필요한 요소임을 인정하지만, IMF가 국가 역할의 급속한 축소를 추구하는 데 비해 선택적인 영역에서 국가 간섭의 필요성을 인정한다.

한편 CEPAL의 시각에서 거시적 안정은 발전을 위한 필요조건이지 충분조건이 아니다. 반면, 신자유주의는 외채의 안정적 지급을 보장하기 위해 안정 그 자체를 전략의 가장 중요한 목표로 삼고 있다.

마지막으로 파인실베르는 CEPAL의 제의에서 민주주의는 최상의 가치이자 목표인 반면, 국제금융기관들은 민주주의를 사회적 갈등을 완화시키기 위해 필요한 컨센서스를 획득하는 유효한 수단으로서 간주할 뿐이라고 주장한다.

파인실베르의 IMF와 CEPAL의 정책 차이에 대한 이러한 주장에도, CEPAL이 시장경제개혁의 필요성을 받아들였음은 분명해 보인다. 비록 정도의 차이는 있지만 기본적으로 양자 모두 시장개혁의 필요성을 인정한다는 점에서 실질적으로 차이가 없다. IMF와 CEPAL의 차이는 IMF가 시장에 대한 이데올로기적 믿음을 가지고 있다면, CEPAL은 실용적 입장에서 시장을 단지 "가능한 유일한 선택"으로 생각한다는 것뿐이다. 즉, IMF가 **이데올로기적 신자유주의**(Neoliberalismo ideológico)를 주장한다면, CEPAL은 **실용적 신자유주의**(Neoliberalismo pragmático)를 주장한다고 정의할 수 있는 정도의 차이만 있다. 어쨌든 과거 국가개입에 의한 수입대체산업화 모델에 이론적 기반이 되었던 CEPAL이 이와 같이 시장경제개혁을 받아들였다는 사실은 이제 더 이상 라틴아메리카에서 신자유주의 시장경제개혁 말고 다른 대안이 없음을 다시 한 번 확인해주는 것이었다.

그러나 CEPAL의 이런 변화에도 불구하고 라틴아메리카의 대중은 여전히 신자유주의를 받아들일 준비가 되어 있지 않았다. 이러한 경향은 1980년대 말~1990년대 초에 있었던 라틴아메리카 주요 국가들의 선거 결과에서 잘 드러난다. 멕시코 대선에서는 진보 세력의 후보인 카르데나스(C. Cardenas)가 신자유주의 개혁을 주장한 살리나스(C. Salinas) 후보를 누르고 선거에서 사실상 승리했다. 하지만 불미스러운 개표 과정을 통해 살리나스가 최종 승리한 것으로 결정되었다. 페루에서는 무명의 대학 총장이던 후지모리(A. Fujimori)가 2010년 노벨 문학상을 수상한 저명한 소설가이자 라틴아메리카의 대표적인 신자유주의 사상가 중 한 사람으로 꼽히는 마리오 바르가스 요사(Mario Vargas Llosa)를 물리치고 대통령에 당선되었다. 아르헨티나의 메넴(S. Menem)도 라틴아메리카의 대표적인 포퓰리즘 정당인 정의당(흔히 페론당으로 불린다) 출신으로서 중산층에 기반을 둔 급진당 후보를 누르고 대통령에 당선되었다. 브라질의 페르난두 엔히크 카르도주(F. E. Cardoso) 대통령도 한때 라틴아메리카의 대표적인 종속주의자였던 사람으로 브라질사회민주당(PSDB) 소속이다. 베네수엘라에서는 카를로스 안드레스 페레스(C. A. Pérez)가 대통령에 당선되었는데, 그 또한 1970년대 라틴아메리카의 대표적인 포퓰리스트 정치인 중 하나였다.

그러나 이들은 선거에서 승리함과 동시에 자신이나 소속 정당의 정치적 성향 또는 선거공약과는 다른 신자유주의 시장개혁을 단행하기 시작했다. 그들은 시장경제개혁만이 여전히 외채위기에서 벗어나지 못하고 있는 라틴아메리카가 취할 수 있는 유일하고 가능한 대안임을 강조하면서 자신들의 정책을 정당화했다. 이를 두고 ≪뉴스위크(Newsweek)≫ 칼럼니스트인 멕시코의 정치학자 카스타녜다(J. G. Castañeda)는 "표는 좌로, 정책은 우로(Vote left, move right)"라는 말로 상황을 간결하게 정의했다. 또한 정치학자 오도넬(G. O' Donnell)은 집권자가 유권자와의 약속을 지키지 않고 권력을 위임받았다는 구실로 자의적으로 통치한다고 해서 이런 상황을 **위임민주주의**

(Delegative democracy)라고 규정하기도 했다.

이렇게 해서 신자유주의 경제개혁은 1990년대부터 라틴아메리카에서 경제 모델의 대세로 자리 잡게 되었다. 그러나 베네수엘라만은 예외였다. 안드레스 페레스는 대통령으로 당선된 이후 과거의 정치 성향과는 달리 국가재정의 안정을 우선 목적으로 하여 유가 인상을 포함한 긴축프로그램을 실시했다. 베네수엘라 국민들은 이에 반대해서 시위를 벌였고, 시위를 진압하는 과정에서 수천 명의 사상자가 발생했다. 이 과정에서 군이 진압에 동원되었고, 그에 반대해 당시 군인이었던 현재의 대통령 차베스(H. Chávez)가 쿠데타를 일으켰다. 비록 차베스의 쿠데타는 실패로 끝났지만 그는 민중의 영웅이 되었고 결국 이후에 대통령으로 당선될 수 있었다. 베네수엘라의 대통령들은 이런 과정을 겪으면서 신자유주의 시장경제개혁을 포기하고 다시 시도하지 않았다. 따라서 베네수엘라는 1990년대 라틴아메리카에서 신자유주의 경제개혁을 실시하지 않은 거의 유일한 나라가 되었다. 그리고 차베스는 대통령에 당선된 이후 라틴아메리카 반신자유주의의 선봉이 되었다. 베네수엘라의 국민들이 신자유주의를 받아들이지 않았던 것은 그들이 가진 석유로 인한 부에 대한 믿음 때문이었다. 베네수엘라는 산유국이므로 재정긴축을 위해 신자유주의를 받아들일 필요가 없다고 생각한 것이다. 석유로 인한 부가 기득권자들에 의해 낭비되지 않고 국민들을 위해 제대로 사용되기만 한다면 굳이 안정을 위해 허리띠를 조일 필요까지는 없었다. 그러나 베네수엘라를 제외한 나머지 대부분의 라틴아메리카 국가들에서 신자유주의 시장경제개혁은 불가피한 유일한 대안으로 받아들여졌다.

1990년대에 라틴아메리카에서 신자유주의 시장개혁정책들이 실현된 과정을 살펴보면 <표 5-1>과 같다. 핵심 정책으로는 안정화, 금융 개방과 무역자유화, 민영화를 들 수 있다. 예전에 일시적으로 적용되었던 몇몇 사례를 제외하면 볼리비아, 칠레, 코스타리카만이 1985년부터 안정화 정책을

<표 5-1> 라틴아메리카 신자유주의 시장개혁 정책 시작 연도

연도	안정화	무역자유화	세제개혁	금융개혁	민영화	노동개혁	연금개혁
1985 이전	아르헨티나 (1978), 볼리비아 (1985), 칠레 (1975), 코스타리카 (1985), 페루 (1985), 우루과이 (1978)	아르헨티나 (1978), 칠레 (1975), 멕시코 (1985), 우루과이 (1978)		아르헨티나 (1978), 칠레 (1975), 우루과이 (1974)	칠레 (1974~1978)	칠레 (1979)	칠레 (1981)
1986	브라질, 도미니카공화국	볼리비아, 코스타리카		멕시코			
1987	과테말라, 자메이카	자메이카			자메이카		
1988	멕시코	과테말라, 기아나		코스타리카, 브라질, 파라과이, 기아나	칠레		
1989	베네수엘라	아르헨티나, 파라과이, 엘살바도르, 트리니다드토바고, 베네수엘라		칠레, 베네수엘라			
1990	도미니카공화국, 페루	브라질, 도미니카공화국, 에콰도르, 온두라스, 페루		볼리비아, 콜롬비아, 엘살바도르, 니카라과, 페루, 트리니다드토바고	아르헨티나	콜롬비아, 과테말라	
1991	아르헨티나, 콜롬비아, 과테말라, 니카라과, 우루과이	콜롬비아, 니카라과, 우루과이	아르헨티나	도미니카공화국, 온두라스, 과테말라	벨리즈, 자메이카, 기아나, 베네수엘라	아르헨티나, 페루	
1992	에콰도르, 기아나	바베이도스	니카라과, 페루	아르헨티나, 자메이카	바베이도스 멕시코		

	온두라스 자메이카						
1993			엘살바도르	에콰도르, 바하마	니카라과		페루
1994	브라질	벨리즈, 아이티, 수리남	에콰도르, 과테말라, 온두라스 자메이카, 파라과이, 베네수엘라	바베이도스, 벨리즈, 아이티	칠레, 페루, 트리니다드 토바고		아르헨티나, 콜롬비아
1995	수리남	파나마	벨리즈, 볼리비아		볼리비아	파나마	
1996		바하마					우루과이, 멕시코

자료: 미주개발은행(1997).

지속적으로 적용하기 시작했다고 할 수 있다. 따라서 안정화 정책이 지속적으로 또 전반적으로 시작된 것은 1989년 멕시코에서부터이다. 멕시코를 시작으로 1989년 베네수엘라(물론 앞서 언급된 이유로 곧 포기된다), 1990년 도미니카공화국과 페루, 1991년 아르헨티나, 콜롬비아, 과테말라, 니카라과, 우루과이, 1992년 에콰도르, 기아나, 온두라스, 자메이카, 그리고 1994년 브라질과 1995년 수리남을 끝으로 라틴아메리카 거의 모든 국가들이 안정화 정책을 장기적 발전정책으로 받아들였다.

무역자유화나 금융 개방은 전반적으로 안정화보다 빨리 적용되었다. 멕시코는 이미 1985년에 무역자유화를 단행했고, 금융 개방은 1986년에 시작했다. 브라질도 1990년에 무역 개방을 시작했으며 금융 개방은 그보다 빠른 1988년에 적용했다. 아르헨티나의 경우 무역 개방은 1989년에, 금융 개방은 1992년에 달성되었다. 이렇게 무역 개방과 금융 개방은 안정화보다 빨리 시작되어 1992년이면 주요 국가들 대부분이 개방을 완수한다.

반대로 민영화는 안정화보다 속도가 느려 칠레를 제외하고는 1990년이 되어서야 본격적으로 시작되었다. 1990년 아르헨티나가 처음으로 대대적인 민영화를 시작했고, 멕시코는 1992년, 페루는 1994년에 가서야 본격적으로 민영화를 단행했다. 볼리비아도 1995년이 되어서야 비로소 민영화를 실시했다. 한편 콜롬비아나 브라질 등은 1996년까지 민영화를 시작도 하지 않았다.

4. 거시적 안정화 정책

외채위기는 처음에 단순한 유동성 위기로 인식되었다. 그러나 외채위기가 장기화됨에 따라 그것은 구조적 위기로 변질되어갔다. 따라서 라틴아메리카가 외채위기에서 벗어나 지속적인 성장을 달성하기 위해서는 무엇보다 거시경제적 안정을 위한 심도 있는 처방이 필요하다는 인식이 확산되었다. 거시경제 안정을 위해서 네 가지의 기본적 과제가 제시되었다. 첫째는 무엇보다 과도한 외채를 경감하는 일이었다. 앞 장에서 잠시 언급한 바와 같이 1980년대에도 외채를 감소시키기 위한 다양한 방법이 시도되었다. 그러나 라틴아메리카는 그런 방법을 통해 외채위기에서 완전히 벗어날 수 없었다. 이에 라틴아메리카는 더욱 근본적인 개혁, 특히 강도 높은 긴축을 요구하는 브래디 플랜을 받아들일 수밖에 없었다.

둘째는 공공 부문과 민간 부문에서 신용 정책을 통제하는 것이었다. 1982~1987년 위기의 시기에 외자의 도입이 중단됨에 따라 대부분의 정부는 공공 부문 지출을 지속하기 위해 국내 금융 시스템을 통해 필요한 자금을 충당해야 했다. 그러나 안정화를 위해서 이러한 국내 신용의 확대는 더 이상 지속될 수 없었다.

가장 중요한 셋째는 재정적자를 감소시키는 것이었다. <표 5-2>에서 보는 바와 같이 1988년 이전 재정수지 적자가 GDP의 3.0% 이하인 경우는

<표 5-2> 라틴아메리카 주요 국가들의 GDP 대비 재정수지 비율(1986~1991년)

(단위: %)

국가	1986년	1987년	1988년	1989년	1990년	1991년
아르헨티나	-4.1	-6.5	-7.0	-21.8	-3.3	-1.8
브라질	-3.7	-5.7	-4.8	-6.9	1.3	-3.0
칠레	-	-4.3	-0.7	3.5	1.6	0.3
콜롬비아	-0.3	-2.0	-2.2	-2.9	-0.8	-0.1
코스타리카	-	-0.3	-0.3	-2.8	-2.9	-
에콰도르	-5.1	-9.6	-5.1	-0.9	0.4	-
자메이카	-5.6	-5.4	-12.8	-6.3	-2.9	-0.4
멕시코	-	-	-	-1.6	1.2	3.5
니카라과	-	-	-36.7	-18.4	-17.8	4.0
페루	-	-	-	-10.7	-6.5	-3.2
트리니다드토바고	-9.5	-7.7	-6.5	-4.4	-1.4	-0.9
우루과이	-5.2	-4.2	-5.0	-7.6	-3.6	-
베네수엘라	-	-5.4	-9.3	-1.3	-	-3.0

자료: IMF(여러 해); 세계은행(1992).

1986년에 콜롬비아 한 나라, 1987년에 콜롬비아, 코스타리카 두 나라, 1988년에 콜롬비아, 코스타리카, 칠레 세 나라에 불과했다. 반면 1989년 아르헨티나의 재정수지 적자는 GDP의 21.8%에 달했으며, 1988년 니카라과의 재정수지 적자는 GDP의 36.7%에 이르렀다. 그러나 1989년부터 신자유주의 개혁이 시작되면서 1989년에는 재정수지 적자가 GDP의 3% 이하인 나라가 앞선 세 나라를 비롯해 에콰도르, 멕시코, 베네수엘라로 늘어났으며, 1990년에는 아르헨티나, 니카라과, 페루, 우루과이를 제외한 조사 대상국 모두 재정적자가 GDP의 3% 이하로 떨어졌다. 1991년에는 조사 대상국 중 오직 페루만이 재정수지 적자가 GDP의 3%를 초과했다. 그러나 페루의 재정수지 적자도 1989년에 GDP의 10.7%, 1990년에 6.5%였던 것에 비하면 많이 줄어든 수치이다. 1989년에 비해 재정수지 적자가 증가한 나라는 신자유주의 시장개혁을 포기한 베네수엘라가 유일하다. 베네수엘라의 재

<표 5-3> 라틴아메리카 주요 4개국 GDP에서 세수의 비중(1987~1991년)

(단위: %)

국가	1987년	1988년	1989년	1990년	1991년
아르헨티나	17.8	16.2	14.9	19.1	20.0
브라질	18.1	17.8	18.4	23.9	21.2
콜롬비아	14.9	14.4	14.4	14.4	15.8
멕시코	8.6	9.6	10.2	10.5	10.7

자료: IMF(여러 해); 세계은행(1992).

정수지 적자는 1989년 1.3%에서 1991년 3.0%로 오히려 증가했다.

재정수지 적자의 감소는 기본적으로 세제개혁을 통한 세수 확대와 정부 지출의 감소를 통해 달성되었다. <표 5-3>은 아르헨티나, 브라질, 콜롬비아, 멕시코 4개국 모두에서 1990년대 초, GDP 대비 세수의 비중이 증가했음을 보여준다. 그러나 세수의 증대가 신자유주의 원칙에 따라 개인의 소득세나 기업의 법인세에서 이루어지지는 않았다. 심지어 외국인 송금에 대한 원천징수는 개방화의 원칙에 따라 오히려 감소되었다(Edwards, 1995: 87). 따라서 세수 증대는 일반적으로 모두에게 부담을 주는 부가가치세의 상향 조정을 통해 이루어졌다.

한편 이 시기에는 정부지출도 대부분의 국가에서 감소했다. 아르헨티나는 정부 총지출이 1987년 GDP의 22.3%에서 1991년 21.6%로, 브라질은 31.9%에서 28.3%로, 칠레는 34.3%에서 26.3%로, 콜롬비아는 21.1%에서 20.9%로 감소했다. 정부지출의 감소는 주로 사회보장프로그램의 축소를 통해 이루어졌다. 따라서 각국 정부는 줄어든 지출 예산의 범위 내에서 사회보장프로그램을 실시하기 위해 **사회지출의 표적화**(Focalización de las políticas sociales), 혹은 긴급 사회비용 지출과 같은 사회적 지출의 효율화에 주목해야만 했다.[2]

---

2) 제한된 예산으로 가장 효과적인 정책을 실시하기 위한 사회보장프로그램 표적화의 대표적

〈표 5-4〉 라틴아메리카 주요국의 GDP 대비 공공지출의 비중(1987, 1989, 1991년)

(단위: %)

국가	1987년		1989년		1991년	
	총지출	자본적 지출	총지출	자본적 지출	총지출	자본적 지출
아르헨티나	22.3	3.8	19.0	2.8	21.6	1.5
브라질	31.9	7.5	34.9	6.2	28.3	5.2
칠레	34.4	6.9	27.1	5.1	26.3	4.8
콜롬비아	21.1	7.7	19.2	6.9	20.9	6.7
베네수엘라	32.2	12.0	31.0	11.2	35.1	13.7

자료: IMF(여러 해); 세계은행(1992).

공공지출의 감소에서 또 다른 특징은 〈표 5-4〉에서 보듯이 자본적 지출이 급감했다는 점이다. 베네수엘라를 제외한 라틴아메리카 주요국 거의 대부분에서 자본적 지출은 급격한 감소세를 보여주었다. 자본적 지출의 감소는 주로 비효율적인 대규모 정부 프로젝트를 취소 또는 연기하거나 자본적 지출을 민간 부문에 이전함으로써 이루어졌다.

그러나 세수 증가와 자본적 지출을 포함한 총지출 감소에도 불구하고, 막대한 공공채무에 대한 이자 지급 부담으로 인해 재정적자를 획기적으로 감소하는 데에는 한계가 있었다. 예를 들어 아르헨티나의 경우 1989년 GDP의 21.8%에 달했던 재정적자 중 이자 지급을 제외한 1차 재정수지 적자는 0.4%에 불과했다. 이러한 상황은 다른 라틴아메리카 국가들에서도 유사했다. 따라서 재정수지 적자 문제는 근본적으로 공공 부문 채무를 감소시키지 않고서는 실질적인 해결이 어렵다.

사례로는 멕시코의 국가연대 프로그램(Pacto Nacional de Solidaridad)을 들 수 있다. 그리고 최근에는 브라질의 볼사파밀리아(Bolsa familia), 멕시코의 '기회(Oportunidades)'와 같은 조건부 현금이전 프로그램(Tansferencias Monetarias Condicionadas: TMC)이 효율적 사회보장프로그램의 대세가 되었다.

안정화를 위한 마지막 과제는 환율의 안정이었다. 그러나 라틴아메리카 국가들은 외채위기를 통해 인위적 고정환율제가 결코 안정적이지 못함을 인식하게 되었다. 국내 인플레이션이 국제 물가 상승률을 초과하는 현상이 지속되는 상황에서 고정환율제는 자국 화폐의 평가절상을 유도했고, 그로 인한 경상수지 적자로 외환보유고가 감소하면 고정환율제를 유지한 국가들은 결국 환투기 세력의 공격 대상이 될 수밖에 없었다. 그렇다고 완전변동환율제를 채택하게 되면 또한 변동성이 높아 불안을 야기하므로 외국 자본의 유입에 걸림돌이 될 수 있었다.

따라서 라틴아메리카 국가들은 완전변동환율제도 아니고 그렇다고 고정환율제도 아닌 절충적 환율정책을 주로 선호했다. 그것은 환율밴드제, 크롤링페그제, 크롤링밴드제, 관리변동환율제와 같은 것으로 제한적 범위 내에서 환율의 변동을 허용하는 정책들이다. 이는 완전한 변동환율제라고 보기는 어렵고 오히려 고정환율제에 더 가깝다고 할 수 있다.

물론 아르헨티나와 같이 **태환정책**(Ley de convertibilidad)[3]을 통해 고정환율제보다 더 엄격한 고정환율제를 채택하거나, 혹은 파나마와 에콰도르처럼 아예 달러화를 자국 화폐로 삼는 **달러라이제이션**(Dolarización, 달러통용화)을 선택함으로써 환율에 대한 불안과 공격을 원천적으로 차단하고자 하는 시도도 있었다. 또한 제한적 변동환율제를 채택한 나라들도 외국 자본의 재유

---

3) 아르헨티나의 태환정책은 통화위원회 제도의 기본적 틀을 가지고 있다. **통화위원회 제도**(Currency Board System)는 달러화의 유입과 유출에 맞춰 자국 통화량을 조절하는 일종의 고정환율제이다. 따라서 중앙은행은 국내 통화량을 조절하는 기능을 상실하며, 달러화의 유출입에 따라 통화량이 결정된다. 아르헨티나가 채택한 태환정책은 통화위원회 제도와 기본적으로는 유사하나 약간의 차이가 있다. 즉, 아르헨티나의 태환정책은 제한적이나마 중앙은행이 최종 대부자 역할을 수행하는 것을 허용했고, 민간은행의 유동성 준비금에 대한 규제 기능을 유지하도록 했으며, 또한 정부가 총외환보유액의 1/3까지 달러표시채권을 발행할 수 있게 했다는 점에서 정통적 통화위원회 제도와는 약간의 차이가 있다.

입 등으로 환율이 사실상 고정되다시피 했기 때문에 결국은 고정환율제를 채택한 것과 같은 상황이 되었다.

한편 이와 같은 안정화 정책은 성장과의 갈등을 야기했다. 성장 없는 안정은 누구를 위한, 또 무엇을 위한 안정인가 하는 문제가 제기되었고, 안정화 정책이 단순히 외채를 갚기 위한 정책에 불과하다는 비판도 나왔다. 사회복지 정책의 감소 또한 불가피한 측면이 없진 않았다고 하더라도 곳곳에서 사회적 긴장을 유발했다.[4]

한편 안정화를 기반으로 외국 자본이 대량으로 유입됨에 따라 환율이 사실상 고정됨으로써 라틴아메리카 화폐의 평가절상이 초래되었다. 라틴아메리카 화폐의 과대평가는 당연히 경상수지 적자 누적이라는 문제를 야기했다. 그럼에도 안정을 위해 환율의 평가절하를 단행할 수 없었다. 이는 다음 장에서 보게 될 또 다른 위기를 예고하는 것이었다.

5. 개방화 정책

<표 5-5>에서 보는 바와 같이 라틴아메리카의 보호주의 수준은 다른 개발도상국 지역에 비해 상대적으로 높았다. 중동을 포함하는 서부 지역을 제외한 아시아의 관세율이 평균 25%에 불과했던 것에 비해 라틴아메리카의 관세율은 남미가 51%, 중미가 66%, 카리브가 17%에 달했다. 비관세장

---

[4] 1994년 1월 1일 북미자유협정(NAFTA)이 발효된 바로 그날 멕시코 치아파스에서 사회적으로 가장 열악한 환경에 처한 원주민들을 중심으로 사파티스타 민족해방군(EZLN)이 출현했다. 이 사건은 베네수엘라의 카라카소(Caracazo) 이후 신자유주의에 대한 라틴아메리카 민중저항의 첫 신호탄이 되었다. 그 후 1990년대 동안 사파티스타 민족해방군은 전 세계적으로 반신자유주의 운동의 상징이 되었다.

〈표 5-5〉 개발도상국의 보호주의(1985년)

(단위: %)

지역		관세율	비관세장벽 해당 품목 비율
라틴아메리카	남미	51	60
	중미	66	100
	카리브	17	23
아프리카	북부	39	85
	그 외	36	86
아시아	서부	5	11
	그 외	25	21

자료: Edwards(1995: 116).

벽 또한 높아서 아시아의 비관세장벽 해당 품목의 비율이 서부와 그 외 지역에서 각각 11%, 21%에 불과했던 것에 비해 라틴아메리카는 남미 60%, 중미 100%, 카리브 23%로 나타났다. 이는 1930년대부터 시작된 수입대체 산업화가 환율정책에 의한 수입 억제보다는 보호주의 정책을 통한 국내 산업 보호를 선호했기 때문에 일면 당연한 결과라고 할 수 있다.

보호주의는 물론 국내 산업을 육성하는 데에 일정 성공을 거두었다. 하지만 기업들이 보호주의하에서 **지대 추구**(Búsqueda de rentas)에만 의존함으로써 국내 산업의 국제경쟁력이 향상되지 못했다. 따라서 세계화시대에 맞춘 개방을 통한 산업경쟁력의 강화가 라틴아메리카 신자유주의 경제정책의 주요한 과제가 되었다.

개방화는 <표 5-6>에서 나타나듯이 관세 및 비관세장벽의 철폐를 통해 이루어졌다. 1985년 라틴아메리카 국가들의 평균 관세율은 많게는 코스타리카의 92%, 적게는 볼리비아의 20% 수준이었다. 그러나 개방화 이후인 1991~1992년 사이 국가별 평균 관세율은 가장 많은 경우가 브라질의 21%였고, 다른 국가들도 대부분 20% 이하의 평균 관세율을 기록했다. 멕시코는 평균 관세율이 4%로 내려갔다. 비관세장벽의 평균 적용 범위도 개방 이

전인 1985~1987년 사이 콜롬비아에서 최대 73%였던 것을 비롯하여, 대부분의 국가에서 10%를 훨씬 넘었지만 개방 이후인 1991~1992년 사이 멕시코 20%, 브라질 10%를 제외하고는 모두 10% 이하로 떨어졌다. 심지어 볼리비아, 칠레, 코스타리카, 우루과이, 파라과이, 페루처럼 비관세장벽을 아예 철폐한 국가도 있었다. 품목당 수입 관세 범위를 봐도 1980년대에는 에콰도르의 최대 290%를 비롯하여 대부분의 국가에서 최대 관세가 100%를 넘었지만, 개방화 이후인 1990년대에는 우루과이 30%, 브라질 65%, 파라과이 86%, 베네수엘라 50%, 에콰도르 40%를 제외하고는 최대 관세도 모두 20% 이하로 내려갔다.

개방화 정책은 또한 자유무역협정과 지역통합의 활성화를 통해 이루어졌다. 멕시코는 **북미자유무역협정**(NAFTA)을 통해 미국, 캐나다와 하나의 시장으로 통합되었으며, 남미의 브라질, 아르헨티나, 파라과이, 볼리비아는 **남미공동시장**(MERCOSUR)을 통해 관세동맹의 단계로까지 나아갔다. 칠레는 미국과의 자유무역협정뿐 아니라 미주 외의 다른 지역들과도 활발하게 자유무역협정을 맺음으로써 세계에서 자유무역협정을 가장 많이 맺은 나라가 되었다. 한국이 칠레와 최초로 자유무역협정을 맺게 된 것도 결코 우연이 아니다. 이런 대표적인 사례 외에도 라틴아메리카에서는 다양한 자유무역협정과 지역통합이 시도되고, 또 이루어졌다. 이에 대해서는 8장에서 다시 자세히 설명하도록 하겠다.

개방정책으로 인해 국내 산업이 경쟁에 노출됨으로써 생산성이 증대했고, 소비자는 값싸고 질 좋은 수입품에 쉽게 접근할 수 있게 되었다. 국내 물가 또한 값싼 수입품으로 인해 상승이 억제되는 효과를 누릴 수 있었다. 하지만 다른 한편으로 개방은 경쟁력을 확보할 수 없는 국내 산업들을 붕괴시켰으며, 수입 증가로 인해 경상수지 적자의 누적이라는 부정적 결과도 가져왔다.

(단위: %)

국가		평균 관세율		비관세장벽 평균 적용 범위		수입 관세 범위					
						1980년대			1990년대		
		1985	1991~1992	1985~1987	1991~1992	연도	최소	최대	연도	최소	최대
초기 개방 국가	볼리비아	20	8	25	0	1985	0	20	1991	5	10
	칠레	36	11	10	0	1987	0	20	1992	11	11
	멕시코	34	4	13	20	1985	0	100	1992	0	20
2기 개방 국가	코스타리카	92	16	0.8	0	1986	1	100	1992	5	20
	우루과이	32	12	14	0	1986	10	45	1992	10	30
3기 개방 국가	아르헨티나	28	15	32	8	1987	0	55	1991	0	22
	브라질	80	21	35	10	1987	0	105	1992	0	65
	콜롬비아	83	7	73	1	1986	0	200	1991	0	15
	과테말라	50	19	7	6	1986	1	100	1990	0	10
	니카라과	54	-	28	-	1986	1	100	1990	0	10
	파라과이	72	16	10	0	1984	0	44	1991	5	86
	페루	64	15	53	0	1987	0	120	1992	5	15
	베네수엘라	30	17	44	5	1987	0	135	1991	0	50
비개방국가	에콰도르	50	18	59	-	1986	0	290	1991	2	40

자료: Edwards(1995: 126).

특히 금융시장 개방으로 인한 외국 자본의 급속한 유입은 라틴아메리카의 환율이 과대평가되게 만들었다. 금융시장 개방으로 인해 수입은 증가한 반면 수출은 늘지 않았기 때문에 경상수지 적자의 누적이 심화되었다. 게다가 유입된 자본의 성격이 대부분 직접투자와 같이 장기적이지 않고 포트폴리오투자와 같이 단기적이었기 때문에 라틴아메리카 경제의 대외적 취약성이 증가했다. 결론적으로 라틴아메리카는 개방화 이후 경상수지 적자의 누적을 단기성 자본의 유입으로 보전하는 모델을 발전시켜왔다. 이러한 문제점은 결국 다음 장에서 보게 될 외환위기로 폭발하게 된다.

6. 민영화 정책

　1980년대 이전에도 라틴아메리카의 일부 국가에서 시장경제개혁 정책이 실시된 적이 있었다. 그러나 그것은 주로 안정화와 개방화에 초점이 맞추어져 있었다. 따라서 1980년대 이전의 시장개혁 정책과 1990년대 이후의 시장개혁 정책을 가장 명확히 구별 짓는 것은 민영화라고 할 수 있다. 1980년까지 멕시코와 칠레를 제외한 라틴아메리카 국가 대부분은 국영기업의 민영화에 대해 매우 신중한 입장을 취했다. 심지어 민영화에서 가장 앞서 가던 멕시코와 칠레조차 정치적·역사적 이유로 인해 거대 국영기업인 페멕스(PEMEX, 멕시코의 국영석유회사)와 CODELCO(칠레 구리광산) 등의 민영화는 실현할 수 없었다. 이는 1980년대까지 민영화가 결코 쉬운 일이 아니었음을 말해준다. 특히 자원 산업과 같은 전략적 산업에서의 민영화는 1980년대 이전까지 거의 상상도 할 수 없는 일이었다. 그러나 1990년대 이후 민영화는 라틴아메리카 거의 대부분의 국가에서, 전략적 산업을 포함한 거의 모든 산업 부문에서 대대적으로 실현되었다. 따라서 민영화야말로 1990년대 라틴아메리카 시장경제개혁의 가장 큰 특징이라고 할 수 있다.

　라틴아메리카 민영화의 규모는 다른 개발도상국들에 비해서 매우 높은 수준이었다. <표 5-7>에 의하면 1990~1999년 사이 개발도상국에서 실현된 민영화로 인한 총수익금 3,157억 2,000만 달러 중 라틴아메리카의 수익금은 1,778억 3,900만 달러로서 전체의 56.3%를 차지했다. 이는 1990년대에 실현된 개발도상국의 민영화 중 거의 절반 이상이 라틴아메리카에서 이루어졌음을 말해준다. 라틴아메리카는 1980년대까지 사회주의체제하에

<표 5-7> 개발도상국의 민영화 수익금(1990~1999년)

(단위: 십억 달러)

연도	동아시아와 태평양	라틴아메리카	동유럽과 중앙아시아	중동과 북아프리카	남아시아	사하라 이남 아프리카
1990	0.376	10.915	1.262	0.002	0.029	0.074
1991	0.834	18.723	2.551	0.017	0.996	1.121
1992	5.161	15.560	3.626	0.069	1.557	0.207
1993	7.155	10.488	3.988	0.417	0.974	0.641
1994	5.508	8.199	3.957	0.782	2.666	0.605
1995	5.410	4.616	9.742	0.746	0.916	0.473
1996	2.680	14.142	5.466	1.478	0.889	0.745
1997	10.385	33.897	16.537	1.612	1.794	2.348
1998	1.091	37.685	8.002	1.000	0.174	1.356
1999	5.500	23.614	10.335	2.074	1.859	0.694
1990~1999	44.100	177.839	65.466	8.197	11.854	8.264

자료: Chong and López de Silanes(2004: 43).

있었던 동유럽과 중앙아시아 지역(전체의 20.7%)보다 더 많은 민영화를 실현했다. 그러나 1990년대의 이러한 민영화 바람은 2000년대에 들면서 주춤하기 시작했다. 그리고 심지어 최근에는 원자재 가격 상승의 바람을 타고 석유와 천연가스와 같은 부문에서 다시 국가의 통제가 강화되고 있다.

민영화의 수준을 국가별로 살펴보면 <표 5-8>에서 보는 바와 같다. 1980년대에 이미 민영화를 시작한 멕시코와 칠레가 1992년까지 다른 나라들에 비해 단연 앞서가고 있음을 알 수 있다. 1980년에서 1992년 사이 멕시코와 칠레는 각각 전체 국영기업의 87%와 96%를 민영화했다. 사실상 이들 두 나라는 1990년대 초 이미 자원 산업과 같이 민영화가 사실상 불가능한 기업을 제외하고 거의 모든 기업을 민영화했다고 해도 과언이 아니다.

아르헨티나와 브라질은 비록 멕시코와 칠레에 비해 민영화가 늦었지만, 1990년대에는 민영화를 활발하게 혹은 점진적으로 전개했다. 그 결과 <그

〈표 5-8〉 라틴아메리카 주요국 국영기업의 민영화(1980~1992년)

(단위: %)

구분	민영화된 기업의 수	총 국영기업에서 차지하는 비중
아르헨티나	45	15
브라질	42	6
칠레	501	96
멕시코	1,001	87
베네수엘라	77	62

자료: Edwards(1995: 171).

림 5-1>에서 보는 바와 같이 1990년대 아르헨티나와 브라질의 민영화 수익금(1999년 각국 GDP 대비 각각 11.2%, 9.8%)이 멕시코와 칠레의 민영화 수익금(각각 7.2%, 4.0%)보다 더 높게 나타났다. 아르헨티나와 브라질 외에도 1990년대에 라틴아메리카에서 활발하게 민영화를 진행한 나라로는 전체 민영화 수익금이 GDP의 16%에 달한 파라과이, 15%인 페루, 12%인 볼리비아, 11.5%인 파나마, 9.8%인 엘살바도르 등이 있다. 반면 우루과이, 코스타리카, 에콰도르, 콜롬비아, 온두라스, 니카라과 등은 수치가 5% 이하로서 민영화 규모가 그다지 크지 않았다.

한편 민영화의 절대적 규모에서는 당연히 GDP 규모가 큰 나라들이 앞섰다. 1990~1999년의 기간에 라틴아메리카 전체의 민영화 수익금 1,778억 달러 중 브라질이 711억 달러로 40.0%를 차지했고, 다음으로 아르헨티나가 446억 달러로 25.06%, 멕시코가 317억 달러로 17.85%를 차지했다. 페루가 4.64%, 콜롬비아가 3.49%, 베네수엘라가 3.77%로 그 뒤를 이었다. 1980년대에 이미 민영화를 거의 완성한 칠레는 1990년대에 민영화 총수익금이 21억 달러로서 전체의 1.20%에 불과했다(Franko, 2003: 172).

민영화가 이루어진 산업 부문은 물론 국가에 따라 다양하지만 통신, 전력, 항공을 포함한 운송, 석유화학, 석유 및 가스, 은행 및 금융 등이 주를 이

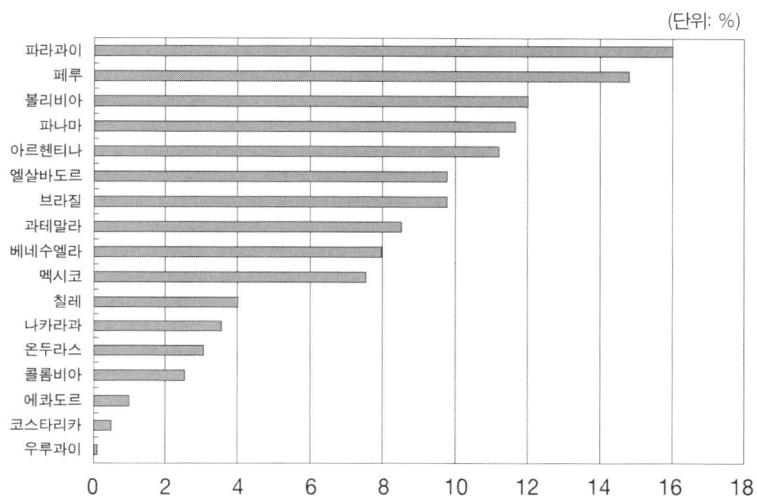

〈그림 5-1〉 라틴아메리카 주요국의 민영화
(1990~2000년, 각국 GDP 대비 민영화의 수익금)

(단위: %)

자료: Chong and López de Salinas(2003: 61).

루었다. 1990년대에 거래액이 10억 달러를 넘은 초대형 민영화 프로젝트만
살펴보면 아르헨티나의 통신 회사 ENTEL(12억 달러)과 석유 회사 YPF(30억
달러), 브라질의 철강 회사인 Aracruz Usiminas(14억 달러), CVRD(98억 달러)
와 통신 회사 Telebrás(191억 달러), 멕시코의 은행 BANAMEX(23억 달러)와
Bancomer(25억 달러), 구리광산 Mexicana de Cobre(13억 달러)와 통신 회사
Telmex(17억 달러), 베네수엘라의 통신 회사 CANTV(18억 달러) 등이 있다.

사실 민영화의 가장 큰 피해자는 각국 정부이다. 그럼에도 이들이 자신의
소중한 기업을 매각하지 않을 수 없었던 이유는 민영화가 외채 문제와 정부
의 재정 불균형을 해소할 유일한 길이라고 판단했기 때문이다. 특히 외채
문제를 극복하기 위해서는 외국 자본의 유입이 절박한데, 외국 자본의 유입
을 위해서는 또 그들이 매력을 느낄 수 있는 투자 요인을 제공해주어야 한

다. 따라서 외국 기업들의 투자를 촉구하는 공기업의 매각은 사실상 외국 자본을 유입하기 위한 유일한 방법이었다.[5]

민영화의 목표가 그렇듯이 민영화의 결과로 정부의 재정은 향상되었고, 외채 문제도 많이 완화되었다. 그러나 민영화의 복지 효과에 대해서는 논쟁의 여지가 있다. 특히 민영화의 고용 효과는 가장 불확실한 부분이다. 민영화는 단기적으로 국영기업에 종사하는 사람의 수를 급격히 감소시킨다. 단기적으로 민영화가 아르헨티나에서 40%, 멕시코에서 36%, 페루에서 55%의 고용 감소 효과를 가져왔다는 연구 보고가 있다(미주개발은행, 2002: 3). 그러나 민영화는 장기적으로 자본과 노동의 효율적 사용을 통해 기업이 직업을 창출할 수 있는 경제적 능력을 향상시킴으로써 고용을 확대할 수도 있을 것이다.

민영화와 소비자 복지 증대 간의 관계도 명확하지 않다. 민영화를 지지하는 사람들은 일반적으로 민영화가 경쟁을 통해 서비스의 가격을 하락시키고, 서비스의 질을 향상시키며, 서비스의 범위를 확대한다고 주장한다. 그리고 실제 민영화 이후 공공서비스에서 그러한 효과가 나타나기도 했다. 그러나 서비스의 효율성 증대라는 효과가 단지 민영화만의 결과인지는 명확하지 않다. 멕시코 텔멕스(TELMEX)의 민영화 사례처럼 다양한 요금체계를 적용하는 기술의 발달로 민영화가 오히려 서비스 요금을 전반적으로 상승시킨 경우도 적지 않다.

---

5) 실제 1990~1995년 사이 민영화에서 외국 자본의 참여는 평균 39.7%였다. 특히 1994년, 1995년 외국 자본의 참여 비율은 각각 71.4%, 76.7%에 이르렀다. 심지어 볼리비아, 페루, 우루과이와 같은 나라에서는 민영화에서 외국 자본의 참여 비율이 80%를 넘었다.

아르헨티나 석유 회사 YPF의 민영화

아르헨티나의 민영화는 비록 칠레나 멕시코보다 늦게 시작되었지만 TV, 석유, 가스, 전력, 상하수도, 철도, 항구, 우편서비스, 제조업, 통신, 항공, 운송 등 거의 산업 전 분야에 걸쳐서 단행되었다. 그중 가장 두드러지는 것은 바로 석유 회사 YPF의 민영화이다. YPF의 민영화가 주목받는 것은 거래액이 거의 30억 달러나 되는 대형 프로젝트이기 때문이기도 하지만, 전략산업인 석유 산업을 민영화했다는 점에서 더욱 관심을 끈다. 1990년대에 라틴아메리카에서 민영화가 아무리 대세였다고는 하지만 석유와 같은 전략산업을 완전히 민영화한 나라는 아르헨티나를 제외하고는 한 나라도 없기 때문이다.

민영화 이전에 YPF는 에너지 관련 사업뿐 아니라 학교나 병원까지도 포함하는 거대 기업복합체였다. 그런 YPF가 거대한 적자로 인해 민영화로 나아갈 수밖에 없었던 데에는 경영상의 미숙함도 있지만, 국가기관에 에너지를 싸게 공급하고 공급한 에너지의 대금을 제대로 수금할 수 없기 때문이었다.

YPF는 공공 매각 이전에 일단 석유 탐사와 생산, 정유와 판매 등 핵심역량 산업에만 집중하는 구조조정을 단행했다. 그리고 주식의 20%는 연방정부에, 11%는 지방정부에, 10%는 노동자들에게 배분했다. 석유 시장의 상황이 좋지 않았지만, 나머지 지분의 공개 매각은 사전 구조조정의 효과로 기대 이상의 성공을 거두었다. 그 후 YPF는 지역 시장에서의 기반을 바탕으로 남미 석유산업의 강자가 되었을 뿐 아니라, 미국의 MAXUS Energy Corporation을 자회사로 매입하는 등 국제적 석유 회사로 성장했다. YPF와 MAXUS는 1997년 높은 수익을 올렸고, YPF는 그를 기반으로 1999년 스페인의 다국적 석유 회사인 렙솔(Repsol)에 130억 달러에 매각되었다.

7. 1990년대 신자유주의 시장경제개혁 결산

1990년대는 경제 부문에서 강도 높고 일반화된 개혁이 이루어진 시기로 특징지을 수 있다. <표 5-9>의 개혁 지표가 보여주듯이 1990년대 초 개혁

국가	금융개혁		자본시장 개방		무역 개방		재정개혁		민영화	
	1990	2000[b]	1990	2000[b]	1990	2000[b]	1990	2000[b]	1990	2000[b]
평균	72.2	92.1	73.7	89.9	79.0	93.9	41.4	56.1	69.2	81.4
아르헨티나	86.5	87.4	82.1	98.2	87.8	92.7	49.4	53.7	88.4	99.7
볼리비아	96.5	97.6	93.0	75.4	94.8	97.7	65.2	61.0	34.5	100.0
브라질	88.5	89.7	46.1	72.6	76.0	92.2	59.5	67.1	74.1	84.3
칠레	90.6	90.0	56.7	87.5	94.9	97.9	62.0	60.8	63.1	81.7
콜롬비아	91.3	89.0	45.4	86.8	83.8	93.9	45.6	47.4	73.8	80.7
코스타리카	81.8	97.6	1000	100.0	84.3	92.5	47.2	51.8	71.0	87.3
에콰도르	29.1	90.0	79.9	87.9	75.5	90.0	49.2	65.7	65.5	77.3
엘살바도르	92.5	93.3	50.7	93.5	88.8	95.6	19.2	56.1	91.5	88.4
과테말라	27.4	97.1	98.2	96.8	85.4	95.2	39.9	50.2	89.6	-
온두라스	64.9	97.6	77.3	100.0	66.0	95.5	25.0	57.0	76.8	79.2
자메이카	74.7	75.9	85.7	91.1	74.8	94.8	31.2	56.2	36.2	-
멕시코	91.0	91.7	78.6	79.2	94.1	87.9	45.3	42.6	63.1	91.8
파라과이	92.5	96.9	77.4	91.4	88.3	93.7	26.1	59.4	89.3	77.6
페루	26.4	98.3	63.1	93.9	55.7	94.9	41.0	55.7	79.9	90.4
도미니카공화국	27.3	95.7	60.8	88.8	25.2	94.1	16.7	49.7	97.9	-
우루과이	80.3	89.7	80.0	90.2	83.7	93.0	69.8	71.7	81.7	69.3
베네수엘라	85.4	88.1	78.1	94.4	84.6	95.4	11.9	47.4	1.0	32.4

주: a: 수치 100은 국가의 최소 개입을 의미한다. b: 2000년 수치는 예상치.
자료: CEPAL(2002: 49).

상황은 국가별로 매우 다양했다. 아르헨티나, 볼리비아, 멕시코, 칠레가 이
미 많은 개혁을 단행했었다면, 다른 나라들은 이제 막 개혁을 시작하는 단
계였다. 그러나 2000년에는 라틴아메리카 국가들의 시장경제개혁 수준이
거의 유사한 수준에 달했다. 이는 2000년에 여전히 평균 56.1에 머문 재정
개혁을 제외하고, 라틴아메리카 국가들이 1990년대에 모든 부문에서 경제
적으로 본질적 변화를 이루었음을 의미한다.

그러나 부문별로 세밀하게 살펴보면 상황이 조금 다르다. 2000년 무역

개방 수치는 멕시코(87.9)를 제외하고 조사 대상국 모두가 90 이상으로(라틴 아메리카 평균은 93.9) 이 부문의 개혁이 가장 잘 실현되었음을 알 수 있다. 금융 부문 또한 자유화 수치가 평균 92.1로서 무역 개방 다음으로 개혁이 잘 이루어진 영역이다. 자본시장도 대다수의 나라에서 거의 완전히 개방이 이루어졌다. 따라서 라틴아메리카에서 자본의 유출입에 대한 통제는 거의 사라졌다고 할 수 있다.

한편 민영화는 국가별로 상당한 차이를 보였다. 볼리비아, 아르헨티나, 멕시코와 같은 나라들에서는 국영기업의 대부분이 민영화된 반면, 에콰도르, 온두라스, 파라과이, 우루과이, 베네수엘라 등의 국가에서는 아직까지 국영기업이 차지하는 비중이 적지 않다. 특히 파라과이와 우루과이에서는 국영기업의 비중이 1990년보다 오히려 증가했다.

마지막으로 재정개혁 부문은 수치가 2000년 평균 56.1로서 개혁이 가장 미진하다. 비록 개인소득세나 법인세의 최대 세율이 1990년대에 지속적으로 감소했지만, 정부지출은 충분히 감소하지 않았다.

1990년대 시장개혁에 나타난 전반적 현상 중 하나는 1990년대 전반기에 비해 후반기에 개혁의 속도가 점점 느려졌다는 것이다. 라틴아메리카 전체의 개혁 수치가 1991년 평균 71.6에서 1995년 79.8로 8.2 포인트 증가한 것에 비해, 2000년에는 82.9를 기록함으로써 1995년에 비해 불과 3.1 포인트 증가하는 데 그쳤다. 이것은 1990년대 후반에 외환위기가 반복적으로 발생함으로써 라틴아메리카에서 신자유주의 경제개혁에 대한 피로감이 나타나기 시작했음을 의미한다. 다음 장에서는 신자유주의 경제개혁의 문제점에 대해 살펴볼 것이다.

참고문헌

Campos, Ricardo. 1993. *El Fondo Monetario Internacional y la deuda externa mexicana: Crisis y estabilización, 2a. ed.* México: UAEM/Plaza y Valdes.

CEPAL. 1990. *Transformación productiva con equidad: La tarea prioritaria del desarrollo de América Latina y el Caribe en los años noventa.* Santiago de Chile: Naciones Unidas.

_____. 2002. *Estudio Económico de América Latina y el Caribe: 2000~2001.* Santiago de Chile: Naciones Unidas.

Chong, Alberto and Florencio López de Silanes. 2003. *The truth about privatization in Latin America.* Washington, D. C.: IDB.

_____. 2004. "Privatization in Latin America: What does the Evidence say?" *Economía,* Vol. 4, No. 2, pp. 37~111.

Edwards, Sebastian. 1995. *Crisis and Reform in Latin America: from despair to hope.* Washington, D. C.: Oxford University Press.

Fajnzylber, Fernando. 1994. "La CEPAL y el neoliberalismo." *Revista de la CEPAL,* Numero 52, Abril, pp. 207~209.

Franko, Patrice. 2003. *The Puzzle of Latin American Economic Development, 2a. ed.* Maryland: Rowman & Littlefield Publishers, INC.

IDB. 1997. *Economic and Social Progress in Latin America: 1996 Report.* Washington, D. C.: IDB.

_____. 2002. "The Privatization Paradox." *Latin American Economic Policies,* Vol. 18.

IMF. various years. *Government Financial Statistics.* Washington, D. C.: IMF.

Lisboa, Edmar. 1986. "El papel futuro del Fondo Monetario Internacional en América Latina: Temas y Proposiciones." en *SELA, el FMI, el Banco Mundial y la crisis latinoamericano.* México: Siglo XXI. pp. 60~77.

Petras, James and Howard Brill. 1986. *The IMF, Austerity and the State in Latin America.* Occasional Paper No. 8. Melbourne: La Trobe University Institute of Latin American Studies.

Rosenthal, Gert. 1988. "La CEPAL en su cuadragésimo aniversario: continuidad y cambio." *Revista de la CEPAL,* Número 35, Agosto, pp. 7~12.

Sunkel, Oswaldo. 1991. "Del desarrollo hacia adentro al desarrollo desde dentro." *Revista Mexicana de Sociología,* Año LIII, número 1(enero~marzo), pp. 3~42.

Vuscović, Pedro. 1990. *La crisis en América Latina: Un desafío continental.* México: Siglo XXI.

World Bank. 1992. *World Tables.* Baltimore. MD.: Johns Hopkins University Press.

6장 반복되는 외환위기와 금융의 대외적 취약성(1990년대)*

|단원 핵심 주제|

- 1990년대에 라틴아메리카에서 외환위기가 반복된 이유는 무엇인가?
- 라틴아메리카는 환율과 관련하여 어떤 딜레마에 있는가?
- 달러라이제이션은 무엇이며 그것이 환율안정 정책의 대안이 될 수 있는가?
- 라틴아메리카 경제는 외부적 취약성을 극복했는가?

1990년대에 라틴아메리카 대부분의 국가들은 IMF식 정통파 처방에 따라 개방, 긴축, 민영화, 금융자유화 등의 정책을 비교적 충실히 수행했다. 그럼에도 불구하고 라틴아메리카의 주요 국가들은 외환위기[1]라는 늪에 차례로 빠져들기 시작했다. 1994년 멕시코가 외환위기를 겪었으며, 1995년에는 베네수엘라가, 1998년에는 브라질이 외환위기를 맞았다. 그리고 2001년에는 아르헨티나마저도 경제위기에 빠져들었다.

그런데 한 가지 재미있는 것은 이들 국가가 대부분 외환위기 전까지 국제

---

* 6장은 ≪라틴아메리카연구≫ 제14권 1호(2001)와 제15권 2호(2002)에 발표된 필자의 기존 논문을 이 책의 성격에 맞게 편집한 것이다.

1) 이상균·윤성훈, 『중남미 환란, 왜 반복되나』(국제경제조사연구소, 1999), 5쪽에 의하면 외환위기는 "일국의 통화 가치가 단기간 내 급격히 하락하는 현상을 지칭하며 보통 1~3개월 이내에 달러 환율이 50% 이상 상승(통화 가치 하락)하는 것과 함께 외환보유고가 급속히 고갈되고 대외 지불 능력이 상실되는 현상을 수반"한다.

금융기관이나 해외투자가들로부터 개혁의 모범적인 사례로 인식되었다는 점이다. 멕시코는 외환위기 직전인 1994년까지 '경제개혁과 건전한 재정운용의 모델'로서 평가받았으며, 브라질도 카르도주 대통령의 등장으로 복잡한 정치 상황이었음에도, 인플레이션 문제가 야기된 1970년대 이래 처음으로 진정한 개혁이 추진된 것으로 평가를 받았다. 아르헨티나 또한 태환정책을 비롯한 적극적인 개혁으로 한때 라틴아메리카에서 칠레 다음으로 경제가 안정적이라는 평가를 받았다.

그러면 이들은 왜 개방, 긴축, 민영화와 같은 개혁을 비교적 충실히 실행했음에도 차례대로 외환위기를 맞이했는가? 그것은 흔히 말하는 대로 개혁의 미진함 때문인가? 아니면 그러한 정책이 내포하는 본질적 한계 때문인가?

1990년대 라틴아메리카에서 반복된 외환위기가 흥미로운 것은 1980년대의 외채위기와는 달리 재정건전성이나 안정을 우선시하는 정책을 실현했음에도 그러한 위기가 발생했다는 사실 때문이다. 따라서 1990년대 라틴아메리카 외환위기의 근인이 과거와 같이 단순히 재정건전성에 있다는 생각에서 벗어나 새로운 패러다임하에서 문제의 근원을 파악해야 한다.

1990년대 라틴아메리카에서 외환위기가 반복된 근인에 대해서는 **붐-버스트 사이클**(Boom-bust cycle) 모형[2]이 가장 적절한 답을 제공할 수 있을 것이

---

2) 이 모형은 외환위기를 설명하기 위해 특별히 만들어진 이론이 아니라 자본주의의 일반적 경기 순환론을 라틴아메리카의 반복되는 외환위기에 적용한 것에 불과하다. 붐-버스트 사이클을 최초로 경제에 적용한 사람은 19세기 중반의 물리학자 클레멘트이다. 그 이래로 붐-버스트 사이클은 경제의 호황과 불황을 예상하기 위한 시도 중 하나로 널리 이용되었다. 여기서 우리가 주목해야 할 점은 이러한 사이클을 보는 다양한 시각이다. 마르크스는 사이클에서 버스트가 점점 더 악화되어 결국에는 자본주의의 붕괴로 이어질 것이라고 보았다. 그에 반해 미제스를 중심으로 한 오스트리아 학파는 버스트가 일어나는 것은 시장의 본질적인 모습이 아니라 중앙은행이 신용 확대를 통해 인공적인 붐을 조성했기 때문이라고 분석했다. 여기에 케인스는 그러한 붐과 버스트가 자본주의의 본질적인 측면이기는 하나 정부의 현명한 개입에 의해 수정될 수 있다는 입장을 취한다. 라틴아메리카의 반복되는 외환위기를 분석하

다. 이 모형은 자본자유화 시대에 과다한 자본 유입에 의존하는 경제가 필연적으로 겪게 되는 구조적 모순에 대해 설명한다(국제금융연구회, 1996). 간단히 말해 자본 유입이 붐일 때 과도한 경상수지 적자를 자본 유입에 의해 보전함으로써 경제의 외부적 취약성이 증가하게 되고, 그런 상황에서 자본 유입이 어려움을 겪게 되면 외환위기가 발생한다는 이론이다. 이 장에서는 붐-버스트 모형을 통해 1990년대 라틴아메리카에서 반복된 외환위기의 근인을 살펴보고, 그를 통해 신자유주의 시장경제 모델의 문제점을 살펴보고자 한다.

1. 외환위기와 재정적자

한 나라에서 외환위기가 발생하면 그 원인으로 흔히 지적되는 것이 정부의 과도한 재정적자와 그를 야기한 방만한 재정운용이다. 이데올로기적 이유인지, 습관적 형태인지 모르지만 여전히 외환위기 하면 바로 정부의 방만한 재정운용을 들먹이는 사람들이 적지 않다.

1999년 출간된 이상균·윤성훈의『중남미 환란, 왜 반복되나』는 이러한 유형의 대표로, 1990년대 라틴아메리카 외환위기의 원인을 분석하면서 경상수지 적자나 과다한 투기성 자본의 유입과 같은 근원적 문제는 간과한 채, 개혁의 부재, 특히 재정개혁의 부재로 인한 과도한 재정적자의 누적을

는 붐-버스트 사이클에 대한 필자의 생각을 미리 밝히자면 케인스식 해석에 가깝다. 오늘날 라틴아메리카에서 반복되는 외환위기는 세계화와 금융자유화로 인한 무차별적인 자본 이동 때문에 발생하는, 금융자본주의 세계화의 본질적 결과임이 분명하다. 여기에 라틴아메리카 정부가 과거와 같이 포퓰리즘식으로 개입하는 것은 물론 시대착오적일지 모른다. 그러나 전 세계적으로 무제한적 자본 이동에 대한 적절한 제도적 장벽을 만들기 위해 정부 차원의 노력이 반드시 이루어져야 할 것이다.

주원인으로 지적했다.

그러나 폴 크루그먼(P. Krugman)이 제시한 제1세대 외환위기 모형에 따르면 통화팽창에 의한 과도한 재정적자의 유지와 고정환율제도의 유지 같은 국내정책 간의 기본적 불일치가 위기의 근본 원인이었다.[3]

크루그먼은 과도한 재정적자만을 외환위기의 원인으로 지적하지도 않았으며, 1990년대의 외환위기는 재정적자의 문제가 심각하지 않은 경우에도 발생한다는 것을 보여주었다.[4] 과도한 재정적자를 유발하는 정부의 방만한 재정운용은 이제 더 이상 라틴아메리카 외환위기의 근인이 아니다. 1994년 페소화 위기를 경험한 멕시코는 위기 직전까지도 IMF를 비롯한 해외투자가들로부터 긴축정책을 비롯한 시장개혁 모델의 모범적 사례로 평가받을 정도였으나 결국 위기에 직면했다. 아르헨티나도 재정적자의 규모가 국제적 기준[5]에 비추어볼 때 그다지 높은 수준이라고 할 수 없었다. 심지어 재정적자의 문제가 심각한 브라질조차도 1차 재정수지는 흑자를 내고 있었다.[6]

---

3) 그의 해석은 재정적자와 더불어 고정환율제의 유지를 외환위기의 원인으로 함께 지적했다는 점에서 단순히 정부의 방만한 재정운용만을 문제로 삼는 이데올로기적 해석에 비해 분석에서 객관성과 치밀함이 보인다. Paul Krugman, "A Model of Balance of Payments Crises," *Journal of Money, Credit and Banking*, No. 11, August(1979), p. 311~325.

4) 크루그먼은 아시아의 외환위기가 정부의 과도한 재정적자 없이도 발생했음을 지적하면서 정부의 암묵적 지급보증이 가져오는 금융기관의 '도덕적 해이'를 외환위기의 새로운 원인으로 제시했다. Paul Krugman, "What happened to Asia?" web.mit.edu/krugman/www/DISINTER.html(검색일: 2002. 1. 8).

5) 1992년에 발효된 유럽공동체(European Community: EC)의 마스트리히트 조약에 따르면 유럽경제통화동맹(European Monetary Union: EMU)에 소속된 국가에서 재정적자의 허용치는 GDP의 3%이며, 정부 부문 순부채는 GDP의 60%까지 허용된다.

6) 동아시아에서도 – 특히 한국의 경우 – 재정수지 적자가 외환위기의 주요 요인이 아니었음은 익히 알려져 있다.

<표 6-1> 멕시코의 주요 경제지표

(단위: %)

구분	1991년	1992년	1993년	1994년
GDP 성장률	4.2	3.7	1.7	4.6
물가지수(변화율)	18.8	11.9	8.0	7.1
재정수지(GDP 대비)	3.3	1.6	0.7	-0.3

자료: CEPAL(1999).

페소화 위기가 발생하기 전, 멕시코는 정통파 정책의 모범적인 국가로 국제적인 칭송을 한 몸에 받고 있었다. 심지어 페소화 위기가 발생하기 열흘 전인 1994년 12월 10~11일 사이 미국 마이애미에서 개최된 미주정상회의 에서조차 당시 미국의 대통령이었던 클린턴은 멕시코의 개혁을 "라틴아메리카 정치, 경제 개혁의 모델"이라고 높이 평가한 바 있다. 미국과 국제금융계의 멕시코에 대한 열광은 살리나스 행정부가 재정 불균형 해소, 민영화, 개방 등 적극적인 시장개혁을 실현한 것에 대한 당연한 결과였다.

1988년 12월에 취임한 멕시코의 살리나스 대통령은 인플레이션을 잡고 경제적 안정을 달성하기 위해 성장둔화를 감수하는 강력한 경제 안정화 정책을 실시했다. 그 결과 멕시코는 <표 6-1>에서 보는 바와 같이 GDP 성장률이 1991년 4.2%에서 1993년 1.7%로 둔화되는 한편, 물가는 1991년 18.9%에서 1994년 7.1%로 안정되어갔다. 이러한 긴축정책의 결과로 재정수지도 1991년부터 1993년까지 연속 흑자를 냈음을 확인할 수 있다. 물론 외환위기가 발생한 1994년 대통령 선거를 앞둔 살리나스 행정부는 재정지출을 확대하면서 약간의 의도적인 경기부양을 시도하기도 했다.

그러나 이러한 의도적 경기부양이 드레서(Dresser, 1997: 64~69)가 다소 과장되게 지적하는 것처럼 '**신포퓰리즘**(Neopopulismo)'이라 불릴 만한 성질의 것은 아니었다. 1994년에는 성장이 4.6% 회복되었지만 재정수지는 -0.3%

에 머물렀다. 멕시코는 선거 기간 동안 재정에서 다소 느슨함을 보이기도 했으나 국제적 기준으로는 여전히 건전 재정으로 평가받을 만했다. 이런 정도의 재정수지 적자는 비교적 심각한 수준이라고 볼 수 없으며, 따라서 재정수지 적자를 1994년 페소화 위기의 본질로 파악하는 것은 무리가 있다.

브라질의 경우 재정적자가 헤알화 위기의 주요한 내부적 요인이 된 것은 사실이다. 1999년 1월 헤알화 위기가 발생하기 이전 브라질의 재정수지는 심각한 적자를 나타내고 있었다. <표 6-2>에서 보듯이 1995년 GDP 대비 7.2%였던 재정수지 적자가 1996년에는 5.8%로 감소했다가, 다시 1997년에 6.1%로 증가한 데 이어, 외환위기 직전인 1998년에는 7.5%에까지 도달했다.

재정적자의 폭이 이렇게 확대된 것은 카르도주 정부의 개혁 의지가 부족했기 때문이라는 비판이 나왔다. 이와 관련하여 피터 플라인(P. Flynn)은 브라질의 헤알화 위기가, 정치적 논리[7]에 따른 공공 부문 개혁의 미약함이(행정개혁의 수정 통과, 세제개혁의 연기, 사회보장제도 개혁의 연기) 정부의 재정적자 해소를 위한 정책 의지에 대한 신뢰 상실로 이어진 결과라고 분석했다(Flynn, 1999).

이러한 주장은 일면 타당성이 없진 않지만 브라질의 과도한 재정수지 적자의 근원을 이해하는 데에는 부족하다. 그것은 이미 발생한 화재에 대해 소방관의 진압이 미비함을 탓하는 것과 같다. 따라서 화재의 발생 원인, 즉 재정수지 적자의 근본 원인에 대해 더 정확히 인식할 필요가 있다.

무엇보다 <표 6-2>에서 보는 바와 같이 이자 지급과 같은 금융 부문을 제외한 1차 재정수지가 지속적으로 흑자를 기록했다는 점에 주목해야 한

---

7) 플라인이 지적한 정치적 논리라는 것은 첫째, 개혁을 위해서는 헌법 수정이 필요한데 브라질은 취약한 정당정치로 인해 헌법 수정이 매우 어렵다는 것이고, 둘째, 카르도주 대통령이 재선에 필요한 헌법 개정을 위해 공공 부문 개혁에서 정치적 양보를 했다는 것이다.

(단위: %)

구분	1995년	1996년	1997년	1998년
이자율	38.9	23.9	34.1	39.8
정부 부문 대내부채(GDP 대비)	25.5	29.3	30.2	40.4
1차 재정수지(GDP 대비)	0.4	0.1	0.1	0.3
재정수지	-7.2	-5.8	-6.1	-7.5

자료: Morais et al.(1999).

다. 이것은 카르도주 정부의 예산 삭감을 중심으로 한 긴축정책이 제한적이나마 효과를 거두었음을 의미한다. 공공 부문의 개혁에 점진적으로 접근했지만 카르도주 정부가 과거와 같이 포퓰리즘적인 방만한 재정운영을 한 것은 아니었다.

카르도주 정부는 징세 강화를 통해 GDP 대비 세수 비중을 30%로 증가시키고, 예산 삭감을 통해 1차 재정수지 흑자를 지속적으로 유지했으며, 대규모 민영화를 통해 공적 채무를 상당 부분 상환했다. 그러나 헤알 플랜하에서 정부 부문의 순부채는 높은 이자율로 인해 기하급수적으로 증가했으며, 그에 따라 총재정수지 적자도 감당할 수 없는 규모로 확대되어갔다. 이렇게 된 데에는 카르도주 정부가 채택한 고금리 정책의 영향이 컸다.

카르도주 정부의 안정화 정책인 헤알 플랜은 1994년 7월 1일 공식적으로 실행된 지 얼마 지나지 않아 그해 12월에 당장 페소화 위기라는 외부적 충격에 직면하게 되었다. 그 때문에 브라질은 외환을 안정시키고 동시에 인플레이션을 잡기 위해 불가피하게 고금리 정책을 채택할 수밖에 없었다.[8]

---

8) 외부적 취약성이 존재하는 상황에서 국제적 환경의 변화가 위기의 가능성을 증폭시킬 경우 각국 정부가 취할 수 있는 대안은 단기적으로 크게 두 가지가 있다. 하나는 환율을 그대로 유지하면서 이자율을 대폭 올림으로써 자본의 유출을 막는 것이고, 다른 하나는 환율을 대폭 평가절하하는 것이다.

그 결과 1993년에 7.1%였던 이자율은 1994년에 24.4%를 기록한 데 이어 1995년에는 38.9%에까지 이르렀고, 1996년에 23.9%로 잠시 하락했다가 1997년에 다시 34.1%로 상승했다. 그리고 러시아 모라토리엄 이후 위기의 징후가 농후해진 1998년에는 자그마치 39.8%에까지 도달하게 되었다.

동시에 높은 이자율은 기업이나 은행으로 하여금 과도한 외자도입을 유발시켰다. 외국에서 상대적으로 낮은 이자〔리보(LIBOR)금리에 스프레드를 합쳐서 약 12% 정도〕에 신용을 얻어와 이자율이 연 30%에 달하는 공채에 투자하는 현상이 발생했다. 과도한 외국 자본 유입에 대한 **중화정책**(Sterilization)과 이자 지급의 무거운 짐으로 인해 정부 부문의 순 대내부채는 1994년 21.0%였던 것이 1995년 25.5%로 증가했고, 이어 꾸준히 상승하여 1998년에는 40.4%에 도달하게 되었다. 그로 인해 1998년 브라질 정부는 대내부채의 이자 지급에만 GDP의 거의 8%를 투입해야 했다(Morais, 1999).

결론적으로 브라질 외환위기의 내부적 원인인 재정수지 적자는 정부의 방만한 재정운영에 그 원인이 있었다기보다는 근원적으로 외자도입에 의존하는 정책, 이자율 상승을 통한 안정화 정책의 결과라 보는 것이 더 적절하다. 카르도주 정부는 징세 강화, 예산 삭감 등을 통해 엄격한 긴축재정을 실시했고, 그 결과 1차 재정수지의 지속적 흑자를 달성하고 있었다.

그러나 환율 안정과 안정화를 위한 고금리 정책은 막대한 대내부채의 증가와 이자 지급의 부담을 가져왔고, 따라서 1차 재정수지의 지속적 흑자에도 불구하고 막대한 재정수지 적자를 야기하게 되었다. 이런 조건에서 동아시아와 러시아의 위기에 따른 외부적 충격이 찾아왔고, 과감히 개혁을 추진할 만한 정치적 수단을 가지지 못한 카르도주 정부는 결국 외환위기를 맞이하게 되었다.

마지막으로 경제위기를 경험한 아르헨티나의 경우에도 재정수지 적자가 위기의 주요한 요인으로 거론되지는 않는다. 1991년 4월부터 시작된 아르헨티나의 안정화 정책은 태환정책을 중심으로, 대대적인 공기업의 민영화와 법인세와 부과세의 인상, 세수 감독 강화, 공무원 인원 감축, 국영기업 보조금 철폐 등의 엄격한 긴축정책을 통해 재정적자 감소에 성공을 거두었다.

따라서 1989년에 GDP 대비 4.8%에 이르렀던 재정적자는 1991년 1.6%, 1992년 0.1%로 감소했고, 1993년에는 1.4% 흑자를 내기도 했다. 페소화 위기의 영향이 아르헨티나 경제를 위기로 몰고 갔던 1994년과 1995년의 재정수지 적자도 각각 0.2%, 0.6%에 불과했다. 아르헨티나는 IMF의 권고에 따라 긴축재정을 실시하고 재정건전성을 확보했지만, 페소화 위기라는 외부적 충격은 아르헨티나의 경제를 위기로 몰고 갔다.

그로 인해 아르헨티나는 또다시 강도 높은 긴축을 실시해야 했다. 이런 모든 노력에도 불구하고 2001년 아르헨티나 경제는 다시 위기를 맞게 되었기 때문이다. 그러나 아르헨티나 경제의 문제점으로 지적된 요인 중에 재정수지 적자(1999년 -2.1%, 2000년 -2.2%)는 큰 비중을 차지하지 않았다. 더 심각한 문제는 앞으로 살펴보겠지만 과도한 외채의 누적, 경상수지 적자, 높은 부채상환비율, 외국 자본의 휘발성 등이었다.

멕시코나 브라질을 물론이고 아르헨티나와 그 밖의 라틴아메리카 국가 대부분은 1990년대에 들어 엄격한 긴축정책을 통해 재정수지 측면에서 비교적 건전성을 확보했음에도 지속적으로 외환위기에 노출되었다. 즉 결론적으로, 긴축정책과 재정건전성의 유지는 자본자유화 시대에 신뢰를 유지하기 위해 필요한 조건이지만 그것만으로 1990년대의 반복된 외환위기를 설명할 수 없다. 1990년대 외환위기의 반복은 또 다른 논리를 가지고 있는 것이다.

2. 1990년대 라틴아메리카 외환위기의 근인

1990년대의 외환위기를 분석한 주류 경제학자들의 의견에 나타나는 한 가지 놀라운 점은 그들이 환율 과대평가와 경상수지 적자의 문제를 너무나 가볍게 다루고 있다는 사실이다. 세계은행의 발레리아노 가르시아(V. García)의 주장은 그 대표격인데, 그에 따르면 "한 나라가 경상수지 적자를 보이기 시작하면 해외 부문이 약해졌다고 말하고, 경상수지 적자가 증가하면 악화되었다고 말하는 것은, 경상수지 적자는 나쁘고 흑자는 좋다는 것을 의미하는데 그러한 발상은 중상주의적 시대착오에 불과하다"(García, 1997: 19).

가르시아는 경상수지 적자 그 자체가 문제가 아니라 그것의 발생 요인과 보전 방식이 더 중요하다고 한다. 즉, 경상수지 적자가 투자 증가로 인한 것이고, 또 적자를 상쇄하는 방식이 외환보유고의 감소가 아니라 외국 자본의 유입에 의한 것이라면 아무런 문제가 없다는 주장이다.

> 멕시코의 경우 경상수지 적자의 점점 더 많은 부문이 외환보유고를 통해 보전되었고 또 그로 인해 지탱될 수 없는 지경에 이르게 되었다. (그러나) 경상수지 적자는, 외국인 투자가들이 최근 멕시코의 경우에서처럼 국내 신용의 확대와 화폐공급의 증가로 적자가 지탱할 수 없는 수준까지 도달함으로써 평가절하가 임박했다고 평가하지 않는 한, 지속될 수 있는 것이다(García, 1997: 21).

멕시코의 살리나스 정부는 대통령 선거를 앞두고 정치적으로 불안한 상황에서 외국 자본의 유입이 줄어드는데도 불구하고 통화량을 줄이는 긴축을 선택하기보다는 선거를 의식해 경제활동의 위축을 막고자 국내 신용을 더욱 확대해나갔다. 환율페그제인 경우 아르헨티나처럼 외화가 빠져나가는 만큼 국내경제도 같은 정도로 위축되도록 놓아두어야 하는데, 멕시코는 앞서 말한 이유로 정부가 임의로 개입해 이자율을 낮추고 외환보유고를 사용함으로써 위기를 증폭시켰다.

결국 위기의 징후가 보이는 순간에 허리띠를 더 졸라매지 않았다는 주장인데, 앞에서 이미 살펴보았듯이 그런 식의 주장은 외환위기의 근본적 원인을 호도하는 것이다. 문제의 근원은 따지지 않고 문제가 발생했을 때 대책의 미진함만을 따지는 것은 문제를 근본적으로 해결하는 데 도움을 주지 않는다.

그러면 1990년대 라틴아메리카 국가들이 비교적 엄격한 긴축재정을 실현했음에도 외환위기를 반복적으로 맞이하게 된 근본적인 이유는 무엇인가? 자본자유화 시대의 자본도입 비용을 문제로 삼는 **붐-버스트 사이클** 모형은 이러한 질문에 가장 적절한 대답을 제공한다.

1990년대 외환위기를 겪은 라틴아메리카 국가들은 대개 다음과 같은 과정을 겪었다. 우선 이들 국가는 자본시장을 자유화하는 한편, 긴축을 통한 경제안정에도 불구하고 상대적으로 높은 금리를 유지했다. 따라서 고수익을 노리는 외국 자본이 대량 유입되었고, 화폐가 평가절상되었으며, 그 결과 가격경쟁력이 약화되고 경상수지 적자가 늘어났다. 또한 자본 유입에 따른 경기 활성화도 경상수지를 악화시키는 한 요인이 되었다. 그리고 이러한 경상수지 적자는 자본수지에 의해 보전되었으며, 그로 인해 환율도 과대평가를 유지했다.

그러나 경상수지 적자가 누적되고 자본수지에 의한 경상수지 적자의 보전 상태가 지속되면서 해외투자가들은 일정 시점에서 이들 나라의 경제적 기본 건전성에 회의를 갖게 된다. 이런 상황에서 국내의 정치적 불안이나 외부적 요인이 작동하게 되면 고금리는 더 이상 자본 유입의 유인이 되지 못하고, 평가절하를 두려워하는 외국 자본들이 급격히 빠져나가게 되면서 외환위기가 발생한다.

즉, 붐-버스트 사이클 모형은 1990년대 외환위기를 설명하는 도구로서 환율 과대평가, 경상수지 적자 누적, 외국 자본의 유입과 휘발성(Volatility) 등을 주요한 주제로 부각시키고 있다. 이에 따라 6장에서는 먼저 1990년대에 라틴아메리카에서 어떻게 환율이 과대평가되고 계속 유지되었는지, 또 그로 인한 경상수지 적자의 누적은 얼마나 심각했는지를 살펴보고, 외환위기와 관련하여 유입된 외국 자본의 성격과 문제점을 살펴보고자 한다.

1) 환율의 과대평가

<표 6-3>에서 보듯이 외환위기를 겪은 국가들은 대부분 환율의 과대평가라는 문제를 안고 있었다. 1994년 페소화 위기 직전 멕시코 페소화의 과대평가는 매우 심각한 수준이었으며, 브라질의 경우에도 1995년까지 상대적으로 평가절하 상태였던 자국통화가 1998년 헤알화 위기 직전에 점진적으로 과대평가되었다. 아르헨티나는 1991년, 1992년을 제외하고 전반적으로 페소화가 과대평가되었으며 이런 상황은 2001년 위기 직전에 더욱 심화되었다.

환율의 과대평가는 외국 자본의 유입뿐 아니라(Harvey, 1996: 567~583; Edwards, 1996: 176~180) **환율에 기초를 둔 안정화 프로그램**(Exchange Rate-based Stabilization Program: ERBSP)의 채택이 주요인이었다. 라틴아메리카의 많은 국가들이 ERBSP 안정화 정책을 선택한 것은 실업이나 생산의 감소와 같은 희생을 최소화하고 인플레이션을 통제할 수 있는 길은 고정환율제밖에 없다고 생각했기 때문이다. 그뿐만 아니라 신뢰성의 차원에서도 환율의 안정 없는 안정화 정책은 지탱하기 어려웠다(Silva, De Andrade and Torrance, 2000).

멕시코는 **크롤링페그제**(Crawling peg)를 도입했다. 크롤링페그제는 일종의

구분	1991	1992	1993	1994	1995	1996	1997	1998	1999
아르헨티나	116.3	103.0	94.4	93.8	100	101.9	98.9	96.8	89.4
브라질	108.5	117.3	112.6	113.6	100	94.2	93.2	97.6	146.0
멕시코	74.8	69.1	65.8	67.6	100	89.0	77.2	77.3	71.7

자료: CEPAL(1999).

고정환율제로서 점진적인 평가변경 방식을 말한다. 멕시코의 경우 환율의 1일 상승 허용 범위는 1989년에 1페소(변동률 16%), 1990년에 0.8페소(변동률 11%), 1991년에 0.4페소(변동률 5%), 1992년에 0.2페소(변동률 2.3%)로 정해졌다.

브라질은 환율페그제를 도입했다. 기존에 유통 중이던 크루제이루 헤알(Cruzeiro Real)을 신규 화폐인 헤알(Real)에 대해 2,750 대 1의 수준으로 유지하고, 동시에 1헤알의 환율은 1달러와 동일한 수준으로 하는 페그제(기축통화에 대해 교환 비율을 정한 고정환율제)를 채택했다.[9]

경제적 불안정이 가장 극심했던 아르헨티나는 자본 유입 재개라는 보상의 대가로 **통화위원회 제도**(Currency Board System)라는 식민지적 극약처방을 도입하지 않을 수 없었다. 아르헨티나는 1991년 기존 화폐인 아우스트랄

---

9) 브라질은 1970년대 초부터 시작해 1990년대에는 급기야 연 5,000%에 이른 만성적 인플레이션을 잡기 위해, 사실상 아르헨티나의 통화위원회 제도나 달러라이제이션(Dolarización, 달러통용화)보다 확실한 처방이 필요했다. 그러나 브라질이 아르헨티나처럼 극약처방을 채택하지 않은 이유는 첫째, 브라질의 경제 규모가 아르헨티나에 비해서 훨씬 더 크며, 둘째, 브라질은 시장 개방 정도가 미약하며, 셋째, 국내금융시장이나 연금기금이 국내 유동성에 크게 의존하고 있으며(만약 달러 유입에 따라 국내 유동성이 제한된다면 외국 자본의 유출 시에 국내금융시장은 완전히 마비될 수 있다), 넷째, 재정·통화정책 주권의 상실로 고실업 상태가 발생할 경우 정치적으로 안정적이지 못한 브라질은 체제 자체가 매우 위험한 지경에 빠질 수 있기 때문이다.

(Austral)을 달러당 10,000 대 1로 고정시켰으며, 1992년에 다시 10,000아우스트랄을 1페소로 대체하여 달러와 페소의 환율을 1 대 1로 고정시키면서 두 화폐 간의 태환을 전면 허용했다. 그리고 아르헨티나는 통화위원회 제도의 규정에 따라 달러화의 유입과 유출에 맞춰 자국 통화량을 조절하고 환율을 일정하게 유지해야 했다.

2) 경상수지 적자의 심화

외국 자본의 급격한 유입과 환율기초 안정화 프로그램으로 인한 환율의 과대평가는 라틴아메리카 수출품의 가격경쟁력을 하락시켰고, 게다가 자본 유입으로 인한 수입의 폭등은 엄청난 무역수지 적자를 야기했다. 그렇지 않아도 외채이자지급의 부담이 컸던 멕시코, 브라질, 아르헨티나는 모두 경상수지 적자의 심화라는 심각한 문제에 직면하게 되었다.

<표 6-4>에서 볼 수 있듯이 외환위기를 겪었거나 그럴 위험에 처한 나라들은 예외 없이 위기 직전에 심각한 경상수지 적자에 처했다는 것을 알수 있다. 외환위기와 경상수지 적자의 관계는 1절에서 살펴본 외환위기와 재정수지 적자의 상관관계에 비해 훨씬 더 명확한 관련성을 보여준다.

멕시코의 경우 1980년대 개방에도 불구하고, 1982년에서 1988년까지 지속적으로 흑자를 나타냈던 무역수지는 살리나스 정권의 환율기초 안정화 프로그램의 이식과 자본 유입으로 인해 환율이 과대평가되면서 즉각 적자로 반전하여, 외환위기 직전인 1993년과 1994년에는 각각 188억 달러, 184억 달러 적자를 기록했다. 그에 따라 경상수지 적자도 1994년에 GDP 대비 8%가 넘는 294억 달러에 도달하게 된다. 따라서 서배스천 에드워즈(S. Edwards)의 말대로 "멕시코 위기의 가장 중요한 근원은 1992년부터 시작된 감당할 수 없는 수준의 경상수지 적자와 그것이 대규모 외국 자본의 유입으

(단위: 십억 달러)

연도	아르헨티나		브라질		멕시코	
	무역수지	경상수지	무역수지	경상수지	무역수지	경상수지
1989	5.7	-1.3	16.1	1.0	-0.6	-4.1
1990	8.6	4.5	10.7	-3.8	-4.4	-8.4
1991	4.4	-0.6	10.5	-1.4	-11.3	-15.0
1992	-1.4	-6.6	15.5	6.2	-20.6	-24.9
1993	-2.4	-7.4	13.0	-0.6	-18.8	-22.3
1994	-4.2	-9.3	10.8	-1.1	-18.4	-29.4
1995	2.2	-2.3	-3.1	-18.1	7.0	-0.6
1996	1.4	-4.2	-4.5	-20.3	6.7	-1.0
1997	-2.2	-12.0	-6.6	-30.4	0.6	-7.4
1998	-3.0	-14.6	-6.6	-33.8	-7.9	-15.9
1999	-0.8	-12.6	-1.9	-25.2	-4.9	-13.7

자료: CEPAL(1994; 1996; 1999).

로 보전되었다"(Edwards, 1995: 298).

헤알 플랜 이전에 100억 달러 이상의 무역수지 흑자를 지속적으로 기록하면서 경상수지에서도 거의 균형을 이루었던 브라질은 헤알 플랜의 시작과 함께 1995년도부터 무역수지가 적자로 반전한 동시에, 심각한 경상수지 적자의 문제에 직면하게 되었다. 1995년에서 1998년까지 4년간 누적된 경상수지 적자는 1,026억 달러로서 연간 GDP 대비 약 5% 수준에 이른다. 1998년의 GDP 대비 경상수지 적자는 정확히 4.5%였다. 브라질의 경제 규모로 볼 때 1998년 66억 달러의 무역수지 적자는 그다지 심각한 수준이 아니지만, 연간 막대한 외채이자지급 때문에 무역수지가 적자로 반전하자마자 경상수지 적자는 1994년 11억 달러에서 1995년 181억 달러로 급증했다. 즉, 과거에는 무역수지 흑자가 외채이자지급을 상쇄함으로써 경상수지 적자 규모를 줄일 수 있었다면, 무역수지가 적자로 반전된 상황에서 경상수지 적자의 규모는 급증할 수밖에 없었다. 브라질은 1998년 총 338억의 경상수지 적자 중 외채이자로만 119억 달러를 지불했다.[10)]

즉, 브라질 외환위기는 과거로부터 물려받은 엄청난 대외부채 부담에다 무역수지 또한 적자로 반전됨에 따라 경상수지 적자가 기하급수적으로 불어났고 그것을 자본수지로 보전하게 되면서 경제의 외적 취약성이 증가했기 때문에 발생했다고 할 수 있다.

통화위원회 제도의 도입으로 라틴아메리카에서 칠레 다음으로 경제가 안정되었다는 평가를 받은 아르헨티나도 페소화의 과대평가로 인해 제조업의 수출 가격경쟁력이 하락함으로써 무역수지 적자가 확대되었고, 게다가 브라질과 마찬가지로 매년 50억 달러에 이르는 외채이자지급 부담이 더해져 경상수지 적자의 규모가 확대되었다. 특히 1997년부터 GDP 대비 12% 수준을 넘은 경상수지 적자는 1998년에는 14.6%에까지 이르렀다가 외환위기가 발생할 때까지 계속 그 수준을 유지했다.

3) 외국 자본에 대한 과다한 의존

역사적으로 볼 때 라틴아메리카에서 자본의 대량 유입은 항상 대규모 위기로 이어졌다. 1920년대의 자본 유입은 세계대공황의 발발과 함께 라틴아메리카에 심각한 경제위기를 가져왔고, 특히 1970년대의 대량 외자 유입은

---

10) 이와 관련하여 윤택동은 "서비스수지 적자는 대외부채에 대한 이자 지불이 큰 비중을 차지한다고 볼 때 최근의 경제활동보다는 과거로부터 물려받은 유산에 의해 발생했다고 설명할 수 있다. 최근 과거의 구조적 불균형을 조정하는 과정에서 대외부문의 불균형이 발생했고 특히 무역수지와 서비스수지 적자에 발생한 막대한 경상수지 적자는 항상 외환위기를 가져올 수 있는 원인을 제공하고 있다"고 설명했다. 이종걸·윤택동, 「한국의 외환위기에 대한 재검토와 브라질 외환위기와의 비교」, ≪국제지역연구≫, 4권 3호 가을호(2000), 118쪽 참조

<표 6-5> 자본 유입 추이

(단위: 십억 달러)

연도	멕시코	브라질	아르헨티나
1988	-4.4	-9.2	0.4
1989	1.1	-12.5	-8.0
1990	8.4	-5.5	-5.8
1991	25.1	-4.1	0.1
1992	27.0	6.5	8.8
1993	33.7	7.6	7.3
1994	15.7	8.0	11.1
1995	-10.4	29.3	4.6
1996	6.1	33.1	11.1
1997	19.2	24.9	16.8
1998	18.5	20.0	17.6
1999	19.2	7.2	14.7

자료: IMF(1995; 2000).

1982년 멕시코의 모라토리엄 선언을 시작으로 1980년대를 소위 '잃어버린 10년'으로 만들고 말았다. 이러한 교훈에도 불구하고 1990년대 라틴아메리카는 엄청난 경상수지 적자를 자본 유입을 통해 보전하는, 즉 외국 자본에 극단적으로 의존하는 경제구조를 재개했다.

1990년대 라틴아메리카에서 외국 자본의 순조로운 유입은 경상수지 적자를 자본수지로 보전하는 것을 가능하게 했다. 그렇게 된 데는 금융 부문의 규제 완화, 자본시장 개방, 거시적 안정의 달성, 상대적으로 높은 이자율의 제공과 같은 내부적 조건과 함께, 외부적으로 신흥시장을 향한 국제 자본투자의 붐이라는 조건이 맞아떨어졌기 때문이다.[11]

---

11) 실바 등에 의하면 1990년대 라틴아메리카에서 외국 자본 유입 붐이 일어난 것은 이 지역의 안정화 프로그램이 신뢰를 얻었기 때문이기도 하지만, 그보다 외부적으로 선진국의 이자율이 하락하고 금융 산업의 심화된 경쟁체제에서 살아남기 위해 고수익을 추구하려는

그 결과 1988년까지 자본 유입이 마이너스를 기록하던 멕시코에도 1989년에 11억 달러의 자본이 유입되었고, 1991년부터 외환위기가 발생하기 전 해인 1993년까지 연간 200억 달러 이상의 자본이 대량 유입되었다. 브라질도 헤알 플랜을 본격 가동하기 시작한 1995년부터 외환위기가 발생하기 직전인 1998년까지 4년간 매년 200억 달러 이상의 자본이 유입되었다. 아르헨티나에도 1991년부터 1999년까지 연평균 100억 달러 이상의 자본이 유입되었으며, 특히 1997년부터는 연 150억 달러 정도의 자본이 유입되었다.

이러한 자본의 대량 유입은 물론 경제를 활성화시키는 데 크게 기여했지만, 반면 환율의 과대평가를 야기함으로써 무역수지, 나아가 경상수지 적자를 확대했다. 게다가 유입된 자본이 경상수지 적자를 보전하는 기능을 함으로써 해당국 정부가 경상수지 적자 누적을 해소하려는 시도를 미루게 만들어 결국 더 큰 위기를 맞게 하는 역기능을 불러일으키기도 했다.

자본 유입의 성격에도 문제가 있는데, 다소 안정적인 직접투자보다 휘발성이 강한 포트폴리오투자가 절대적으로 많은 것은 1990년대 라틴아메리카 경제를 외부적으로 매우 취약하게 만들었다.

그럼에도 멕시코나 브라질 모두 외환위기가 발생할 때까지 자국 화폐의 평가절상을 고집함으로써 결국 외환위기라는 더 큰 폭탄을 맞게 되었다. 평가절하가 한 나라의 경제 전반에서 항상 환영할 만한 것은 결코 아니지만, 경상수지 적자가 심각한 지경임에도 그를 미룬다면 그것은 최악의 결과를 가져오게 된다.

경상수지 적자가 과도하게 누적되어도 자본 유입에 따라 일정 기간은 환

자본이 늘어났기 때문이다. Maria Luiza Falcão Silva, Joaquim Pinto de Andrade and Thomas S. Torrance. "Fundamentals Versus External Shocks: Brazil's Growing Exposure to Currency Crises." *International Advances in Economics Research*, Vol. 6, Issue 2, May(2000).

<표 6-6> 외국인투자 구성 추이

(단위: 십억 달러)

연도	멕시코		브라질		아르헨티나	
	직접투자	포트폴리오투자	직접투자	포트폴리오투자	직접투자	포트폴리오투자
1988	-2.0	1.0	2.8	-0.4	1.1	-0.7
1989	2.7	0.3	1.1	-0.3	1.0	-1.0
1990	2.5	3.3	0.9	0.5	1.8	-1.1
1991	4.7	12.7	1.1	3.8	2.4	8.2
1992	4.3	18.0	2.0	7.3	4.1	6.8
1993	4.3	28.9	1.2	12.9	6.3	13.6
1994	7.9	8.1	3.0	47.7	3.4	9.8
1995	9.5	-9.7	4.8	10.1	5.3	4.7
1996	9.1	13.4	11.2	21.0	6.5	12.2
1997	12.8	5.0	19.6	10.3	8.7	12.4
1998	11.3	-0.5	31.9	19.0	6.6	10.1
1999	11.7	10.9	32.6	1.6	23.5	-4.5

자료: IMF(1995; 2000).

율을 안정적으로 유지하는 것이 가능하지만, 개발도상국의 입장에서 그런 상황이 언제까지나 지속될 수는 없다. 멕시코와 브라질의 외환위기, 그리고 아르헨티나의 경제위기가 주는 최대 교훈은 경상수지 적자의 과다한 누적에도 사실상의 고정환율제를 통해 환율의 과대평가를 무리하게 유지할 경우 대부분 위기에 직면하게 된다는 것이다. 결국 라틴아메리카에서 사실상의 고정환율제는 변동환율제에 비해 외부적 취약성이 훨씬 더 큰 것으로 증명되었다.

특히 멕시코의 경우 외환위기 이전인 1993년의 포트폴리오투자는 직접투자의 거의 일곱 배로 그해 외국 자본 유입의 85%를 차지했다. 브라질의 경우도 1996년까지 포트폴리오투자는 직접투자의 거의 두 배를 넘었다. 아르헨티나도 페소화 위기가 영향을 미친 1995년을 제외하고 1991년부터 1998년까지 포트폴리오투자가 직접투자보다 거의 두 배 많았다.

이렇게 외국 자본에 대한 과다한 의존, 특히 휘발성이 높은 포트폴리오투자의 높은 비중은 멕시코, 브라질, 아르헨티나의 경제를 외부적으로 매우 취약하게 만들었다(세계은행, 1994: 331). 외국 자본의 유입은 경제를 일시적이나마 활성화시키는 긍정적 기능이 있지만, 일단 자본 유입에 문제가 생기면 그것은 외국 자본의 순기능만을 강조하는 사람들의 주장과는 달리 대개 자본 유입국의 경제에 엄청난 파문을 가져온다.

외화의 유출입이 자유로운 국제 금융 환경하에서, 국내의 내부적 요인으로 시장이 불안해지거나 혹은 채권국의 이자율 상승과 같은 외부적 요인에 변화가 있을 경우, 투자가들의 **무리본능**(Herd instincts)이나 **자기실현적**(Self-fulfilling) **투기**가 작용하여 자본 유입국에서 그 영향은 대개 증폭되는 경향이 있다. 따라서 심각한 외적 불균형과 외국 자본에 극단적으로 의존하는 경제는 단지 외국 자본의 유입이 순조로울 때만 지탱될 수 있는 것이다.

결과적으로 멕시코, 브라질, 아르헨티나의 외환위기는 환율 과대평가로 인한 경상수지 적자 누적을 허용하면서, 그를 외국 자본 유입으로 보전하는, 즉 외자에 과다하게 의존하는 경제의 한계를 보여준 사례라고 할 수 있다.

3. 평가절하가 대안인가?

1) 왜 조기에 평가절하를 실시하지 않았는가?

이러한 구조적 문제를 해결하기 위해 자본 유입국들은 유입되는 자본에서 휘발성이 강한 포트폴리오투자나 단기성 자본의 비중을 줄이고 직접투자의 비중을 증가시킬 필요가 있었다. 그러나 외부적 취약성에서 근본적으로 탈피하기 위해서는 생산성 향상을 통해 자국 상품의 경쟁력을 향상시키고 그로 인해 무역수지, 나아가 경상수지 적자의 폭을 줄이거나 흑자를 냄으로써 외국 자본에 대한 극단적 의존에서 벗어나는 것이 무엇보다 중요하다. 그러나 생산성 향상은 실제로 그 효과가 나타나는 데 많은 시간이 필요하다. 따라서 단기적으로 외부적 취약성을 완화하고 외환위기와 같은 극단적 상황을 피하기 위해서는 조기의 평가절하가 유효한 방식이 될 수 있다.

한 예로 1997년 바트화 위기로 시작된 아시아발 위기가 러시아를 거쳐 라틴아메리카에 상륙했을 때, 그 파문은 환율 시스템에 따라 국가마다 다르게 나타났다. 사실상 고정환율제를 유지하고 있던 브라질과 아르헨티나에서는 그 충격이 보다 크게 나타난 데 비해, 1994년 페소화 위기 이후 이미 변동환율제를 채택했던 멕시코와 콜롬비아에서는 그 영향이 그다지 크지 않았다(Perry and Lederman, 1998: 26).

그뿐만 아니라 고정환율 정책은 진정한 인플레이션 억제책도 아니다. 환율에 의한 안정화 정책은 사실 진정한 재정건전성의 필요에 대한 정책 입안자들의 관심을 다른 곳으로 돌려놓는다. 고정환율제의 인플레이션 억제 효과는 단지 그것이 신뢰성을 유지할 때뿐이다(Bird and Helwege, 1997).

멕시코나 브라질 양국 모두 외환위기 이전에 이미 일찍부터 자국 화폐의 과대평가에 따른 위험에 대해 주류 경제학자들로부터도 경고를 받았다. 라틴아메리카 경제개혁에 막대한 영향력을 발휘하고 있는 미국 MIT의 경제학자 루디거 돈부시(Rudiger Dornbusch)는 1994년 멕시코 페소화가 과대평가되었음을 경고하면서 20% 평가절하를 즉시 단행할 것을 권고했다. 미 정부도 같은 시기에 멕시코에 고정환율제 유지의 위험에 대해 경고 메시지를 보냈다. 브라질의 경우에도 모두가 헤알 플랜이 제 기능을 발휘하고 있다고 평가하고 있었지만, 돈부시는 1996년 헤알화의 과대평가 문제를 지적하면서 40% 정도의 헤알화 평가절하가 불가피하다고 지적했다(Dornbusch, 1997).

그럼에도 양국은 고정환율제를 포기하지 않고 환율 과대평가를 계속 유지하다가 결국 외환위기를 맞게 되었다. 그러면 이들 국가가 주목할 만한 경고에도 불구하고 고정환율제에 집착한 이유는 무엇인가?

평가절하가 어려웠던 데에는 대통령의 개인적 야망이나 재선 시도와 같은 정치적 요인(Smith, 1997; Kingstone, 1999)도 없지는 않았지만, 무엇보다 신흥시장국의 신뢰성 부족 때문이었다. 만약 헤알화가 20% 평가절하된다면 사실 손해보다는 이익이 더 많다고 할 수 있다. 그러나 정치적 요인은 차치하고라도 어느 누구도 20%의 평가절하를 채택 가능한 전략이라고 생각하지 않는다. 신흥시장국 혹은 개발도상국에서의 평가절하는 흔히 시장의 붕괴를 의미하기 때문이다. 다시 말해 개발도상국에서 소규모 평가절하는 사실상 존재하지 않는다(Krugman, 1999).

해외투자가들은 선진국과 개발도상국에 이중 잣대를 가지고 있다. 선진국에서 평가절하는 1992년 영국의 사례에서 볼 수 있듯이 파운드화에 대한 투기적 공격을 심화시키기보다는 경제 기초 여건에 부합하는 정책으로 인식되어, 대규모 자본 유출을 멈추게 하고 그를 통해 빠른 경제 회복을 이룩하게 했다. 반면 정부와 경제의 건전성에 대한 신뢰가 떨어지는 개발도상국에서 약간의 평가절하는 뒤이을 대규모 평가절하의 신호로 받아들여지기 십상이고, 더 심한 투기적 공격을 야기한다. 즉, 개발도상국에서 평가절하는 흔히 경제의 취약성을 인정하는 신호로 받아들여지는 것이다. 1994년 멕시코와 1998년 브라질의 외환위기 당시 초기의 평가절하가 대규모 투기적 공격의 신호로 받아들여진 것이 그 대표적 예이다.

그리고 내부적으로 이들 국가의 기업이나 은행이 헤징(hedging)되지 않은 많은 외채를 지니고 있다는 것도 문제이다. 따라서 평가절하의 가능성이 탐지되면 외환 수요가 급증하는 것은 당연한 수순이다. 외국계 기업이나 은행들이 적기에 돈을 빼내 가지 않은 상황에서 실제 평가절하가 이루어지는 경우 그들은 엄청난 손실을 보게 될 것이기 때문이다. 이러한 상황이 정부가 적절한 시기에 평가절하를 하는 것을 어렵게 만든다고 볼 수 있다. 이렇게 보면 사실상의 고정환율제와 외자 유입에 기반을 둔 안정화 정책은 처음부터 외환위기를 피할 수 없는 운명을 타고난 것이 아닌가 하는 생각마저 든다.

어쨌든 경상수지 적자가 과다하게 누적될 경우 조기의 평가절하는 반드시 심각하게 고려되어야 한다. 나아가 고정환율제보다는 변동환율제를 채택하는 것이 외부적 충격에 덜 민감할 수 있다. 통화위원회 제도를 통해 신뢰성을 유지하면서 끝까지 고정환율제를 유지하고자 했던 아르헨티나마저도 경제위기에 직면한 것을 보면 이러한 생각은 더욱 확고해진다.

2) 통화위원회 제도의 한계

가르시아에 따르면, 멕시코의 평가절하와 페소화 위기는 평가절하가 통화긴축보다 덜 고통스러운 방식이라는 것을 보여주는 데 실패했다. 대신 통화위원회 제도를 통해 환율 변동 없이 통화긴축을 선택한 아르헨티나는 여러 가지 문제점에도 불구하고 생산성 증대와 구조조정의 가속화라는 결과를 얻을 수 있었다(García, 1997: 31).

심지어 게리 베커(Gary S. Becker)는 ≪비즈니스위크≫지에 실린 한 기사에서 브라질의 외환위기가 최종적으로는 IMF의 지지가 있든 없든 헤알화의 가치를 유지하겠다는 브라질 정부의 약속에 대한 국제투자가들의 신뢰 부족에서 발생했다고 지적하면서, 정책 신뢰성 차원에서 통화위원회 제도를 취한 아르헨티나는 본받을 만한 모델이라고까지 주장했다. 1999년 초 러시아의 모라토리엄 선언의 태풍이, 브라질과는 달리 비슷한 상황에 있던 아르헨티나를 외환위기로 몰고 가지 않은 이유는 바로 환율정책의 지속성을 더욱 확고히 한 통화위원회 제도 때문이라는 것이다(Becker, 1999: 20).

그러나 환율 과대평가 유지, 경상수지 적자 누적, 외국 자본 유입에 대한 과다한 의존 등 멕시코나 브라질이 지녔던 모든 문제를 그대로 안고 있던 아르헨티나가 통화위원회 제도를 통해 환율 안정을 보장하는 것만으로 모든 위험에서 벗어날 수 있었던 것은 아니다. 크루그먼은 위기가 발생하기 전에 이미, 통화위원회 제도가 우선은 당장 통화에 대한 투기를 막을 수 있을지 모르지만 경제 자체에 대한 장기적 전망은 매우 불투명하며, 정치적 요인 등에 의해 그 제도가 실패로 돌아갈 경우 그 결과는 실로 무서운 재앙이 될 것이라고 경고했다(Krugman, 1999).

아르헨티나의 통화위원회 제도는 비록 위기가 발생하지 않는다고 하더라도 그 자체로 심각한 문제를 내포한다. 만약 주변국의 위기로 인해 라틴 아메리카 시장 전체가 투자가들의 신뢰를 잃게 되고, 따라서 투자가들이 아르헨티나의 채무자들에게도 채무 연장을 거부하고 상환을 요구할 경우를 생각해보자. 이때 채무자는 은행에서 페소화를 인출해서 달러로 환전하게 되는데, 이 경우 아르헨티나의 중앙은행은 태환정책에 따라 충분한 경화를 보유하고 있기 때문에 환전에는 별 문제가 없다. 그러나 아르헨티나의 은행들은 페소화 인출에 따른 현금보유고를 확충하기 위해 기업들로부터 대출을 회수해야 하고 여기서 문제가 발생하게 된다. 은행의 대출 회수에 따라 기업도 페소화 확보를 위해 다른 은행 계좌에서 페소화를 또 인출하고 그 은행은 또 다른 기업에 대한 대출을 회수하는 식으로 갈수록 더 많은 은행이 대출 회수에 나섬에 따라 신용경색이 심화된다.

결국 태환정책하에서 뉴욕으로부터 1달러의 신용 축소는 아르헨티나에서 그보다 몇 배의 페소화 대출 회수로 이어지게 됨으로써 외환위기까지는 아닐지라도 경제에 심각한 타격을 입힌다. 그 예로 1994년 멕시코의 페소화 위기는 비록 아르헨티나에 외환위기를 가져오지는 않았지만 주가를 40% 급락시키고, 외환보유고를 173억 달러에서 121억 달러로 감소시켰으며, 1995년 성장률을 -5%로 하락시키고 실업률을 11.7%에서 15.9%까지 상승시키는 결과를 가져왔다. 브라질의 헤알화 위기가 아르헨티나에 미친 영향도 물론 그보다 적지 않다.

그러면 과연 아르헨티나의 통화위원회 제도는 이런 어려움을 넘어 외환위기로부터는 완전히 자유로운가? 불행히도 2001년의 위기는 아르헨티나도 결코 외환위기로부터 자유롭지 않음을 보여주었다. 무엇보다 아르헨티나는 앞에서 살펴본 대로 10년간 계속된 경상수지 적자 누적에도 불구하고 페소화의 과대평가를 유지해옴으로써 외채가 거의 감당할 수 없는 지경에 이르렀다. 1991년에 613억 달러에 불과했던 총외채가 1999년에는 두 배가 훨씬 넘는 1,450억 달러에 달했다. 그것은 1999년 아르헨티나 GDP 총액인 2,830억 달러의 51%에 해당하는 것으로 절대적 기준에서 보나, 멕시코의 33%, 브라질의 43%와 비교해서 보나 과도한 수준임에 틀림없다. 그로 인해 아르헨티나는 1999년 상품, 서비스 수출액 대비 외채이자지급 비율이 자그마치 40.3%에 달했다. 1994년 외환위기 당시 멕시코의 17.9%와 1998년 브라질의 30.5%에 비해 엄청나게 높다(참고로 1999년 멕시코의 수치는 8.8%에 불과했다).

결론적으로 아르헨티나의 통화위원회 제도는 아르헨티나가 멕시코와 브라질이 보여주었던 것과 같은 문제를 내포하고 있었음에도 몇 차례의 외환위기를 피하게 하는 데 기여함으로써 결국은 문제를 더 키우는 결과를 낳게 되었다.

4. 또 다른 선택: 달러라이제이션

라틴아메리카에서 외환위기가 반복되면서 일부 국가는 환율 안정을 위해 극단적 처방을 선택했다. 2000년 1월 에콰도르는 자국 화폐를 포기하고 미국 달러화를 유일한 법정통화로 사용하는 공식적 **달러라이제이션**[12](이하 특별한 언급이 없는 한 달러라이제이션은 공식적 달러라이제이션을 의미한다)을 선언했다. 특수한 역사적 조건을 가진 파나마를 제외하면 지금까지 인구 백만 명 미만의 몇몇 작은 섬나라들만이 달러라이제이션을 채택했다. 이에 비하면 인구 천만 명이 넘는 에콰도르가 경제 주권의 완전한 포기를 의미하는 달러라이제이션을 받아들인 것은 충격적인 사건이 아닐 수 없다.

　라틴아메리카의 달러라이제이션은 거기에 머물지 않았다. 중미의 엘살바도르가 2001년 1월 또다시 달러라이제이션을 선언한 이래, 5월에는 과테말라마저 달러를 법정통화로 인정함으로써 한때 중미 지역 전체가 달러라이제이션의 거센 파도에 휩쓸렸다.

　게다가 2001년 말에는 급기야 GDP 규모로 라틴아메리카에서 세 번째이자 세계에서도 20위권에 드는 대국 아르헨티나가 외채위기에 직면하여 경

---

12) 달러라이제이션의 유형은 비공식적(Unofficial), 준공식적(Semiofficial, 혹은 평행적이라고도 한다), 공식적(Official)의 세 가지로 나누어진다. 비공식적 달러라이제이션은 미국 달러와 같이 비록 법정통화는 아니지만 자국 통화 이외에 가치척도, 계약이나 거래의 수단, 또는 가치 저장의 수단으로서 널리 사용되는 경우를 말한다. IMF는 1995년 기준으로 총통화량에서 외화예금의 비율이 30%를 초과하는 국가를 '높은(Highly)' 비공식적 달러라이제이션 국가로, 16.5%를 초과하는 국가를 '보통(Moderately)' 비공식적 달러라이제이션 국가로 정의했다. 준공식적 달러라이제이션은 자국 화폐와 함께 미국 달러가 법정통화로서 동시에 인정되는 것을 말한다. 이 경우 공식적 달러라이제이션만 선언되지 않았을 뿐 은행 예금의 대부분은 달러로 이루어지고, 임금이나 세금 지불, 일상의 상거래에서 달러가 국내 통화의 보조적 역할을 수행한다. 공식적 달러라이제이션과 달리 준공식적 달러라이제이션의 경우 국내 중앙은행이나 다른 통화 당국의 기능이 유지되고, 또한 일정 범위 내에서 자신의 통화정책을 펼칠 수 있는 여지가 주어진다. 공식적 달러라이제이션은 미국 달러를 자국 내의 유일한 법정통화로 설정하는 것으로 이때 자국 화폐는 계산의 단위나 잔돈의 형태로만 남아 있을 수 있으며 중앙은행의 기능은 거의 소멸된다. 달러라이제이션의 유형에 대해서는 Kurt Schuler, *Basics of Dollarization: Joint Economic Committee Staff Report*(United States Congress, 2000)를 참고

제적 안정의 수단으로 달러라이제이션을 심각하게 고려하게 되었다.[13] 이에 지금까지 단순히 학문적 수준의 논의에 그쳤던 달러라이제이션은 당당히 라틴아메리카 경제의 현실적 대안으로 부각되기 시작했다.[14]

달러라이제이션이 크게 부각된 이유는 오늘날 라틴아메리카 경제가 안고 있는 환율 불안이라는 문제의 심각성 때문이다. 라틴아메리카는 1980년대 말 자유시장개혁을 본격적으로 추진해가는 상황에서 물가안정을 위해 환율 안정이 무엇보다 중요했고, 그로 인해 이 지역 대부분의 국가들은 사실상의 고정환율제를 채택했다.

그러나 1994년 멕시코에 페소화 위기가 발생하면서 환율 과대평가의 문제가 심각하게 제기되었고, 그 후 많은 국가들이 사실상의 고정환율제를 포기하고 자유변동환율제를 채택하게 되었다. 그로 인해 환율 과대평가라는 문제는 다소 해결되었지만 환율 불안이 또다시 심각한 문제로 제기되기 시작했다. 따라서 새로운 환율 시스템의 탐구가 당시 라틴아메리카 경제의 최대 현안이 되었으며, 달러라이제이션은 한 대안으로서 부각되었던 것이다.

---

13) 아르헨티나에서 달러라이제이션이 현실적 대안으로 크게 부각된 것은 1999년 초, 전 대통령 사울 메넴에 의해서다. 그는 아르헨티나가 안정을 유지하기 위해서는 페소화를 포기하고 미국 달러를 공식 통화로 채택해야 한다고 주장했다. 그러나 그의 이런 충격적 주장은 당시 데라루아 정부와 메넴 정부의 재무장관이자 통화의원회 제도의 장본인인 도밍고 카발로 등에 의해 신랄한 비판을 받았다. 물론 미국도 분명한 거부 의사를 밝히지는 않았지만 매우 냉담하고 조심스러운 반응을 보였다. 그 후 2001년 말 외채위기가 본격적으로 발생하면서 달러라이제이션은 평가절하와 함께 아르헨티나가 택할 수 있는 가능한 두 개의 대안 중 하나로서 또다시 크게 부각되었다.

14) 아르헨티나가 먼저 외환위기를 겪었던 멕시코와 브라질처럼 평가절하의 길을 선택함으로써 달러라이제이션에 대한 논의는 사실상 종지부를 찍었다. 하지만 중소규모의 국가들, 특히 중미와 카리브 국가들에서 달러라이제이션은 여전히 선택 가능한 대안이자 현실적 문제로 남아 있다.

1) 금융의 국제화와 비공식적 달러라이제이션

공식적 달러라이제이션이 환율 안정을 위한 극단적 처방으로 제시되었다면, 넓은 의미의 달러라이제이션은 이미 대부분의 라틴아메리카 국가에서 널리 진행되고 있었다. 특히 금융의 국제화는 라틴아메리카 경제를 달러화의 지배에 깊숙이 빠져들게 했다(Macedo and Marcelino, 2001).

라틴아메리카에서 금융의 국제화는 1980년대 초에 발생하여 1980년대 말까지 장기간 지속된 외채위기로부터 탈피하기 위한 중요한 방편으로 제기되었다. 금융의 국제화는 여신에서 국가 간섭의 배제, 금융 산업의 다양한 제한조치 철폐 등 국내금융시장의 개방, 탈규제화 정책과 금융 감독 기능의 강화를 토대로 한 국제금융시장과의 통합·확대를 통해 이루어졌다.

1987년 중반부터 멕시코와 칠레를 시작으로 많은 라틴아메리카 국가들이 국내 유가증권시장을 개방하기 시작했고, 또 국제금융시장에서도 채권, 주식, 주식예탁증서(DR) 등을 발행하기 시작했다. 그에 따라 2000년 라틴아메리카 주식 총액의 42%가 미국 시장에 상장되었다. 금융의 국제화와 함께 외국인직접투자도 획기적으로 증가했다. 1991년 110억 달러에 불과했던 라틴아메리카의 외국인직접투자는 외환위기의 발생에도 꾸준히 증가하여 1999년에는 최고 수준인 770억 달러에까지 도달했다. 한편 포트폴리오투자는 멕시코 페소화 위기 전인 1994년에 667억 달러로 최고 수준에 도달한 이래 감소하다가 1996년 410억 달러로 다시 증가했다. 그러나 브라질의 헤알화 위기가 감지되기 시작했던 1997년부터 지속적으로 감소하는 추세를 보였다(Macedo and Marcelino, 2001).

또한 국내금융시장의 체질 개선을 목표로 개방과 탈규제화를 추진해 국내금융시장에 외국 은행들이 대거 진출하게 되었고 청산·인수·합병·민영화 등을 통해 부실 금융기관을 정리하는 과정에서 국내금융시장에서 외국

(단위: 백만 달러, %)

국가	달러화 사용	달러화 가격표시	달러화 계약	달러예금 비율	달러대출 비율	달러예금과 대출의 이자율	해외예금 법적 허용 여부와 총액
사실상(De hecho)의 달러라이제이션 국가							
아르헨티나	합법적	가능	허용	61.0	67.2	7.73/9.12	합법/91,500
볼리비아	합법적	가능	허용	78.2	85.3	7.8/15.7	자료 없음
코스타리카	습관적	가능	허용/60%	45.0	40.5	7.25/14.0	합법/자료 없음
엘살바도르	습관적[a]	가능	허용	8.7	15.1	6.34/10.7	자료 없음
에콰도르	공식화폐	가능	허용	53.7	자료 없음	7.72/20.0	불법/16,000
파라과이	합법적	가능	허용	65.0	53.0	3.11/11.7	합법/자료 없음
페루	합법적	가능	허용	73.5	자료 없음	자료 없음	합법/자료 없음
우루과이	습관적	가능	허용	86.8	83.8	4.5/ 자료 없음	자료 없음
중간 정도(Blanda)의 달러라이제이션 국가							
칠레	합법적	가능	허용/드뭄	63.0	85.6	자료 없음	합법/자료 없음
멕시코	습관적	가능	허용	자료 없음	자료 없음	자료 없음	합법/50,000
낮은 수준(Reducido)의 달러라이제이션 국가							
베네수엘라	불법	불가/ 예외 있음	불허/ 예외 있음	자료 없음	자료 없음	자료 없음	합법/자료 없음
특별 케이스(Caso especial)							
콜롬비아	묵인	불가	불허/ 예외 있음	32.9	자료 없음	자료 없음	합법/2,200

주: a: 엘살바도르는 2001년 1월 1일부터 공식적 달러라이제이션에 돌입했다.
자료: Macedo and Marcelino(2001).

은행들이 참여를 확대했다.

특히 아르헨티나에서 외국 금융기관의 진출은 획기적 진전을 보였다. 1994년 12월 외국계 금융기관들이 금융 총자산의 17.9%를 지배했던 것에 비해 1999년 12월에는 그 수치가 48.6%로 늘어났다. 그 외 칠레, 베네수엘라, 페루에서 외국계 은행이 차지하는 비중이 30%가 넘었고, 브라질은 20% 이상, 멕시코와 콜롬비아에서는 10% 이상을 차지했다. 이와 같은 금융 부문의 국제화로 인해 대부분의 라틴아메리카 국가에서는 내부 거래에서 달러가 점진적으로 국내 화폐를 대체하는, 넓은 의미의 달러라이제이션이 일반화되었다.[15]

그로 인해 현재 라틴아메리카의 주요 국가 중 비공식적 달러라이제이션 국가로 분류될 수 있는 나라는 총통화량에서 외화예금의 비율이 30%를 넘는 '높은'(Highly dollarized) 수준에 아르헨티나, 볼리비아, 페루, 우루과이, 코스타리카, 니카라과 등이 있고, 16.5% 이상인 '보통'(Moderately dollarized) 수준에는 도미니카 연방, 온두라스, 자메이카, 멕시코 등이 포함된다.

여기서 한 걸음 더 나아가 바하마와 아이티 등은 달러화를 법정통화로 인정하고 그것을 국내 화폐와 함께 병행하는 준공식적 혹은 평행적 달러라이제이션 수준에까지 이르렀으며,[16] 급기야 기존의 파나마에 이어 에콰도르와 엘살바도르가 각각 2000년 1월과 2001년 1월에 공식적 달러라이제이션

---

15) 그러나 비공식적 달러라이제이션의 확산에 대한 IMF의 시각은 조금 다르다. 멕시코 페소화 위기의 원인으로 내국인들의 발 빠른 자산 해외도피를 문제 삼았던 IMF는 비공식적 달러라이제이션(특히 그 기준이 되는 국내 외화예금)의 확산 원인 역시 금융의 국제화 같은 외부적 요인에서 찾기보다는, 내국인들이 포트폴리오 결정에서 자산 배분의 비중을 해외 자산보다 국내 달러예금에 더 많이 할당한 데에서 찾았다. 이런 현상은 비록 국내 화폐에 대해서는 신뢰가 완전히 회복되지 않았지만 국내경제와 금융 시스템에 대해서는 어느 정도의 신뢰가 회복되었음을 의미하는 것으로, 라틴아메리카에서 안정화 정책을 시행했음에도 비공식적 달러라이제이션이 지속적으로 증가한 이유가 바로 여기에 있다고 주장했다. IMF, "Exchange rate arrangements and economic performance in developing countries," *World economic Outlook*, October(1997), pp. 92~93.

16) 아르헨티나, 볼리비아, 파라과이, 페루, 칠레 등은 달러화의 법정 통용을 허용하고 있으나 달러가 국내 화폐와 같은 수준에서 광범위하게 사용되고 있지는 않기 때문에 준공식적 혹은 평행적 달러라이제이션 국가로 분류하지는 않는다. 과테말라는 달러를 법정통화로 인정하고 국내 화폐인 케찰화와 병행 사용하는 법을 통과시켰다.

을 선언하게 되었다.

물론 <표 6-7>의 엘살바도르 사례에서 볼 수 있듯이 비공식적 달러라이제이션의 정도와 공식적 달러라이제이션의 채택 사이에 비례적 관계가 있는 것은 아니다. 하지만 라틴아메리카 전반에서 진행되는 이러한 비공식적 수준의 달러라이제이션이 공식적 달러라이제이션을 가능하게 하는 전반적 조건임에는 틀림없다.

2) 환율제도의 변화와 금융적 취약성

1980년대 말부터 라틴아메리카의 주요 국가들은 본격적으로 안정화 프로그램을 시작하면서 사실상의 고정환율제를 채택했다.[17] 멕시코의 크롤링페그제, 브라질의 페그제, 아르헨티나의 통화위원회 제도 등이 그 대표적 사례이다.

그러나 이러한 사실상의 고정환율제도는 환율 과대평가의 주요인이 되었고, 그로 인한 수출 가격경쟁력 하락은 1990년대 라틴아메리카 국가들의 경상수지 적자의 심화와 그에 따른 외환위기의 근인이 되었다. 따라서 외환위기를 경험한 국가들은 대부분 자유변동환율제로 전환하게 되었고, 주변 국가들도 그에 따름으로써 1990년대 말에는 자유변동환율제가 주된 흐름이 되었다. <표 6-8>에서 볼 수 있는 바와 같이 라틴아메리카의 주요 7개국[18] 중 베네수엘라를 제외한 나머지 6개국이 자유변동환율제를 채택하고

---

17) 안정화 프로그램과 고정환율제의 관련성에 대해서는 김기현, 「90년대 반복되는 라틴아메리카 외환위기의 根源」, ≪라틴아메리카연구≫, 14권 1호(2001); Maria Luiza Falcão Silva, Joaquim Pinto de Andrade and Thomas S. Torrance, "Fundamentals Versus External Shocks: Brazil's Growing Exposure to Currency Crises," *International Advances in Economics Research,* Vol. 6, Issue 2, May(2000); Sebastian Edwards, Crisis and Reform in Latin America: from despair to hope(Oxford University Press, 1995)를 참고

<표 6-8> 라틴아메리카 각국의 환율제도(2001년 3월 31일)

공식적 달러라이제이션	파나마, 에콰도르(2001.1)
통화연합	앤티가바부다, 도미니카연방, 그레나다, 세인트키츠네비스, 세인트루시아, 세인트빈센트그레나딘
통화위원회	아르헨티나[a]
고정환율제	바하마, 바베이도스, 벨리즈, 엘살바도르[b], 트리니다드토바고
환율밴드제	수리남
크롤링페그제	볼리비아, 코스타리카, 니카라과
크롤링밴드제	온두라스, 우루과이, 베네수엘라
관리변동환율제	자메이카, 도미니카공화국, 과테말라, 파라과이
자유변동환율제	가이아나, 멕시코(1994.12), 페루, 브라질(1999.1), 칠레(1999.9), 콜롬비아(1999. 9), 아이티

주: 쿠바는 제외, ( )는 환율제도 변경일. a: 아르헨티나는 2002년 1월부로 통화위원회 제도를 포기하고, 수출입 및 금융거래에는 정부 공식 환율을 적용하는 고정환율제를 실시하고, 관광 등 민간거래에는 자유변동환율제를 적용하는 2중 환율제를 임시로 채택했다. b: 엘살바도르는 2001년 1월 공식적 달러라이제이션을 선언했다.
자료: IMF(2001).

있다. 이것은 다시 말해 경제 규모로 라틴아메리카의 90% 이상이 1990년 대 말 이후 자유변동환율제를 채택했다는 것을 의미한다.

1990년대의 자유시장경제 개혁에도 불구하고 라틴아메리카 경제는 여전히 외부적 취약성이 심각하다. <표 6-9>에서 보는 바와 같이 2000년대 초 라틴아메리카 주요국 중 칠레를 제외한 거의 모든 국가들이 한 부문 이상에서, 심한 경우 브라질은 네 부문에서 외부적 취약성이 한계 수치를 넘어섰다. 또한 이 표를 통해 재정수지 적자보다는 과다한 외채가 라틴아메리카 외부적 취약성의 핵심임을 알 수 있다.

---

18) 브라질, 멕시코, 아르헨티나 등 3개국이 라틴아메리카 전체 GDP의 70% 이상을 차지하며, 베네수엘라, 콜롬비아, 칠레, 페루 등 4개국은 약 20%를 차지한다. 따라서 라틴아메리카 33개국 중에서 이 7개국의 GDP가 라틴아메리카 전체의 GDP에서 차지하는 비중은 90% 수준이다.

(단위: %)

구분	수출 대비 외채 비중	GDP 대비 재정수지 적자 비율	외환보유고 대비 단기외채 비율	GDP 대비 경상수지 적자 비율	GDP 대비 대미 수출 비율	1997년 1월 이래 실질환율 변동
한국	6	-0.4	38	2.8	8.2	-16
아르헨티나	423	-2.9	**96**	-3.2	1.0	+15
브라질	332	**-4.7**	**95**	**-4.1**	2.0	-20
칠레	167	-0.7	44	-2.2	4.4	+4
콜롬비아	228	**-4.4**	48	-1.7	10.6	-14
멕시코	93	-0.6	65	**-3.6**	24.7	+40
페루	351	-2.2	68	-2.9	3.8	+2
베네수엘라	117	-2.7	27	4.7	14.0	+55

주: 표에서 진하게 나타나는 수치는 지탱할 수 있는 한계점을 넘어섰음을 표시한다.
자료: *The Economist*, 2001.

시장경제개혁에도 불구하고 외부적 취약성이 지속적으로 심각한 상황에서 자유변동환율제로의 전환은 환율 불안의 상시화를 의미하는 것이다. 과거에는 외부적 취약성이 있어도 고정환율제로 인해 일정 기간 환율 안정을 보상받을 수 있었다. 대신 평가절하 요인들이 누적되어 한 번에 외환위기의 형태로 크게 터졌다. 반면 자유변동환율제하에서는 **외부적 취약성**(Vulne-rabilidad externa)이 그대로 환율 불안을 야기하기 때문에 환율 불안이 일상화되는 경향이 있다.

이런 와중에 달러라이제이션이 하나의 극단적 대안으로 제시되었고, 여기에 경제적 위기가 심각했던 에콰도르와, 미국 시장과 자본에 절대적으로 의존하는 일부 중미 국가들이 그 길을 따름으로써 달러라이제이션의 문제가 논의의 중심에 자리 잡게 되었다.

결론적으로 2000년대에 들어서 라틴아메리카에서는 고정환율제나 환율밴드제, 크롤링페그제, 관리변동환율제, 심지어 엄격한 통화위원회 제도와 같은 상대적으로 유연성 있는 환율 시스템은 사라지고, 자유변동환율제와 달러라이제이션이라는 양 극단으로 나아가는 양극화 추세가 진행되었다. 그중 달러라이제이션은 안정을 최우선으로 하는 극단적 대안으로 제시되었다.

그러나 아코스타(Acosta, 2001)가, 라틴아메리카에서 달러라이제이션은 신자유주의를 공고히 하는 최후의 수단으로서 에콰도르의 달러라이제이션은 "신자유주의의 길고도 고통스러운 행진의 마지막 장"이며, 엘살바도르의 달러라이제이션은 "고통스러운 내전 이후 부과된 신자유주의적 변화를 제도화하기 위한 닻"이라고 정의하는 것처럼, 달러라이제이션은 장기적 경제발전을 위한 합리적 선택이라기보다는 불확실성을 내포한 안정화 추구 전략임이 분명하다. 아르헨티나가 달러라이제이션을 채택하지 않았던 것도 결국 이런 이유 때문이었다. 따라서 1990년대에 외환위기의 반복이라는 어려운 상황에 직면한 라틴아메리카로서도 달러라이제이션을 새로운 발전 전략으로 받아들이기는 결코 쉽지 않았다.

참고문헌

국제금융연구회. 1996. 『글로벌시대의 국제금융론』. 경문사.

김기현. 2001. 「90년대 반복되는 라틴아메리카 외환위기의 根源」. ≪라틴아메리카연구≫, 14권 1호, 243~270쪽.

_____. 2002. 「라틴아메리카 달러라이제이션: 안정을 위한 선택인가?」. ≪라틴아메리카 연구≫, 15권 2호, 37~72쪽.

이상균·윤성훈. 1999. 『중남미 환란, 왜 반복되나』. 국제경제조사연구소.

이종걸·윤택동. 2000. 「한국의 외환위기에 대한 재검토와 브라질 외환위기와의 비교」. ≪국제지역연구≫, 4권 3호, 가을호, 99~124쪽.

이토 모토시게. 1998. 『IMF시대 신국제경제의 논리』. 거름.

Acosta, Alberto. 2001. "El falso dilema de la doralización." *Nueva Sociedad,* Marzo~Abril, pp. 66~84.

Becker, Gary S. 1999. "Why Countries shouldn't break their currency promises." *Business Week,* Issue 3620(3/15), p. 20.

Bird, Graham and Ann Helwege. 1997. "Can neoliberalism survive in Latin America?" *Millennium: Journal of International Studies,* Vol. 26, No. 1, pp. 31~56.

Calvo, Guillermo A. et al. 1996. *Private Capital Flows to Emerging Markets After the Mexican Crisis.* Institute for International Economics.

CEPAL. 1994. *Balance Preliminar de la Economía de América Latina y el Caribe.* Santiago de Chile: Naciones Unidas.

_____. 1996. *Balance Preliminar de la Economía de América Latina y el Caribe.* Santiago de Chile: Naciones Unidas.

_____. 1999. *Balance Preliminar de la Economía de América Latina y el Caribe.* Santiago de Chile: Naciones Unidas.

Dornbusch, Rudiger. 1997. "Brazil's Incomplete Stabilization and Reform." *Brooking Papers on Economic Activity,* No. 1, pp. 367~404.

Dresser, Denise. 1997. "Falling from the Tightrope: The Political Economy of the Mexican Crisis." in Sebastian Edwards and Moisés Naím(eds.). *Mexico 1994.* Carnegie Endowment for International Peace. pp. 55~79.

Edwards, Sebastian. 1995. *Crisis and Reform in Latin America: from despair to hope.* Oxford University Press.

_____. 1996. "Exchange-rate Anchors, Credibility, and Inertia: A tale of two Crises: Chile and Mexico." *American Economic Review,* Vol. 86, No. 2, pp. 176~180.

Flynn, Peter. 1999. "Brazil: the Politics of Crisis." *Third World Quarterly,* Vol. 20, Issue 2, April, pp. 287~317.

García, Valeriano F. 1997. *Black December: Banking Instability, the Mexican Crisis, and its Effect on Argentina.* World Bank.

Harvey, John T. 1996. "Orthodox Approaches to Exchange Rate Determination: A Survey." *Journal of Post Keynesian Economics,* Vol. 18, No. 4, pp. 567~583.

IMF. 1995. *International Financial Statistics.* December. Washington, D. C.: IMF.

_____. 1997. "Exchange rate arrangements and economic performance in developing countries." *World economic Outlook,* October.

_____. 2000. *International Financial Statistics.* December. Washington, D. C.: IMF.

_____. 2001. *International Financial Statistics.* December. Washington, D. C.: IMF.

Kingstone, Peter R. 1999. *Crafting Coalitions for Reform.* Pennsylvania State University Press.

Krugman, Paul. 1979. "A Model of Balance of Payments Crises." *Journal of Money, Credit and Banking,* No. 11, August, pp. 311~325.

_____. 1998. "What Happened to Asia?" web.mit.edu/krugman/www/DISINTER.html (검색일: 2002. 1. 8).

_____. 1999. The *return of Depression Economics.* W. W. Norton & Company.

Macedo Cintra, Marcos Antonio y Elza Moreira Marcelino de Castro. 2001. "Internacionali-zación del sector financiero y dolarización de los países latinoamericanos." *Nueva Sociedad,* marzo~abril, pp. 85~103.

Morais, Lecio, Alfredo Saad Filho and Walter Coelho. 1999. "Financial Liberalisation, Currency Instability and Crisis in Brazil: Another Plan Bites the Dust." *Capital & Class,* Issue 68, Summer, pp. 9~14.

Perry, Guillermo E. and Daniel Lederman. 1998. *Financial Vulnerability, Spillover Effects, and Contagion: Lessons from the Asian Crises for Latin America.* Washington, D. C.:

World Bank.

Schuler, Kurt. 2000. *Basics of Dollarization: Joint Economic Committee Staff Report.* United States Congress.

Silva, Maria Luiza Falcão, Joaquim Pinto de Andrade y Thomas S. Torrance. 2000. "Fundamentals Versus External Shocks: Brazil's Growing Exposure to Currency Crises." *International Advances in Economics Research,* Vol. 6, Issue 2, May, pp. 192~209.

Smith, Peter H. 1997. "Political Dimensions of the Peso Crisis." in Sebastian Edwards and Moisés Naím(eds.). *Mexico 1994.* Carnegie Endowment for International Peace. pp. 31~53.

The Economist. 2001. 7. 21.

World Bank. 1994. *Trends in Developing Economics 1994.* Washington, D. C.: World Bank.

7장 신자유주의 시장경제개혁의 경제사회적 결과(1990년대)

|단원 핵심 주제|
● 신자유주의 개혁의 고용창출 효과는 어떠한가?
● 신자유주의 개혁이 고용의 질에는 어떤 영향을 미쳤는가?
● 신자유주의 개혁이 경제사회적 불평등에 어떤 영향을 미쳤는가?
● 신자유주의 개혁은 빈곤을 감소시켰는가?

1. 고용 없는 성장: 실업률의 증가

신자유주의 시장경제개혁의 경제사회적 결과 중 가장 부정적으로 나타난 것이 바로 실업의 증가, 고용불안, 비공식 부문의 확대 등 고용과 관련된 부문이다. <표 7-1>에서 보듯이 실업률은 1980년에서 2001년 사이 거의 두 배로 증가했다. 외채위기 이전인 1980년 라틴아메리카 주요 17개국의 평균 실업률이 6.41%였던 것에 비해 2001년의 평균 실업률은 11.03%로 상승했다.

국가별로 실업률의 증감은 다양하게 나타난다. 라틴아메리카에서 신자유주의 개혁이 본격적으로 적용된 1990년에서 2000년 사이 실업률이 감소한 나라는 엘살바도르, 온두라스, 니카라과, 파나마 등 중미 국가에 멕시코를 더해 5개국뿐이다. 남미 주요 10개국 중에서는 볼리비아를 제외한 9개

<표 7-1> 라틴아메리카 주요 17개국의 도시 실업률

(단위: %)

국가	1980년	1990년	1995년	2000년	2001년
아르헨티나	2.6	7.5	17.5	15.6	17.4
볼리비아	7.1	7.3	3.6	7.1	-
브라질	6.3	4.3	4.6	7.6	-
칠레	11.7	6.5	7.4	10.0	9.5
콜롬비아	10.0	10.5	8.9	17.2	18.5
코스타리카	6.0	5.4	5.7	5.3	5.8
에콰도르	5.7	6.1	7.7	9.0	10.9
엘살바도르	-	10.0	7.0	6.5	6.1
과테말라	2.2	6.5	4.3	-	-
온두라스	8.8	7.8	6.0	-	6.3
멕시코	4.5	2.7	6.3	2.2	2.5
니카라과	3.2	11.1	18.2	9.0	10.7
파나마	9.9	20.0	16.2	15.2	16.9
파라과이	4.1	6.6	5.3	10.7	-
페루	7.1	8.3	8.8	8.5	9.5
우루과이	7.4	9.2	10.8	13.6	15.4
베네수엘라	6.0	11.0	10.9	14.0	13.9
평균a	6.41	8.28	8.78	10.10	11.03

주: a: 17개국 단순 평균.
자료: CEPAL(2001: 57).

국의 실업률이 모두 증가했다. 2000년 파나마는 실업률이 감소한 것임에도 여전히 15% 이상의 높은 실업률을 보였다. 파나마 외에도 아르헨티나, 칠레, 콜롬비아, 파라과이, 우루과이, 베네수엘라 등의 실업률이 10% 이상으로 나타났다. 반면 멕시코의 실업률은 페소화 위기 직후를 제외하고는 1980년 이래 지속적으로 감소하는 추세이다. 2000년 실업률도 2.2%로 매우 낮다.

국가 간 실업률의 이러한 차이는 각국 노동시장의 구조(유연성 정도)와 구조조정하에서 정책 당국이 직업 창출을 위해 기울인 노력에 따라 발생한다. 예를 들어 거대한 내수시장으로 인해 팽창 위주의 성장정책을 일정 정도 유지할 수밖에 없었던 브라질에 비해, 태환정책으로 엄격한 외부적 조건에 무조건 따라야만 했던 아르헨티나에서 실업률이 보다 더 높게 상승했다.

1990년대에 실업률이 증가한 요인으로는 반복된 외환위기도 있겠지만 그보다 경제성장 모델 자체가 가지는 구조적 문제를 언급하지 않을 수 없다. 1990년대 도시 실업률의 증가에서 나타난 가장 큰 특징은 1980년대와 달리 성장이 이루어졌음에도 실업률이 오히려 증가했다는 점이다. <표 7-1>에서 보듯이 외채위기로 인해 1981년에서 1989년 사이 일인당 GDP 성장률이 -0.8%였던 이른바 '잃어버린 10년' 동안, 도시 실업률은 1980년 6.41%에서 1990년 8.28%로 1.87% 증가했다. 한편 일인당 GDP 성장률이 1.6%였던 1990년대 신자유주의 시장경제개혁 시기의 도시 실업률은 1990년 8.28%에서 2000년 10.10%로, 1980년대와 거의 유사한 수준인 1.82% 증가를 기록했다. 이러한 사실은 1990년대 신자유주의 개혁의 시기에 성장이 고용을 창출하지 못했음을 단적으로 보여준다.

이러한 현상을 연도별로 살펴보면, <표 7-2>에서 연한 음영으로 나타나는 1992년, 1993년, 1994년, 1996년, 1998년 모두 2.3%에서 5.2% 사이의 성장을 했음에도 실업률은 오히려 그대로이거나 심지어 0.8%까지 증가했음을 알 수 있다. 특히 1992년에는 3.0%라는 상대적으로 높은 성장에도 불구하고 실업률이 자그마치 0.8%나 상승했다. 1994년 역시 5.2%라는 높은 성장률을 기록했지만 실업률이 0.1% 상승했다.

이는 1990년대의 라틴아메리카 시장경제개혁에서 '**고용 없는 성장**(Crecimiento sin empleo)'이 현실로 드러났음을 보여주는 것이다. 특히 아르헨티나의 경우 1992년, 1993년, 1994년 성장률이 각각 9.6%, 5.9%, 5.8%로 상대적으로 높았음에도, 실업률은 각각 7.0%, 9.6%, 11.5%로 오히려 전년도에 비

(단위: %)

연도	경제성장률	실업률	실업률증감률
1990	-	5.8	-
1991	3.5	5.7	-0.1
1992	3.0	6.5	0.8
1993	3.5	6.5	0
1994	5.2	6.6	0.1
1995	1.1	7.5	0.9
1996	3.7	7.9	0.4
1997	5.2	7.5	-0.4
1998	2.3	8.1	0.6
1999	0.4	8.7	0.6
2000	4.1	8.6	-0.1
1991~2000	3.2	-	2.9

주: a: 라틴아메리카 전체 국가 단순 평균.
자료: CEPAL(2001).

해 0.5%, 2.6%, 1.9% 증가했다. 1990년대의 아르헨티나는 '고용 없는 성장'의 극단적 사례를 보여준다.

1990년대 시장경제개혁은 구조조정으로 실업을 증가시켰지만 새로운 일자리 창출에는 효과적이지 못했다. 게다가 라틴아메리카는 상대적으로 높은 출산율과 그에 따른 피라미드형의 젊은 인구구조, 빈곤과 농지의 침식 등으로 인해 살길을 찾아 도시로 몰려드는 사람과 생계를 유지하기 위해 노동시장에 참여하고자 하는 여성의 증가로 실업률이 더 증가하는 경향이 있었다. 따라서 이러한 인구구조나 사회현상을 반영할 때, 라틴아메리카에서 실업률이 감소하려면 최소 연 5% 이상의 성장이 이루어져야 한다.[1]

---

1) CEPAL은 도시 경제활동 인구의 증가가 단기적으로 해소될 수 있는 문제가 아니기 때문에, 신자유주의하에서 성장이 실업률을 감소시키기 위해서는 대량해고나 낮은 고용창출 효과 등을 감안해 최소 연 6% 이상의 고도성장을 지속적으로 이루어야 한다고 전망했다.

그러나 안정을 우선시하는 신자유주의 경제 모델하에서 현실적으로 5% 이상의 고도성장을 달성하는 것은 쉬운 일이 아니었다. 실제 1991년에서 2000년 사이 라틴아메리카 총 33개국의 GDP 평균 성장률은 3.2%였으며, 국가별로 살펴보아도 5% 이상의 성장을 한 나라는 칠레(6.1%), 도미니카공화국(5.9%), 기아나(6.2%) 등 3개국에 불과하다. 4% 이상 성장한 나라도 아르헨티나(4.1%), 코스타리카(4.9%), 엘살바도르(4.3%), 과테말라(4.1%), 파나마(4.5%), 페루(4.1%), 벨리즈(4.5%) 등 7개국에 불과하다. 반면 브라질(2.6%), 콜롬비아(2.5%), 쿠바(-1.5%), 에콰도르(1.7%), 아이티(-0.9%), 파라과이(1.8%), 우루과이 (2.9%), 베네수엘라(2.4%)를 비롯하여 일부 카리브 국가들을 합하면 3% 이하의 저성장을 한 나라의 수는 13개국에 달한다.

공식적으로 드러나는 실업률보다 더 심각한 문제는 이러한 공식적 실업률이 라틴아메리카 고용시장의 현실을 제대로 반영하지 못한다는 점이다. 라틴아메리카 대부분의 국가들은 적극적으로 구직 활동을 하는 사람들만을 대상으로 실업률을 계산하기 때문에 통계상 나타나는 실업률은 현실과 다소 동떨어진 감이 있다. 대부분의 라틴아메리카 실업자들은 얼마 되지 않는 실업급여를 받기 위해 해당 관청에서 하루 종일 줄을 서서 기다릴 여유가 없다. 실업에 대한 사회적 안전망이 매우 약하기 때문에 실업자들은 생계를 위해 그들이 할 수 있는 일을 무엇이든 당장에 찾아야만 한다.

멕시코의 경우 합법적이고 정규적인 직업을 갖지 못한 사람들은 공식적 루트를 통해 구직 활동을 하기보다 불법 폭력조직이나 비공식 부문으로 흘러들어 갔다. 1990년대 이후 멕시코에서 범죄조직이 급속하게 확산된 것과 실업률이 상대적으로 낮아진 것 사이에는 상관관계가 없지 않다. 경제위기 이후 아르헨티나에서 직장을 잃어버린 화이트칼라 사무원들은 블루칼라 직업을 선택하는 데 주저하지 않았다. 부에노스아이레스의 택시 기사들이 보여주는 철학이나 정치 등에서의 높은 지적 수준은 아르헨티나의 불완전

고용이 어느 정도인지를 단적으로 말해준다. 다음 절에서 설명할 비공식 부문의 확산은 바로 이런 불완전 고용의 한 전형이다.

2. 비공식 부문의 확산

1990년대 신자유주의 시장경제가 실업 문제를 더욱 악화시키는 가운데 이 시기에 새로 생겨난 직업들은 질적 측면에서 많은 문제가 있었다. 구조조정을 통해 실업자가 되거나 새로이 노동시장에 진출하고자 하는 사람들 중 상당수가 생존을 위해 보험도 되지 않고 노동법의 보호도 받지 못하는 열악한 직장을 선택하지 않을 수 없었다. 이러한 현상은 바로 **비공식 부문**(Sector informal)의 확산으로 나타났다.

비공식 부문은 세금을 비롯하여 갖가지 정부의 규제를 회피하고, 공식적으로 보고되지 않는 경제를 의미하는 지하경제[2]와는 또 다른 의미를 지닌다. 국제노동기구(ILO)의 라틴아메리카 지국(PREALC)은 비공식 부문을 "노동집약적이고 낮은 기술 수준을 적용하는, 다양한 소규모 생산활동이나 개인적, 가족적 단위의 서비스 활동"이라 정의한다(Cardoso y Helwege, 1993: 243).

PREALC의 정의에 따르면 비공식 부문은 길거리 장사꾼과 같은 비전문직·비기술직 독립 자영업, 미등록 자동차 정비센터와 같은 5인 이하의 초미니 기업, 파출부와 같은 가사보조업, 이렇게 세 개의 영역으로 구성된다. 물론 여기에서 비공식이라는 표현이 사용된 것은 그런 생산활동이 대부분 국가의 규제나 세금과 관련 없이 제도적 틀 밖에서 움직이기 때문이다.

---

[2] 지하경제는 크게 두 가지로 나뉘는데, 그중 하나는 마약이나 매춘 등 위법적 행위를 통한 경제활동이고 다른 하나는 정상적인 경제활동임에도 세무서 등 정부기관에 등록되지 않는 것들이다.

그런데 이러한 비공식 부문은 시장경제개혁이 본격적으로 이루어지던 1980년대 말에서 1990년대 중반까지 라틴아메리카의 고용창출에서 가장 중요한 역할을 담당했다. 민영화로 인해 공공 부문에서 발생하는 대규모 실업을 공식 민간 부문에서의 신규 고용이 다 흡수할 수 없었기 때문에 비공식 부문의 확산은 불가피한 것이었다.

<표 7-3>에서 보듯이 라틴아메리카에서 전통적인 고용창출 공간이었던 공공 부문에서의 직업은 구조조정과 민영화의 결과 1980년대 말~1990년대 중반 대부분 정체하거나 감소했다. 국가마다 다소 차이가 있긴 하지만 각국에서 신자유주의가 본격적으로 도입된 시기에 라틴아메리카 전체의 공공 부문 평균 고용 증가율을 보면 -0.23%로 나타났다. 특히 볼리비아(-3.2%), 아르헨티나(-4.7%), 페루(-2.2%)에서 공공 부문의 일자리 감소가 심각했음을 알 수 있다.

한편 상대적으로 노동조건이 양호한 5인 이상 규모의 근대적 민간기업 부문에서 고용창출의 효과는 그다지 크지 않았다. 라틴아메리카 전체의 민간 부문 고용 평균 증가율은 2.81%였다. 그런데 규모가 큰 국가인 브라질(0.7%), 멕시코(1.5%), 아르헨티나(0.4%), 베네수엘라(1.3%), 우루과이(1.4%) 5개국의 평균은 1.06%에 지나지 않았다. 근대적 민간기업 분야는 직업을 창출하고 나아가 삶의 질을 개선할 수 있도록 하기 위해 신자유주의 경제개혁이 가장 기대했던 부문이지만, 엄청나게 많은 노동시장 신규 진출자나 공공 부문 실업자를 흡수하기에는 역부족이었다.

1990년대에 실업률의 가파른 상승을 막은 것은 결국 전체 고용 평균 증가율 4.73%를 기록한 비공식 부문의 놀라운 확산이었다. 볼리비아(6.0%), 코스타리카(4.8%), 브라질(5.2%), 멕시코(4.7%), 베네수엘라(7.4%), 페루(5.0%)와 같은 나라에서 비공식 부문이 특히 빠르게 확산되었다.

전체 고용에서 비공식 부문이 차지하는 비중의 변화를 보면 비공식 부문

<표 7-3> 부문별 연평균 고용 증가율

(단위: %)

국가	시기[a]	민간 부문	공공 부문	비공식 부문
볼리비아	1985~1995	3.1	-3.2	6.0
칠레	1985~1995	5.9	2.2	4.4
코스타리카	1987~1995	4.7	1.6	4.8
브라질	1988~1995	0.7	0.0	5.2
멕시코	1988~1995	1.5	1.6	4.7
아르헨티나	1989~1995	0.4	-4.7	3.4
우루과이	1989~1995	1.4	0.0	2.8
베네수엘라	1989~1995	1.3	1.4	7.4
콜롬비아	1991~1995	4.6	1.0	3.6
페루	1991~1995	4.4	-2.2	5.0
부문별 평균성장률[b]	-	2.81	-0.23	4.73

주: a: 앞의 연도는 시장경제개혁이 시작된 해를 나타낸다. 단, 칠레는 예외다. b: 각국의 성장률을
단순히 더해서 평균을 낸 수치이다.
자료: OIT(1997).

의 확산과 비공식 부문이 노동시장에서 차지하는 중요성을 더욱 명확히 파
악할 수 있다. <표 7-4>에서 볼 수 있는 것처럼 공공 부문의 고용이 전체
고용에서 차지하는 비중은 1980년 이래 계속 감소하여 1995년에는 13%까
지 떨어졌다. 한편 민간기업의 고용은 1980년대에 급격하게 감소한 이후,
앞서 살펴본 대로 1990년에는 미세하게 증가했지만 비공식 부문이 더 급속
히 확대되었기 때문에 전체 고용에서 차지하는 비중은 오히려 1990년
32.4%에서 1995년 31%로 감소했다. 비공식 부문에서 고용의 증가는 역시
두드러진다. 이 부문의 고용은 1980년 40%에서 1995년 56%로 증가했다.
이것은 1995년 현재 라틴아메리카에서 10개의 직업 중 6개가 비공식 부문
에 속한다는 것을 말한다. 특히 1990년대에는 초미니 기업의 성장이 괄목
할 만했다. 전체 고용에서 초미니 기업이 차지하는 비중은 1990년 20.5%에
서 1995년 23%로 2.5% 증가했다. 초미니 기업은 1990년대 전 부문에서 가

(단위: %)

부문	1980년	1990년	1995년
공공 부문	15.7	15.5	13
민간 부문	44.1	32.4	31
비공식 부문	40.0	52.0	56
초미니 기업	14.6	20.5	23
자영업	19.2	24.8	26
가사보조	6.4	6.9	7

자료: Abramo(1997).

장 고용창출이 활발했다.

2000년 비공식 부문[3]의 규모를 국가별로 살펴보면 <표 7-5>에서 보듯이 조사 대상 18개국 중 볼리비아, 니카라과, 페루 3개국에서 60%를 넘었고, 에콰도르, 엘살바도르, 과테말라, 온두라스, 파라과이, 도미니카공화국, 베네수엘라 등 7개국에서 50%를 넘었다. 따라서 조사 대상국 중 반 이상에서 비공식 부문이 50%를 넘어섰음을 알 수 있다. 반면 칠레(32.5%), 코스타리카(39.1%), 파나마(37.3%)는 비공식 부문의 비중이 30%대로서 라틴아메리카 국가들 중에서는 가장 양호한 고용조건을 가지고 있다.

그러면 이러한 비공식 부문의 확산이 의미하는 바는 무엇인가? 라틴아메리카 신자유주의 이데올로기의 대표적인 이론가 중 한 사람인 페루의 에르난도 데 소토(Hernando De Soto)는 1980년대에 크게 주목받았던 『또 다른 길(El otro sendero)』(1987)에서 다소 자조적인 어투로 비공식 부문이야말로 자유로운 생산활동에 방해가 되는 수많은 국가의 규제로부터 자유롭기 때문에 가장 활발한 활동을 보여줄 수 있는 경제 영역이라고 말했다. 따라서 비공식 부문은 빈곤을 해소하고, 나아가 자유시장경제로 진입하는 초석이 된다

---

3) CEPAL은 공식적 자료에서 비공식 부문이라는 용어 대신에 **저생산 부문**이라는 용어를 사용하고 있다. 그리고 CEPAL의 저생산 부문의 규모는 계산 방법 등의 차이 때문에 국제노동기구(ILO)의 비공식 부문 규모보다 작게 나타난다.

〈표 7-5〉 라틴아메리카 주요 18개국 도시 노동시장에서 저생산 부문이 차지하는 비중
(2000년, 도시 전체 고용인구 대비)

(단위: %)

국가	전체	미니기업				가사 보조	자영업		
		고용주	고용인				전체	제조업 및 건축	상업 및 서비스
			전체	기술자	비기술자				
아르헨티나	43.5	3.3	15.4	1.3	14.1	5.9	18.9	5.6	13.2
볼리비아	63.1	1.7	10.8	0.6	10.2	4.2	46.4	12.1	30.9
브라질a	47.3	2.2	10.1	1.7	8.4	8.5	26.5	5.2	16.4
칠레	32.5	2.4	9.0	1.0	8.0	6.2	14.9	4.3	9.6
콜롬비아a	-	-	-	-	-	5.2	35.7	7.5	26.7
코스타리카	39.1	4.1	13.0	1.2	11.8	4.5	17.5	4.5	11.9
에콰도르	56.5	3.0	15.0	1.2	13.8	4.7	33.8	7.1	24.1
엘살바도르	53.8	5.0	13.5	1.0	12.5	4.1	31.2	7.0	21.7
과테말라b	55.1	3.6	20.5	2.9	17.6	6.7	24.3	7.3	11.6
온두라스a	55.2	5.1	12.2	1.0	11.2	4.8	33.1	7.4	22.0
멕시코	42.5	3.9	16.0	1.1	14.9	3.0	19.6	3.6	15.1
니카라과b	60.6	3.0	16.2	1.7	14.5	6.4	35.0	4.3	26.4
파나마a	37.3	2.1	7.2	0.7	6.5	6.1	21.9	4.6	13.5
파라과이a	59.1	5.0	15.8	0.9	14.9	9.2	29.1	5.2	21.3
페루a	63.3	4.5	14.9	1.9	13.0	5.8	38.1	4.9	29.4
도미니카공화국	45.1	1.8	8.5	0.7	7.8	4.1	30.7	7.3	20.6
우루과이	42.6	2.4	11.8	0.7	11.1	9.1	19.3	7.3	10.9
베네수엘라	54.6	3.8	11.6	0.4	11.2	2.1	37.1	7.4	24.7

주: a: 1999년 통계, b: 1998년 통계.
자료: CEPAL(2002: 195~196).

고 주장했다.

　　그러나 과연 데 소토의 말대로 비공식 부문은 자유기업 정신의 발아이며, 스스로 빈곤 문제를 해결하는 유효한 수단인가? 여러 자료를 분석해보면 비공식 부문이 직업 창출에 미친 긍정적 역할은 인정할 수 있을지 모르나 그것의 확산은 긍정적 효과보다는 부정적 현상들을 더 많이 야기한 것으로

<표 7-6> 각 부문에서 사회보장 혜택을 받는 노동자의 규모

(단위: %)

연도	라틴아메리카	비공식 부문			공식 부문	전체 합계
		합계	가사보조	초미니 기업		
1990	전체	29.2	17.6	34.7	80.6	66.6
	남자	32.5	35.5	32.5	79.1	68.4
	여자	27.0	16.6	39.5	82.8	65.1
1995	전체	24.2	19.1	28.3	79.3	65.2
	남자	24.4	32.0	24.8	78.2	66.6
	여자	24.0	18.0	37.5	81.1	65.7
2000	전체	26.9	23.1	29.3	79.0	64.2
	남자	26.5	31.9	26.5	77.6	65.6
	여자	27.8	22.6	37.5	81.2	62.5

자료: ILO(2001: 67).

보인다. 비공식 부문은 대체적으로 낮은 생산성이 특징이므로 이 부문의 확대는 각국의 평균 노동생산성에 부정적 효과를 미친다. 나아가 국가경쟁력을 전반적으로 하락시킨다. 비공식 부문에서는 고용계약이 존재하지 않거나 제대로 이루어지지 않기 때문에 직업의 불안전성이 확대된다. 이에 더하여 비공식 부문 노동자의 평균 임금은 공공 부문이나 대규모 민간기업 노동자 임금의 절반 수준이다. 그러므로 비공식 부문의 확산은 소득 불평등 확대와 함께 노동시장의 이질화·양극화 현상을 심화함으로써 결국 빈곤층의 확대를 야기한다. 실제 비공식 부문은 자유기업의 발아라는 의미보다는 저생산성, 저임금, 고용 불안정, 각종 사회보장 혜택의 부재 등의 특징을 갖는 도시빈곤의 상징으로서의 의미가 더 강하다.

<표 7-6>는 공식 부문과 비공식 부문에서 사회보장 혜택을 받은 사람의 규모를 비교한 것으로서 비공식 부문이 사회보장서비스에서 얼마나 소외되어 있는지를 보여준다. 2000년 공식 부문에서 사회보장 혜택을 받은 사람이 79.0%인 반면 비공식 부문에서는 26.9%에 불과한 것으로 나타난다.

빈곤 문제에 하나의 대안으로서 제시된 비공식 부문은 오히려 그것을 확대·재편하는 경향이 있었다. 각 부문에 종사하는 노동자 빈곤층의 규모를 비교해보면, 브라질의 경우 1994년 공공 부문과 5인 이상의 대규모 민간기업에 종사하는 노동자 중 빈곤층이 31%였던 것에 비해, 비공식 부문에 종사하는 노동자 중 빈곤층은 평균 47.6%에 달했다. 코스타리카에서도 공공부문 종사자 중 빈곤층의 비율은 5%이고 대규모 민간기업 종사자 중 빈곤층의 비율은 11%인 반면, 비공식 부문 종사자 중 빈곤층의 비율은 평균 21.3%에 달했다. 베네수엘라도 비공식 부문의 빈곤층이 평균 40.3%로 공공 부문의 38%나 대규모 민간기업의 29%보다 훨씬 높게 나타났다. 다른 나라들에서도 위의 세 나라처럼 비공식 부문에서의 빈곤층 비율이 다른 두 부문에서보다 훨씬 더 높게 나타났다(ECLAC, 1997: 36).

결론적으로 비공식 부문의 확산은 빈곤을 감소시키고 자유시장경제를 촉진시키기보다는 오히려 낮은 생산성을 유발하여 국가경쟁력의 감소, 고용 불안정의 확산, 임금의 하락, 나아가 빈곤의 확대를 양산한다고 할 수 있다.

3. 불평등의 심화

1990년대 신자유주의 아래서의 경제성장은 예상대로 라틴아메리카의 뿌리 깊은 사회적 불평등 문제를 완화하는 데 실패했다. <표 7-7>에서 보는 바와 같이 대부분의 국가에서 사회적 불평등은 오히려 심화되었다. 상위 20%와 하위 20%의 소득 차이를 비교한 **5분위 배율**로 볼 때 조사 대상 18개국 중 콜롬비아, 과테말라, 온두라스, 니카라과, 파나마 등 5개국을 제외한 모든 나라에서 불평등이 심화되었음을 알 수 있다. **지니계수**로 보더라도 결과는 유사하다. 지니계수가 향상되거나 유지된 나라는 역시 콜롬비아, 과테

국가	연도	5분위 배율	지니계수
아르헨티나	1990	13.5	0.501
	1999	16.5	0.542
볼리비아	1989	21.4	0.538
	1999	48.1	0.586
브라질	1990	35.0	0.627
	1999	35.6	0.640
칠레	1990	18.4	0.554
	2000	19.0	0.559
콜롬비아	1994	35.2	0.601
	1999	25.6	0.572
코스타리카	1990	13.1	0.438
	1999	15.3	0.473
에콰도르	1990	12.3	0.461
	1999	18.4	0.521
엘살바도르	1995	16.9	0.507
	1999	19.6	0.518
과테말라	1989	27.3	0.582
	1998	22.9	0.582
온두라스	1990	30.7	0.615
	1999	26.5	0.564
멕시코	1989	16.9	0.536
	2000	18.5	0.542
니카라과	1993	37.7	0.582
	1998	33.1	0.584
파나마	1991	24.3	0.560
	1999	21.6	0.557
파라과이	1990	10.6	0.447
	1999	22.6	0.565
페루	1997	20.8	0.532
	1999	21.6	0.545
도미니카공화국	1997	17.6	0.517
우루과이	1990	9.4	0.492
	1999	9.5	0.440

베네수엘라	1990	13.4	0.471
	1999	18.0	0.498
평균	1999ª	22.7	0.574

주: a: 칠레, 과테말라, 멕시코, 니카라과, 도미니카공화국은 각각 2000년, 1998년, 2000년, 1998
년, 1997년의 자료를 더한 평균이다.
자료: CEPAL(2002: 225~228).

말라, 온두라스, 파나마, 우루과이 등 5개국에 불과하다. 따라서 나머지 13
개국에서는 모두 불평등이 심화되었다고 할 수 있다. 특히 볼리비아는
1989년 5분위 배율이 21.4에서 48.1로 거의 두 배 이상 증가했으며, 파라과
이도 1990년 10.6에서 1999년 22.6으로 두 배 이상 불평등이 심화되었다.
한편 불평등이 완화된 나라들은 콜롬비아를 제외하고는 모두 인구나 국가
규모가 작은 중미 국가들이었음을 감안할 때, 라틴아메리카 거의 대부분의
지역에서 불평등이 심화되었다고 할 수 있다.

신자유주의 시장경제개혁은 그렇지 않아도 불평등이 심각한 라틴아메리
카 사회를 더 불평등하게 만들었다. 1999년 한국의 5분위 배율이 6.80인 것
을 감안하면 라틴아메리카의 평균 22.7은 너무나 과도한 수치라고 할 수 있
다. 5분위 배율이 10 이하인 나라는 우루과이 한 나라에 불과하며, 반대로
30이 넘는 불평등이 극심한 나라는 볼리비아, 브라질, 니카라과 3개국이나
된다. 20이 넘는 나라도 콜롬비아, 과테말라, 온두라스, 파나마, 파라과이,
페루 6개국에 이른다. 5분위 배율이 10에서 20 사이인 아르헨티나, 칠레,
코스타리카, 에콰도르, 엘살바도르, 멕시코, 도미니카공화국, 베네수엘라는
라틴아메리카 기준에서는 오히려 상황이 좋은 편이다. 지니계수도 한국이
2001년 0.301이었던 것에 비하면 라틴아메리카의 평균은 0.574로, 역시 매
우 높다. 라틴아메리카에서 지니계수가 가장 높은 나라는 브라질로서 자그
마치 0.640(1999년)에 이른다.

라틴아메리카의 불평등이 얼마나 심각한지는 다른 지역과 비교해보면

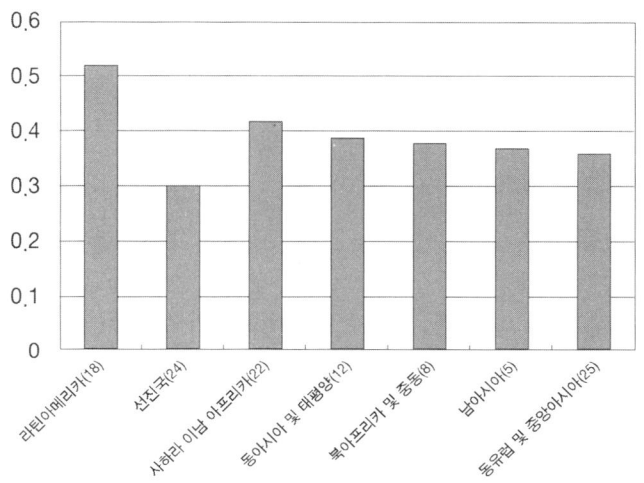

〈그림 7-1〉 지역별 지니계수(2007년, 괄호 안은 국가 수)

자료: CEPAL(2010: 34).

더욱 잘 드러난다. <그림 7-1>은 2007년 라틴아메리카의 평균 지니계수
가 0.52 수준으로서 2000년에 비해 상황이 좋아졌지만 여전히 0.3 수준인
선진국과는 현격한 차이를 보이며, 심지어 0.41 수준인 사하라 이남 아프리
카보다 더 높다는 것을 보여준다.

　그러면 왜 라틴아메리카는 유독 다른 지역에 비해 불평등이 심각한가?
또 왜 그런 불평등은 개선되지 않는가? 라틴아메리카의 불평등은 역사적으
로 뿌리가 매우 깊다. 스페인과 포르투갈은 아메리카 대륙을 식민지로 삼
고, 광산업이나 대규모 농장을 운영하기 위해 원주민이나 아프리카인을 노
동력으로 활용했다. 따라서 정복자인 소수의 백인과, 다수의 원주민 혹은
아프리카에서 노예로 끌려온 흑인, 그리고 그들 사이에서 탄생한 혼혈인들
(혼혈인들은 어머니의 신분에 따랐다) 사이에 엄청난 부의 격차가 발생했다. 19
세기 초반에 이루어진 라틴아메리카의 독립도 원주민과 아프리카계 아메
리카인의 삶에 진전을 가져오지는 못했다. 독립은 단지 스페인계 백인에서

식민지 태생의 백인(Criollo)으로의 권력 이동을 의미할 뿐이었다. 독립 이후에도 지주 중심의 지배 계층은 제대로 된 토지개혁 한 번 없이 자신의 부를 유지할 수 있었다. 자본가들은 구조적으로 자본이 부족한 라틴아메리카에서 막대한 부를 축적했다. 포퓰리즘 또한 일시적으로 빈곤층이나 노동자들에게 혜택을 주었지만 그 혜택의 범위와 시기가 제한적이었다. 따라서 포퓰리즘도 불평등 구조를 근본적으로 해소하기에는 역부족이었다.

라틴아메리카에서 불평등의 완화를 어렵게 하는 또 다른 구조적 요인은 사회적 신분 이동이 어렵다는 것이다. 경제적 신분의 계단을 타고 올라갈 기회가 많지 않기 때문에 교육에 대한 기대조차 크지 않다. 부모의 교육 수준이 낮고 가난한 가정에서 태어난 아이에게는 충분한 교육을 받을 기회도 잘 주어지지 않는다. 설혹 교육을 받는다 하더라도 그를 통한 신분상승의 기회는 많지 않다. 따라서 라틴아메리카의 빈곤층은 교육을 받을 여건도 되지 않지만, 또한 교육에 대한 기대도 크지 않기 때문에 쉽게 교육을 포기하게 된다. 이러한 사실은 라틴아메리카의 불평등을 더욱 심화시키고 있다.

2000년 브라질 전체 인구 중 고등학교 수준(10~12년)의 교육을 받은 사람이 26.7%에 불과하다는 사실은 이런 현상을 단적으로 보여준다. 브라질에서 대학 이상의 교육을 받은 사람의 비율은 놀랍게도 3.7%에 불과하다. 멕시코 또한 그 규모가 각각 33.3%와 16.3%에 지나지 않는다. 그나마 상황이 가장 나은 아르헨티나조차도 그 규모는 40.4%와 14.9%에 불과하다(CEPAL, 2002: 231~232). 한국의 대학 진학률이 80%를 넘는 것과 비교하면 너무나 큰 차이다.

신자유주의는 불평등을 전제로 하는 이데올로기이다. 또 자본주의체제하에서 어느 정도의 불평등은 인정될 수도 있다. 따라서 신자유주의하에서 불평등의 심화는 빈곤, 특히 극빈의 문제가 완화된다는 전제하에서 다소 용인될 수도 있다. 그래서 신자유주의 경제 모델의 사회정책 또한 불평등 완화라는 목표보다는 빈곤, 특히 극빈의 해소라는 문제에 초점이 맞추어진다. 따라서 신자유주의에 대한 경제사회적 측면의 최종적 평가 역시 빈곤 문제를 해결했는지에 대한 분석으로 이루어져야 할 것이다.

4. 빈곤의 문제

빈곤의 원인을 조사한 아브라모(Abramo, 1997)의 자료에 따르면 1996년 라틴아메리카의 빈곤층 10가구 중 2가구는 구성원의 실업에 의해, 2가구는 과다한 부양인구 때문에, 6가구는 주 소득원의 낮은 소득 때문에 빈곤에 빠지게 된다고 한다. 따라서 1990년대 라틴아메리카 빈곤층의[4] 증감은 앞서 살펴본 실업률의 증가와 정비례 관계에 있지 않다. 즉, 1990년대에 실업률은 증가했지만 빈곤층의 비율은 감소했다. 따라서 빈곤층의 증감은 경기와 물가, 두 요소와 더 밀접한 관계가 있는 것처럼 보인다. 즉, 경제성장과 물가 안정이 동시에 이루어진다면 실업률의 증가와 무관하게 빈곤층은 감소한다. 1990년대의 라틴아메리카도 물가안정과 함께 미약하나마 성장을 이룩함으로써 빈곤층의 비율이 약간 감소했다.

---

4) CEPAL은 세계보건기구의 추천에 따라, '영양실조로 인해 발생할 수 있는 질병의 대부분을 막는 데 필요한 **최소한의 기본적 필수품**(Canasta básica)의 구매 비용을 두 배한 액수'를 빈곤선으로 보고 그 이하를 **빈곤층**(Pobreza)이라 규정한다. 또한 **극빈층**(Indigencia)은 최소한의 음식조차 충족하기 어려운 상태, 즉 소득이 빈곤선의 반 이하에 머무르는 경우를 말한다. 그 액수의 기준은 국가에 따라, 또 사는 지역에 따라 다르다. 예를 들어 액수 기준이 가장 높은 곳은 베네수엘라의 도시 지역으로서 1999년 극빈층과 빈곤층의 최소 기준은 각각 일인당 월 소득 78.8달러와 155.9달러였다. 가장 낮은 곳은 니카라과의 농촌 지역으로서 각각 20.3달러와 35.5달러였다. CEPAL, Panorama Socail de América Latina 2001~2002(Santiago de Chile: Naciones Unidas, 2002), p. 213.

<표 7-8>에서 볼 수 있듯이 라틴아메리카 주요 19개국에서 빈곤층의 비율은 1990년 48.3%에서 점진적으로 감소하여 1999년에는 43.8%에 이르렀다. 극빈층 또한 1990년 22.5%에서 점진적으로 하락하여 1999년에는 18.5%를 기록했다. 국가별로 살펴보아도 도시 빈곤층의 비율이 아르헨티나(1994년 16.1%에서 1999년 23.7%로 증가), 에콰도르(1990년 62.1%에서 1999년 63.6%로 증가), 페루(1997년 47.6%에서 1999년 48.6%로 증가), 베네수엘라(1990년 40.0%에서 1999년 49.4%로 증가), 이렇게 4개국을 제외하고 나머지 모든 국가에서 감소했다. 극빈층의 경우에는 앞서 빈곤층이 증가한 아르헨티나, 에콰도르, 베네수엘라를 비롯해, 빈곤층은 감소했음에도 극빈층은 증가한 콜롬비아와 엘살바도르를 합쳐 총 5개국을 제외하고 나머지 모든 국가에서 그 비율이 감소했다.

　　라틴아메리카 주요 19개국의 빈곤층과 극빈층의 평균은 외채위기를 겪었던 1980년대와는 달리(1980년대에 라틴아메리카 전체의 빈곤층은, 1980년에 35%였으며 1990년에 41%로 증가했고, 극빈층도 15%에서 18%로 증가했다) 시장경제개혁이 실시된 1990년대에는 전반적으로 감소했다. 이러한 결과야말로 신자유주의 시장경제개혁이 사회적 측면에서 내세우는 **트리클다운 효과**[Trickle-down: 물이 방울방울 떨어진다는 의미로 대기업이나 부유층의 부의 증대가 대중들에게도 물방울이 떨어지는 것처럼 조금씩 혜택을 준다는 의미다. 스페인어로는 고타 아 고타(gota a gota) 효과, 혹은 초레오(chorreo) 효과라고 한다. 우리말로는 낙수 효과라고 번역하기도 한다]의 가장 두드러진 성과로서, 실업률의 증가와 불평등의 심화에도 불구하고 신자유주의 경제개혁의 사회적 정당성을 옹호하는 가장 유효한 근거로 제시된다.

　　그러나 빈곤층이 전반적으로 감소했음에도 라틴아메리카에서 빈곤 문제가 여전히 심각한 것은 빈곤층 인구의 절대적 수는 감소하지 않았기 때문이다. 라틴아메리카 19개국의 평균 빈곤층은 1990년 48.3%에서 1999년

〈표 7-8〉 라틴아메리카 주요 19개국의 빈곤층과 극빈층(1990~2000년)

(단위: %)

국가	연도	빈곤층			극빈층		
		전체	도시	농촌	전체	도시	농촌
아르헨티나	1994	-	16.1	-	-	3.4	-
	1999	-	23.7	-	-	6.7	-
볼리비아	1989	-	53.1	-	-	23.2	-
	1999	60.6	48.7	80.7	36.5	19.8	64.7
브라질	1990	48.0	41.2	70.6	23.4	16.7	46.1
	1999	37.5	32.9	55.3	12.9	9.3	27.1
칠레	1990	38.6	38.4	39.5	12.9	12.4	15.2
	2000	20.6	20.1	23.8	5.7	5.3	8.3
콜롬비아	1991	56.1	52.7	60.7	26.1	20.0	34.3
	1999	54.9	50.6	61.8	26.8	21.9	34.6
코스타리카	1990	26.2	24.8	27.3	9.8	6.4	12.5
	1999	20.3	18.1	22.3	7.8	5.4	9.8
에콰도르	1990	-	62.1	-	-	26.2	-
	1999	-	63.6	-	-	31.3	-
엘살바도르	1995	54.2	45.8	64.4	21.7	14.9	29.9
	1999	49.8	38.7	65.1	21.9	13.0	34.3
과테말라	1998	60.5	46.0	70.0	34.1	17.2	45.2
온두라스	1990	80.5	69.8	88.0	60.6	43.2	72.8
	1999	79.7	71.7	86.3	56.8	42.9	68.0
멕시코	1989	47.8	42.1	57.0	18.8	13.1	27.9
	2000	41.1	32.3	54.7	15.2	6.6	28.5
니카라과	1993	73.6	66.3	82.7	48.4	36.8	62.8
	1998	64.0	57.0	77.0	44.6	33.9	57.5
파나마	1991	42.8	39.6	50.6	19.2	16.0	26.7
	1999	30.2	25.8	41.5	10.7	8.1	17.2
파라과이	1994	-	49.9	-	-	18.8	-
	1999	60.6	49.0	73.9	33.9	17.4	52.8
페루	1997	47.6	33.7	72.7	25.1	9.9	52.7
	1999	48.6	36.1	72.5	22.4	9.3	47.3
도미니카공화국	1997	37.2	35.6	39.4	14.4	11.8	17.9
우루과이	1990	-	17.8	-	-	3.4	-

	1999	-	9.4	-	-	1.8	-
베네수엘라	1990	40.0	38.8	46.5	14.6	13.3	21.7
	1999	49.4	-	-	21.7	-	-
라틴아메리카 19개국 평균	1990	48.3	41.4	65.4	22.5	15.3	40.4
	1994	45.7	38.7	65.1	20.8	13.6	40.8
	1997	43.5	36.5	63.0	19.0	12.3	37.6
	1999	43.8	37.1	63.7	18.5	11.9	38.3

자료: CEPAL(2002: 211~212).

43.8%로 감소했지만, 빈곤층의 절대적 수는 1990년 2억 20만 명에서 1999년 2억 1,140만 명으로 오히려 증가했다. 그나마 다행스럽게 극빈층의 절대적 수는 1990년 9,340만 명에서 1999년 8,940만 명으로 감소했다(CEPAL, 2002: 14).

이러한 현상이 발생하는 주요한 원인 중 하나는 무엇보다 라틴아메리카 국가들의 인구성장률이 상대적으로 높기 때문이다. 빈곤층의 비율은 감소할지라도 인구의 절대적 수가 상대적으로 많이 늘어나고 있기 때문에 빈곤층 인구의 절대적 수는 여전히 증가하는 것이다. 이는 신자유주의 시장경제 개혁 모델이 라틴아메리카의 빈곤 문제를 해결하는 데 여전히 한계가 있음을 의미한다.

특히 1980년대에 이어 1990년대에도 계속된 빈곤의 도시화 현상은 여전히 심각하다. 그것은 1990년대에 농촌 빈민의 집단적 도시 이주가 진행되었고, 전통적으로 중산층에 속했던 중하층 봉급생활자들이나 해고된 사무직 노동자들이 새로이 '도시 신빈민층'을 형성했기 때문이다. 즉, 신자유주의 경제개혁은 도시 중산층의 빈곤화, 소득 수준의 하향 평준화도 가져왔다. 이는 1990년대 라틴아메리카 빈곤 문제의 초점이 농촌에서 도시로 옮겨갔음을 의미한다. 도시빈곤의 상징인 브라질의 파벨라(Favela), 아르헨티나의 비야 미세리아(Villa miseria), 칠레의 포블라시온 카얌파(Población calla-mpa), 페루의 바리아다(Barriada) 혹은 푸에블로 호벤(Pueblo joven), 베네수엘라의 란치토(Ranchito), 콜롬비아와 중미의 투구리오(Tugurio), 멕시코의 시우다드 페르디다(Ciudad perdida) 등의 규모가 감소되기보다 오히려 확대되고 있다.

빈곤 문제의 중심이 농촌에서 도시로 이전되고 있지만 농촌 지역의 빈곤 문제도 여전히 심각하다. 특히 1990년대 말 볼리비아, 콜롬비아, 엘살바도르, 과테말라, 온두라스, 니카라과, 파라과이, 페루 등에서는 농촌 빈곤층이 60%를 초과했으며, 브라질과 멕시코의 농촌 빈곤층 비율도 여전히 50%를 넘는다.

농촌의 빈곤 문제는 신자유주의와 직접적인 관계가 있다기보다 전통적 요인들이 더 강하게 작용한다. CEPAL이 지적하는 농촌빈곤의 전통적 요인은 토지 소유의 부족, 높은 출생률, 교육의 부족, 도시의 일곱 배가 넘는 문맹률, 지리적 고립과 교통수단의 부족, 공공서비스의 부족, 개발로 인한 생산 기반의 환경적 붕괴 등이다(ECLAC, 1997a: 38). 이 중 특히 토지 부족 문제는 매우 심각한데, <표 7-9>는 그 실상을 잘 보여준다. 따라서 신자유주의 개혁이 이런 전통적 요인에도 불구하고, 혹은 그런 문제를 극복하면서까지 농촌의 빈곤 문제를 해결할 수 있기를 기대하기는 어렵다. 오히려 멕시코의 살리나스 대통령은 농민공동소유 토지제인 에히도(Ejido)를 폐지함으로써 토지 집중을 가속화할 위험을 더 높였다.

마지막으로 라틴아메리카 빈곤 문제와 관련하여 반드시 짚고 넘어가야 할 점은 빈곤의 종족성 문제이다. 라틴아메리카의 인구는 원주민, 백인, 흑인, 메스티소·물라토 같은 혼혈인 등 다양한 인종으로 구성되어 있다. 그럼에도 불구하고 라틴아메리카는 인종과 문화의 혼종으로 인해 인종차별 문제가 심각하지 않다고 언급되곤 한다. 그러나 현실적으로 빈곤 문제에서 인

<표 7-9> 라틴아메리카 주요국에서 토지가 없는, 혹은 거의 없는 농민 가구

(단위: %)

국가	농민 가구
볼리비아	85
브라질	70
콜롬비아	66
코스타리카	55
에콰도르	75
엘살바도르	80
과테말라	85
멕시코	60
페루	75
도미니카공화국	68

자료: Ortega(1992: 124).

종적 차별은 매우 확연히 드러난다.

<표 7-10>는 라틴아메리카에서 대표적으로 원주민 비중이 높은 네 나라에서 원주민과 비원주민 인구 중 빈곤층에 속하는 사람들의 비율을 나타낸 것이다. 이 표에 따르면 이들 나라 모두에서 원주민의 빈곤층 비율이 비원주민에 비해 월등하게 높다는 것을 알 수 있다. 특히 멕시코의 경우 비원주민 빈곤층의 비율은 17.9%에 불과한 데 비해 원주민 빈곤층의 비율은 자그마치 80.6%에 달한다. 이는 라틴아메리카의 빈곤이 명백한 종족성을 띠고 있음을 보여준다.

원주민 빈곤의 심각성은 그 밖의 사회적 지표로도 잘 드러난다. 예를 들어 보건 측면에서 1,000명당 유아 사망률은 파라과이에서 비원주민이 39.1명인 데 비해 원주민은 82.2명이고, 멕시코에서는 비원주민이 33.2명인 데 비해 원주민은 54.6명이다. 교육 측면에서 15세에서 19세 청소년 중 초등교육을 마친 사람의 비율을 살펴보면 멕시코의 경우 비원주민은 90%인 데

〈표 7-10〉 빈곤의 종족성(빈곤선 이하 인구)

(단위: %)

국가	원주민	비원주민
볼리비아	64.3	48.1
과테말라	86.6	53.9
멕시코	80.6	17.9
페루	79.0	49.7

자료: Psacharopoulos and Patrinos(eds.)(1994).

비해 원주민은 69%에 불과하고, 과테말라에서도 비원주민은 69%인데 원주민은 36%에 불과하다. 파라과이는 더욱 심각해 비원주민은 83%인데 원주민은 21%에 불과한 것으로 나타난다.

이러한 사례는 아프리카계에서도 예외는 아니다. 브라질의 경우 15세에서 19세 사이 청소년의 초등교육 이수율을 보면 비아프리카계가 도시에서 93.2%, 농촌에서 77.3%인 데 비해 아프리카계는 도시에서 84.6%, 농촌에서 59.0%에 불과하다. 유아 사망률도 역시 비아프리카계는 1,000명당 25.0명인 데 비해 아프리카계는 37.6명으로 나타난다(CEPAL, 2006).

빈곤 문제에서 확연히 드러나는 이와 같은 종족적 차별로 인해 2000년대 들어 라틴아메리카의 원주민들과 아프리카계는 점차 인종차별 문제를 부각시키기 시작했다. 그들이 자신의 종족성을 점차 회복함에 따라 라틴아메리카에서 종족성을 띤 사회갈등도 점점 더 심화되고 있다.

빈곤 문제를 해결하기 위해서는 무엇보다 경제성장과 물가 안정이 중요하다. 특히 앞서 살펴본 대로 인구성장이나 경제활동인구의 증가를 능가하는 높은 성장률을 지속적으로 달성할 필요가 있다. CEPAL에 따르면 1990년의 빈곤 수준을 2015년까지 반으로 줄이기 위해서는 2000~2015년의 기간에 라틴아메리카 GDP의 연평균 성장률이 4.0%가 되어야 한다. 일인당 GDP 평균 성장률은 2.6%가 되어야 한다. 이를 더 세분해서 살펴보면 빈곤 수준이 높은 나라들에서는 각각 최소 7.0%, 4.8%의 성장률이 필요하고, 빈곤 수준이 중간 정도인 나라들에서는 각각 최소 4.1%, 2.8%의 성장률이 필요하며, 빈곤 수준이 낮은 나라들에서는 각각 최소 2.9%, 1.7%의 성장률이 필요하다(CEPAL, 2002: 17).

그러나 무엇보다 안정을 우선시하는 신자유주의 정책하에서 그와 같은 높은 수준의 성장률을 달성하는 것은 외부적 조건이 특별히 개선되지 않는 한 기대하기가 어렵다. 그뿐만 아니라 반복되는 경제위기는 그나마 힘들게 이룩한 성장의 결실도 한번에 날아가게 만든다. 따라서 빈곤 문제를 완화하는 길은 결국 성장, 안정적 일자리 창출과 더불어 사회복지 정책의 확대밖에 없다. 신자유주의의 '트리클다운'만으로 라틴아메리카의 거대한 빈곤 문제를 해결하기에는 역부족이다. 따라서 1990년대 라틴아메리카 국가들은 신자유주의 시장경제개혁의 안정화 정책으로 인한 재정적 한계에도 불구하고 대부분 사회적 지출을 조금씩 증가시켜왔다.

<표 7-11>에서 보듯이 주요 17개국 중 베네수엘라와 온두라스를 제외한 모든 나라들에서 1990년대에 사회적 지출이 증가했다. 특히 우루과이, 칠레, 콜롬비아, 페루, 파라과이의 사회적 지출은 GDP의 3% 이상 증가했다. 그럼에도 라틴아메리카 국가들의 사회적 지출 규모는 1990년대 후반 평균 GDP의 12.7% 수준에 지나지 않는다. 아르헨티나, 우루과이, 브라질만이 겨우 20%를 넘어섰다. 멕시코, 베네수엘라, 페루, 도미니카공화국, 파라과이, 과테말라, 엘살바도르, 온두라스의 GDP 대비 사회적 지출 규모는 여전히 10%를 넘지 않는다. 이는 미국의 23.6%, 독일의 33.6%, 프랑스의 35%에 비해 턱없이 낮은 수치이다.

특히 라틴아메리카의 군사비 지출이 GDP의 2% 이하임에도, 즉 정부의 모든 지출이 사회적·경제적 비용으로 사용될 수 있음에도, 사회적 지출의 규모가 이 정도밖에 되지 않는 것은 놀라운 일이다. 이런 일이 발생하는 것

(단위: %)

국가		일인당 지출액 (1997년 달러 기준)		사회지출/ GDP		사회지출/ 총 공공지출		사회지출/ GDP 증감률
		1990/ 1991	1998/ 1999	1990/ 1991	1998/ 1999	1990/ 1991	1990/ 1991	1990/1991~ 1998/1999
사회적 지출이 높은 국가	아르헨티나	1211	1687	17.7	20.5	62.2	63.6	2.8
	우루과이	888	1539	16.8	22.8	62.4	72.5	6.0
	브라질	786	1011	18.1	21.0	48.9	60.4	2.9
	칠레	440	827	13.0	16.0	60.8	66.8	3.0
사회적 지출이 중간인 국가	파나마	49	642	18.6	19.4	40.0	38.6	0.8
	코스타리카	476	622	15.7	16.8	38.9	43.1	1.1
	멕시코	259	402	6.5	9.1	40.8	58.5	2.6
	콜롬비아	158	381	8.0	15.0	28.8	35.5	7.0
	베네수엘라	337	313	9.0	8.6	34.0	37.3	-0.4
사회적 지출이 낮은 국가	페루	6	192	3.3	6.8	31.1	38.3	3.5
	볼리비아	-	168	-	16.1	-	56.5	-
	도미니카공화국	64	135	4.3	6.6	38.4	39.7	2.3
	파라과이	56	132	3.1	7.4	39.9	46.2	4.4
	과테말라	52	107	3.4	6.2	29.9	46.2	2.8
	엘살바도르	-	82	-	4.3	-	27.0	-
	온두라스	60	57	7.9	7.4	36.5	34.3	-0.5
	니카라과	48	57	10.8	12.7	35.4	37.0	1.9
평균		-	-	10.4	12.7	41.8	44.4	2.2

자료: CEPAL(2002: 269~270).

은 라틴아메리카 국가들의 세입구조에 문제가 있기 때문이다. 즉, 국가가 세수를 증대하기 위해 효과적인 세제개혁을 단행할 능력이 제한되어 있기 때문에 사회적 지출을 증가시키는 데도 한계가 있다. 따라서 라틴아메리카가 빈곤 문제를 해결하기 위해 가장 시급하게 이루어야 할 과제는 바로 세제개혁이다.

또 한편으로 미래의 발전을 위해 제한된 재원을 더욱 효과적으로 사용할 필요가 있다. 한 예로 현재 라틴아메리카 국가들에서 교육비 지원의 대부분은 대학교육 이상의 고등교육에 집중되어 있다. 따라서 그 혜택을 보는 사람들은 주로 중상위 계층이고, 상위 20%의 사람들이 교육비 지원의 75% 이상을 받는 현상이 발생하고 있다. 그러므로 이런 비용을 빈곤층의 직업 훈련이나 초중등교육 확대, 소규모 창업과 농민에 대한 신용대출 확대 등으로 전환할 필요가 있다.

결론적으로 라틴아메리카의 빈곤 문제를 해결하기 위해서는 성장도 중요하지만 그 밖에 세제개혁이나 사회적 지출의 효율성 증대와 같은 정책들이 동시에 수행되어야 할 것이다. 사회적 지출은 단순히 규모를 확대하는 수준을 넘어 질적으로도 변화될 필요가 있다.

참고문헌

Abramo, Laís. 1997. "Transformaciones del empleo y el trabajo en el contexto de los procesos de ajuste." *Revista Capítulos,* No. 52, Octubre~Diciembre.

Cardoso, Eliana y Ann Helwege. 1993. *La economía latinoamericana: Diversidad, tendencias y conflictos.* México: F. C. E.

CEPAL. 2001. *Estudio Económico de América Latina y el Caribe 2000~2001.* Santiago de Chile: Naciones Unidas.

_____. 2002. *Panorama Social de América Latina 2001~2002.* Santiago de Chile: Naciones Unidas.

_____. 2006. *Pueblos indígenas y afrodescendientes de América Latina y el Caribe: información sociodemográfica para políticas y programas.* Santiago de Chile: Naciones Unidas.

_____. 2010. *Objetivos de desarrollo del milenio: Avances en la sostenibilidad ambiental del desarrollo en América Latina y el Caribe.* Santiago de Chile: Naciones Unidas.

De Soto, Hernando. 1987. *El otro sendero.* México: Diana.

ECLAC. 1997. *The Equity Gap: Latin America, the Caribbean, and the Social Summit.* Santiago de Chile: ECLAC.

International Labor Organization. 2001. *World Employment Report 2001: Life at work in the information economy.* Switzerland: ILO.

OIT. 1997. "Reforma económica, crecimiento y empleo." *Revista Capítulos,* No. 52, Octubre~Diciembre.

Ortega, Emiliano. 1992. "Evolution of the Rural Dimension in Latin America and Caribbean." *CEPAL Review,* No. 47, August.

Psacharopoulos, G. and H. Patrinos(eds.). 1994. *Indigenous People and Poverty in Latin America.* Washington, D. C.: World bank.

–

3부

다시 부상하는
라틴아메리카

(2000년대)

–

8장 제3세대 하이브리드 경제통합

|단원 핵심 주제|
- 라틴아메리카 경제통합은 어떤 형태로 발전되어왔는가?
- 남미공동시장(MERCOSUR)의 출범 배경과 성격은 무엇인가?
- 미주자유무역지대(FTAA)를 시도한 배경과 실패한 이유는 무엇인가?
- 남미판 EU라 할 수 있는 남미국가연합(UNASUR)의 성격과 앞으로의 전망은 어떠한가?
- 남미판 IMF라 할 수 있는 남미은행의 발전 가능성은 어떠한가?
- 또 다른 경제통합의 대안으로서 라틴아메리카국가공동체(CELAC)와 ALBA의 미래는 어떠한가?

1. 라틴아메리카, 살아 있는 경제통합의 실험장

라틴아메리카는 1960년대 이후 경제통합의 살아 있는 실험장으로 주목받아왔다. 유럽공동체(EC)의 출범에 고무된 라틴아메리카 국가들은 1960년대부터 수입대체산업화 정책의 일환으로 인근 국가들과 경제통합을 추진했다. 1990년대 중반까지 라틴아메리카에서는 중미공동시장(CACM), 카리브공동시장(CARICOM), 안데스공동체(CAN), 남미공동시장(MERCOSUR) 등소지역을 기반으로 한 다양한 형태의 경제통합체가 결성되었다. 또한 라틴아메리카 국가들은 소지역 경제통합체 이외에도 라틴아메리카 독립의 영웅인 시몬 볼리바르의 이상을 실현하기 위해 라틴아메리카 전체의 통합을 목표로 한 느슨한 형태의 자유무역지대인 라틴아메리카통합연합(LAIA)을 구축했다. 그러나 라틴아메리카에서 오랜 경제통합의 실험은 빈번한 정치

경제적 혼란에다 경제 주권 포기를 우려한 회원국들의 소극적인 태도로 일부 통합체를 제외하고는 명맥 유지에 급급한 실정이었다. 2000년대에 들어서는 종전의 소지역 통합 차원에서 벗어나 남미 지역 전체를 아우르는 남미국가연합(UNASUR)에서 라틴아메리카 전체를 포괄하는 라틴아메리카국가공동체(CELAC)로 발전하고 있다. 통합의 영역도 종전 경제 중심에서 탈피해 정치, 사회, 문화 등으로 확대되고 있다.

1960년부터 현재까지 라틴아메리카의 통합을 그 특징에 따라 1세대, 2세대, 3세대 통합으로 구분할 수 있다. 세대별로 통합을 구분 짓는 데 가장 결정적인 변수는 자유무역과 보호무역이다. 사실 제2차 세계대전 이후 현재까지 라틴아메리카에서 정치경제를 둘러싼 논쟁은 자유무역과 보호무역을 선택하기 위한 논쟁이었다 해도 과언이 아니다. 이는 정치적으로 시장과 국가 간의 논쟁을 반영한 것이기도 하다.

시기별로 1세대 통합은 라틴아메리카 최초의 경제통합체인 라틴아메리카자유무역연합(LAFTA)이 출범한 1960년부터 2세대 통합의 전형인 남미공동시장(MERCOSUR)이 출범한 1990년 이전까지이다. 2세대 통합은 1990년부터 남미국가연합(UNASUR)이 출범한 2004년 이전까지이며, 3세대 통합은 남미국가연합(UNASUR)이 출범한 2004년부터 현재까지이다.

2. 라틴아메리카 경제통합 발전사

1) 1세대 경제통합: 폐쇄적 지역주의

라틴아메리카에서 최초의 경제통합은 1960년 라틴아메리카자유무역연합(Latin America Free Trade Association: LAFTA, 스페인어명 ALALC)에서 출발한다. 당시 라틴아메리카자유무역연합(LAFTA) 출범은 다양한 정치경제적 상황을 반영한 것이었다.

경제적인 측면에서, 라틴아메리카 국가들은 1930년대 이후 수입대체산업화를 통한 경제발전전략을 추진했으나 자원·기술·자본 획득의 어려움에 따른 공급 측면의 제약과 시장 규모의 협소함에 따른 수요 측면의 제약에 직면했다. 이를 극복하기 위하여 라틴아메리카 각국은 시장통합을 통한 규모의 경제를 모색하게 되었다. 또한 라틴아메리카 국가들은 정치·경제 면에서 밀접한 관계를 유지해온 유럽 국가들의 유럽경제공동체(EEC) 결성과 라틴아메리카의 주요 경쟁자인 아프리카 국가들과 유럽경제공동체(EEC)의 특혜관계 강화에 자극을 받아 경제통합에 관심을 갖기 시작했다.

그러나 정치·경제의 제반 문제점과 의견을 주변국들과 상호 교환·조정하고 라틴아메리카 경제 및 사회개발을 위하여 역내 자원을 효율적으로 이용하기 위하여 결성된 경제통합은 그 혜택이 일부 역내 선진국에 집중됨에 따라 무역 불균형이 확대되어 역내 국가들의 불만이 표출되었다. 특히 당시 경제통합은 역내 관세 인하를 주요 시장통합 수단으로 하면서도 제한적인 품목만을 대상으로 관세를 감면해주는 경제통합 방식의 한계, 회원국 간 경제 수준의 격차와 경제정책의 차이, 군사정권하에서 주요국들의 경제통합에 대한 노력 부족 등으로 인해, 기대했던 것만큼 성과를 얻지 못하고 상당기간 정체 상태에 머물렀다. 많은 학자들은 라틴아메리카자유무역연합(LAFTA)의 실패 요인으로 여러 국가 간의 다양한 이해를 조정해야 하는 다자협상이 근본적으로 안고 있는 현실적 어려움, 미비한 협정의 유연성, 민간 부문의 현실을 고려치 않음에 따른 민간기업의 저항, 역내 많은 국가에서 권위주의 정권의 등장으로 인한 회원국 간의 정치적 갈등 심화 등을 지적한다.

라틴아메리카자유무역연합(LAFTA) 회원국들은 정체에 빠진 통합체를 쇄

신하기 위해 1980년 몬테비데오협정을 통해 라틴아메리카통합연합(Latin America Integration Association: LAIA, 스페인어명 ALADI)으로 개칭했다.[1] 라틴아메리카통합연합(LAIA) 또한 라틴아메리카 지역 공동시장 결성이라는 당초의 야심찬 목표와는 달리 회원국들의 참여 의지 부족으로 자유무역지대의 초기 단계에 머무는 등, 수사적인 의미의 경제통합체에 불과했다. 라틴아메리카통합연합(LAIA)의 경제통합 수단은 크게 세 가지로 나뉜다. 첫째는 지역특혜관세제도(Preferencia Arancelaria Regional: PAR)로 이 제도는 역내 저개발국에 보다 많은 혜택을 부여했으며, 회원국들이 중요하다고 생각되는 품목에 대해서는 예외 조항을 허용했다. 둘째로 역내 회원국 모두에게 적용되는 지역적용협정(Acuerdo de Alcance Regional: AAR), 셋째로 역내 일부 회원국에만 적용되는 부분적용협정(Acuerdo de Alcance Parcial: AAP)이 있다. 지역적용협정과 부분적용협정은 점진적인 다자화를 통해 지역통합 심화를 위한 필요조건의 조성을 목적으로 했다. 주요 협력 수단은 관세 인하 및 교역 촉진, 경제 보완, 농업·목축업 부문의 협력, 금융·세제·세관·보건 부문 협력, 환경보존 및 과학기술 협력 등 매우 다양하다.[2]

중미에서는 자유무역지대를 구축하고 대외공동관세를 실행하겠다는 보다 야심찬 목표를 갖고 코스타리카, 엘살바도르, 과테말라, 온두라스, 니카라과가 주축이 되어 중미공동시장(CACM)을 탄생시켰다. 1969년에는 라틴아메리카자유무역연합(LAFTA)에서 볼리비아, 콜롬비아, 칠레, 에콰도르, 페루가 분리해 나와 안데스공동체(CAN)를 구축했다. 1965년에는 카리브해

---

1) 1999년 8월 26일 쿠바의 가입으로 라틴아메리카통합연합(LAIA)의 회원국은 12개국으로 늘었다.
2) 1990년대 등장한 남미공동시장(MERCOSUR)이나 이전부터 지속되어온 안데스협정〔이후 안데스공동체(CAN)로 발전〕도 큰 틀 내에서는 라틴아메리카통합연합(LAIA) 부분적용협정의 대상이다.

국가들을 중심으로 카리브자유무역협정(CARIFTA)이 체결되었으며, 이후 카리브공동시장(CARICOM)으로 발전했다.

(1) 중미공동시장(CACM)

일반적으로 과테말라, 엘살바도르, 온두라스, 니카라과, 코스타리카 등 5개국을 통틀어 일컫는 중미 지역은 과거 한 나라에 속했다는 역사적 공통점을 갖고 있다. 본래 중미공동시장(CACM)은 UN 라틴아메리카 경제위원회(CEPAL)가 라틴아메리카 지역의 경제통합을 장려한 결과의 산물이었다. 1951년 멕시코의 멕시코시티에서 개최된 제4차 CEPAL 회의에서 중미 5개국은 중미 국가들의 경제통합과 단일시장 형성이 공동의 관심사임을 천명하고, 같은 해 10월에는 중미 5개국 외무장관회담을 개최, 산살바도르 선언문을 채택했다. 이 선언문에 기초하여 1951년 중미경제협력위원회(Central American Economic Cooperation Committee)를 설립하고 경제통합을 위한 실무작업에 착수하는 한편, 경제통합을 위한 정치적 지원을 목적으로 중미국가기구(Organization of Central American States: ODECA)를 설립하기도 했다.

1958년 중미 5개국은 「자유무역 및 경제통합에 관한 다자간 조약(Multilateral Treaty on Free Trade and Economic Integration)」에 서명했으며, 이를 토대로 1960년 12월에는 니카라과의 마나구아 시에서 「중미통합에 관한 일반협정(General Treaty for Central American Integration)」을 체결했다. 이 협정이 1963년 발효됨으로써 중미공동시장(Central American Common Market: CACM)이 공식으로 발족했다. 마나구아협정은 역내 자유무역과 대외공동관세의 실현 등 상당히 발전된 수준의 경제통합을 목표로 설정했고, 관세 대상 품목의 약 95%에 대해 무역자유화 조치를 단행했으며, 그 밖의 품목에 대해서는 1966년 7월까지 관세의 완전 철폐를 명시했다. 명칭은 공동시장이었지만, 노동과 자본의 자유로운 이동이 포함되지 못했기 때문에 관세동맹 수준이었다.

1980년대 들어 중미공동시장(CACM)은 회원국의 정정 불안, 외채위기, 회원국 간 무역 혜택의 불균형, 수입대체산업정책의 한계, 새로운 협력분야 촉진 이니셔티브 부족 등의 이유로 발전이 정체되었다(김진오 외, 2010: 73~76). 이에 중미 6개국(기존 5개국 + 파나마)은 경제통합체 활성화를 도모하기 위해 1991년 테구시갈파 의정서를 채택하고 정치·경제·사회·문화 통합체인 중미경제체제(SICA)를 출범시켰다. 이후 2000년에는 벨리즈가 정회원국으로 가입하고 2003년에는 도미니카공화국이 준회원국으로 가입하면서 외연이 확장되었다.

(2) 안데스공동체(CAN)

안데스공동체(Andean Community: CAN)[3]는 라틴아메리카에서 중미공동시장(CACM)과 더불어 가장 오래된 경제통합체 중의 하나이다. 1969년 볼리비아, 콜롬비아, 칠레, 에콰도르, 페루 등 5개국이 안데스소지역통합협정(Acuerdo de Integración Subregional Andino) 혹은 카르타헤나협정(Acuerdo de Cartagena)에 서명하면서 안데스그룹(Grupo Andino)으로 공식 출범했다. 회원국은 초기 5개국에서 1973년에 베네수엘라의 가입으로 6개국으로 확대되었으나, 1976년에 칠레가 탈퇴한 이후 2006년까지 5개 회원국으로 유지되었다. 그러나 2006년 4월 베네수엘라의 탈퇴 선언으로 현재 회원국은 4개국이다.

안데스공동체(CAN)의 출범은 1960년대를 전후해 라틴아메리카에서 일고 있던 지역 차원의 경제통합 움직임 속에서 파악해야 할 필요가 있다. 1961년 역내 7개국을 주축으로 설립된 라틴아메리카자유무역연합(LAFTA)

---

3) 스페인어로는 코무니다드 안디나(Comunidad Andina)로 부른다. 1996년까지는 안데스협정(Pacto Andino)으로 불렸다.

은 회원국 간의 교역장벽 제거를 통한 역내 경제통합을 표방했지만, 발전 자체는 상당히 부진했다. 회원국 간 자유무역 및 산업 협력의 이익이 역내 경제대국인 멕시코, 브라질, 아르헨티나 등에 집중되어 역내 소국들의 불만이 고조되었다. 특히 공동 경제정책의 내용과 추진 속도에 대한 이해가 상충하여 라틴아메리카자유무역연합 내 빈국과 부국 간에 마찰이 자주 발생했다.

이러한 이유 때문에 안데스 산맥 주변 6개국(콜롬비아, 베네수엘라, 페루, 볼리비아, 에콰도르, 칠레)은 라틴아메리카자유무역연합에 우선하여 중소규모 국가의 입장에서 실현 가능하고 실질적인 효과를 거둘 수 있는 소규모 경제권의 단일시장 형성을 도모했다. 이러한 통합 추진의 이면에는 대규모 경제 단위인 브라질, 멕시코 등과 대등한 협상력을 확보하고자 하는 기대도 주요한 동기로 작용했다.

출범 이후 일부 제도적 부문에서 이룬 성과에도 불구하고 안데스공동체 (CAN)의 전반적인 경제통합 발전은 지체되었다. 당초 회원국들은 1980년 대 전반까지 역내 무역자유화 완성, 대외공동관세 도입, 관세동맹 단계로의 발전을 계획했으나, 1980년대 회원국들의 누적채무 문제와 하이퍼인플레이션 등 거시경제 불안정으로 발전이 정체되었다.

1990년대 들어 안데스공동체는 대외적으로 북미자유무역협정(NAFTA) 및 남미공동시장(MERCOSUR) 출범 등 라틴아메리카 경제통합 활성화와 대내적으로 시장개방 경제정책의 추진에 힘입어 재도약하는 듯했다. 특히 1996년 3월 제8차 안데스공동체 정상회의에서 합의된 트루히요 의정서 (Protocolo de Trujillo)는 안데스공동체 발전의 획기적인 전환점이 되었다. 트루히요 의정서에서 회원국들은 유럽연합(EU)을 모델로 한 정치적·경제적 통합을 목표로 기존의 안데스공동시장(Andean Common Market: ANCOM)을 안데스공동체로 발전시키기로 했으며, 안데스공동체를 운영할 정상회의, 외무장관회의, 집행위원회로 구성된 안데스통합체제(Sistema Andino de Integración: SAI)를 설립했다. 또한 안데스공동시장 최고의사결정기구인 카르타헤나협정이사회(Junta del Acuerdo de Cartagena)를 사무국(Secretaria General)으로 대체하고 향후 5년 이내에 직접선거를 통해 안데스의회(Parlamento Andino)를 창설하기로 합의했다.

2000년대에 들어서도 회원국들은 자유무역지대의 공고화 및 완성, 관세동맹의 완성(2003년 말까지, 페루 제외)을 주요 내용으로 하는 산타크루스 선언(Declaración de Santa Cruz, 2002년 1월)을 통해 안데스공동체의 활성화를 위해 노력했다. 2004년 10월에는 남미공동시장(MERCOSUR)과 FTA를 체결하는 등 외연 확장에도 적극적이었다. 최근에는 칠레(2006년)와 파나마(2007년)가 준회원국으로 가입했다.

그러나 2006년 4월 베네수엘라가, 콜롬비아와 페루가 미국과 FTA를 체결했다는 이유로 안데스공동체 탈퇴를 선언하면서 안데스공동체는 그간 유지해온 통합의 구심력을 상실했다. 회원국들의 통합체 공고화에 대한 관심 부족, 지도력을 가진 리더 국가의 부재, 낮은 역내 무역 비중 등 회원국 간 미미한 경제 의존도 등에 비추어볼 때 향후 안데스공동체는 내적 심화보다는 외연적 확장에 주력할 전망이다.

(3) 카리브공동시장(CARICOM)

카리브공동시장(Caribbean Community and Common Market: CARICOM)의 모태는 1965년 출범한 카리브자유무역연합(Caribbean Free Trade Agreement: CARIFTA)이었다. 카리브 국가들은 서인도연방(West Indies Federation)[4]의 해

---

4) 서인도연방은 카리브 지역 영국의 식민지 국가들로 결성되어 1958년 1월 3일에서 1962년 5월 3일까지 짧게 존재했던 카리브연방이었다. 카리브 국가들은 영국으로부터 독립한 이후 캐나다연방, 호주연방, 중앙아프리카연방과 유사한 단일 국가 형태의 정치통합체 설립을 희

체 이후 카리브 지역에서 영어 사용 국가 간 경제적 유대를 지속하기 위해 카리브자유무역연합(CARIFTA)을 설립했다. 1973년에 카리브 국가들은 카리브자유무역연합을 카리브공동체로 발전시키기 위해 차과라마스협정(Treaty of Chaguaramas)을 체결하고, 카리브공동시장(CARICOM)을 출범시켰다. 2001년 7월에는 차과라마스협정을 개정하여 종전 공동시장(Common Market)에 기초한 카리브공동시장을 단일시장 및 경제(CARICOM Single Market and Economy: CSME)에 기초한 카리브공동시장으로 발전시켰다.

현재 회원국은 앤티가바부다, 바하마, 바베이도스, 벨리즈, 도미니카, 그레나다, 가이아나, 아이티, 자메이카, 몬트세랫, 세인트루시아, 세인트키츠네비스, 세인트빈센트그레나딘, 수리남, 트리니다드토바고 등 15개국이다. 본래 회원국은 영어 사용국으로 구성되었으나 1995년 네덜란드어를 사용하는 수리남이 가입하고 2002년 프랑스어를 사용하는 아이티가 가입하면서 다국어 사용 경제통합체가 되었다.

2) 2세대 경제통합: 개방적 지역주의

폐쇄적 지역주의는 1990년대 개방적 지역주의에 자리를 내주었다. 개방적 지역주의는 라틴아메리카를 둘러싼 정치경제 환경의 변화를 반영했다. 정치적으로는 소련의 붕괴에 따라 냉전이 종식되었다. 또 경제적으로는 워싱턴 컨센서스에 기반을 둔 신자유주의 경제정책이 채택되었다. 2세대 경제통합의 대표적인 주자는 남미공동시장(MERCOSUR)이다.

망했다. 그러나 서인도연방은 내부의 정치적 갈등으로 해체되었다.

(1) 남미공동시장(MERCOSUR)의 출범 배경

라틴아메리카 각 지역은 1990년대에 들어 경제자유화(Liberalization), 민영화(Privatization), 규제 완화(Deregulation)로 대변되는 시장 지향적 경제개혁 과정에서 무역자유화 조치들과 병행하여 지역 경제통합을 추구했다. 이들 가운데 특히 남미 남부의 4개국이 지역 경제통합을 이루게 된 데에는 다음과 같은 정치, 경제적 변화와 아울러 국제환경의 변화가 중요한 역할을 담당했다(김원호, 1997).

첫째, 정치적 민주화에 따라 상호 신뢰와 경제협력이 강화되는 분위기 속에서 종래의 경쟁적 관계를 협력 관계로 전환시키고자 하는 지역 협력 의식이 고취되었다. 특히 남미 지역에서 라이벌 관계였던 브라질과 아르헨티나의 관계 개선은 남미공동시장(MERCOSUR) 태동의 기폭제가 되었다.[5] 둘째, 4개국이 종래의 대내 지향적인 수입대체산업화 전략을 대외 지향적인 수출주도형 전략으로 전환하기 시작했다. 셋째, 유럽의 통합 심화, 북미자유무역협정(NAFTA) 출현, 아세안(ASEAN)의 통합 심화 등 세계무역질서가 지역주의화되었다. 특히 부시 대통령의 범미주자유무역구상(Enterprise for the Americas Initiative: EAI)[6] 선언과 북미자유무역협정의 출현은 아르헨티나와 브라질이 남미 남부 지역에서 경제통합을 가속화시키는 데 가장 직접적인 촉매제로 작용했다. 넷째, 냉전 종식 후 구공산권의 세계경제 참여와 서유럽의 동유럽 개발 참여로 라틴아메리카 국가들이 이미 동아시아의 개발도

---

[5] 1980년대 이전까지 대립을 보였던 아르헨티나와 브라질의 관계는 1982년 아르헨티나와 영국 간 말비나스 전쟁이 발발했을 때 브라질이 말비나스 섬에 대한 아르헨티나의 주권을 지지하면서 개선되기 시작했다. 특히 양국 간 관계는 '핵에너지의 평화적 사용'(1980년)을 비롯한 일련의 군사협정이 체결되면서 급속히 진전되었다. 즉, 수년에 걸친 대량살상무기 제한조치가 양국 관계를 개선하는 데 중요한 열쇠가 된 것이다.

[6] 1990년 6월 27일 부시 대통령이 선언한 범미주자유무역구상(EAI)의 3대 축은 ① 전 미주 대륙에 걸친 자유무역지대 건설, ② 외채 탕감, ③ 투자 장려였다.

상국들과 벌여오던 원조, 차관, 외국인투자, 기술유치 등 이른바 자본유치 경쟁이 더욱 치열해졌다.

이와 같이 남미 남부 4개국의 경제통합을 향한 노력에는 민주주의 실현 과 경제 안정 및 발전, 지역협력 강화라는 정치, 경제, 국제적 배경 및 목표 가 자리하고 있었다.

인접국가 간의 협력 의지는 먼저 민주화 이후 각기 독자적인 무역자유화 를 추진하던 브라질의 사르네이(José Sarney) 대통령과 아르헨티나의 알폰신 (Raúl Alfonsín) 대통령이 라틴아메리카통합연합(LAIA)의 규범하에서 1985년 양국 간의 경제협력관계 증진을 촉구하는 '이과수 선언'을 발표하면서 구 체화되기 시작했다. 이어 양국은 1986년 양국 간 경제통합프로그램(Programa de Integrción and Cooperación Económica Argentina-Brasil: PICEAB)을 수립하여 경 제통합 및 협력사업에 관한 12개의 의정서를 채택했으며, 1988년 11월에 는 통합협력발전조약(Treaty for Integration, Cooperation and Development)을 체 결해 점진적인 관세 및 비관세장벽의 철폐와 거시경제 정책의 조율을 통해 향후 10년 내에 양국 간 공동시장을 창설하기로 계획했다.[7] 또한 이 조약은 모든 라틴아메리카 국가들의 참여 가능성을 열어놓는 등 개방적 입장을 견 지했다.

브라질과 아르헨티나의 통합 노력은 그 후 양국의 거시경제가 불안정해 지는 등 불리한 여건에 봉착하기도 했으나, 1989년 말 취임한 아르헨티나 의 메넴(Carlos Menem) 대통령과 1990년 취임한 브라질의 콜로르(Fernando Collor de Mello) 대통령이 나란히 신자유주의 성향의 경제개혁을 추진하면서 가속화되었다. 1990년 7월 6일 양국 정상은 양국의 민영화, 개방화 정책의

---

7) 브라질과 아르헨티나 간의 경제통합은 1989년 출범한 CUSFTA(Canada-United States Free Trade Agreement)에 영향을 많이 받았다.

촉진 및 효율성 증대를 위해 양국 시장 통합을 1995년 1월 1일까지 완결 짓는다는 데 합의하여, 부에노스아이레스협정〔라틴아메리카통합연합(LAIA) 경제보완협정 제14호; ACE NO. 14〕에 서명하기에 이르렀다.

(2) 자유무역지대에서 관세동맹으로 발전

부에노스아이레스협정 체결 직후, 아르헨티나와 브라질에 인접해 있고 양국 경제에 대한 의존도가 높은 파라과이와 우루과이가 지역통합체 창설에 참여 의사를 밝힘에 따라 마침내 4개국 정상은 1991년 3월 26일 남미공동시장(MERCOSUR)의 공식 출범을 의미하는 아순시온 조약(Treaty of Asunción)을 체결하게 되었다.

아순시온 조약(제5조)은 남미공동시장(MERCOSUR)의 통합 발전을 4단계로 상정했다. 먼저 과도기 동안 공동시장 형성을 위하여 ① 1994년 12월 31일까지 관세 및 비관세장벽을 전면 철폐하기 위해 조약 당사국 간 비관세장벽의 완전 철폐와 관세의 점진적, 일괄적, 자동적 인하와 동등한 효과를 낼 수 있는 통상장벽을 제거하고, ② 점진적인 관세 인하 및 비관세장벽 철폐에 맞추어 각국 경제정책을 조정하며, ③ 조약 당사국들의 경쟁력을 제고시킬 대외공동관세를 실시하며, ④ 생산요소의 활용 및 이동을 극대화하고 능률적인 경제 운영 능력을 달성할 수 있도록 한다(조희문, 1993).

남미공동시장 4개 회원국은 아순시온 조약에 따라 역내관세를 철폐시켜 1994년 12월 31일까지 완전 자유무역을 실현한다는 계획이었다. 먼저 역내 경제선진국인 아르헨티나와 브라질이 1990년 12월 31일부터 관세를 40% 인하하고, 역내 약소국인 파라과이와 우루과이가 1991년 6월 30일부터 관세를 46% 인하한 것을 시작으로 6개월 단위로 관세를 7%씩 추가 인하하기로 했다. 한편 각국은 국내 산업 보호를 목적으로 조정 대상 품목을 설정하고 이 품목에 대해서는 점진적으로 관세를 인하하기로 합의했다. 이에 따라 아르헨티나와 브라질은 1998년 12월 31일까지, 파라과이와 우루과이는 1999년 12월 31일까지 조정 대상 품목[8]의 역내 관세를 완전 철폐하기로 합의했다. 또한 특별무역 대상인 자동차와 설탕[9]의 경우 1999년 12월 31일까지 역내 자유무역 대상에 포함시키기로 합의했다.

남미공동시장은 대외공동관세에 관한 기본 협상을 1994년 8월 부에노스아이레스협정에서 매듭짓고, 1994년 12월 17일 오우루프레투 의정서(Protocol of Ouro Preto) 체결을 통해 대외공동관세 협상을 마무리하면서 1995년 1월 1일 관세동맹 형태로 발전했다.

남미공동시장은 자유무역지대에서 관세동맹 형태로 발전하며 1995년 1월 1일부터 대외공동관세를 도입했다. 남미공동시장의 대외공동관세 범위는 0~20%이며, 생산 단계에 따라 2%씩 높아지는 등 총 11개 단계로 구분된다. 남미공동시장의 관세구조는 가공 정도 및 부가가치에 따라 경사되는 특징이 있다.

남미공동시장의 대외공동관세는 1998년부터 일시적으로 3% 인상되어 종전 20%였던 최고 관세가 23%로 인상된 바 있다. 그러나 3% 임시 관세 인상은 2001년부터 점진적으로 인하(2001년 2.5%, 2002년 1.5%로 감소)되어 2003년 12월 31일부로 완전 폐지해 이전의 수준을 되찾았다.

한편 남미공동시장 회원국들은 관세동맹 출범 초기부터 각국의 산업 보호 및 경쟁력 강화 등을 이유로 다양한 형태의 예외를 인정하고 있다. 먼저 각 회원국은 기본 예외 품목(Basic list of exceptions: LBE)으로 알려진 국가별 예외 품목을 인정하고 있으며, 자본재(BK list), 정보통신장비(BIT list)에 대해서도 대외공동관세의 예외를 용인하고 있다. 이 밖에도 회원국들은 자동차와

---

8) 조정 대상의 품목 수는 브라질 29개, 아르헨티나 212개, 파라과이 432개, 우루과이 958개였다.
9) 1996년 당시 설탕의 역내관세는 4%였다.

설탕을 특별 예외 품목으로 분류해 현재 관세동맹 단계로 나아가기 위한 협상을 진행 중이다.

(3) 남미공동시장(MERCOSUR)의 제도 공고화

남미공동시장은 기존 라틴아메리카 지역 내 통합체들의 지나친 제도화에 따른 자원 낭비와 협상의 경직성을 탈피하기 위해 최소한의 기구로 출범했다. 아순시온 조약에 따라 회원국들은 과도적인 조직기구로 통합 과정의 정책 방향을 협의하는 공동시장위원회(Consejo Mercado Comúm: CMC)[10]와 실행기구 성격의 공동시장그룹(Grupo Mercado Comúm: GMC)[11]을 설립했다. 남미공동시장의 제도적인 발전은 남미공동시장이 1991년 자유무역지대로 출범하여 1994년 12월 오우루프레투협정에 의거, 1995년 관세동맹으로 발전을 도모하기 이전인 과도기와 1995년 관세동맹의 형태로 출범한 이후의 시기에 이루어졌다.

오우루프레투협정에 따라 종전의 공동시장위원회 및 공동시장그룹 이외에 정부 간 기구로서 공동 무역정책을 실행하고 감독할 목적으로 무역위원회(Comisión de Comercio: CCM)가 설립되었으며, 각 회원국의 의원으로 구성된 공동의회위원회(Comisión Parlamentaria Conjunta)가 설립되었고, 기업 및 노동자 대표로 구성된 경제사회협의포럼(Foro Consultivo Económico y Social)이 창설되었다.

또한 이 시기에 회원국 간 투자에 관한 두 개의 협정이 체결되었다. 1993년 12월에 역내 상호투자보장협정(Protocolo de Colonia del Sacramento)이 체결되었으며, 1994년 8월에는 역외국의 투자촉진협정(Protocolo sobre Promoción

---

10) 구성원은 회원국의 경제부 장관 및 외무부 장관이다.

11) 공동시장그룹(GMC)은 각국의 대표 및 외무부 장관으로 구성되며, 산하에 통합 과정에서 필요한 정책 수단을 개발하는 업무를 맡은 11개의 실무그룹을 두었다.

de Inversiones Provenientes de Estados No Miembros de MERCOSUR)이 체결되었다.

남미공동시장 통합의 제도적 발전은 1995년 12월 남미공동시장 회원국들이 통합 심화를 목적으로 2000년까지의 실천프로그램을 담은 '의제 2000(Agenda 2000)'에 합의하면서 본격화되었다. 이 프로그램에 의거해 회원국들은 역외 수입 제품에 대한 공동 세이프가드 조항을 도입했으며, 환경 분야, 소비자보호 및 기술 규정 등에 대한 합의를 이끌어냈다. 1997년 12월에는 역외산 제품에 대한 공동 반덤핑 규정이 도입되었다.

2000년대에 들어 브라질과 아르헨티나에서 연이은 경제위기에 따른 통상 분쟁이 발생하는 동안에도 남미공동시장 회원국들은 다음과 같이 괄목할 만한 제도적 발전을 달성했다.

첫째는 남미공동시장 공동의회의 창설이다. 각 회원국 국민들의 직접선거를 통해 구성되는 남미공동시장 의회 설립 논의는 2003년 1월, 브라질 - 아르헨티나 양국 정상회의에서 합의되면서 활기를 띠기 시작했다. 공동의회 설립 논의는 무엇보다도 브라질 의원들을 중심으로 활발하게 제기되었다. 2003년 6월 남미공동시장 정상회의에서 공동의제로 채택된 공동의회 창설 논의는 파라과이와 우루과이 등 역내 소국이 브라질 등 역내 대국에 대한 지나친 정치적 종속을 우려, 시기상조론을 제기함에 따라 회원국 모두의 동의를 얻는 데는 실패해 상당 기간 연기되었다. 그러나 마침내 2006년 12월 브라질의 수도 브라질리아에서 남미공동시장 의회의 공식 출범이 선언되었다. 남미공동시장 의회는 우루과이 몬테비데오에 본부를 두고 브라질, 아르헨티나, 파라과이, 우루과이, 베네수엘라 등 5개 회원국이 각각 18명씩(상하의원 각 9명)을 선발하여 총 의원이 구성된다. 2011년에는 각국에서 실시되는 직접선거를 통해 임기 4년의 의원을 선출하며, 2014년에는 전체 회원국에서 동시선거를 통해 선출된 의원으로 의회를 구성하고 최소한 매월 한 차례씩 개회한다는 원칙이다.

- 역내 상호투자보장협정 체결(1993년 12월)
- 역외국의 투자촉진협정 체결(1994년 8월)
- 역외 수입품에 대한 공동 세이프가드 조항 도입(1995년 12월)
- 남미공동시장 단일여권제 도입(1997년, 2001년부터 시행)
- 역외산 제품에 대한 공동 반덤핑 규정 도입하기로 합의(1997년 12월)
- 2007년까지 서비스교역에 대한 단계적 자유화 합의(1997년 12월 몬테비데오 의정서)
- 정부조달 부문 개방 검토를 위한 특별 그룹 설립(1997년)
- 회원국 간 대학 학위 상호 인정에 관한 양해각서 합의(1998년)
- 역내 노동자의 개인적, 집단적 권리를 보호하는 노동자권리선언 합의(1998년 12월)
- 거시경제 정책의 조화를 위해 인플레이션, 재정수지 등 회원국 간 거시경제 정책 목표를 합의(2000년 12월 남미정상회의에서 구체적 목표 합의)
- 통상 분쟁을 전담할 보다 진일보한 형태의 상설재판소(Permanent Tribunal of Review) 설립에 합의(2002년)
- 남미공동시장 공동통화 도입 논의 합의(2003년), 남미공동시장 공동의회 창설 논의 합의(2003년), 부에노스아이레스 컨센서스 채택(2003년 10월)
- 남미공동시장 위원회(MERCOSUR Commission of Representative) 설립(2003년 12월)[12]
- 남미공동시장 의회 공식 출범(2006년), 남미공동시장 구조조정기금(FOCEM) 설립(2007년)
- 아르헨티나·브라질 무역 결제 시 자국 통화 사용 합의(2007년)
- 회원국 간 이중 관세 폐지 합의(2010년)

　　둘째, 2007년 1월 브라질에서 개최된 제32차 남미공동시장 정상회의에서 회원국들은 경제의 비대칭성으로 피해를 보고 있는 파라과이와 우루과이 등 역내 약소국들의 불만을 봉합하기 위해 7,000만 달러 규모의 구조조정기금(Fondo para la Convergencia Estructural del MERCOSUR: FOCEM) 설립에 합의했다. 구조조정기금(FOCEM)은 파라과이와 우루과이가 제안한 프로젝트에 자금을 지원한다. 2007년 6월 개최된 남미공동시장 정상회의에서는 구조조정기금(FOCEM)의 규모를 1억 달러로 확대하기로 합의했다.

---

12) 초대 위원장에 두알데(Eduardo Duhalde) 아르헨티나 전 대통령이 임명되었다. 위원장의 역할은 경제통합사업 및 제3국과의 협상 제시, 회원국 간 경제사회 및 의회 협력 강화, 제3국 및 국제기구에서 남미공동시장을 대표하는 것 등이다.

셋째, 브라질과 아르헨티나는 공동통화 도입의 첫 단계로 2008년 10월부터 양국 간 무역대금 결제 시 자국 통화를 사용하여 결제하는 자국통화무역결제시스템(Sistema de Pagos en Monedas Locales: SML)을 도입해 운영해오고 있다. 2009년 7월 23~24일 아순시온에서 개최된 남미공동시장 정상회의에서 4개국 정상은 브라질−아르헨티나 간에만 운영되고 있는 자국통화무역결제시스템(SML)을 나머지 회원국인 우루과이와 파라과이로 확대하기로 합의했다.

마지막으로, 2010년 8월에는 회원국 간 이중 관세 폐지를 포함한 큰 폭의 관세감축안이 합의되었다. 회원국들은 2012년까지 회원국 밖에서의 수입에 이중으로 부과되던 상품 관세를 폐지하고, 2014년까지는 수입품에 이중으로 부과되던 부가가치세도 폐지하기로 합의했다. 이중 관세 문제는 1991년 남미공동시장 출범 이래 회원국 간 무역 불균형 문제와 함께 기구의 결속력을 해치는 핵심 요인으로 지적되어왔다.

(4) 남미공동시장(MERCOSUR)의 전도

2011년은 남미공동시장이 출범한 지 20년이 되는 해이다. 지난 20년간 남미공동시장은 회원국 간 통상 분쟁에 따른 위기 속에서도 제도적 발전을 통해 개발도상국 간 경제통합체 중 대표적인 통합체로 부상했다. 그러나 남미공동시장을 둘러싼 산적한 과제를 감안한다면 실질적인 경제통합체로 거듭나기 위해서는 다음과 같은 과제가 선결되어야 할 것이다.

먼저 남미공동시장이 활성화되기 위해서는 경제통합의 엔진인 역내교역을 확대하는 것이 급선무이다. 경제통합의 성패는 역내교역 확대에 좌우된다고 해도 과언이 아니다. 2008년 기준으로 남미공동시장의 역내 수출 비율은 14.7%에 불과하다. 이 같은 역내교역 확대의 중요성을 인식해 2003년 6월 남미공동시장 정상회의에서 회원국 정상들은 남미공동시장의 당면 과

<표 8-2> 라틴아메리카에서 각 경제통합체의 역내 수출 비율[a]

(단위: %)

구분	1990년	2003년	2008년
라티아메리카통합연합(LAIA)	12.1	11.5	16.7
안데스공동체(CAN)	4.1	9.0	9.7
남미공동시장(MERCOSUR)	8.9	11.9	14.7
중미공동시장(CACM)	13.9	17.2	21.5
카리브공동시장(CARICOM)	10.3	16.5	15.6
라틴아메리카	13.9	15.8	19.2

주: a: 각 경제통합체의 총수출에서 역내 수출(회원국 간 수출)이 차지하는 비율.
자료: CEPAL(2009).

제로 회원국 간 교역 확대를 지목했다. 브라질 정부 또한 역내교역 확대의 필요성을 절감해 2003년 5월 브라질경제사회개발은행(BNDES)을 통해 총 10억 달러의 수출금융자원을 마련했는데, 이 중 5억 달러는 아르헨티나의 브라질 상품 수입 지원에, 5억 달러는 아르헨티나의 브라질 수출 지원에 활용하도록 했다.

둘째, 남미공동시장이 명실상부한 공동시장 단계로 발전하기 위해서는 현재 불완전한 수준에 머물고 있는 관세동맹을 조속히 완성해야 한다. 사실 엄밀한 의미의 경제통합 발전 측면에서 남미공동시장은 아직까지 완전한 자유무역 단계에도 도달하지 못한 상황이다. 현재 회원국 교역 대상 품목 중 설탕과 자동차(자동차부품 포함) 품목이 실질적인 자유무역 대상에서 제외되어 있어, 총교역 대비 자유무역의 비중은 80%를 조금 웃도는 수준이다. 또한 남미공동시장은 1995년 관세동맹 형태로 발전하면서 대외공동관세를 도입했으나 대외공동관세 적용 범위는 회원국들의 빈번한 '일시적 대외공동관세 적용 중단' 요구로 역외 총수입품목의 60%에 불과한 실정이다. 대외공동관세 적용 범위는 1995년 관세동맹 출범 당시 85%에 달했었다. 이에 따라 남미공동시장이 완전 자유무역을 달성하고 실질적인 관세동맹 단계로 나아가기 위해서는 현재 용인되는 많은 예외 부문이 축소·제거되어야 한다.

셋째, 남미공동시장의 발전에 걸맞은 제도적 기반이 구축되어야 한다. 다행히도 최근 회원국 간에 제도 협력의 필요성에 대한 공감대가 형성되면서, 공동통화 도입, 공동의회 창설 등 초국가적 제도 협력 논의가 활발히 진행되고 있다. 특히 회원국들은 2002년의 경제위기 와중에도 그간 누차 남미공동시장의 제도적 취약성으로 지적되어왔던 통상 분쟁 해결을 전담할, 보다 진일보한 형태의 상설재판소(Permanent Tribunal of Review) 설립에 합의했다. 그러나 남미공동시장이 더욱 공고화된 형태의 제도 기반을 구축하기 위해서는 회원국의 신뢰를 바탕으로 현재 논의 단계에 있거나 지체되고 있는 각종 제도협력사업을 신속히 실행해야 한다.

마지막으로 가장 시급한 과제는 회원국 간의 통상 분쟁 해결이다. 외견상으로 남미공동시장을 공고화하기 위한 각 회원국의 정치적 의지가 표출되고 있지만, 최근 회원국 간의 각종 통상 분쟁이 연이어 불거져 나오며 계속해서 남미공동시장의 전도를 어둡게 하고 있다. 문제는 이 같은 잦은 통상 분쟁과 경제의 비대칭성에 따른 피해 심화가 회원국들의 남미공동시장에 대한 충성도를 약화시키는 요인으로 작용한다는 것이다. 이에 따라 역내 약소국인 우루과이와 파라과이는 2006년부터 공공연하게 현재의 관세동맹에서 자유무역협정 단계로 후퇴할 것을 주장했다. 특히 우루과이는 남미공동시장 통합체와는 별도로 개별국 차원에서 미국과의 자유무역협상에 적극적인 관심을 표명했으며, 마침내 2007년 1월 자유무역협정의 사전 단계로 무역·투자 기본협정(TIFA)을 체결했다. 경제통합 발전 단계상 관세동맹인 남미공동시장은 제3국과 대외협상 시 공동의 입장을 견지해야 한다. 우루과이의 미국과의 무역·투자 협상은 남미공동시장의 통합 원칙을 명백하게 위반하는 행위로 간주된다.

3. 제3세대 통합의 출현

2000년대 들어 라틴아메리카에서는 점진적이지만 확실하게 기존과 다른 통합의 움직임이 나타나기 시작했다. 새로운 경제통합의 추동력은 1990년대 라틴아메리카를 열풍처럼 휩쓸었던 신자유주의 경제정책에 대한 비판과 신자유주의를 상징하는 미국에 대한 반발이었다.

경제적으로는 시장 만능의 신자유주의에 대한 반발로 국가의 경제 개입을 선호하기 시작했다. 정치적으로는 미국 주도의 신자유주의 경제에 반대하는 좌파 정부가 속속 들어섰다. 라틴아메리카의 경제통합 움직임이 2세대 경제통합에서 3세대 경제통합으로 전환되는 데 중요한 분수령이 된 사건은 2005년 11월 아르헨티나에서 개최된 제4차 미주정상회의였다. 이 정상회의에서는 미국식의 경제통합을 지지하는 국가들(멕시코, 칠레, 페루, 콜롬비아 등)과 이를 반대하는 국가들(남미공동시장 회원국, 볼리비아, 베네수엘라 등)과의 팽팽한 힘겨루기가 벌어졌다. 결과는 미국의 완패였다. 이는 2세대 경제통합에 변화를 주어야 할 필요가 있음을 의미했다.

2000년대 들어 라틴아메리카에서 추진되고 있는 경제통합의 경향을 하나의 특징으로 정리하기는 쉽지 않다. 3세대 경제통합은 하나의 방향성을 띠지 않는다. 그래서 3세대 통합을 하이브리드 통합이라 부른다. 최근 라틴아메리카에서 펼쳐지고 있는 통합의 움직임은 그 특징에 따라 크게 세 가지로 분류할 수 있다.

첫째, 정치적 논리를 배제한 순수한 의미의 자유무역을 추구하는 경제통합 움직임이다. 여기에 속한 국가들은 대체로 미국과 FTA를 체결했으며 시장친화적인 경제정책을 추진한다. 대표적인 국가와 통합체로는 칠레, 페루, 콜롬비아, 북미자유무역협정(NAFTA), 라틴아메리카 태평양 지역 국가 간 통합구상(Latin American Pacific Basin Initiative) 등을 들 수 있다.

둘째, 통합의 정치 및 사회적 측면을 극단적으로 강조하는 경제통합 움직임이다. 신자유주의 글로벌화에 직접적으로 반대하는 사회주의 논리를 강조하는 통합체다. 베네수엘라 주도의 ALBA가 대표적이다.

셋째, 기존의 경제통합을 발판으로 남미 지역, 더 나아가 라틴아메리카 전체를 아우르는 포괄적 형태의 경제통합 움직임이다. 여기서 포괄적이라는 의미는 회원국의 수에서뿐 아니라 협력 분야도 정치, 경제, 사회, 문화, 안보 등 전 분야로 확대된다는 의미다. 남미국가연합(UNASUR), 라틴아메리카국가공동체(CELAC) 등이 대표적인 예이다.

4. 미주자유무역지대(FTAA) 협상의 결렬: 3세대 경제통합 출현의 신호탄

1) 미국의 야심찬 판아메리카니즘 프로젝트

3세대 경제통합의 새로운 출현은 1990년대 미국 주도의 대단위 통합 프로젝트인 미주자유무역지대(Free Trade Area of the Americas: FTAA)의 붕괴가 그 전조였다. 미주자유무역지대(FTAA)의 추진은 지난 1990년 6월 부시 전 미국 대통령이 외채 경감, 무역 증대, 투자 확대, 환경문제를 포괄한 '범미주자유무역구상(EAI)'를 제안하면서 시작되었다. 당시 조지 부시 대통령은 알래스카의 앵커리지 항에서 칠레 남단의 티에라델푸에고에 걸치는 전 미주 대륙을 자유무역지대화할 것을 제의했다. 이후 1994년 12월 마이애미에서 개최된 제1차 미주정상회의에서 쿠바를 제외한 미주 지역 34개 국가들은 2005년까지 미주자유무역지대를 설립하기로 합의했다.

미국의 미주자유무역지대 정책은 1980년대 말 이후 지속되어온 미국 통상정책의 방향을 반영한 것이었다. 미국의 통상정책은 GATT체제 출범 이후 일관되게 전 세계 무역자유화 추진을 위해 다자주의에 입각했으나, 1980년대 후반에 들어 다자주의, 지역주의, 쌍무주의 3개의 축을 중심으로 한 다차원적인 접근(Multi-track approach)으로 변경되었다. 당초 미국의 이러한 다차원적인 통상정책은 새로운 라운드에 소극적인 GATT 회원국을 협상 무대로 끌어내기 위한 정치적인 위협 수단에 불과했다. 그러나 1986년 개시된 우루과이라운드가 난항을 겪는 가운데 미국 – 캐나다 간 자유무역협정 발효, 북미자유무역협정(NAFTA) 결성 합의, 1988년 미국의 포괄적인 통상법인 슈퍼 301조의 등장 등, 레이건 및 부시 행정부를 통해 구체화되었다. 클린턴 행정부도 전 정부의 통상정책을 이어받아 우루과이라운드 최종 타결, 북미자유무역협정 비준, APEC 정상회의 개최, 미주자유무역지대 창설을 위한 미주정상회의 개최, 대통령령을 통한 슈퍼 301조의 부활 등 다자주의, 지역주의 및 쌍무주의에 기초한 다차원적인 통상정책을 추진했다.

1990년대 들어 미 행정부는 자국의 경제적 이익과 국제무대에서의 협상력을 제고하는 차원에서 주요 통상정책의 일환으로 지역주의 정책을 적극적으로 펼쳤다. 미국은 아시아와 라틴아메리카 두 지역의 기점에 위치한 지정학적인 이점을 살려, 북미자유무역협정을 포괄하는 APEC과 미주자유무역지대를 활용한다는 포석이었다. 아시아와 라틴아메리카 두 성장 지역에서 자유화 추진을 통한 시장접근 확대로 자국의 경제 이익을 극대화하며, 북미자유무역협정 확대를 통한 미주자유무역지대 창설로 APEC 내에서의 협상력을 제고한다는 계획이었다.

1990년 부시 전 미국 대통령의 범미주자유무역구상(EAI) 발표 이후, 1993년 멕시코의 북미자유무역협정 가입 비준, 1994년 12월 제1차 마이애미 미주정상회의 개최에 이르기까지 미국 주도의 미주자유무역지대 창설 분위기가 크게 팽배했다. 이에 따라 라틴아메리카 각국은 멕시코가 북미자유무역협정에 가입한 이후 미국의 첫 번째 자유무역협정 대상국이 되기 위해 경쟁적으로 노력했다. 북미자유무역협정 가입의 제1의 후보로 지목된 칠레를 비롯하여 중미 및 카리브 지역 국가, 안데스공동체(CAN) 회원국, 남미공동시장(MERCOSUR)의 아르헨티나까지 북미자유무역협정 가입을 위해 각종 노력을 기울였다.[13] 특히 북미자유무역협정 출범 직후 첫 1년간 투자 및 교역의 급증은 미주자유무역지대 창설에 대한 기대감을 더욱 부추겼다.

그러나 마이애미 미주정상회의 직후 9일 만에 발발한 멕시코 금융위기는 크게 고조되었던 미주 지역의 자유무역지대 창설에 대한 기대감을 약화시켰으며, 미국 내에서 미주자유무역지대에 대한 반대 세력을 양산하는 요인으로 작용했다. 멕시코 금융위기 발발에 더해 북미자유무역협정 출범에 따른 미국의 무역적자 심화는 의회 및 노동계가 북미자유무역협정 확대 정책에 반대하는 데 커다란 구실을 제공했고, 그 결과 미 행정부는 미주자유무역지대 정책 추진에 필수적인 신속처리협상권을 획득하는 데 더욱 큰 어려움에 직면했다. 특히 당시 국제정치경제 환경도 미국의 미주자유무역지대 정책에 걸림돌로 작용했다. 우루과이라운드 협상 타결은 다자주의 정신을 활성화시켰으며, 유럽 경제통합의 심화 과정에서 나타난 경제적·사회적 문제의 점증은 미국 내의 미주자유무역지대 반대 세력에 구실을 제공했다.

1995년 이후 미국이 신속처리협상권을 의회에서 획득하지 못함에 따라 미주자유무역지대 협상에서 주도력을 상실한 데 반해, 브라질을 중심으로 한 남미공동시장의 경우 미국의 힘의 공백을 이용해 역내외 국가들과 활발한 자유무역협정 협상을 추진하면서 미주자유무역지대 협상에서 발언권이

---

13) 1989~1994년까지 미주 지역에서 종전의 경제통합이 공고화되거나 신규 협정이 체결된 사례는 총 14건에 달했다. 더 자세한 내용은 Robert Devlin, Antonio Estevadeordal and Luis Jorge Geray, "The FTAA: Some Longer Term Issues," INTAL, *Occasional Paper 5*, August(1999) 참조

크게 강화되었다.

그러나 남미공동시장이 주도하는 미주자유무역지대 협상 분위기는 2000년 들어 양상이 조금씩 바뀌기 시작했다. 1999년 브라질 경제위기의 여파로 회원국 간 통상 대립이 극에 달하면서 남미공동시장이 분열 조짐을 보인 데 이어 2000년에도 아르헨티나에서 경제위기가 발발하면서 남미공동시장의 대내외적인 발언권이 약화되었다. 경제통합체 양대 주축국인 브라질과 아르헨티나에서 연이은 경제위기가 발생함에 따라 남미공동시장 회원국 간의 통상 분쟁은 우루과이와 아르헨티나를 비롯한 역내 회원국들은 물론 준회원국인 칠레가 다시 미국 시장에 관심을 갖게 하는 요인으로 작용했다. 브라질은 같은 회원국들의 이반을 막고 남미자유무역지대 추진을 가속화하기 위해 2000년 8월 말 역사상 처음으로 브라질리아에서 남미 정상회의를 소집해 2002년 출범을 목표로 남미지유무역지대 협상을 추진키로 합의[14]를 이끌어냈다. 그러나 회원국 간의 분열은 피할 수가 없었다. 특히 미주 지역에서 남미공동시장 주도의 협상에 커다란 힘을 실어주었던 칠레가 2000년 11월 미국과 FTA 협상을 공식 개시하기로 합의함에 따라 남미공동시장의 영향력이 크게 약화되었다.[15]

특히 미 클린턴 정부가 정권 말기까지 신속처리협상권을 획득하지는 못했지만 2000년 5월 18일 그간 지체되어온 일명 NAFTA Parity(CBTPA)를 승인함으로써 사실상 중미·카리브 지역을 북미자유무역협정권에 편입시키고 미주자유무역지대 협상을 가속화하기로 함에 따라 미국 주도의 미주자유무역지대 협상이 향후 더욱 추동력을 갖는 듯했다.[16]

---

14) 더 자세한 논의는 권기수, 「남미자유무역지대 추진 경과와 출범 전망」, 대외정책연구원, 《월간 세계경제》, 10월호(2000) 참조.

15) 양국은 2001년 말까지 FTA 협상을 종료한다는 목표하에 2000년 7월 말까지 여섯 차례의 협상을 진행시켰다.

2) 남미공동시장(MERCOSUR)의 반대로 끝내 좌절된 미국의 꿈

그러나 순탄할 것 같았던 미주자유무역지대(FTAA)의 앞길에 적신호가 켜졌다. 2003년 11월 20~21일 마이애미에서 개최된 8차 미주 통상장관회의에서 협상국들은 종전 포괄적 형태의 단일화된 무역체제 출범을 사실상 포기했다. 1994년 미주 대륙을 포괄하는 이상적인 미주자유무역지대를 선언한 바로 그 자리에서 협상국들은 현실과 타협해야 했다.

사실 8차 회담의 결과는 일찍이 예견되었다. 미주자유무역지대 협상의 양대 주축국인 미국과 브라질은 1994년 12월 1차 미주정상회의 이후 무역자유화의 범위 및 속도 등을 둘러싸고 줄곧 대립각을 세웠다. 미국은 미주자유무역지대 협상의 신속한 진전을 위해 일괄적·동시적 협상을 주장한 데 반해, 브라질을 비롯한 남미공동시장은 점진적이며 단계적인 협상을 주장했다.

1998년 이후 미주자유무역지대 협상이 준비 단계에서 본격적인 협상 단계로 접어들면서 양자 간의 대립은 더 구체적인 성격을 띠었다. 미국 측은 미주자유무역지대 협상의제 중 농업보조금 지급 및 반덤핑, 상계관세 등 무역구제 이슈에 대해서는 미주자유무역지대보다 WTO 협상에서 해결하기를 희망했다. 그에 반해 브라질 측은 농업보조금의 철폐 없이는 미주자유무역지대 협상 진전이 불가능하며, 미국이 배제를 주장하는 무역구제 이슈를 미주자유무역지대 협상 무대에서 다룰 것을 강력히 주장했다. 더 나아가 브

---

16) 미주자유무역지대(FTAA) 협상 가속화 이외에 미국 정부가 중미·카리브 지역 무역특혜법 (CBTPA)을 발효한 배경은, 아시아 금융위기 이후 가격경쟁력을 앞세운 아시아산 저가 섬유의류 제품의 자국시장 침투, 중국의 WTO 가입 이후 예상되는 미국 섬유의류 시장에서의 판도 변화 방지, 미국 섬유의류 산업의 경쟁력 강화, 허리케인 등 자연재해로 심각한 경제적 피해를 입은 중미·카리브 지역의 경제적 복구 등으로 크게 나눌 수 있다.

〈표 8-3〉 미주자유무역지대(FTAA) 협상 분야별 미국과 남미공동시장(MERCOSUR)의 입장

구분	미국		남미공동시장(MERCOSUR)	
	공세적	방어적	공세적	방어적
시장 접근	● ● ●	○	●	○ ○ ○
농업	● ● ●	○ ○ ○	● ● ●	○
투자	● ● ●	-	-	○ ○
서비스	● ● ●	○	-	○ ○
정부조달	● ● ●	-	-	○ ○
지재권	● ● ●	-	●	○ ○
보조금, 반덤핑, 상계관세	-	○ ○ ○	● ● ●	-
경쟁 정책	-	-	●	○
분쟁 해결	-	-	● ●	-

주: ●●● 매우 공세적, ●● 비교적 공세적, ● 공세적; ○○○ 매우 방어적, ○○ 비교적 방어적,
　　○ 방어적.
자료: Blanco and Zabludovsky(2003).

라질은 미국이 이들 쟁점 분야에서 양보하지 않을 경우 미주자유무역지대 협상에서 미국이 지대한 관심을 보인 서비스·투자·정부조달 분야를 제외하겠다는 강경한 자세를 견지했다.

이 같은 양자 간 대립에도 제7차 키토 통상장관회의까지 미주자유무역지대 협상은 표면적으로 순조롭게 진행되었다. 그러나 미주자유무역지대 협상을 둘러싸고 내재되었던 양국 간의 반목은 2003년 들어 노골적으로 표출되기 시작했다. 이러한 대립의 빌미는 미국이 먼저 제공했다. 미국은 미주자유무역지대 협상의 신속한 진전을 가로막고 있는 브라질을 압박하고 고립화시키기 위한 전략으로 중미·카리브 지역 무역특혜법(CBTPA, 2000.10), 안데스 무역특혜법(ATPDEA, 2002.10) 등 각종 무역특혜 제공을 통해 협상 참가국들을 유인했다. 한편 2002년 12월 칠레와 FTA 협상을 종결짓고, 2003년 들어서는 중미공동시장(CACM)과 소위 CAFTA 협상을 개시했다. 미국은 2003년 2월 제출한 시장접근 양허안에서도 남미공동시장에 가장

불리한 차별적 관세철폐 양허안을 제시했다.

이 같은 미국의 노골적인 고립 전략에, 2003년 새로이 출범한 좌파 성향의 브라질 정부도 맞불공세로 대응했다. 룰라(Luiz Inácio Lula da Silva) 정부는 대선 캠페인 당시의 급진적 모토에서는 크게 후퇴했지만 미국 중심의 미주자유무역지대 협상에 대해 강력한 비판의 입장을 표시했다. 브라질은 미국의 차별적 시장접근 양허안에 강력히 항의하고 이의 시정을 요구했다. 브라질은 자국의 주장이 받아들여지지 않을 경우 미국과 똑같이 미주자유무역지대 회원국들에게 차별적인 시장접근 양허안을 제출하겠다고 맞섰다. 브라질은 한발 더 나아가 보다 치밀하고 정교하게 미국에 대응했다. 2003년 5월 브라질 정부는 난항을 겪고 있던 미주자유무역지대 협상의 돌파구를 마련하기 위한 대안으로 기존의 단일화된 미주자유무역지대 협상 방식과는 크게 다른 세 가지 협상 방식(3-track)[17]을 제안했다.

먼저 첫째 협상 방식은 4＋1(남미공동시장 + 미국) 방식이다. 미주자유무역지대 협상은 실질적으로 미국과 남미공동시장 간의 FTA 협상이라 해도 과언이 아닌바, 미주자유무역지대 협상 틀 내에서 양자 간의 협상을 추진한다는 방안이다. 단, 협상 분야는 상품의 시장 접근과 서비스 및 투자에 국한한다. 둘째 방식은 축소된 형태의 미주자유무역지대 협상(Light FTAA)이다. 미주자유무역지대 협상에서 주요 쟁점이 되는 분야를 모두 제외한, 축소된, 현실적인 미주자유무역지대 협상 추진이다. 셋째 방식은 WTO 협상 추진이다. 즉, 미주자유무역지대 협상에서 쟁점이 되는 부문을 WTO 협상 무대에서 처리한다는 방안이다.

브라질의 제안은 종전 미주자유무역지대 협상의 커다란 변화를 예고하는 것이었다. 미국은 이 같은 브라질의 제안에 다른 협상국들이 동조하는

---

17) 세 가지 협상 방식은 각 방식이 별도로 추진된다기보다는 동시에 추진됨을 의미한다.

것을 차단하기 위해 신속히 진화에 나섰다. 미국 정부는 이례적으로 2003년 6월 12~13일 미주자유무역지대 '미니 통상장관회의'(15개국 참가)를 소집했다. 통상장관회의의 주요 의제는 당연히 브라질의 제안이었다. 미국의 단속으로 남미공동시장 참가국을 제외한 모든 협상국들이 브라질의 제안에 반대를 표명, 당시 이와 관련된 논의가 크게 확장되지 않았다. 미국은 또한 미니 통상장관회의 이후 7일 만에 개최된 미국－브라질 정상회의에서 브라질로부터 당초 예정인 2005년 1월 협상을 완료하겠다는 다짐을 받아냈다.

그러나 2003년 9월 개최된 WTO 칸쿤 각료회의의 결과는 미주자유무역지대 협상을 둘러싼 브라질과의 팽팽한 대립에서 미국에 불리하게 작용했다. 칸쿤 각료회의의 실패는 WTO 협상의 신속한 추진을 통해 세계무역의 자유화를 조기에 실현하려 한 미국의 통상전략에 커다란 부담을 안겼다. 특히 미주자유무역지대 협상의 최대 쟁점인 농업보조금 문제가 WTO 회의에서 해결될 조짐이 보이지 않자 미주자유무역지대 협상이 WTO 회의 결렬의 전철을 밟는 게 아닌가 하는 우려를 증폭시켰다. 반면에 브라질은 농업 개발도상국의 입장을 관철시키기 위해 인도, 중국 등과 공조하여 G-22[18]를 결성, 선진국의 농업시장 개방을 촉구했다. 비록 소기의 성과를 거두지는 못했지만 브라질은 칸쿤 각료회의에서 막강한 외교력을 과시했다. 미국은 이 회의에서 브라질이 보여주었던 대외협상력이 미주자유무역지대 협상 무대에서도 재연되는 것을 막기 위해 G-22에 가입한 미주 지역 국가들의 탈퇴를 종용했다. 이에 따라 G-22는 콜롬비아를 시작으로 코스타리카, 에콰도르, 과테말라, 페루 등이 연쇄적으로 탈퇴하여 12개국으로 축소, 위

---

18) G-22에는 미주자유무역지대(FTAA) 협상 참가국만 12개국에 달했는데, 아르헨티나, 볼리비아, 브라질, 칠레, 콜롬비아, 코스타리카, 에콰도르, 엘살바도르, 과테말라, 멕시코, 페루, 베네수엘라가 여기에 해당한다.

상이 크게 약화되었다.

이 같은 미국의 공세에 대응하기 위해, 2003년 10월 17~18일 브라질과 아르헨티나 정상은 긴급회의를 갖고 '부에노스아이레스 컨센서스'를 채택했다. 앞으로 전개될 WTO와 미주자유무역지대 협상에서 양국이 공동의 입장을 확고하게 견지해나가겠다는 의지를 대내외에 과시하기 위함이었다. 정치·경제에서 양국 간 유대를 강화하기 위한 선언문 성격인 부에노스아이레스 컨센서스는 WTO와 미주자유무역지대 등 다자협상에서 공동의 입장 견지, 사회적 평등을 수반한 경제성장 추구, 남미공동시장, 미국, EU 간 보다 균등한 무역규범 마련, 남미공동시장이 제안한 미주자유무역지대 협상 방식 고수, 새로운 경제 모델(경제성장, 사회정의 및 시민의 존엄)을 토대로 한 남미통합 추구 등을 골자로 했다.[19]

2003년 들어 표면화된 미주자유무역지대 협상을 둘러싼 미국과 브라질의 격한 대립은 미주자유무역지대 협상의 결렬을 예고하고 있었다. 이러한 불안의 징조는 8차 통상장관회의를 목전에 두고 트리니다드토바고에서 개최된 무역협상위원회(TNC) 회의에 그대로 투영되었다. 이 회의에서 브라질을 비롯한 남미공동시장 측과 미국은 양자 간 이견의 골을 확인하는 데 만족해야 했다.

협상의 마지막 고삐를 쥐고 있던 미국과 브라질 중 어느 하나가 양보하지 않는 한 협상은 파국으로 치달을 판이었다. 미국이 먼저 양보의 손을 내밀었다. 미국은 협상의 결렬을 막기 위해 당초 브라질이 제안해온 협상안을 대폭 수용하기로 합의했다. 미 정부가 재계의 강력한 반대에도 브라질이 희망하는 축소된 미주자유무역지대 협상안을 전격 수용한 이유는 무엇보다

---

19) 일각에서는 부에노스아이레스 컨센서스가 신자유주의 경제정책에 대응하는 대안적 발전 모델을 제시하고 있는 점을 들어 1990년대 미국이 주창한 워싱턴 컨센서스에 비견되는 선언으로도 평가한다.

도 미주자유무역지대 협상 실패에 따른 정치적 부담을 최소화하기 위한 것이었다. 그러나 미 정부는 2004년 11월 대선을 앞두고 공화당의 표밭인 농민 표의 확보가 어느 때보다 중요한 상황에서 미주자유무역지대 협상에서 브라질 측이 주장하는 농업보조금을 양보할 수 없었다. 한편 재계의 압력에 대해서는 라틴아메리카 국가들과 추가적인 FTA를 통해 무마시켜나간다는 전략이었다.

미국과 브라질의 합의 내용은 통상장관회의 바로 직전인 2003년 11월 7~8일, 워싱턴에서 소집된 두 번째 미니 통상장관회의에서 통보되었다. 이 같은 미국과 브라질의 축소형 미주자유무역지대 협상에 대해 포괄적 협상을 주장해온 캐나다, 멕시코, 칠레는 적극적으로 반대하여, 13개 협상 참가국의 동의를 얻어내기도 했으나 추진력이 약했을 뿐 아니라 대안을 제시하는 데도 실패했다.[20] 이에 따라 미국과 브라질이 작성한 8차 통상장관회의 선언문 초안은 거의 수정 없이 채택되었다.

브라질을 비롯한 미주 34개 국가들은 2004년 2월 이후 중단되었던 미주자유무역지대 협상의 새로운 추진력을 마련하기 위해 2005년 11월 4~5일

---

20) 칠레가 미국과 FTA를 체결, 당초 미주자유무역지대(FTAA) 협상을 통해 기대했던 소기의 성과를 거두었음에도 포괄적 성격의 미주자유무역지대 협상에 적극 참여한 이유는 다음과 같다. 첫째, 칠레는 미주자유무역지대를 통해 종전 미주 지역 국가들과 체결한 다양한 FTA의 수렴을 기대했다. 칠레는 미주 지역 거의 모든 국가와 FTA를 체결했기 때문에 다양한 형태의 FTA 간 충돌이 불가피했다. 둘째, 칠레는 미국, 캐나다, 멕시코 등과는 서비스, 투자 및 정부조달이 포함된 포괄적인 북미자유무역협정식 FTA를 체결했으나, 나머지 남미 국가들과는 제한적 형태의 전통적인 FTA를 체결했다. 이에 따라 칠레는 미주자유무역지대를 통해 남미 국가들과 아직 체결되지 않은 분야의 협정 체결을 도모했다. 셋째, 같은 맥락에서 칠레는 미주자유무역지대 협상을 통해 FTA마다 각기 상이한 원산지 규정을 통일하고, 종전 FTA에 포함되지 않은 분쟁 해결 절차의 제도화를 도모하고자 했다. 넷째, 칠레는 미주자유무역지대 협상에서 남미 국가와 협력을 강화, 미국과 쌍무적 FTA에서 관철시키지 못한 농업보조금 문제 등, 관심 분야의 문제 해결을 기대했다.

아르헨티나 마르델플라타에서 제4차 미주정상회의를 가졌으나 끝내 합의를 도출하지 못해 미주자유무역지대 협상은 사실상 무산되었다.

제4차 미주정상회의에서 정상들은 회의의 사실상의 핵심 의제인 미주자유무역지대 협상 재개와 관련해서 협상 참가국 간의 심각한 이견 때문에 합의된 공동선언문을 채택하는 데 실패했다. 이에 따라 참가국들은 고육지책으로 미주자유무역지대 협상의 신속한 재개를 주장하는 미국을 비롯한 29개국의 주장과 WTO 차기 통상장관회의의 결과를 고려하여 미주자유무역지대 협상 재개를 논의하자는 브라질을 비롯한 5개국의 입장을 담은 내용을 동시에 선언문으로 채택했다.

5. 남미국가연합(UNASUR): 남미판 EU 출범

2000년대 들어 남미 지역을 중심으로 새로운 경제통합의 실험이 시도되었다. 2000년 9월 브라질리아에서 개최된 1차 남미정상회의가 그 시작이었다. 브라질 카르도주 대통령의 주창으로 열린 정상회의에서 남미 12개국(아르헨티나, 브라질, 파라과이, 우루과이, 볼리비아, 콜롬비아, 에콰도르, 페루, 베네수엘라, 칠레, 가이아나, 수리남) 정상들은 브라질리아 선언문을 통해 남미 지역의 자유무역지대 결성을 위한 협상을 개시하기로 공식 선언했다. 2002년 출범을 목표로 남미 지역의 양대 경제통합체인 남미공동시장(MERCOSUR)과 안데스공동체(CAN) 간 자유무역협상을 신속히 완료하기로 했다. 또한 남미 지역 간 경제협력 증진을 위해 수송, 에너지, 통신 등을 축으로 한 대단위 남미 지역 인프라통합사업(IIRSA)을 추진하기로 합의했다.

브라질리아 선언문은 기본적으로 자유무역을 통한 경제통합을 상정했다. 무역 확대가 경제성장을 촉진시키므로 수입 장벽을 낮추어 수출을 장려해야 한다는 것이 선언문의 기본 취지였다. 글로벌화에 대한 어떠한 비판도 없었다. 남미 정상들은 자유무역을 옹호했으며 선진국들의 보호무역주의를 비판했다.

당시 브라질 정부는 남미정상회의를 다각적인 정치적·경제적 목표를 실현하기 위한 포석으로 여기고 남미정상회의를 소집, 남미 국가 간 경제통합을 추진했다. 브라질 정부는 먼저 전략적으로 1994년부터 미국 주도로 진행되고 있던 미주자유무역지대(FTAA) 협상이 본격적인 협상 단계에 접어들자 남미 국가 간의 결속을 통해 협상력을 제고할 필요성을 크게 절감했다. 또한 인근 국가들과 결속을 강화해 전통적으로 라틴아메리카 지역에서 라이벌이었던 멕시코를 견제하려는 의도도 다분했다. 경제적 측면에서는 미주자유무역지대 출범에 대비해 사전에 안데스 지역 국가들과 자유무역협정을 체결하여 시장을 선점하려는 목표도 있었다.

1) 경제통합에서 출발, 포괄적 정치통합으로 발전

브라질의 카르도주 정부가 남미통합을 추진할 당시만 해도 남미 지역에서 통합은 자유무역지대와 인프라 통합에 기초한 경제통합의 성격을 크게 벗어나지 않았다.

그러나 2003년 브라질에 좌파 성향인 룰라 대통령이 집권하면서 남미 지역에서 통합은 정치적 색채를 많이 띠게 되었다. 룰라 대통령은 집권 이후 선진국과의 협력인 남북(南北)협력보다는 개발도상국과의 협력인 남남(南南)협력에 주력했다. 이에 따라 전 카르도주 정부의 대외정책에서 우선순위였던 미주자유무역지대 협상이 후순위로 밀리고, 대신에 남미공동시장의 공고화와 남미 국가 간 통합 확대가 외교정책의 전면에 놓이게 되었다.

룰라 대통령이 야심찬 정치통합을 추진하게 된 배경에는 이와 같은 대외

정책의 우선순위 변화 이외에도 남미공동시장과 안데스공동체 간 자유무역협상이 일단락된 점이 크게 작용했다. 당초 2002년 출범을 목표로 진행되었던 양자 간 자유무역협상은 다소 지체되긴 했으나 2004년 10월 최종 타결되었다.

룰라 대통령은 남미공동시장과 안데스공동체 간 자유무역협정 체결의 여세를 몰아 남미 12개국으로 구성된 정치적 성격의 통합체 결성을 추진했다. 2004년 12월 8~9일 페루 쿠스코에서 개최된 제3차 남미정상회의에서 정상들은 유럽 통합체의 모델을 본뜬 남미국가공동체(CSN)를 창설하기로 선언했다. 선언문의 주요 내용은 정치협력 확대 및 경제통합 심화, 물적(인프라) 통합 강화, 과학·교육·문화 분야에서의 수평적 협력 확대, 과도한 관료적 절차에 따른 비용 낭비를 막기 위한 기존 기구를 활용한 통합 추진, 정치·경제·사회·환경 및 인프라 부문에서의 포괄적 통합 추진 등이었다.

그러나 남미국가공동체 창설은 그 역사적 중요성에도 불구하고 많은 회원국의 지지를 받지 못했다. 당시 정상회의를 주최한 페루의 톨레도 대통령만이 열렬한 지지자였다. 대부분의 남미 국가들은 남미국가공동체 창설 제안이 순전히 안데스 지역 국가들과의 관계 강화를 희망하는 브라질의 정치적·경제적 동기에서 비롯되었다고 믿었다. 특히 남미공동시장 회원국인 아르헨티나, 파라과이, 우루과이 정상들이 회의에 불참하여 브라질 주도의 남미국가공동체 창설에 암묵적으로 반대를 표명했다.

남미 정상들의 미온적 태도로 그 출발이 순조롭지는 않았지만 남미국가공동체 창설은 이후 남미 각국의 여론으로부터 커다란 주목을 받았으며, 남미 지역에서 더욱 진지하게 남미통합을 고민하게 하는 출발점이 되었다.

2005년 9월에는 남미국가공동체 창설 선언 이후 처음으로 남미정상회의가 브라질리아에서 개최되었다. 이 회의에서 회원국들은 남미국가공동체를 궁극적으로는 남미연합으로 발전시키기로 합의하고, 우선협력 과제로 정치적 대화 확대, 인프라 통합 가속화, 환경보호, 에너지 통합 촉진, 남미금융기구 설립, 남미 국가 간 경제적·사회적 격차 해소, 통신 부문 협력 강화 등을 선정했다.

2006년 12월 8~9일에는 볼리비아 코차밤바에서 2차 남미국가공동체 정상회의가 개최되었다. 이 회의에서 남미 정상들은 고위급위원회를 설립해 경제통합은 물론 장기적으로 남미의회 창설까지 논의해나가기로 합의했다. 특히 정상들은 회원국 간 비대칭성 극복, 문화적 동질성 확대, 시민참여 확대, 환경 분야 협력 강화 등을 통해 남미통합이 "인간의 얼굴을 한 통합"으로 발전해나가야 한다는 데 의견을 같이했다.

2) 베네수엘라의 부상으로 위협받는 브라질의 지도력

그러나 브라질 주도로 진행되어오던 남미 지역의 통합 움직임은 오일머니를 무기로 한 베네수엘라의 부상으로 새로운 어려움에 직면했다. 룰라 대통령과 오랜 정치적 동지이기도 한 차베스 대통령은 거침없는 정치적·경제적 행보로, 어느 순간부터 남미의 맹주인 브라질에 부담스러운 존재가 되었다.

베네수엘라의 차베스 대통령은 풍부한 석유 및 천연가스를 밑천으로 2005년부터 남미석유공사를 설립하는 등 남미 지역에서 에너지동맹을 주도해오고 있다. 특히 2007년 1월에는 베네수엘라 주도로 베네수엘라, 브라질, 볼리비아, 아르헨티나, 파라과이 및 우루과이를 잇는 전체 길이 9,283km, 총공사비 230억 달러 규모의 남미 가스파이프라인(Gasoducto del Sur) 프로젝트가 합의되었다.

또한 베네수엘라는 에너지 자원을 무기로 인근 라틴아메리카 국가들의 좌파 정부 등장을 공공연하게 지원하는 한편, 기존 좌파 정권의 유지를 위한 경제적 지원에도 적극적이다. 대표적으로 차베스 대통령은 35억 달러의 아르헨티나 국채를 매입해 아르헨티나 경제가 위기를 신속히 극복하는 데 크게 일조했다.

에너지 경제동맹과 별도로 베네수엘라는 라틴아메리카 지역에서 미국 중심의 자유무역지대 움직임에 맞선 대안적 협력체 구축에도 열심이었다. 베네수엘라는 미주자유무역지대에 맞선 대안적 자유무역지대로 '미주를 위한 볼리바르 동맹(ALBA)' 결성을 주창했으며, 쿠바, 볼리비아 등과 인민무역협정(TCP)을 체결해 남미 좌파 3각 동맹체제를 구축하기도 했다.

베네수엘라는 또한 전략적 협력 대상국인 브라질, 아르헨티나, 파라과이, 우루과이 등 남미공동시장 회원국과 결속을 강화하고 미국 주도의 미주자유무역지대에 대응해 남미공동시장에 힘을 실어주기 위해, 2006년에는 남미공동시장의 다섯 번째 정회원국이 되었다.

한편 베네수엘라는 미국과 자유무역협정을 체결한 콜롬비아와 페루가 속한 경제통합체에서는 탈퇴를 선언했다. 베네수엘라는 2006년 4월 안데스공동체(CAN) 탈퇴를 공식 선언한 데 이어 5월에는 베네수엘라, 콜롬비아, 멕시코 3국으로 구성된 자유무역지대인 G-3에서도 탈퇴 의사를 밝혔다.

남미 지역에서 차베스 대통령의 이 같은 공격적인 정치적·경제적 행보는 룰라 대통령에게 힘을 실어주기도 했으나 오히려 룰라 대통령의 정치적 입장을 곤란하게 하는 경우가 많았으며, 남미 지역의 리더국인 브라질의 권위를 위협하는 양상으로까지 발전했다.

차베스 대통령의 적극적인 지원을 받던 볼리비아가 2006년 5월 실시한 석유 산업 국유화 조치는 룰라 대통령의 자존심에 커다란 상처를 주었다. 이 조치로 볼리비아 석유 산업의 최대 투자자인 브라질 국영석유회사 페트로브라스(Petrobras)는 커다란 피해를 입을 수밖에 없다. 또한 당초 기대와는 달리 베네수엘라의 남미공동시장 정회원국 가입은 남미공동시장에 새로운 활력을 불어넣기보다 회원국들의 분열을 조장하는 양상을 보였다.

3) 브라질과 베네수엘라의 힘 대결로 변질된 1차 남미에너지정상회의

이러한 상황에서 2007년 4월 16~17일 베네수엘라의 작은 섬 마르가리타에서 개최된 1차 남미에너지정상회의는 남미 지역 주도권 확보를 둘러싼 베네수엘라와 브라질의 팽팽한 신경전으로 긴장감이 크게 고조되었다.

1차 회의에서 남미 정상들은 남미 에너지통합 인프라 개발 및 확장 촉진, 에탄올 등 재생에너지 개발 촉진 및 회원국 간의 개발 경험 공유, 남미석유공사 설립 등 기존 에너지통합사업 협력 확대, 에너지 분야 공동연구 장려, 각국의 에너지 장관으로 구성된 '남미에너지위원회' 설립 등에 합의했다. 정치적으로도 회원국들은 기존의 남미국가공동체(CSN)를 대체할 남미국가연합(UNASUR)을 설립하기로 하고, 상설사무국을 에콰도르의 수도 키토에 설치하기로 합의했다.

표면적으로 볼 때 1차 정상회의는 어느 정상회의 못지않은 성과를 거둔 것으로 평가할 수 있다. 그러나 그 속내를 들여다보면 사정은 매우 달라진다. 1차 정상회의의 쟁점은 크게 세 가지였다. 첫째, 바이오에탄올 개발을 두고 브라질과 베네수엘라 사이에 현격한 입장 차이가 있었다. 차베스 대통령은 최근 브라질과 미국이 바이오에탄올 개발 협력을 매개로 급속히 가까워지고 있는 것에 커다란 위기감과 불만을 갖고 있었다. 이에 따라 차베스 대통령은 브라질과 미국이 에탄올 생산 확대에 나선다면 라틴아메리카 지역에서 심각한 식량공급부족 사태를 초래할 것이라고 비난했다. 이 같은 비난에 대해 브라질 정부가 강경한 자세로 나오자 차베스 대통령은 브라질의 체면을 살려 정상 선언문에 바이오에탄올 협력을 포함시켰다.

둘째 쟁점은 남미은행 창설이었다. 주최국인 베네수엘라는 제국주의에 맞설 가장 좋은 대안으로 남미은행 창설을 제안했다. 차베스 대통령은 IMF, 세계은행, 미주개발은행 등이 제국주의의 하수인 역할을 하고 있으므로, 남미 국가만의 지역통화기금 창설이 필요하다고 주장했다. 그에 반해 브라질 정부는 남미은행이 기존 다자기구 은행 등과의 차이점이 없는 데다 자본금 조달에도 어려움이 많아 별도의 창설을 반대한다는 입장을 밝혔다.

셋째는 일명 남미가스수출기구(Opegas Sur) 결성을 둘러싼 대립이었다. 차베스 대통령은 2007년 초부터 아르헨티나, 볼리비아 등과 남미가스수출기구 결성을 논의해왔으며 1차 남미에너지정상회의의 주요 의제로 이를 상정, 본격화할 계획이었다. 그러나 이 계획도 브라질의 강력한 반대로 남미 국가들의 전체적인 동의를 얻는 데는 실패했다.

이상의 세 가지 쟁점을 둘러싼 대립은 브라질과 베네수엘라의 남미 지역 통합에 대한 이해와 비전이 크게 상이함을 보여주는 단적인 예이다.

4) 불투명한 남미국가연합(UNASUR)의 전도

우여곡절 속에서 남미국가연합(UNASUR)은 2011년 3월 국제기구로 공식 출범했다. 남미국가연합 사무국이 소재한 에콰도르 외교부는 "남미국가연합이 2011년 3월 11일부터 공식적인 국제기구로서의 성격을 갖게 되었다"고 밝혔다. 우루과이는 2011년 2월 자국의 남미국가연합 가입을 확인하는 문서를 에콰도르 외무장관에게 제출함으로써 아르헨티나, 볼리비아, 칠레, 에콰도르, 가이아나, 페루, 베네수엘라, 수리남에 이어 아홉 번째로 가입 절차를 완료한 국가가 됐다. 남미국가연합 조약은 9개국 이상의 가입이 완료된 날로부터 30일이 지난 뒤 국제기구로서 공식적으로 활동을 시작하도록 규정되어 있다. 브라질과 콜롬비아, 파라과이에서는 아직 의회 승인이 이루어지지 않았다.

이상에서 살펴본 바와 같이 2000년대 들어 남미 지역에서는 다양한 통합의 시도가 있어왔다. 통합의 성격도 자유무역지대에 기초한 경제통합에서 시작하여 포괄적인 정치통합으로 발전했으며, 통합의 범위도 종전 자유무역에 기초한 경제통합에서 정치·사회·문화·환경·에너지 등을 아우르는 포괄적 통합으로 확대되었다. 통합의 주도국도 브라질 한 나라에서 베네수엘라가 합세하며 보다 복잡한 양상을 띠게 되었다.

그러나 남미 지역에서 나타난 다양한 통합 시도와 발전에도 불구하고 통합의 진전을 가로막는 많은 걸림돌로 인해 남미국가연합(UNASUR) 등 남미통합의 전도가 밝지만은 않다. 우선 남미통합에 대한 명확하고 실천 가능하며 신뢰할 만한 목표와 비전이 부재하다는 문제가 있다. 2000년 1차 남미정상회의 이후 남미 지역에서는 통합체 명칭만도 남미자유무역지대 → 남미국가공동체(CSN) → 남미국가연합(UNASUR)으로 세 번이나 바뀌었다. 특히 2004년 결성된 남미국가공동체가 지난 1차 남미에너지정상회의에서 뚜렷한 이유 없이 폐지되고 남미국가연합으로 바뀐 점은 남미통합에 대한 대내외의 불신을 증폭시키기에 충분했다.

둘째로 남미통합을 둘러싼 베네수엘라와 브라질의 주도권 다툼이 문제다. 남미통합을 둘러싼 브라질과 베네수엘라의 선의의 경쟁은 브라질 한 나라가 주도하여 진행해오던 통합 과정에 활력을 불어넣을 수 있다. 그러나 남미통합에 대한 각국의 정치적·경제적 이해가 다른 상황에서 브라질과 베네수엘라의 신경전은 편가르기로 변질되어 통합보다는 오히려 분열을 조장할 우려가 높다.

셋째 문제는 베네수엘라의 오일머니에 의존해 추진되고 있는 각종 통합사업의 태생적 한계이다. 베네수엘라 정부는 여러 에너지통합 프로젝트에 막대한 자금을 지원하고 있다. 그러나 천문학적인 자금이 소요되는 에너지통합 프로젝트를 성공시키기에 베네수엘라의 오일머니로는 한계가 있다. 이에 따라 역내외로부터 민간자본을 유치해야만 하는 실정이다. 그러나 남미 지역에서의 잦은 정치 혼란과 경제위기, 이에 따른 빈번한 국제계약 위반 등으로 여러 국가가 참여하는 에너지통합 프로젝트에 대내외 민간자본을 유치하는 데 커다란 한계가 있을 전망이다. 이 같은 재원 조달의 어려움을 해소하기 위해 베네수엘라는 2006년 12월 전략적 투자기금 조성을 제안하기도 했다. 또한 모든 에너지통합 프로젝트가 지나치게 베네수엘라 한 나라에 의존하는 점도 문제이다. 이는 결과적으로 베네수엘라의 정치·경제 변동에 따라 프로젝트의 성패가 좌우될 공산이 크다는 태생적 약점을 보여준다.

넷째로 남미통합에 대한 회원국들의 결속력, 즉 충성도가 그리 높지 않다는 문제가 있다. 이는 정상들의 남미정상회의 참석률이 높지 않은 데서도 확인된다. 또한 미국과 자유무역협정을 체결한 칠레, 콜롬비아, 페루와 자유무역협정 체결을 강력히 희망하고 있는 우루과이 등은 남미통합보다는 미국과의 관계 강화에 우선순위를 두고 있다. 이에 따라 이들 국가는 남미통합이 반미 성토의 도구로 변질되어 실질 협력보다는 이념적 성향으로 흐르는 데 우려를 표시하고 있다.

마지막으로 남미통합의 양 기둥인 안데스공동체와 남미공동시장의 위기라는 문제가 있다. 최근 안데스공동체는 초기 회원국인 베네수엘라의 탈퇴에다 친미 성향의 콜롬비아와 페루, 친베네수엘라 성향의 볼리비아와 에콰도르 간 이념적 대립으로 심각한 위기를 맞고 있다. 남미공동시장 또한 회원국 간의 극심한 통상 분쟁이 발생하고 이탈의 움직임이 보이는 등 심각한 위기에 처해 있다.

6. 남미은행: 남미판 IMF?

남미 7개국 정상들이 2007년 12월 남미은행(Banco del Sur)의 출범을 공식 선언한 데 이어, 2009년 9월 은행설립 협정에 서명함으로써 남미은행의 실체가 비로소 모습을 드러냈다.

1) 남미은행 창설 배경

(1) 차베스 베네수엘라 대통령의 적극적인 정치적 의지

남미은행 설립은 차베스 베네수엘라 대통령의 적극적인 정치적 의지의 결실로 평가된다. 이에 따라 일각에서는 남미은행 설립을 차베스 대통령의 개인적인 정치적 승리라고 평가하기도 한다.

라틴아메리카 좌파 정부를 대변하는 차베스 대통령은 반미 경제동맹 구축의 일환으로 미국의 영향력이 지배적인 IMF, 세계은행, 미주개발은행 등의 다자금융기구 및 지역개발은행에 대응할 남미 국가 중심의 남미은행 설립을 주도했다. 2004년 8월 차베스 대통령의 주창으로 처음 제기된 남미은행 설립은 2007년 2월 베네수엘라 - 아르헨티나 정상회의에서 추진 합의가 이루어지면서 본격화되었다.

당초 차베스 대통령은 2007년 4월 개최된 1차 남미에너지정상회의에서 남미은행 창설을 공식화할 계획이었으나 브라질의 반대로 실패했다. 브라질 정부는 브라질 주도의 점진적인 남미통합 계획과 배치, 남미은행의 기존 다자기구 및 개발은행과의 차별성 부족, 자본금 조달의 어려움, 창설 과정에서 브라질의 배제 등을 이유로 유보적 입장을 표명했다. 그러나 브라질 정부는 구체화되고 있는 남미은행 설립에 참여하지 않을 경우 남미 지역에서 입지가 축소되고 베네수엘라의 정치적 영향력이 확대될 것을 우려해 2007년 5월 10일 참여하기로 최종 결정했다.

브라질의 참여 결정을 계기로 남미은행 설립 논의는 급진전되었다. 마침내 2007년 12월 남미 7개국 정상들은 남미은행 출범을 공식 선언했다. 그

기관명	설립 연도	설립 목적	회원국
미주개발은행(IDB)	1959	라틴아메리카 경제사회개발 및 통합 지원	48개 회원국(미주 지역 28개국, 역외 20개국)
안데스개발공사(CAF)	1966	개발금융 및 금융서비스 지원	라틴아메리카 국가 17개국, 스페인, 안데스 지역의 민간금융기관 15개
카리브개발은행(CDB)	1969	카리브 지역 경제사회개발 및 통합 지원	26개 회원국(남미 국가 중 콜롬비아, 가이아나, 베네수엘라 포함)
플라타강유역개발기금 (FONPLATA)	1977	사전투자 조사 및 기술 지원	아르헨티나, 브라질, 볼리비아, 파라과이, 우루과이
라틴아메리카수출은행 (BLADEX)	1978	무역금융 지원	23개 라틴아메리카 중앙은행 및 정부기구, 일부 국제개발은행 및 투자기금
라틴아메리카지불기금 (FLAR)	1991	국제수지 지원	볼리비아, 콜롬비아, 코스타리카, 에콰도르, 페루, 우루과이, 베네수엘라

자료: 필자 정리.

러나 당시까지 회원국 간의 이견으로 결정하지 못한 초기자본금 규모 및 투표권 등에 대해서는 추후 논의를 통해 확정 짓기로 합의했다.

(2) 남미에서 다자금융기구 및 지역개발은행의 위상과 신뢰 약화

남미은행의 출현은 지금까지 남미 지역에서 정치적·경제적으로 절대적인 영향력을 행사해온 IMF, 세계은행, 미주개발은행 등 다자금융기구 및 지역개발은행의 위상과 신뢰 약화를 반영한다.

남미 국가들 사이에서는 1990년대 워싱턴 컨센서스에 입각한 IMF, 세계은행 등의 강제적인 경제정책 처방이 빈곤의 악순환만 초래했다는 인식이 팽배했다. 특히 2001년 아르헨티나가 IMF의 정책 권고를 무시하고 디폴트를 선언한 이후 신속한 경기회복세를 보임에 따라 남미 지역에서 IMF식 경제정책에 대한 불신이 더욱 고조되었다. 베네수엘라 정부는 다자금융기구로부터 독립하기 위해 세계은행의 차관을 조기 상환한 데 이어 2007년 4월에는 IMF와 세계은행 탈퇴를 선언했으며, 볼리비아도 세계은행 산하 국제투자분쟁해결기구(ICSID)를 공식 탈퇴했다. 아르헨티나와 브라질도 2005년에 대외신인도를 제고하고 IMF식 경제 지도에서 벗어나기 위해 IMF 대출금을 조기에 상환했다.

남미 지역에서 IMF의 뚜렷한 위상 실추는 IMF 금융지원금에 대한 남미 국가들의 의존도 하락에서도 목격된다. 2005년 IMF의 총 금융지원(810억 달러) 중 남미 지역이 차지하는 비율은 80%에 달했으나 2008년 말 그 비율은 1%(약 7억 달러)에 불과하다.

최근 남미 국가에서 수출이 확대됨에 따라 무역흑자와 외환보유고가 증가하고, 전반적인 기초경제여건 강화로 신용등급이 상승하면서 해외차입 여건이 크게 개선된 점도 남미 지역에서 IMF 등 다자금융기구의 위상 하락을 부추겼다. 남미은행 회원국의 외환보유고 규모는 2004년 말 1,025억 달러에서 2008년 말 3,114억 달러로 세 배 이상 증가했다.

라틴아메리카의 대표적인 범지역개발은행인 미주개발은행의 위상도 2000년대 들어 복잡한 대출 절차에 따른 자금집행 지연, 급변하는 라틴아메리카의 대내외적 환경을 반영하지 못하는 지원정책, 라틴아메리카 소지역 개발은행의 적극적인 활동 등에 영향을 받아 점차 약화되었다. 미주개발은행의 연평균 대출 규모는 1990년대 말 100억 달러에서 2004~2007년에는 70억 달러로 감소했다. 이 같은 미주개발은행의 위상 하락은 2005년 취임한 모레노(Alberto Moreno) 총재가 대대적인 구조개혁을 추진하는 계기로 작용했다.

(3) 남미통합의 진전

마지막으로 남미은행의 출범은 2000년대 들어 남미 지역에서 활발하게

일자	주요 내용
2004년 8월	베네수엘라 차베스 대통령이 남미은행 창설을 처음으로 제안
2005년 11월	제5차 미주정상회의에서 본격적으로 논의 시작
2007년 2월	아르헨티나 – 베네수엘라 정상회의에서 추진 합의
2007년 3월	1차 경제장관회의에서 본격적으로 논의 시작 베네수엘라, 에콰도르, 아르헨티나, 볼리비아, 파라과이 참석
2007년 4월	1차 남미에너지정상회의에서 남미은행 창설을 공식적으로 시도 브라질의 반대로 공식 출범 실패
2007년 5월	2차 경제장관회의에서 남미은행 설립 계획 지속 합의 브라질 참여의사 확정
2007년 10월	3차 경제장관회의에서 남미은행 설립 일정 최종 합의
2007년 12월	남미 7개국 정상, 남미은행 창설 공식 선언
2008년 4월	남미 7개국 경제장관회의에서 초기자본금 규모 및 출자 규모 확정
2009년 5월	남미은행 정관 최종 확정(자본금 출자 규모, 투표권 등)
2009년 9월	남미은행 회원국 정상들이 은행설립 협정에 서명

추진된 포괄적인 남미통합 진전의 결과로도 해석된다. 남미 국가들은 2004년 남미 지역의 양대 경제통합체인 남미공동시장(MERCOSUR)과 안데스공동체(CAN) 간 FTA 체결의 여세를 몰아 2008년 5월에는 EU식의 모델을 본뜬 포괄적 형태의 통합체인 남미국가연합(UNASUR)을 출범시켰다. 따라서 남미은행 설립은 현재 남미국가연합이 경제통합의 한 축으로 추진하고 있는 금융통합이 크게 진전한 결과로 풀이된다.

2) 남미은행의 주요 성격

남미은행은 브라질, 아르헨티나, 파라과이, 우루과이, 볼리비아, 에콰도르, 베네수엘라 등 남미 7개국을 초기 회원국으로 한다. 향후 회원국 범위는 남미국가연합(UNASUR)의 12개 모든 회원국으로 확대될 계획이다.

남미은행의 설립 목적은 ① 남미국가연합 회원국의 경제·사회개발 금융

지원, ② 남미통합 강화, ③ 회원국 간 비대칭성 축소, ④ 회원국 간 투자의 균등한 배분 촉진 등이다. 기금은 ① 경쟁력 제고, 과학기술 발전을 위한 주요 경제 분야의 개발 프로젝트 지원, ② 빈곤 및 사회적 배제 퇴치를 위한 사회 분야의 개발 프로젝트 지원, ③ 남미통합 프로젝트 지원, ④ 사회연대 및 자연재해 긴급지원을 위한 특별기금 설립 및 운영 등에 활용된다.

초기자본금은 70억 달러로 한다. 경제 규모에 따라 브라질, 아르헨티나, 베네수엘라가 각각 20억 달러, 에콰도르와 우루과이가 각각 4억 달러, 볼리비아와 파라과이가 각각 1억 달러씩 분담한다.

투표권의 경우, 이사회 의사결정 시 각 회원국은 동등한 투표권을 보유한다. 그러나 7,000만 달러 이상의 프로젝트 승인 시에는 회원국 출자지분 2/3 이상의 동의를 필요로 한다. 이에 따라 최대 출자국인 아르헨티나, 베네수엘라, 브라질 중 어느 한 나라가 반대할 경우 프로젝트 승인은 불가할 전망이다.

남미은행 조직은 운영위원회(Consejo de Ministros)와 이사회(Diretorio)로 구성된다. 운영위원회는 각 회원국의 경제장관으로 구성되며, 남미은행의 중장기 정책을 결정한다. 이사회는 각 회원국 대표로 구성되고 회원 국가별로 동등한 투표권을 가지며 예산 승인, 총재 선출, 금융정책 및 신용업무 집행의 역할을 담당한다. 남미은행의 본부는 베네수엘라의 카라카스, 지부는 아르헨티나의 부에노스아이레스, 볼리비아의 라파스에 설치한다.

3) 남미은행 설립에 대한 국제사회의 시각

먼저 세계은행과 미주개발은행은 남미 지역의 새로운 개발은행으로서 남미은행의 출범을 인정하고 경쟁적 상대보다는 보완적 협력자로서 역할을 기대한다고 밝혔다. 콕스(Pamela Cox) 세계은행 부총재는 남미은행과 세

<표 8-6> 남미은행의 주요 현황

항 목	주요 내용
회원국	·초기 회원국 7개국: 브라질, 아르헨티나, 파라과이, 우루과이, 볼리비아, 에콰도르, 베네수엘라 ·향후 남미국가연합(UNASUR) 12개 모든 회원국으로 확대
자본금	·초기자본금: 70억 달러 ·장기적으로 200억 달러로 확대
투표권	·이사회 의사결정 시 각 회원국은 동등한 투표권을 보유 ·7,000만 달러 이상의 프로젝트 승인 시 회원국 출자지분 2/3 이상의 동의 필요
조직	·운영위원회와 이사회로 구성 운영위원회: 각 회원국의 경제장관으로 구성, 남미은행의 중장기 정책결정 업무를 맡으며 의사결정은 절대과반수로 결정 이사회: 각 회원국 대표로 구성, 예산승인, 총재 선출, 금융정책 및 신용업무 집행의 역할을 담당하며 동등한 투표권 보유
본부 및 지부	·본부: 베네수엘라의 카라카스 ·지부: 아르헨티나의 부에노스아이레스, 볼리비아의 라파스

계은행은 남미 지역에서 보완적 협력 상대이지 경쟁적 상대가 아님을 강조하고, 남미 지역이 여전히 많은 금융지원을 필요로 하기 때문에 두 은행이 모두 활동할 여지가 충분하다고 평가했다. 졸릭(Robert Zoellick) 세계은행 총재는 남미은행이 성공적으로 운영되기 위해서는 굿 거버넌스(Good governance)와 부패 척결이 관건임을 충고했다. 모레노 미주개발은행 총재는 남미은행이 미주개발은행의 경쟁적 상대가 아님을 강조하고, 지난 30년간 미주개발은행이 라틴아메리카 지역에서 다른 지역기구 및 개발은행과 상호 협력해왔기 때문에 남미은행과도 협력의 여지가 많다고 평가했다. 한편 노벨경제학상 수상자인 조지프 스티글리츠(Joseph Stiglitz)는 다자개발은행도 경쟁이 필요한 시기가 왔음을 강조하며 새로운 개발은행으로서 남미은행 창설을 환영했다.

그에 반해 미국의 대표적인 보수우익 단체인 미주 간 대화(Inter-American Dialogue)는 남미은행 설립이 지나치게 정치적 논리에 의해 좌우되고 있음을 비판하며, 남미은행의 앞날에 대해 회의적인 입장을 표명했다.

4) 남미은행의 발전 과제와 전망

남미은행의 출범은 2000년대 들어 남미 지역에서 추진된 포괄적인 형태의 남미통합을 한층 가속화시키는 계기로 작용했다. 특히 지역개발은행을 표방하는 남미은행의 설립으로 자금난을 겪고 있는 남미 지역의 인프라 및 에너지통합 프로젝트 추진이 탄력을 받을 전망이다.

그러나 남미은행이 지역개발은행으로서 빠른 시일 내에 확고한 위상을 확보하기 위해서는 다음과 같은 과제를 극복해야 한다. 첫째, 남미은행 운영의 주도권을 둘러싼 베네수엘라와 브라질의 대립이다. 남미 최대 경제대국인 브라질은 경제 논리에 의한 남미은행 운영을 주장하고 있는 데 반해, 베네수엘라는 정치 논리를 강조한다. 이에 따라 양국은 남미은행의 역할, 자본금 조달 방식, 운영 방식 등의 결정 과정에서 극명한 대립각을 세웠다.

이 같은 양국 간 대립 양상이 남미은행의 출범 이후 운영 과정에서 표출될 경우 남미은행의 운영은 파행을 겪을 수도 있다. 특히 대형 프로젝트 승인 시 출자지분 2/3 이상의 동의를 구해야 하는 현재의 의사결정 시스템에서 양국 간의 대립으로 브라질과 베네수엘라 중 어느 한 국가가 반대를 할 경우 프로젝트 추진이 불가능하다.

둘째, 회원국들의 남미은행에 대한 낮은 결속력과 관심도 남미은행의 전도를 어둡게 하는 요인이다. 현재 남미은행 회원국 중 베네수엘라를 비롯한 에콰도르, 아르헨티나, 볼리비아, 파라과이 등은 적극적 지지 세력으로, 브라질, 우루과이 등은 소극적 지지 세력으로 나뉜다. 특히 브라질의 경우 남미 지역에서 베네수엘라의 정치적·경제적 독주를 견제하기 위해 남미은행 설립에 참가하고는 있지만 여전히 소극적인 입장이다. 사실 차베스 대통령

〈표 8-7〉 남미은행 설립 및 운영을 둘러싼 브라질과 베네수엘라의 대립 양상

주요 이슈	브라질	베네수엘라
은행의 역할	지역개발은행 (남미 지역 인프라개발 금융지원)	남미 지역통화기금 (남미판 IMF 지향)
자본금 조달	회원 국가별로 균등하게 출자	경제 규모에 따라 차등적으로 출자
투표권	지분에 따른 차등적 투표권 부여	회원 국가별 동등한 투표권 부여

주도의 남미은행 설립은 남미 지역에서 점진적인 금융통합을 추진해오던 브라질의 계획에 배치되는 것이었다. 브라질은 2007년에 안데스 지역의 개발은행인 안데스개발공사(CAF)에 10억 달러를 추가 출자해 주요 주주가 되었다. 또한 브라질은 남미공동시장(MERCOSUR) 차원에서도 구조조정기금(FOCEM)을 설립하는 한편, 2008년 10월부터 아르헨티나와 무역대금 결제 시 미국 달러화가 아닌 자국 통화를 사용하기 시작했다. 이 같은 일련의 조치를 통해 브라질은 중장기적으로 남미 지역에서 자국 주도의 금융통합을 도모한다는 계획이었다. 한편 남미국가연합(UNASUR) 회원국 중 아직까지 남미은행 가입을 기피하고 있는 칠레, 페루, 콜롬비아, 가이아나, 수리남 등은 미국과 FTA를 체결했거나 미주개발은행에 대한 의존도가 높은 국가로, 남미은행이 지나치게 반미나 탈IMF·세계은행·미주개발은행을 지향하는 데 반대하는 입장이다.

셋째, 남미은행 설립과 운영이 지나치게 베네수엘라 차베스 대통령의 정치적·경제적 영향력에 의해 좌우되고 있는 점도 문제로 지적된다. 남미은행을 비롯해 최근 남미 지역의 각종 통합 프로젝트는 베네수엘라의 오일머니에 의존하는 경향이 강하다. 그러나 막대한 자금이 소요되는 남미은행 관련 각종 프로젝트에 베네수엘라의 오일머니로는 한계가 있다. 따라서 남미은행이 기존 지역개발은행들처럼 안정적인 개발금융기관으로 발전하고 막대한 자금이 소요되는 투자 프로젝트를 추진하기 위해서는 역내외로부터

지속적인 자본 조달이 필요한 상황이다. 그러나 남미은행 프로젝트들이 경제적 논리보다 지나치게 차베스 대통령의 정치적 논리에 의해 좌우될 경우 해외로부터의 신규자본조달에 상당한 어려움을 겪을 수 있다.

7. 라틴아메리카국가공동체(CELAC): 먼로주의에 대항한 볼리바르주의의 승리?

2010년 2월 멕시코에서 개최된 제23차 리우그룹(Rio Group)[21] 정상회의에서 라틴아메리카 정상들은 야심찬 프로젝트인 라틴아메리카국가공동체 (Community of Latin American and Caribbean States: CELAC) 창설을 선언했다. 라틴아메리카국가공동체의 창설은 미국과 캐나다를 제외한 라틴아메리카 33개국만의 첫 통합체라는 데 역사적인 의미가 있다. 이는 다른 한편으로 미주 지역에서 오랜 대립을 벌여왔던 볼리바르주의와 먼로주의[22] 간 전쟁의 상징적인 종식을 의미하기도 한다.

라틴아메리카국가공동체는 2000년대 들어 라틴아메리카 지역에서 이루어진 통합 심화 노력의 결정체라고 할 수 있다. 라틴아메리카국가공동체는 라틴아메리카 통합을 심화하고, 정치 및 경제 영역에서 미국의 영향력을 축소하며, 1948년 소련의 잠재적 위협에 대응해 미국 주도로 창설한 미주기

---

21) 중미 분쟁의 해결을 위해 멕시코, 파나마, 콜롬비아, 베네수엘라 등 4개국이 1980년대 초 결성한 '콘타도라그룹'이 1986년 라틴아메리카 정책 협의체인 리우그룹으로 발전했다. 현재 회원국은 23개국으로 확대되었으며 매년 정상회의를 개최한다.

22) 먼로주의(독트린)는 지난 두 세기 동안 라틴아메리카에 대한 외부 열강의 개입을 반대하고, 아울러 이 지역을 미국의 '뒤뜰(Backyard)'로 만드는 데 결정적인 선언문이자 지렛대가 되었다. 이성형, 「남미국가연합의 출범: 그 의미와 전망」, ≪정세와 정책≫, 7월호(2008), pp. 12~14.

구(OAS)의 대안적 성격을 갖는다. 또한 리우그룹과 「통합과 개발에 관한 라틴아메리카카리브 정상회의(Summit of Latin America and the Caribbean on Integration and Development: CALC)」[23]를 계승한다. 2010년 7월 라틴아메리카국가공동체는 조직의 헌장 초안을 작성하는 공동 의장으로 베네수엘라 차베스 대통령과 칠레의 피녜라 대통령을 선출했다.

라틴아메리카국가공동체의 설립 목적은 국제법 준수, 국가 주권의 동등대우, 비폭력, 민주주의, 인권 존중, 환경 존중, 지속 가능한 발전을 위한 국제협력, 라틴아메리카 국가들의 단합과 통합, 평화와 안전 증진을 위한 지속적 대화라는 9개 원칙에 기초한다. 이 같은 원칙에 기초해 회원국들은 지속 가능한 개발을 촉진하기 위한 통합 가속화, 국제무대와 글로벌 포럼에서 라틴아메리카의 통일된 입장 견지, 국제무대에서 지역의 대표성 강화를 위한 대화 강화, 지역기구와 소지역기구 간 시너지 도모, 역내에서는 물론 국제무대에서 협력과 대화를 위한 제도적 능력 배양, 협력적·통합적인 방법으로 기존 권한의 준수 강화, 분쟁의 평화적 해결을 위한 지역 차원의 적절한 메커니즘 마련 등을 목표로 한다.

라틴아메리카국가공동체의 출범은 경제적 동기보다는 정치적 동기가 강했다고 할 수 있다. 라틴아메리카국가공동체의 설립은 국제무대에서 라틴아메리카의 위상을 확대시킬 목적으로 라틴아메리카의 이해를 위한 공통의 의제, 공통의 시각, 공통의 영역을 개발하기 위한 정치적 의지를 반영한 것이다.

야심찬 출발에도 불구하고 라틴아메리카국가공동체의 전도가 밝지만은 않다. 회원국 간에 정치적 스펙트럼이 다양하고 미국과의 관계에 대한 입장

---

23) CALC는 미국 등 제3국이나 외부 기구가 참여하지 않는 순전히 라틴아메리카 국가 정상들만 참여하는 유일한 포럼이라는 데 기존의 정상회의와 차별성이 있다.

차이가 커, 공통의 이해와 입장을 효과적으로 결집하는 데 한계가 클 전망이다. 실제로 출범 첫해인 2010년 현재 라틴아메리카국가공동체가 미주기구를 완전히 대체해야 한다는 입장에 반대하는 회원국의 주장도 만만치 않다.

8. 미주(美洲)를 위한 볼리바르 동맹(ALBA): 신자유주의 경제통합의 대안?

ALBA(Bolivarian Alliance for the Peoples of Our America)는 '미주(美洲)를 위한 볼리바르 동맹'을 의미하는 단어로, 남미통합을 꿈꿨던 라틴아메리카의 해방자 시몬 볼리바르의 이름에서 따왔다. ALBA는 미국 주도의 미주자유무역지대(FTAA)에 대한 대안으로 차베스 대통령의 주창으로 설립되었다.[24]

베네수엘라와 쿠바의 2개국으로 출범한 회원국은 2010년 말 현재 앤티가바부다, 볼리비아, 도미니카, 에콰도르, 니카라과, 세인트빈센트그레나딘 등을 포함해 8개국으로 확대되었다. 2008년 8월 중미 국가인 온두라스도 ALBA 회원국으로 가입했으나 현재는 탈퇴한 상태다. 쿠데타로 쫓겨난 마누엘 셀라야(Manuel Zelaya) 대통령을 복권시키기 위해 온두라스를 침략할 수도 있다는 차베스 대통령의 발언에 격분해 온두라스 의회는 2010년 1월 ALBA 탈퇴를 승인했다. 그러나 베네수엘라 주도의 에너지통합 프로젝트인 페트로카리브(Petrocaribe)의 일원으로 여전히 활동하고 있다.

ALBA는 정치적 측면에서 미국과 대립각을 세우고 있지만, 경제적 측면에서는 미국과 긴밀한 관계를 지속하는 등 실용주의적 태도를 보이고 있다. ALBA 회원국 중 미국과 관계를 단절한 국가는 하나도 없다. 니카라과의 다

---

24) 여기서 형용사 Bolivarian은 Simon Bolivar를 지칭한다. 처음에는 Alliance 대신 Alternative를 사용했으나 2009년 6월 변경했다.

니엘 오르테가(José Daniel Ortega Saavedra) 대통령은 미 제국주의를 강하게 비판하면서도 미국과의 FTA를 지지하고 있다. 마찬가지로 베네수엘라도 미국에 석유를 계속 수출하고 있으며, 볼리비아도 차관을 통한 특혜 대우 등을 놓고 미국과 협상을 지속하고 있다.

ALBA는 다양한 통합사업을 추진하고 있다. 먼저 에너지통합 프로젝트인 페트로카리브가 있다. 페트로카리브는 석유를 활용한 베네수엘라의 대표적인 외교정책 수단 중 하나다. 2005년 6월 차베스 대통령은 카리브 14개국과의 정상회의에서 카리브 지역 내 에너지 불균형 타파를 목표로 다자간 에너지정책 협의체인 페트로카리브를 설립했다. 주요 활동으로는 역내 회원국 간 석유 및 그 파생품·가스·전력 등을 포함한 에너지정책 조정, 에너지 인프라 개발과 기술협력 및 기술인력의 연수, 풍력·태양열 등 대체에너지원 이용 촉진 등이 있다. 주요 협력 내용은 베네수엘라가 회원국에 제공하는 혜택들로 구성되는데, 석유 수입액의 40%까지 2년간의 거치기간 및 17~25년간의 장기 상환기간을 부여하고 나머지 60%는 30~90일간의 단기 금융 제공, 상환기간 중 연간 1%의 금리 적용(단, 국제 석유가가 배럴당 40달러 이상 유지 시), 국제 석유 가격이 배럴당 100달러대에 진입할 경우 장기상환 대상을 석유 수입액의 50%로 확대, 정유소 확충 프로젝트 추진 등이 대표적이다. 현재 페트로카리브에 참여하는 회원국은 도미니카공화국, 쿠바, 바하마, 자메이카, 아이티, 니카라과, 도미니카, 수리남, 가이아나, 벨리즈 등 16개국이다.

ALBA는 현재 지역의 공동화폐인 수크레(SUCRE) 도입을 추진 중이다. 2008년 12월 회원국들은 통화통합의 첫 단계로 수크레라고 하는 공동화폐를 도입하기로 합의했다. 그 결과 현재 동카리브 달러(Eastern Caribbean Dollar)를 사용하는 카리브공동시장(CARICOM)의 3개 국가는 ALBA 회원국간 전자거래 시 달러보다 수크레를 사용하고 있다. 또한 2010년 7월 베네수엘라와 에콰도르는 양국 간 교역에서 달러 대신 수크레를 사용한 첫 거래를 성사시켰다.

ALBA는 또한 상호 합의 가능한 '인민무역협정(People's Trade Agreement: PTA)'을 진척시켜나가고 있다. 인민무역협정은 미국이 추진하는 강압적이고 일방적인 자유무역협정과 대치되는 개념이다. 한편 회원국들은 다국적 TV 방송국인 텔레수르(Telesur)를 설립해 ALBA의 이념적 메시지를 전파하는 도구로 활용하고 있다.

ALBA에서 베네수엘라의 역할은 절대적이다. 베네수엘라 경제연구센터(CIECA)에 따르면 2004년 ALBA 창설 이후 2008년 9월까지 페트로카리브 등을 통한 베네수엘라의 지원은 329억 5,200만 달러에 달했다.

9. 심층통합협정(AIP): 신자유주의 경제통합의 보루

2000년대 들어 라틴아메리카의 지역 내 통합이 정치적 성격에 치우친 반면에 지역 외 국가들과 FTA를 통한 경제통합은 경제적 목적에 초점을 맞추고 있어 주목된다. 라틴아메리카 국가들은 2005년 이후 역외 국가들과 35건의 FTA를 체결했거나 협상을 추진 중이다. 라틴아메리카 국가 중에서도 역외 국가들과 FTA 추진에 적극적인 국가는 칠레, 콜롬비아, 코스타리카, 파나마, 페루 등으로 대부분 시장친화적 경제정책을 추진해왔다. 이들 국가는 역외 국가들과의 FTA를 경제성장의 새로운 동력으로 활용하고 있다. 주요 FTA 대상국은 EU, 미국, 캐나다 등 구미 국가 이외에 한국, 중국, 일본, 싱가포르 등 아시아 국가가 대부분이다.

특히 최근 라틴아메리카에서 주목할 만한 점은 정치적 성격의 범지역적 통합 움직임이 유행하는 한편으로 순전히 경제적 목적을 겨냥한 경제통합이

〈표 8-8〉 라틴아메리카 국가들의 역외국과의 FTA 추진 현황(2005~2010년 8월)

경제통합체/ 국가	대상국	협정 유형	현황
카리브공동시장	EU	AA	협정 체결(2008.10), 임시 적용
	캐나다	FTA	협상 중
안데스공동체	EU	AA	콜롬비아 및 페루와 협상 종료(2010.3)
중미공동시장	EU	AA	협상 종료(2010.5)
남미공동시장	이집트	FTA	협정 체결(2010.8)
	이스라엘	FTA	아르헨티나를 제외한 남미공동시장(MERCOSUR) 3국 과 협정 발효
	SACU	PTA	협정 체결(2008.12), 협정 개정 중
	EU	AA	협상 재개(2010.5)
칠레	TPP	AA	발효
	호주	FTA	발효
	중국	FTA	발효
	일본	AA	발효
	말레이시아	FTA	협상 완료(2010.5)
	터키	FTA	협정 체결(2009.7)
	베트남	FTA	협상 중
콜롬비아	캐나다	FTA	협정 체결(2008.11)
	EFTA	FTA	협정 체결(2008.11)
	미국	FTA	협정 체결(2006.11)
	한국	FTA	협상 중
코스타리카	중국	FTA	협정 체결(2010.4)
	싱가포르	FTA	협정 체결(2010.4)
도미니카공화국	캐나다	FTA	협상 중
	EU	AA	협정 체결(2008.10)
파나마	캐나다	FTA	협정 체결(2010.5)
	미국	FTA	협정 체결(2007.6)
	싱가포르	FTA	발효
	EU	AA	협상 완료(2010.5)
페루	TPP	AA	협상 중
	캐나다	FTA	발효
	중국	FTA	발효
	미국	FTA	발효

EFTA	FTA	협정 체결(2010.7)
한국	FTA	협상 중
일본	AA	협상 중
싱가포르	FTA	발효

주: 연대협정(AA): Association Agreement, 특혜무역협정(PTA): Preferential Trade Agreement,
　자유무역협정(FTA): Free Trade Agreement.
자료: CEPAL(2010).

추진되고 있다는 것이다. 대표적으로 멕시코, 페루, 콜롬비아, 칠레 등 4개국 정상은 2011년 4월 27~28일 페루 리마에서 정상회의를 갖고 '태평양협정 (Acuerdo del Pacifico)'으로 불리는 '심층통합협정(Acuerdo de Intergrado Profundo: AIP)'에 서명했다. 심층통합협정은 2010년 12월, 20차 이베로아메리카 정상회의에서 페루의 가르시아 대통령이 처음으로 주창했다. 최근 남미공동시장과 함께 양대 경제블록으로 평가되던 안데스공동체가 급속도로 힘을 잃고, 좌파블록인 ALBA의 확산이 주춤하는 가운데 심층통합협정은 브라질 주도의 남미공동시장에 대항하기 위한 대안으로 부상했다.[25] 심층통합협정이 브라질 주도로 외연 확대를 추진 중인 남미공동시장을 대체하기는 현실적으로 쉽지 않으나, 최근 들어 급속히 약화되고 있는 안데스공동체를 대체할 가능성은 충분하다고 본다. 심층통합협정은 회원국 간 상품과 서비스, 자본, 노동력의 자유로운 이동은 물론 교육·과학기술 분야의 교류 확대를 통한 실질적인 심층 경제통합을 지향한다. 심층통합협정은 궁극적으로 라틴아메리카 그룹과 아시아 그룹 국가 간 심층적인 경제협력을 추구할 것으로 전망된다.

심층통합협정과 더불어 주목되는 움직임은 2007년부터 추진되고 있는 라

25) 일부에서는 심층통합협정(AIP)이 멕시코의 가입으로 중장기적으로 남미공동시장의 대항세력으로 성장할 가능성이 충분하다고도 평가한다.

틴아메리카 태평양 지역 국가 간 통합구상(Latin American Pacific Basin Initiative) 이다. 현재 회원국은 칠레, 콜롬비아, 코스타리카, 에콰도르, 엘살바도르, 과테말라, 온두라스, 멕시코, 니카라과, 파나마, 페루 등 11개국으로 에콰도르를 제외하고 모두 미국과 FTA를 체결했다. 이들 국가는 라틴아메리카 국가 중에서도 미국에 우호적이며 시장친화적인 경제정책을 추진하고 있다는 점에서 공통점이 있다. 그러나 아직까지 모든 회원국 간 상호 FTA가 체결되어 있지 않아, 그 논의가 자유무역지대를 의미하는 관세 수렴 단계로까지는 발전하지 못하고 있다. 그 대안으로 회원국들은 회원국 간의 상이한 원산지 규정의 통일을 추구한다. 원산지 규정이 통일된다는 것은 회원국 간 거래된 상품을 사용해 만든 회원국산 원재료가 특혜무역 자격을 받게 됨을 의미한다. 그러나 회원국 간의 원산지 규정이 달라 원산지 규정의 통일이 기술적으로 쉽지 않다. 일부 회원국 간에는 아직 FTA조차 체결되어 있지 않기 때문이다. 앞으로 원산지 규정이 통일되면 회원국 경제의 생산 체인 통합에 크게 기여할 전망이다. 2009년 11월 멕시코 푸에르토바야르타에서 개최된 5차 통상장관회의에서 회원국들은 원산지 규정, 무역 기술 장벽, 위생 검역, 관세 형식, 분쟁 해결, 무역 구제 등을 시작으로 무역수렴 협상을 개시했다.

참고문헌

권기수. 2000. 「남미자유무역지대 추진 경과와 출범 전망」. 대외경제정책연구원. ≪월간 세계경제≫, 9월호.

_____. 2009. 「남미은행의 출범 배경과 전망」. 대외경제정책연구원. ≪KIEP 지역경제포커스≫.

김원호. 1997. 『MERCOSUR 회원국의 경제통합 정책과 추진 방향』. 서울: 대외경제정책연구원.

김원호·권기수·김진오·박수완·곽재성. 2006. 『남미공동시장(MERCOSUR)의 FTA 협상 사례와 시사점』. 서울: 대외경제정책연구원.

김진오. 2004. 『한-안데스공동체(CAN) 협력 현황과 전망』. 서울: 외교통상부.

김진오·권기수·고희채·박미숙. 2010. 『한·중·미 경제협력 확대방안』. 서울: 대외경제정책연구원.

김종섭. 2003. 『한국과 남미공동체 간의 경제협력: 현황과 증진 방안』. 서울: 외교통상부.

문남권. 2004. 「미주 경제통합의 역사와 전망」. ≪중남미연구≫, Vol. 17, No. 1.

수출입은행 해외경제연구소. 2009. 「에콰도르, 꼬레아(Correa) 대통령의 재선 배경 및 향후 전망」. ≪해외경제·투자정보≫.

외교통상부. 2011. 『중남미 지역기구 개황』. 서울: 외교통상부.

이성형. 2008. 「남미국가연합의 출범: 그 의미와 전망」. 세종연구소. ≪정세와 정책≫, 2008년 7월호, pp. 12~14.

조희문. 1993. 『남미공동시장』. 서울: 대한무역투자진흥공사.

Blanco, Herminio M. and Jaime Zabludovsky K. 2003. "Alcances y límites de la negociación del Acuerdo de Libre Comercio de las Américas." Documento de Trabajo-IECI-01. Buenos Aires: INTAL-ITD-STA.

CEPAL. 2003. *Panorama de la inserción internacional de América Latina y el Caribe.* LC/G.2189-P, Marzo, Santiago de Chile.

_____. 2009a. *El Arco del Pacífico Latinoamericano después de la crisis: Desafíos y Propuestas.* Santiago de Chile.

_____. 2009b. *Latin America and the Caribbean in the World Economy 2008~2009.*

Santiago de Chile.

_____. 2010. *Latin America and the Caribbean in the World Economy 2009~2010.* Santiago de Chile.

Devlin, Robert, Antonio Estevadeordal, and Luis Jorge Geray. 1999. "The FTAA: Some Longer Term Issues." *Occasional Paper 5,* Buenos Aires: INTAL.

ECLAC. 2010. *Latin America and the Caribbean in the World Economy 2009~2010.* Santiago de Chile

Mattheis, Fraank. 2008. "Regional Integration in Latin America: The dawn of a new ere?" 12th EADI General Conference: Global Governance for Sustainable Development.

Roberto, Bouzas. 2010. "Apuntes sobre el estado de la integración regional en América Latina." *Documento de trabajo,* No1-2010. Red Mercosur.

Saez, Sebastian. 2008. "La integración en busca de un modelo: los problemas de convergencia en América Latina y el Caribe." *SERIE Comercio internacional 83,* Julio, Santiago de Chile.

Vaillant, Marcel. 2007. "Convergencias y divergencias en la integración sudamericana." *SERIE Comercio internacional 83,* Agosto, Santiago de Chile.

9장 라틴아메리카 다국적기업(Multilatinas)의 부상

|단원 핵심 주제|
- 물티라티나스란 무엇인가?
- 물티라티나스 기업들이 성장하게 된 동기는 무엇인가?
- 물티라티나스 기업들의 현황은 어떠한가?
- 각국 물티라티나스 기업들의 성장전략은 무엇인가?

1. 물티라티나스란?

최근 라틴아메리카 경제성장과 더불어 라틴아메리카의 다국적기업인 물티라티나스(Multilatinas)가 주목받고 있다. 사실 1990년대까지만 해도 다국적기업은 선진국의 전유물로 인식되었다. 그러나 21세기 들어 개발도상국에서도 전 세계를 무대로 활동하는 다국적기업이 속속 출현하고 있다. 그중에서도 한국, 말레이시아, 싱가포르의 다국적기업들이 1990년대에 활발한 해외투자를 전개해 선두에 위치해 있다. 라틴아메리카에서도 칠레, 멕시코, 브라질의 기업들이 자원 붐에 힘입어 후발주자로 나섰다. 2006년에 보스턴 컨설팅그룹(Boston Consulting Group)은 라틴아메리카 다국적기업의 출현을 글로벌비즈니스의 혁명이라고까지 불렀다.

물티라티나스는 간단히 말하면 라틴아메리카의 다국적기업이라 정의할 수 있다. 물티라티나스라는 개념은 미주 대륙에서 사업을 하기 시작한 기업들을 부각시킬 목적으로 1986년 ≪아메리카에코노미아(AméricaEconomía)≫가 처음으로 사용했다. 현재 그 개념은 라틴아메리카 밖의 지역에서 활동하는 기업에게도 적용된다. 쿠에로 카수라(Cuero-Cazurra, 2010)는 물티라티나스를 보다 정확히 스페인, 포르투갈, 프랑스의 식민지였던 미주 대륙에 있으며 미주 대륙 밖에서 부가가치를 생산하는 영업활동을 하는 기업이라 정의한다. 최근에는 물티라티나스를 세분화하려는 시도도 이루어지고 있다. 카사노바와 프레이저(Casanova and Fraser, 2009)는 물티라티나스 중에서도 민간 소유이고 라틴아메리카에 기반을 두고 있으며 적어도 한 개 이상의 대륙에서 활동하며 연 매출 5억 달러에 달하는 기업들을 글로벌라티나스(Global Latinas)로 정의하여 불렀다. 세계적인 컨설팅그룹인 보스턴컨설팅그룹은 매년 '보스턴컨설팅그룹 선정 100대 물티라티나스(100 BCG Multilatinas)'를 선정해 발표해오고 있다. CEPAL은 라틴아메리카의 다국적기업을 트란스라티나스(Translatinas)라는 명칭으로 부른다.

2. 물티라티나스의 발전 과정

물티라티나스는 최근에 이르러서야 주목받기 시작했으나, 라틴아메리카에서 그 기원은 19세기 말까지 거슬러 올라간다. 대표적으로 아르헨티나 신발업체인 Alpargatas는 1890년에 해외에 첫 사무소를 개소했으며, 아르헨티나 농기업인 Bunge & Born은 1905년 해외에서 농작물 생산을 개시했다. 그러나 이는 매우 예외적인 경우에 해당한다. 불과 얼마 전까지만 해도 라틴아메리카 기업들 중 해외에 진출한 사례는 손가락에 꼽을 정도였다.

지금까지 물티라티나스는 네 번의 발전 시기를 거쳐왔다. 제1단계는

1970~1982년의 기간으로 라틴아메리카 기업들의 해외직접투자(Emerging FDI)가 시작된 시기다. 라틴아메리카 기업들은 1970년대 들어 미미하지만 개발도상국의 해외직접투자 대열에 참여했다. 당시 라틴아메리카 기업 대부분의 해외직접투자는 남-남 투자, 즉 개발도상국 간의 투자였다. 시장을 확보하거나 높은 관세를 회피하기 위한 목적이 주를 이루었다. 이 시기 해외직접투자는 상대적으로 미미했다. 당시 물티라티나스는 라틴아메리카 지역 내의 자연적 시장(Natural markets)을 개척하기 위해 인접 국가에 지사를 설치했다. 여기서 자연적 시장이란 카사노바(Casanova, 2002)가 정의한 개념으로 지리적 인접성(Geographical proximity), 동일 언어 사용(Same linguistic sphere), 공통의 역사적 유대(Common historical links)라는 세 가지 기준을 충족시키는 시장이다. 라틴아메리카가 스페인 기업들에게 자연적 시장이듯이 히스패닉 인구가 많이 거주하는 미국도 라틴아메리카의 기업들에게 자연적 시장에 가깝다. 라틴아메리카의 기업들은 소비자의 맛과 기호가 라틴아메리카와 친숙한 미국에서 보다 편안하게 서비스를 제공할 수 있었다. 또한 스페인은 라틴아메리카 기업들이 유럽에 진출하는 데 진출 거점(Entry point)이 되었다. 이에 따라 라틴아메리카 기업들은 처음에 상대적으로 진출이 쉬운 자연적 시장을 공략하고, 자연적 시장에서의 성공을 발판으로 제3시장에 진출하는 전략을 구사했다.

제2단계는 1982~1990년 사이로 우리가 흔히 '잃어버린 10년'이라 부르는 기간이다. 1982년 8월 멕시코가 채무 디폴트를 선언하며 촉발된 라틴아메리카 외채위기는 라틴아메리카 경제는 물론 라틴아메리카의 외국인직접투자(FDI) 유치 및 해외직접투자에도 큰 악영향을 미쳤다. 그간 수입대체산업화 정책이라는 온실 속에서 보호받아왔던 라틴아메리카의 대기업들(주로 자동차부품, 섬유, 철강 기업 등)은 도산하거나 외국의 다국적기업들에 매각되었다. 외채위기 극복의 일환으로 라틴아메리카 국가들은 1980년대 후반부터 관세장벽 인하, 외국인투자 개방, 환율통제 완화 등을 통한 경제자유화를 개시했다. 이러한 과정은 1990년대에도 지속되었다. 급진적 경제자유화로 많은 토종 기업들이 사라졌다. 그러나 일부 라틴아메리카 기업들은 경제자유화 과정에서 살아남아 경쟁력을 축적해 해외로 진출할 수 있는 토대를 갖추게 되었다.

제3단계는 1990~2002년의 기간으로 우리가 흔히 '워싱턴 컨센서스'라고 부르는 신자유주의 경제정책이 득세하던 시기다. 1990년대에 여러 가지 요인으로 라틴아메리카의 대내외 직접투자가 큰 증가세를 보였다. 라틴아메리카 각국이 정치적으로 워싱턴 컨센서스로 알려진 일련의 개방정책을 실시하면서 국영기업의 민영화[1]는 물론 통신, 유틸리티, 가스 및 철강 등 규제 산업에서 경제자유화 광풍이 밀어닥쳤다. 이러한 경제자유화의 열풍속에서 많은 라틴아메리카 정부들이 수입대체산업화 정책을 폐기하고 IMF와 세계은행이 장려하는 시장친화적인 전략을 채택했다. 그 결과, 1991~2001년 사이 라틴아메리카에서 국영기업의 수가 전체 기업의 20%에서 9%

---

1) 브라질과 멕시코의 1990년대 민영화 정책에는 국가챔피언(National champion)의 출현이 크게 기여했다. 대표적인 예로 멕시코에서 외국인 참여를 제한해왔던 수직적으로 통합된 대형 국영통신회사의 매각은 텔멕스(Telmex)와 아메리카 모바일(América Móvil)의 출현에 결정적으로 기여했다. 브라질에서도 일련의 민영화와 개혁 정책에 힘입어 발리(Vale), 엠브라에르(Embraer), 페트로브라스와 같은 전문성을 가진 대형 상장기업이 등장했다. 동시에 브라질 정부는 이들 기업의 매각을 막기 위해 여전히 페트로브라스의 지배주식은 물론 발리와 엠브라에르의 황금주를 갖고 있다. 브라질 경제사회개발은행(BNDES)도 브라질 기업들의 국제화에 적극적인 역할을 담당했다. BNDES는 1994년부터 국내 기업에 대한 대출 한도를 확대하기 시작했으며, 2002년에는 브라질 기업의 해외진출을 지원하기 위해 특별지원 프로그램을 만들었다. BNDES는 2009년에만 농가공, 자본재, 건설/엔지니어링, 가전소비, 에너지, 기술서비스, IT 분야의 브라질 다국적기업에 80억 달러를 지원했다. 브라질 다국적기업들은 국내금융시장에서 자본 조달에 어려움을 겪고 있으며 대부분 자기자본이나 해외 차입에 의존하고 있다.

미만으로 감소했다. 이 당시 라틴아메리카 경제는 1994년 체결한 북미자유무역협정(NAFTA) 등을 통해 거대경제권으로 통합이 가속화되고 있었다.

　이러한 경제자유화 환경에서 글로벌 다국적기업들이 다시 라틴아메리카로 돌아왔다. 경제자유화와 국내 제조업 및 서비스사업에서 다국적기업 주도의 경영 합리화에 힘입어 라틴아메리카 기업들은 물론 라틴아메리카 경제 전체가 커다란 변화를 겪었다. 라틴아메리카 기업들은 자국 내에서 위상을 강화하는 한편 효율성 도모, 비교우위 확보, 국제시장에서의 자금도입 등을 통해 해외로도 사업 확장을 도모했다. 그러나 1997년 아시아 경제위기의 여파와 2000년 3월 인터넷 버블 붐의 붕괴에 따른 2000년 주식시장 폭락으로 라틴아메리카 기업들의 본격적인 해외시장 진출은 지체될 수밖에 없었다. 라틴아메리카 경제는 1980년대에 이어 다시 잃어버린 5년(1997~2002년)을 맞기도 했다. 이에 따라 1990년대 라틴아메리카 시장에 몰려왔던 많은 다국적기업이 위험을 회피하기 위해 라틴아메리카 시장을 다시 떠났다.

　제4단계는 2002년 이후부터 현재까지다. 이 시기를 라틴아메리카 기업들의 본격적인 해외시장 진출(Going Global)기라 부른다. 이 시기는 라틴아메리카 경제 붐과 더불어 시작되었다. 1차산품 가격의 급등에 힘입어 자원에 기반을 둔 라틴아메리카 기업들이 급성장했다. 라틴아메리카 기업들은 막대한 매출로 인해 자본을 축적하게 되었고, 풍부한 자금을 기반으로 과거 서방 기업들처럼 기업 사냥에 나섰다. 2004년 멕시코 시멘트기업인 세멕스(CEMEX)는 58억 달러에 영국의 RMX 그룹을 인수했다. 2006년에는 브라질의 발리(Vale)가 캐나다의 니켈 생산업체인 Inco를 178억 달러에 인수했다. 이 같은 적극적인 기업 사냥에 힘입어 2006년 라틴아메리카 기업들의 해외투자는 430억 달러로 급증했다. 그에 반해 같은 해 라틴아메리카의 외국인 직접투자 유치 규모는 중국과 인도 등에 대한 투자 확대의 영향으로 724억

<표 9-1> 물티라티나스의 발전 단계

발전 단계	주요 기업	시장 특성
1단계 (1970~1982년) 해외직접투자 개시	프랑스에 AirLittoral 수출 (Embraer, 1977), 미국에 지사 설립 (Embraer, 1979)	· 국가의 시장 보호가 가족 소유 대기업의 출현을 촉진 · 가족 소유 대기업의 국내시장 팽창 · 해외시장 진출의 구조적 장벽 존재 · 라틴아메리카 기업들의 해외진출 개시
2단계 (1982~1990년) 잃어버린 10년	미국 California Steel Industries 인수(Vale, 1984), 미국 Southdown과 합작투자 (CEMEX, 1986), 미국 Mrs Baird's 인수 (Bimbo, 1988), 미국 Sunbelt 인수 (Southdown & CEMEX, 1989)	· 1982년 8월 멕시코의 채무 디폴트 선언 · 민영화 및 규제 완화 개시 · 국제화 추세 주춤
3단계 (1990~2002년) 워싱턴 컨센서스	스페인 Valencia and Sanson 인수(CEMEX, 1992), 미국 Southdown 인수 (CEMEX, 2000)	· 경제자유화, 통신·유틸리티·가스·철강 산업 민 영화와 규제 완화, 시장친화적 전략 도입 · 외국인직접투자 유입 증가 · 국영기업의 수 절반으로 감소 · 다국적기업들(주로 스페인 기업)의 은행, 석유 기 업, 통신 회사 인수 · 1994년 북미자유무역협정(NAFTA) 발효 · 1998~1999년 발발한 아시아 및 러시아의 위기 로 주식시장 붕괴 · 2000년 이후 다국적기업들이 라틴아메리카에서 철수 개시 · 라틴아메리카 기업의 내수시장 및 역내시장에서 의 위상 공고화
4단계 (2002~현재) 해외시장 진출	미국 George Weston 인수 (Bimbo, 2002), 중국 Avic II와 합작투자(조 립라인 건설) (Embraer, 2002), 아르헨티나 Pecom 인수 (Petrobras, 2002) 포르투갈 Ogma 인수 (Embraer, 2004), 영국 RMC 그룹 인수 (CEMEX, 2005), 미국 Verizon Dominicana 인수 (América Móvil, 2006), 스페인 Panrico 인수 (Bimbo, 2006), 캐나다 Inco 인수	· 역내 M&A를 통해 글로벌라티나스의 역할 증대 · 1차산품 붐에 힘입어 자원 기업의 성장 확대 · 중국으로 투자 패턴 이동 · 해외직접투자의 증가 · 높은 경제성장세 지속 · 과감한 인수전략을 통해 미국 및 유럽 시장 진출 · 수출 품목의 다변화

자료: Casanova et al.(2009).

달러에 그쳤다.

2003년에서 2008년 사이 라틴아메리카의 해외직접투자는 국경 간 M&A에 힘입어 크게 증가했다. 그중에서도 브라질의 투자가 가장 두드러졌는데, 1991~2000년 사이 연평균 10억 달러였던 투자 금액은 2003~2008년 사이 110억 달러로 증가했다. 특히 2006년에는 사상 처음으로 브라질에서 해외직접투자가 외국인직접투자를 앞섰다. 2009년 말 현재 브라질의 해외직접투자 누계액은 1,580억 달러에 달하는데, 이는 2003년에 비해 세 배나 높고 라틴아메리카 국가 중에서는 가장 많은 것이다.

3. 물티라티나스의 해외진출 동기

그렇다면 라틴아메리카 기업들이 국제화 전략을 추진하는 동기는 무엇인가? 사실 오랜 기간 라틴아메리카에서는 국내 기업 보호, 높은 관세, 자본시장의 저발전, 불충분한 R&D 수준, 위험회피를 선호하는 가족 소유 대기업, 정치적·경제적 불안정 등의 요인으로 기업의 글로벌화가 차단되어 있었다(Sinha, 2005). 그러나 하버러와 코한(Haberer and Kohan, 2007)의 지적대로 라틴아메리카 기업들의 발전을 가로막았던 부정적 요인 중 일부가 갑작스럽게 전략적 비교우위 요인으로 작용했다. 여기서는 그 요인을 라틴아메리카 경제의 환경 변화, 즉 거시적 환경의 변화와 기업의 속성으로 설명하고자 한다.

먼저 거시적 요인을 살펴보면 경제자유화를 들 수 있다. 라틴아메리카에서 1980년대 후반과 1990년대에 경제자유화 정책이 추진되면서 국내 기업들은 더 이상 수입대체산업화 등을 통한 국가의 보호에 안주할 수 없게 되었다. 경제자유화 정책으로 국내 자산을 인수한 외국계 다국적기업과 경쟁을 해야 하는 상황이 늘어났다. 칸나와 팔레푸(Khanna and Palepu, 2006)가 지적했듯이 자신들의 뒷마당에서 글로벌 다국적기업과의 경쟁은 라틴아메리카 토종 기업들에게는 커다란 도전이었다. 현대판 골리앗과 다윗의 싸움이었다. 외국계 대형 기업들은 국제자본시장에서 손쉽게 자금을 조달할 수 있었고, 최고 수준의 경영진을 보유하고 있었으며, 강력한 브랜드와 첨단기술을 갖고 있었다. 라틴아메리카의 기업들은 이러한 긴박한 상황에서 살아남기 위해 처절한 변신을 해야 했다. 그들은 생사의 기로에서 구조조정과 기술 업그레이드, 경영 노하우 습득을 통해 국제적으로 팽창해야 했다.

또 다른 거시적 요인으로 경제통합을 들 수 있다. 1994년 이후 북미자유무역협정(NAFTA) 등에 힘입어 멕시코의 기업들은 미국, 캐나다 등 해외로 진출할 기회를 갖게 되었다. 남미에서도 남미공동시장(MERCOSUR) 출범 등에 힘입어 브라질, 아르헨티나 등 회원국 기업들의 인근 시장 진출이 용이해졌다. 세계경제포럼(WEF)에 따르면 1990~2006년 사이 라틴아메리카의 GDP 대비 개방도는 12%에서 21%로 크게 증가했다. 동시에 수출 증가율도 전 세계 평균 수출 증가율인 3%를 크게 웃도는 8.1%를 기록했다.

라틴아메리카의 기업들은 또한 정치적·경제적 불안 요인 때문에 라틴아메리카 시장을 떠난 외국계 다국적기업들이 매각한 자산을 매입했다. CEPAL(2006)에 따르면 2000년에 라틴아메리카 상위 500대 기업의 총매출에서 외국계 다국적기업이 차지하는 비중은 41%에서 5년 만에 25%로 급감했다. 외국계 다국적기업들과 달리 라틴아메리카 기업들은 현지 소비자 기호를 잘 알고 있었고 라틴아메리카의 제도적 현실에 매우 익숙해 현지시장이나 정치 환경의 변화를 잘 헤쳐나갈 수 있었다. 결과적으로 라틴아메리카 현지 시장을 놓고 라틴아메리카 토종 기업과 외국계 다국적기업이 벌인 살벌한 경쟁은 일부 기업들에게는 축복이었다. 이러한 경쟁을 통해 라틴아메리카 기업들은 혁신적이 되었으며, 영업 능력을 확대하고 M&A 기술과 브랜드 관리를 강화할 수 있었다.

다음으로 기업 특유의 요인을 들 수 있다. 더닝(Dunning, 1993)에 따르면 기업의 해외진출 동기는 크게 시장추구형(Market-seeking), 자원추구형(Resource-seeking), 효율성추구형(Efficiency-seeking), 자산추구형(Asset-seeking)으로 나뉜다. 이러한 해외진출 동기는 라틴아메리카 기업들에게도 그대로 적용된다.

먼저 시장추구형 전략은 라틴아메리카 기업들이 가장 선호하는 진출 전략이다. 풍부한 천연자원과 값싼 노동력을 소유한 라틴아메리카 기업들은 시장확보 전략에 주력하고 있다. 주요 진출대상 지역은 자연적 시장인 인근 국가나 라틴아메리카 지역이다. 식품 기업들의 경우 라틴아메리카 시장에서 입지를 확고히 한 후 미국 등 라틴아메리카 이외 지역으로의 진출도 서슴지 않고 있다. 대표적으로 멕시코 기업인 빔보(Bimbo)와 그루마(Gruma)는 미국에서 사업을 시작한 이후 멕시코 이민자들의 요구를 충족시키기 위해 다른 지역에서도 사업을 펼치고 있다. 유럽 시장에 진출을 개시한 데 이어 최근에는 가예타(Galletas)와 토르티야(Tortillas) 등 멕시코 식품의 점증하는 수요를 충족시키기 위해 중국과 일본에도 진출했다.

자원추구형 진출 전략은 라틴아메리카 기업들이 두 번째로 선호하는 전략이다. 특히 석유 부문에서 이러한 전략이 활발하게 나타난다. 브라질의 페트로브라스, 칠레의 ENAP 같은 국영석유회사를 중심으로 석유 자원 확보를 위해 인근 라틴아메리카는 물론 아시아, 유럽, 중동에 진출하고 있다. 석유 산업의 상류 부문뿐 아니라 석유정제, 판매 등의 하류 부문에도 활발히 진출하고 있다. 베네수엘라의 국영석유회사인 PDVSA의 경우 자사의 석유 제품을 판매하기 위해 미국과 유럽에서도 영업활동을 하고 있다.

생산비용 절감을 위한 효율성추구형 전략은 라틴아메리카 기업들의 해외진출 전략 중에서 가장 생소한 전략이다. 라틴아메리카 기업들은 아시아 다국적기업들에 비해 최근에 들어서야 생산비용 절감을 위해 라틴아메리카 이외의 시장 진출을 타진하고 있다. 대표적인 예로 멕시코 대기업인 알파(Alpha)의 자회사 Nemak를 들 수 있다. 자동차엔진에 사용되는 최첨단 알루미늄 실린더의 헤드와 블록을 생산하는 Nemak는 유럽 및 아시아 시장을 공략하고 상대적으로 저렴한 노동력을 활용하기 위해 중국과 동유럽에 지사를 설치했다.

마지막으로 자산추구형 전략은 일반적으로 R&D와 연관된 활동과 관련이 깊다. 주로 새로운 기술을 확보하기 위해 선진국 기업들과 전략적 제휴나 인수합병을 시도하는 것을 말한다. 브라질의 항공기업체인 엠브라에르(Embraer)는 EADS, Dassault, Thales, Snecma 같은 유럽 그룹과의 전략적 제휴에 힘입어 다양한 노하우를 습득했다. 중국의 다국적기업에는 시장추구형 전략에 이어 두 번째로 중요한 이 전략이 라틴아메리카 다국적기업에는 그다지 중요성이 없다. 라틴아메리카 다국적기업이 아시아 다국적기업에 비해 창조적인 자원 확보에 흥미가 크지 않은 이유는 전자, IT, 화학 및 수송장비 등 R&D 집약적인 분야에서 위상이 낮기 때문이다.

이 밖에 라틴아메리카 기업들은 경쟁적 우위 확보(Competitive advantage-seeking)를 위해 해외에 진출한다. 많은 라틴아메리카 기업들은 해외진출을 통해 노하우와 전문성을 확보할 수 있었다. 또한 일부 라틴아메리카 기업들의 경우 값싼 자본 확보(Access to cheaper capital)를 위해 해외에 진출한다. 주로 미국과 스페인에 법인을 설립하고 거기서 채권을 발행해 필요한 자본을 조달한다. 이렇게 하는 것은 라틴아메리카 각국의 국가신용등급이 낮아 국내시장에서의 자본 조달 비용이 높기 때문이다. 2011년 7월 현재 라틴아메리카 국가 중 국제 신용평가기관으로부터 투자적격 등급을 받은 국가는 멕시코, 칠레, 페루, 콜롬비아, 브라질 등 5개국에 불과하다.

4. 라틴아메리카 물티라티나스의 주요 현황 및 특징

1) 물티라티나스 현황

라틴아메리카에 얼마나 많은 물티라티나스가 존재하느냐는 정의에 따라 달라진다. 먼저 UNCTAD(국제연합 무역개발회의)의 통계에 따르면 2008년 말 현재 라틴아메리카에는 3,533개의 다국적기업이 있다. 그러나 이 중 90%가 조세 천국(Tax haven)인 카리브 지역에 기반을 두고 있다. 따라서 이들 기업은 엄밀한 의미에서 물티라티나스라 할 수 없다. 파나마도 조세 천국의 역할을 하고 있어 파나마를 기반으로 활동하는 221개 기업도 분석 대상에서 제외할 필요가 있다. 조세 천국에서 활동하는 기업들을 제외할 경우 소지역별로는 남미 지역에 545개의 물티라티나스가 있으며, 북중미 지역에 306개의 물티라티나스가 있다. 국가별로는 브라질, 멕시코, 아르헨티나, 콜롬비아, 베네수엘라 등 경제 및 인구 규모가 큰 국가들에 대부분 집중되어 있다. 이들 국가에서 기업은 대규모 소비시장의 수요를 맞추기 위해 최소한의 효율성을 달성할 수 있었다.

1986년 물티라티나스라는 개념을 처음 만들어낸 ≪아메리카에코노미아≫는 총매출 대비 해외매출 비율, 총투자 대비 해외투자 비율, 총고용 대비 해외고용 비율 등을 종합적으로 고려해 2011년 66개 물티라티나스를 선정했다. 한편 보스턴컨설팅그룹은 2007년 기준으로 매출 5억 달러 이상을 올린 기업 471개 중 라틴아메리카에 본사를 두고 있으며 라틴아메리카 지역에

<표 9-2> 라틴아메리카 다국적기업의 수(2008년 말 기준)

(단위: 백만 달러)

소지역/국가	금액(누적액)	다국적기업의 수
남미	255,507	545
아르헨티나	28,749	106
볼리비아	64	-
브라질	162,218	226
칠레	31,728	99
콜롬비아	13,084	71
에콰도르	201	14
가이아나	2	4
파라과이	234	1
페루	2,270	10
수리남	0	1
우루과이	338	-
베네수엘라	16,619	13
북중미	73,762	306
벨리즈	49	21
코스타리카	532	32
엘살바도르	449	-
과테말라	332	26
온두라스	25	4
멕시코	45,389	-
니카라과	140	2
파나마	26,846	221
카리브	232,164	2,682
라틴아메리카 · 카리브	561,433	3,533

자료: UNCTAD(2009).

기반을 둔 주주의 지배를 받는 기업을 물리라티나스라고 정의하고 100대 기업을 선정했다.

(단위: 백만 달러, %)

	해외직접투자			외국인직접투자		
	1990년	2000년	2009년	1990년	2000년	2009년
전 세계(A)	2,086,818	7,967,460	18,982,118	2,081,782	7,442,548	17,743,408
라틴아메리카 (카리브 포함, B)	57,463	204,430	643,281	111,377	502,105	1,472,744
카리브	1,630	89,350	294,288	8,066	77,803	319,980
라틴아메리카 (카리브 제외, C)	55,833	115,080	348,993	103,311	424,302	1,152,764
비율(B/A)	2.8	2.6	3.4	5.4	6.7	8.3
비율(C/A)	2.7	1.4	1.8	5.0	5.7	6.5

자료: UNCTAD(2010).

2) 물티라티나스의 해외직접투자 현황 및 추이

라틴아메리카에서 해외직접투자나 외국인직접투자 통계를 볼 때 유의해할 점은 조세 회피 지역인 카리브 지역에 대한 투자를 고려하느냐의 여부이다. 조세 회피 지역인 카리브를 포함할 경우 실제보다 라틴아메리카의 수치가 과대포장될 수 있다.

최근 20년간 라틴아메리카의 해외직접투자는 크게 증가했다. 그러나 절대 규모 면에서의 증가에도 불구하고 세계경제에서 라틴아메리카가 차지하는 비율은 오히려 감소했다. 1990년에 그 비율이 2.7%였던 데 반해 2009년에는 1.8%에 불과한 상황이다.

지역별로는 남미가 2009년까지 라틴아메리카 전체 해외직접투자의 76%를 차지했다. 그러나 남미의 비율은 1990년 88.4%에서 2009년 75.9%로 감소했다. 이는 남미 국가 중에서 브라질과 아르헨티나의 위상이 감소했기 때문이다. 1990년과 2009년 사이 브라질의 비율은 73.5%에서 45.2%로 크게 감소했다. 같은 기간 아르헨티나의 비율도 10.8%에서 8.4%로 줄어들었

(단위: %, 백만 달러)

구분	1990년		2009년	
	금액	비율	금액	비율
남미	49,344	88.4	264,888	75.9
아르헨티나	6,057	10.8	29,428	8.4
볼리비아	7	0.0	61	0.0
브라질	41,044	73.5	157,667	45.2
칠레	154	0.3	41,203	11.8
콜롬비아	402	0.7	16,204	4.6
에콰도르	16	0.0	209	0.1
파라과이	134	0.2	242	0.1
페루	122	0.2	1,880	0.5
우루과이	186	0.3	324	0.1
베네수엘라	1,221	2.2	17,670	5.1
중미	6,668	11.9	84,104	24.1
코스타리카	44	0.1	538	0.2
엘살바도르	56	0.1	333	0.1
과테말라	-	0.0	355	0.1
온두라스	-	0.0	33	0.0
멕시코	2,672	4.8	53,458	15.3
니카라과	-	0.0	156	0.0
파나마	3,876	6.9	29,182	8.4
라틴아메리카 (카리브 미포함)	55,833	100.0	348,993	100.0

자료: UNCTAD(2010).

다. 그에 반해 멕시코(4.8% → 15.3%)와 칠레(0.3% → 11.8%)의 비율은 크게 증가했다.

2000년대 라틴아메리카 기업들의 해외직접투자는 M&A를 통한 진출이 주를 이루고 있다. 라틴아메리카 물티라티나스 중에서는 브라질의 대표적인 철광회사인 발리(Vale)가 가장 적극적이다. 2003~2009년 동안 발리가 기업 인수를 위해 투자한 금액은 225억 달러에 달했다. 멕시코의 대표적인 물티라티나스인 세멕스(CEMEX)도 해외 인수를 통해 진출을 적극화하고 있다. 세멕스의 주요 인수 대상은 라틴아메리카보다 선진국에 초점이 맞추어져 있다.

라틴아메리카 물티라티나스 중 매출 규모가 가장 큰 기업은 브라질의 국영석유회사인 페트로브라스다. 페트로브라스는 2009년 현재 전체 매출의 29%, 전체 투자의 34%,

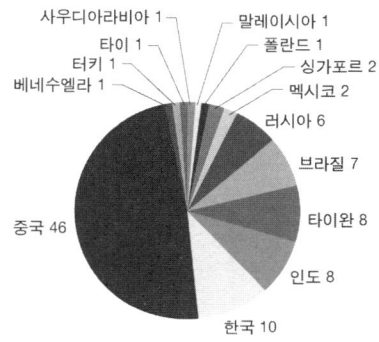

〈그림 9-1〉 2010년 ≪포천≫ 선정 글로벌 500대 기업 중 개발도상국 출신 기업의 수

전체 고용의 10%를 해외에 의존하고 있다. 라틴아메리카 30대 물티라티나스 중 해외매출에 대한 의존도가 가장 높은 기업은 칠레의 수송/물류업체인 Compañía Sudamericana de Vapores로 전체 매출의 90%에 달한다.

다음으로 라틴아메리카 각 산업 부문에서 물티라티나스가 차지하는 위상(매출 기준)을 살펴보았다. 그 결과 다소 놀라운 결과를 얻을 수 있었다. 각 산업 부문에서 예상외로 물티라티나스의 비중이 매우 높았다. 항공우주 부문에서 물티라티나스의 위상은 100%에 달했다. 그에 반해 농산품, 유틸리티, 기술, 자동차, 도소매유통 부문에서는 외국계 다국적기업의 위상이 높았다.

2010년 ≪포천(Fortune)≫이 선정한 500대 기업 중 개발도상국 기업의 수는 95개에 달했다. 이 중 중국 기업이 46개로 과반수를 웃돌았다. 중국에 이어서는 한국 기업이 10개로 많은 수를 차지했다. 라틴아메리카 국가 중에서는 브라질이 7개로 가장 많은 수를 차지했으며 그 뒤를 멕시코(2개), 베네수엘라(1개)가 이었다.

(단위: 백만 달러)

기업	산업	국가	선진국	라틴아틴리카	전 세계
Vale	광업	브라질	20,978	1,529	22,507
CEMEX	시멘트	멕시코	14,286	-	14,286
Gerdau	철강	브라질	6,780	693	7,473
América Móvil	통신	멕시코	-	6,728	6,728
Femsa	식음료	멕시코	3,692	458	4,150
Petrobras	석유/가스	브라질	452	2,565	3,017
Telmex	통신	멕시코	-	2,813	2,813
Grupo Bimbo	식음료	멕시코	2,500	5	2,505
Grupo Industrial Minera Mexico	광업	멕시코	2,220	26	2,246
JBS	육가공 (쇠고기)	브라질	1,939	-	1,939
Votorantim	시멘트	브라질	684	1,148	1,832
Cencosud	유통	칠레	-	1,286	1,286
Itau	은행	브라질	498	650	1,148
Alfa	지주회사	멕시코	1,075	-	1,090
Camargo Correa	건설	브라질	-	1,025	1,025

자료: UNCTAD(2010).

3) 다른 개발도상국 다국적기업과 물티라티나스의 차이점

물티라티나스는 다른 개발도상국의 다국적기업과 세 가지 점에서 차이가 있다(보스턴컨설팅그룹, 2009). 먼저 소유권(Ownership)에서의 차이다. 물티라티나스는 주로 민간투자자들(97%), 그중에서도 개별 가족(77%)이 소유하고 있다. 반면에 러시아의 다국적기업들은 33%가 정부 소유이며, 중국의 경우 69%가 정부 소유다. 여기서 알 수 있는 사실은 물티라티나스가 다른 개발도상국의 다국적기업과 달리 정부의 입김이나 지정학적인 동기에 크게 휘둘리지 않는다는 점이다. 게다가 소유권이 집중되어 있어 의사결정 등에서 다른 개발도상국 기업들에 비해 민첩하다는 비교우위가 있다. 이는 M&A 시 매우 중요한 요소다.

둘째로 진출 대상국(Regional focus)에 차이가 있다. 물티라티나스는 미주 대륙의 자연적인 시장을 놓고 경쟁을 벌이는 경쟁자들(Contenders)이다. 아르헨티나, 미국, 페루가 물티라티나스의 주요 진출 대상 국가다. 브라질의 물티라티나스는 대체로 남미 국가를 겨냥해 진출하며, 멕시코 기업들은 미국 시장에 집중한다. 인도와 중국의 다국적기업들이 주로 미국과 유럽 등 선진국을 타깃으로 하거나 아프리카 개발도상국 시장에 진출하는 것과 대조적이다.

셋째는 진출 대상 분야에 차이가 있다. 물티라티나스는 비교적 진출 분야가 고른 편이다. 그에 반해 개발도상국 다국적기업들의 해외진출은 특정 산업이나 기술 분야에 집중되어 있다. 그러나 다른 지역의 다국적기업들과 마찬가지로 대부분의 물티라티나스(77%)는 주식시장에 의존해 성장한다. 브라질과 칠레의 물티라티나스는 발전된 국내자본시장에서의 기업공개(IPO)[2]를 통해 성장해왔다. 브라질 물티라티나스의 경우 79%, 칠레 물티라티나스의 경우 100%가 상장기업이다. 그에 반해 아르헨티나 물티라티나스의 경우 43%, 콜롬비아 물티라티나스의 경우 40%만이 상장기업이다.

---

2) Initial Public Offering을 줄여 IPO라고 하며, 넓은 의미로는 기업의 전반적인 경영 내용 공개를, 좁은 의미로는 주식 공개를 가리킨다. 주식회사가 이미 발행했거나 새로 발행하는 주식의 전부 또는 대부분을 정규 증권시장에 내놓고 일반 투자자에게 공개적으로 파는 일이다. 기업공개를 하지 않은 기업, 즉 정규 증시에 상장하지 않은 기업은 비공개기업이라고 하는데, 비공개기업이 기업공개 절차를 거치면 공개기업이 된다. 기업공개의 목적은 자금조달을 원활하게 하여 기업의 재무구조를 개선하고, 국민의 기업 참여를 장려하여 국민경제 발전에 기여하는 데 있다. 기업공개가 되면 전문 경영인에 의한 경영 현대화가 가능해짐으로써 주식회사 본연의 사회적 책임과 기능을 확립할 수 있다. 시사경제용어사전, 기획재정부, 2010, 대한민국정부, bluemarbles.tistory.com(검색일: 2011.6.13).

5. 주요국 물티라티나스의 성장전략

1) 아르헨티나: 라틴아메리카 물티라티나스의 선두주자

　아르헨티나는 종종 해외직접투자를 추진한 첫 번째 개발도상국 중의 하나로 거론되곤 한다. 아르헨티나 기업 중에서는 1890년 우루과이에 생산 공장을 설립하고 이후 브라질에도 진출한 섬유 기업인 Alpargatas, 엔지니어링 기업인 Siam Di Tella, 20세기 전반에 이웃 국가들에 생산 공장을 설립

〈표 9-6〉 라틴아메리카 30대 물티라티나스 현황(매출액 기준, 2009년)

(단위: 백만 달러, %)

기업	국가	매출액	해외매출	해외투자	해외고용	분야
Petrobras	브라질	101,948	29	34	10	석유/가스
PDVSA	베네수엘라	68,000	94	5	6	석유/가스
Itau-Unibanco	브라질	44,242	11	3	10	은행
América Móvil	멕시코	30,209	64	32	69	통신
Vale	브라질	27,852	35	47	20	광업
Grupo JBS(FRIBOI)	브라질	20,548	85	85	77	농가공업
Gerdau	브라질	15,242	53	58	46	철강/금속
CEMEX	멕시코	15,139	80	64	64	시멘트
Femsa	멕시코	15,080	41	19	33	음료/주류
Cencosud	칠레	10,518	56	50	44	유통
Telmex	멕시코	9,115	67	51	70	통신
Grupo Bimbo	멕시코	8,915	55	58	51	식품
Grupo Alfa	멕시코	8,850	52	70	51	다(多)분야
Tenaris	아르헨티나	8,149	83	84	73	철강/금속
Grupo Camargo Correa	브라질	6,950	22	47	28	건설/엔지니어링
Embraer	브라질	6,812	86	45	13	항공
Falabella	칠레	6,713	37	40	38	유통
CSN	브라질	6,305	23	13	6	철강/금속
Grupo Modelo	멕시코	6,265	41	14	3	음료
Tam	브라질	5,780	31	5	6	항공
Sadia	브라질	5,577	47	10	80	식품

Marfrig	브라질	5,317	39	40	35	농가 공업
Odebrecht	브라질	4,800	69	56	49	건설
Andrade Gutierrez	브라질	4,500	15	10	5	건설/ 엔지니 어링
Grupo Televisa	멕시코	4,007	15	22	11	미디어
Lan	칠레	3,656	73	70	41	수송/ 물류
Grupo Elektra	멕시코	3,275	15	29	21	소매
Empresa CMPC	칠레	3,248	70	27	31	펄프/ 제지
Votorantim	브라질	3,110	36	48	35	시멘트
Compañía Sudamericana de Vapores	칠레	3,032	90	36	68	수송/ 물류

주: 해외매출은 총매출 대비 해외매출 비율, 해외투자는 총투자 대비 해외투자 비율, 해외고용은
총고용 대비 해외고용 비율을 의미한다.
자료: ≪아메리카에코노미아≫, April 2010.

한 농업 메이저 기업인 Bunge & Born 등이 해외직접투자를 처음 한 대표적
인 사례에 속한다.

그러나 현재 Alpargatas는 브라질에 주요 사업 기반을 두고 있는 마이너
주주로 전락했으며, Siam Di Tella는 수차례의 손실을 겪은 후 국유화되었
다. Bunge & Born은 본사를 미국으로 옮겼다. 이러한 경향은 최근 해외에
투자한 일부 기업들에도 반복되어 나타났다. 대표적으로 YPF와 Perez
Companc는 외국 기업에 매각되었다. 아르헨티나는 라틴아메리카 국가 중
해외직접투자의 선도국이었지만 대부분의 해외자산은 시간이 지나면서 매각
되었다. 아르헨티나 다국적기업들은 1990년대 후반 경제위기로 더 이상 독자
적인 생존이 힘들어지자 대부분의 자산을 매각했다. 1990년대 후반 이후 해외
진출이 비교적 활발했던 대표적인 석유 기업인 YPF와 Perez Companc는 각각

Bunge & Born은 아르헨티나 기업인가?

Bunge & Born(현재 Bunge)은 종종 최초의 아르헨티나 해외투자기업으로 거론되지만 시간이 지나면서 본사 소재가 여러 번 바뀜에 따라 그 국적을 판정하기가 쉽지 않다. Bunge & Born은 1818년 네덜란드에 처음 설립된 이후 벨기에와 아르헨티나로 본사를 옮겼다. Bunge & Born이 오늘날과 같은 세계적인 농업 메이저 기업이 된 것은 아르헨티나에서였다. 또한 아르헨티나 기업 중 최초로 해외에 진출한 기업 중 하나였다. 1970년대 Bunge & Born은 다시 본사를 브라질로 옮겼다. 당시 아르헨티나의 정치적 혼란이 주요한 요인이었다. Bunge & Born은 1990년대 활동 영역을 확대했으며 아메리카 대륙 전역에 걸쳐 식품 생산 체인을 구축했다. 1999년에 Bunge & Born은 미국 뉴욕으로 본사를 옮겼으며 2001년에는 뉴욕증시에 상장했다. 이에 따라 Bunge & Born의 국적이 아르헨티나라고 판단하기는 쉽지 않다(CEPAL, 2006).

스페인의 렙솔(Repsol)과 브라질의 국영석유회사인 페트로브라스에 매각되는 운명을 맞았다. 같은 해 아르헨티나의 대표적인 맥주 회사인 킬메스(Quilmes)의 주식 지분도 대부분 브라질 맥주 회사인 엠베브(AmBev)에 매각되었다. Mastellone(식품)와 Grupo Macri는 아직까지 아르헨티나인 수중에 있지만 대부분의 해외자산을 매각했다. 현재 아르헨티나 다국적기업 중 Techint, Arcor, IMPSA만이 1990년대 위기를 극복하고 살아남아 있다. 이에 따라 현재 개발도상국 50대 다국적기업 중 아르헨티나 기업은 찾아보기가 어려운 상황이다.

아르헨티나 다국적기업 해외진출의 특징은 첫째, 진출 분야가 매우 한정되어 있고 진출 기업도 일부 대기업에 편중되어 있다는 점이다. 일례로 1997년 아르헨티나 기업들의 해외진출이 정점에 달했을 당시 Perez Companc, YPF, Techint 등 3개 기업이 전체 해외투자의 2/3를 차지했다. 둘

(단위: %, 십억 달러)

구분	물티라티나스	수출업체	토종 기업	외국계 다국적기업	총매출
항공우주	100	0	0	0	5
건설자재	87	4	2	7	33
펄프제지	58	20	0	22	17
석유가스	53	20	5	12	422
수송	47	33	18	2	33
금속광물	48	23	0	29	193
미디어오락	47	12	41	0	17
식음료	42	9	7	42	149
통신	30	-	16	54	136
화학	34	11	0	55	53
소비재	29	9	0	62	32
인프라부동산	17	10	65	8	12
도소매유통	9	1	49	41	182
자동차	4	1	1	94	179
기술	4	2	1	93	52
유틸리티	2	2	60	36	135
농상품	0	24	2	74	44

자료: 보스턴컨설팅그룹(2009).

째, 과거에 활동했던 다국적기업 중 현재까지 존재하는 기업이 거의 없다는 점이다.

2) 브라질: 라틴아메리카 최대 강자

브라질 기업의 해외투자 역사는 1970년대 초로 거슬러 올라간다. 1970 년대 이전까지 브라질 경제정책의 근간은 수입대체산업화였기 때문에 브라질 기업의 해외진출 필요성은 높지 않았다. 특히 당시 브라질 정부는 해외투자보다는 수출을 통한 해외진출을 독려했다.

그러나 1970년대 초부터 일부 국영기업을 중심으로 해외판매법인 설립, 기술지원사무소 개소, 생산 공장 건설 등을 통한 진출이 개시되었다. 브라질에서 초기에 해외직접투자의 선구자적 역할을 수행한 기업들은 페트로브라스(브라질의 국영석유회사), CVRD(브라질의 국영철강회사),[3] Odebrecht를 비롯한 건설·엔지니어링업체, 일부 은행 등이었다. 당시 이들 기업의 주요 진출 분야는 건설·엔지니어링, 석유 생산 및 탐사, 은행 등이었으며 진출국은 인근의 라틴아메리카 국가에 국한되었다. 그러나 브라질의 해외직접투자 누적 규모가 1980년까지 385억 달러였던 점을 감안할 때 당시 브라질 기업들의 해외직접투자는 상당히 큰 규모였다.

1980년대 중반 외채위기로 주춤했던 브라질 기업들의 해외투자는 1980년대 후반부터 재개되었으며 1990년대에 들어 본격화되었다. 진출 분야도 다각화되었을 뿐 아니라 진출 대상국도 종전 인근의 라틴아메리카 국가에서 미국, EU 등 선진권으로 확대되었다. 브라질의 대표적인 경영대학교인 동 카브랄 재단(Fundação Dom Cabral)의 조사에 따르면 1990~1994년의 기간에 총 150개 브라질 기업이 302건의 해외직접투자를 펼쳤다. 투자 건수를 지역별로 살펴보면, 라틴아메리카 112건, 북미 80건, 유럽 68건, 아시아 25건, 중미 13건, 아프리카 4건 순이었다. 특히 1990년대 들어 남미공동시장(MERCOSUR)의 경제통합이 활성화되면서 브라질 기업들의 해외투자 진출은 아르헨티나에 집중되었다. 주요 진출 분야는 자동차부품과 전자제품이었다. 결과적으로 1990년대 브라질 기업의 연평균 해외직접투자 규모는 9억 2,500만 달러로, 1980년대 2억 3,400만 달러에서 크게 증가했다.

21세기에 들어 브라질 기업들은 1990년대의 국제화 경험을 바탕으로 해외진출을 더욱 공격적으로 진행했다. 브라질 기업들의 해외투자 진출 방식

---

3) CVRD는 1997년 민영화되기 이전까지 브라질의 대표적인 국영기업 중 하나였다.

도 다양화되었다. 브라질 기업들이 전통적으로 선호하는 신규 해외직접투자는 물론 국경 간 M&A를 통한 진출도 강화되었다. 실제로 21세기에 들어 실시된 대규모 직접투자는 대부분 M&A를 통한 투자였다. 2004년에 브라질 해외직접투자가 급증한 것도 세계 5위의 맥주제조업체인 엠베브가 세계 3위의 맥주제조업체인 벨기에의 인터브루(Interbrew)와 전략적 제휴를 통해 합병한 결과였다. 엠베브는 이 합병 건에 약 65억 달러를 투자한 것으로 추정된다. 그 결과 21세기에 들어 5년간(2000~2004년) 브라질 기업들의 연평균 해외직접투자 규모는 24억 5,100만 달러로 크게 증가했다.

브라질 기업들은 오랫동안 수입대체산업화 정책에 익숙했기 때문에 국영기업 등 일부 대기업을 제외하고는 해외시장 진출에 커다란 흥미를 갖지 않았다. 광대한 국내시장 규모 역시 브라질 기업들의 해외진출에 직접적인 제약 요인으로 작용했다.

그러나 1990년대 급속한 경제자유화 정책의 시행으로 브라질 기업들은 더 이상 높은 보호장벽에만 안주할 수 없게 되었다. 이에 따라 브라질 기업들은 해외시장 진출에 더욱 관심을 갖게 되었다.

브라질 기업들의 해외시장 진출에 대한 관심은 1990년대 중반과 2001년에 동 카브랄 재단이 실시한 설문조사를 통해서도 확인된다. 투자진출 동기를 묻는 설문조사에 따르면 브라질 기업이 해외에 진출하는 가장 큰 이유는 규모의 경제 추구로 나타났다. 둘째, 해외시장 진출에 대한 능력을 개발하고 학습한 결과가 동기가 되었다. 이는 브라질 기업들이 그간 보호주의 장벽에 갇혀 있어 해외시장 진출의 경험이 부족했으나 1990년대 개방정책에 힘입어 시행착오를 겪으며 해외시장 진출 능력과 경험을 쌓은 결과이다. 셋째로 브라질의 지리적 우위를 활용한 전략이 유용했기 때문이다. 즉, 남미공동시장 등 1990년대 활발하게 추진된 경제통합 추진은 브라질 기업들이 인근 시장에 진출하는 것을 더욱 용이하게 하는 요인으로 작용했다.

<표 9-8> 브라질 기업들의 해외투자 동기

투자 동기	주요 기업
천연자원 확보	Petrobras(석유), Vale(철강)
무역장벽 회피 혹은 물류 인프라 개선	Gerdau(금속), CUTRALE(오렌지 주스)
현지 고객의 욕구 충족	Marcopolo(자동차), Embraer(항공기)
현지시장 서비스	Itausa(은행)

이 외에도 브라질 기업들의 해외진출은 보다 매력적인 해외시장 선호, 국내시장의 포화로 인한 높은 경쟁, 높은 투자수익률, 해외 기업의 국내시장 진입 위협 등이 주요 동기로 지적되었다. 그러나 2001년의 설문조사에서는 정부의 지원이 오히려 감소한 것으로 나타나, 브라질 기업들의 해외진출을 확대하기 위해서는 정부의 지원이 더 많이 필요한 실정이다.

브라질 기업들의 해외투자 동기를 더 구체적으로 살펴보면, 페트로브라스와 발리(Vale) 등 광물에너지 기업은 천연자원 확보를 위해 해외에 진출하는 것으로 나타났다. 그에 반해 제르다우(Gerdau)와 CUTRALE 등의 기업은 무역장벽 회피를 위해 해외투자를 하는 것으로 조사되었다. 한편 브라질의 대표적인 제조업체인 Marcopolo와 엠브라에르(Embraer) 등 자동차 및 항공기 제조업체는 현지 고객의 필요를 충족하기 위해 투자하는 것으로 나타났다. Itausa 등 은행은 현지시장 서비스 강화를 위해 투자하는 것으로 나타났다.

카누토, 라벨로, 그리고 실베이라(Canuto, Rabelo and Silveira, 1997)의 연구에 따르면 브라질의 다국적기업들은 ① 점진적인 무역 및 금융자유화, ② 남미공동시장(MERCOSUR)을 통한 경제통합 확대, ③ 1994년 헤알 플랜 이후 거시경제 안정, ④ 민영화 프로그램의 네 가지 요인 덕분에 1990년대부터 빠르게 성장할 수 있었다. 여기에 추가적으로 최근 15년간 1차산품 국제가격이 상승하고 여러 브라질 대기업들이 조직적으로 성숙한 것도 브라질 다국적기업들의 성장을 견인했다.

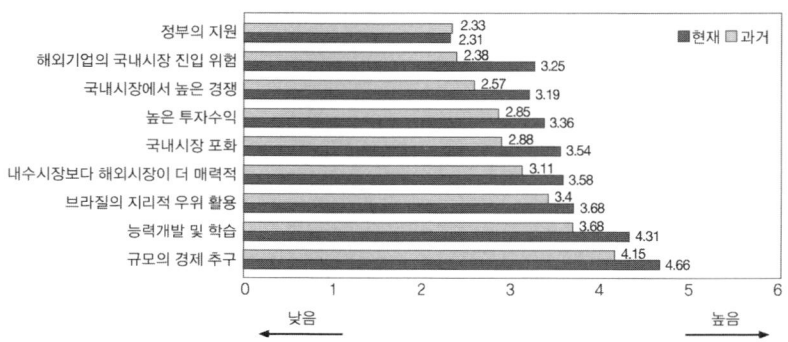

〈그림 9-2〉 브라질 기업들의 해외진출 동기

주: 현재는 2001년, 과거는 현재로부터 5∼6년 전을 말한다.
자료: Cyrino and Oliveira(2003).

2006년에 브라질 기업들은 해외시장에 280억 달러를 투자했다. 같은 해 브라질 국제수지 역사상 전대미문의 일이 발생했다. 브라질의 해외직접투자가 처음으로 외국인직접투자를 능가한 것이다. 브라질 중앙은행에 따르면 2001∼2007년 사이 브라질의 해외직접투자는 226% 증가했으며 투자금액은 685억 달러(누적 기준)에서 1,151억 달러로 증가했다. 동 카브랄 재단에 따르면 브라질의 상위 20대 다국적기업은 제르다우(Gerdau), Sabo, Marfrig, 발리(Vale), Metalfrio, Odebrecht, Aracruz Celulose, Tigre, Artecola, Suzano Papel e Celulose, Lupatech, Marcopolo, 엠브라에르(Embraer), Itautec, Camargo Correa, Weg, America Latina Logistica, Stefanini IT Solutions, Votorantim, 페트로브라스(Petrobras) 등이다. 2008년 이들 20대 기업의 해외매출은 1,340억 달러에 달했는데, 이는 이들 기업 총매출의 25%를 차지하는 것이다.

브라질 무역위원회(Cámara de Comercio Exterior)의 최근 연구 결과에 따르면 브라질 기업들이 국제화 과정에서 직면하는 어려움은 다음과 같다.

· 일부 분야에서 세계적으로 생산 능력이 과잉되어 경쟁이 심화되고 지

속적 혁신의 필요성이 대두되었다.

- 글로벌 생산망 구축, 고품질의 제품과 서비스가 강조되면서 전통적 다국적기업의 조직 재정비가 필요하다.
- 국가개발 전략의 일환으로 국제화 과정에 각국 정부가 강력히 개입하고 있다〔중국의 국가챔피언 전략, 일본의 재벌(Zaibatsus & Keiretsus) 전략 등〕.
- 국제무역의 규제가 강화되었다. 세계 각국, 경제블록 및 다국적기구들이 국제무역의 규정을 강화함에 따라 신규 투자가 억제되고 시장 접근에 제약이 확대되었다.
- 경영 능력, 인적 자원 정책, 혁신전략, 노사관계 조율 능력, 환경 규정 적응 등 새로운 요구(모기업에는 적용되거나 알려지지 않은 요구)가 커지고 있다.
- 신흥시장 기업들의 우위는 값싼 노동력, 풍부하고 접근 가능한 1차산품과 같은 국내적 요인에 많이 기초하고 있기 때문에 국제화 과정에 잘 이전되지 않는다.
- 브라질 기업 중 국제자본시장에 상장한 기업이 거의 전무하며, 이 중 상당수는 브라질 자본시장에도 미상장되어 있는 등 자본구조가 취약하다.
- 이사회 구성원과 기업의 최고 경영진 중에는 국제 경험이 전혀 없거나 조금밖에 없는 경우가 많아 경영진의 준비가 부족하며 의사결정 과정에 외국인의 참여도 매우 미미하여 기업지배구조의 국제화 수준이 낮다.

동 카브랄 재단이 작성해 발표한 브라질 기업 중 가장 국제화 수준이 높은 15대 기업은 <표 9-9>와 같다.

최근 브라질 경제의 부상은 브라질 기업의 성장과 맥을 같이한다. 2009년 라틴아메리카 상위 500대 기업(매출 기준) 중 브라질 기업의 수는 2005년보다 22개 증가한 226개로, 라틴아메리카 국가 중 단연 최고를 기록했다. 500대 기업의 전체 매출에서 브라질 기업이 차지하는 비율도 2005년보다 8.6%가 증가한 47.7%에 달했다. 20년 만에 처음으로 브라질의 페트로브라

〈표 9-9〉 국제화 수준이 높은 브라질 15대 기업

순위	기업명	주력 분야	다국적화지수	매출	자산	종업원
1	Jbs-Friboi	식품	0.616	0.836	0.373	0.640
2	Gerdau	철강금속	0.495	0.482	0.544	0.460
3	Ibope	시장조사	0.456	0.321	0.507	0.541
4	Metalfrio	기계 및 전자재료	0.437	0.365	0.409	0.538
5	Odebrecht	인프라	0.379	0.456	0.196	0.486
6	Marfrig	식품	0.366	0.515	0.232	0.351
7	Vale	금속광물 채취	0.342	0.329	0.457	0.240
8	Sabo	자동차부품	0.288	0.336	0.190	0.338
9	Tigre	건설자재	0.286	0.197	0.428	0.234
10	Suzano Papel e Celulose	셀룰로스 및 제지	0.276	0.700	0.085	0.042
11	Artecola	화학제품	0.264	0.282	0.297	0.212
12	Lupatech	기계 및 전기재료	0.196	0.205	0.129	0.254
13	Camargo Correa	인프라	0.177	0.175	0.146	0.211
14	Ci&T Software	IT	0.166	0.368	0.114	0.017
15	Marcopolo	자동차 및 차체	0.164	0.120	0.078	0.293

주: 다국적화지수는 각 기업의 총매출, 총자산, 총고용에서 해외매출, 해외자산, 해외고용이 차지하는 비율을 종합한 지표다.
자료: 동 카브랄 재단(Fundação Dom Cabral), 「Ranking das Transnacionais Brasileiras」(2010).

스가 멕시코의 페멕스(PEMEX), 베네수엘라의 PDVSA를 제치고 라틴아메리카 최대 기업으로 부상했다. 21세기 초만 해도 멕시코는 기업 수나 매출 면에서 브라질을 능가했다. 2002년 멕시코와 브라질의 GDP가 비슷했을 때, 라틴아메리카 상위 500대 기업 중 멕시코 기업은 241개였고 매출은 전체의 59%에 달했다. 그러나 멕시코의 위상은 점차 하락해 2009년에 기업 수는 119개, 매출 비율은 29%로 줄었다.

(단위: 백만 달러, %)

순위	국가	기업 수		매출		비율
		2005년	2009년	2005년	2009년	(2009년)
1	브라질	204	226	534,077	956,790	47.7
2	멕시코	138	119	490,811	580,695	29.0
3	칠레	54	55	103,043	152,323	7.6
4	아르헨티나	36	33	65,585	105,376	5.3
5	베네수엘라	11	6	98,294	85,001	4.2
6	콜롬비아	30	30	36,037	65,998	3.3
7	페루	12	19	16,368	29,782	1.5
8	에콰도르	5	3	8,210	10,525	0.5
9	코스타리카	4	3	6,072	6,624	0.3
10	볼리비아	-	1	-	4,000	0.2
11	우루과이	2	2	2,188	3,295	0.2
12	파나마	2	2	1,817	3,253	0.2
13	엘살바도르	1	1	791	940	0.05
14	과테말라	1	-	1,100	-	-
총계		500	500	1,364,398	2,004,608	100.0

자료: ≪아메리카에코노미아≫, April 2010.

3) 칠레: 개방의 선점효과를 바탕으로 발전

칠레 기업들의 국제화에는 다른 라틴아메리카 국가들보다 빨리 시작한 경제자유화가 톡톡히 한몫했다. 경제개혁, 민영화 등 개방적이며 경쟁적인 환경에서 축적한 경험은 칠레 기업들이 해외에 진출하는 데 비교우위로 작용했다. 칠레 기업들은 통신, 발전 및 배전, 유통, 연기금 운영 등에서 비교우위를 갖게 되었으며, 더욱 유리한 조건에서 자금을 조달할 수 있었다. 초기 단계에 진출 환경이 매우 불확실했을 때, 이러한 경험은 라틴아메리카를 잘 모르는 다국적기업들과 경쟁하는 데 매우 유리하게 작용했다.

칠레의 다국적기업들은 규모가 작고 해외진출 범위도 제한적이었다. 초기의 성공은 대부분 자연적인 우위 덕분이었다. 경쟁업체들 역시 진출 경험을 쌓고 같은 시장에 접근함에 따라 칠레 기업들이 갖고 있던 비교우위는 급속히 바닥을 드러냈다. 이에 따라 칠레 기업들이 이른 진출로 라틴아메리카에서 갖고 있던 자산은 외국계 다국적기업의 사냥감이 되었다. 그러나 외국계 다국적기업의 공격 속에서도 Cencosud, Ripley, Falabella 같은 유통기업들은 꿋꿋하게 성장을 거듭해왔다. 특히 Entel과 Falabella는 외국계 다국적기업이 보유한 칠레 내 재산을 매입하기도 했으며, Cencosud는 해외자산 매입을 통해 해외시장에 적극적으로 진출했다. 오랜 경험의 축적을 통해 경쟁력을 확보한 칠레의 일부 다국적기업들은 국내시장에서는 물론 인근 라틴아메리카 시장에서도 입지를 공고히 해나가고 있다. 최근 칠레 물티라티나스의 해외진출이 확대되며 1985년 1억 달러에 불과했던 칠레 기업들의 해외직접투자 규모는 2009년 412억 달러(누적 규모)로 급증했다.

4) 멕시코: 미국과의 지리적 인접성을 활용해 발전

칠레에서와 마찬가지로 멕시코 기업의 해외진출도 경제 환경의 변화와 밀접한 관련을 맺고 있다. 경제개혁과 북미자유무역협정(NAFTA) 발효의 영향으로 멕시코 대기업들의 기업전략에 커다란 변화가 발생했다. 국내시장에서 경쟁이 심화되고 FTA 확대로 해외시장 진출의 길이 열리자 멕시코 기업들은 수동적이며 방어적인 전략을 폐기하고 해외시장에서 기회를 찾아 보다 적극적이며 공격적인 전략을 채택하게 되었다. 멕시코 기업의 해외진출은 초기에 미국과 중미에 집중되었으나 이후 남미와 유럽, 아시아 등 다른 지역으로까지 확대되었다. 매우 짧은 기간에 멕시코의 다국적기업들은 개발도상국의 대표적인 다국적기업으로 성장했다.

멕시코의 주요 물티라티나스

• 아메리카 모바일(América Móvil)

세계 최대 부자인 Carlos Slim의 소유로 세계 4대 통신업체이며 연 매출은 300억 달러를 상회한다. 2010년 말 현재 가입자 수는 2억 1,500만 명이며 라틴아메리카 및 미국 등 약 17개국에 진출해 있다. 라틴아메리카 저소득층 고객을 겨냥해 선불요금(Pre-paid) 휴대전화 사용 모델을 선구자적으로 개발해 커다란 성공을 거두었다. 미국에서는 TracFone, Net10, Straight Talk, 브라질에서는 Claro라는 브랜드로 활동한다.

• 빔보(Bimbo)

1954년 설립된 멕시코의 대형 제빵업체로 연간 매출액은 95억 달러에 달한다. 북미, 유럽 및 아시아(중국)에서 활동하고 있다. 제빵 사업을 기반으로 성장했으며 1980년대부터 해외에 진출하기 시작했다. 주로 히스패닉 이민자들을 대상으로 빵과 스낵을 판매하며 미국 시장에 진출했고, 이후 신시장 개척을 모색해왔다. 주로 M&A 등 자산추구형 전략을 통해 미국과 유럽 시장에 성공적으로 진출했다. 2008년에는 미국의 WFI(Weston Foods Inc.)를 23억 8,000만 달러에 인수, 미국 최대의 제빵 기업으로 부상했다.

• 세멕스(CEMEX)

1906년 설립, 세계 최대 건축자재 공급업체이자 세계 3대 시멘트 제조업체로 연간 매출액은 153억 달러(2010년)에 달한다. 현재 전 세계 50개국에 진출해 60개의 시멘트 공장을 운영하고 있다. 초기에는 자산 인수와 수직적 통합을 통해 미국 남서부 지역에 진출해 크게 성공을 거두었다. 1990년대 초에는 스페인의 주요 기업을 인수한 이후 인도네시아, 타이, 필리핀, 이집트 등 신흥시장 진출에 주력했다. 2000년 이후 미국, 영국 및 호주에서 대형 인수를 통해 선진국 시장 진출을 개시했다. CEMEX Way라는 경영 방식으로 유명하다.

6. 물티라티나스의 대표적인 사례: 페트로브라스

　브라질에서 페트로브라스(Petrobras)만큼 브라질 국민과 민족주의자들에게 신성시되는 국영기업은 없다. 페트로브라스는 1953년 "석유는 우리 것이다(O Petroleo é Nosso)"라고 주장하는 강경파 민족주의자들의 지지를 통해 설립되었다. 이후 페트로브라스는 브라질 주권의 가장 견고한 상징이 되어 왔다.

　1990년대 들어 브라질에서는 개혁·개방 정책의 한 축으로 민영화 정책이 적극 추진되었다. 1990년 콜로르(Fernando Alfonso Collor) 대통령 집권 이후 시작된 민영화 정책은 1995년 카르도주 대통령 집권 이후 본격화되었다. 이 과정에서 대부분의 브라질 공기업이 민간 부문에 매각되었다. 페트로브라스도 이 같은 민영화의 광풍을 피해 갈 수 없었다. 1990년대 들어 석유개발이 저조하고 에너지 소비에서 석유의 비중이 점차 높아지고 있다는 사실도 정부의 페트로브라스 민영화에 당위성을 제공했다.

　그러나 브라질 국가의 자존심이자 국영기업의 상징인 페트로브라스의 민영화는 다른 국영기업의 민영화와 차원이 달랐다. 정치권은 물론 페트로브라스의 민영화에 반대하는 국민들의 목소리가 높았다. 그러나 국영기업의 상징인 페트로브라스의 민영화 없이는 카르도주 대통령이 추진하는 민영화 정책도 색이 바랄 수밖에 없었다. 이에 따라 카르도주 대통령은 페트로브라스의 민영화를 두고 정치권과 타협했다. 그 결과, 다른 국영기업의 민영화에 비해 어정쩡한 결말이 났다. 카르도주 대통령은 석유 산업의 개방은 추진하되 페트로브라스는 완전히 민영화시키지 않기로 약속했다. 결과적으로 페트로브라스는 이후 지속된 석유산업개방 정책 속에서도 꿋꿋하게 국영기업으로서 지위를 유지하게 되었다.

　카르도주 정부는 석유산업개방 정책의 일환으로 1995년 페트로브라스의 독점권을 폐지한 데 이어 1997년에는 신석유법을 제정해 국가에너지위원회(CNPE), 석유청(ANP)을 설립하고 국내외 민간기업에 상류 부문(석유 탐사·개발·생산)을 전면 개방했다. 여기에 그치지 않고 2000년에는 페트로브라스의 정부 지분 28.5%를 매각했으며, 2002년에는 석유 제품에 대한 수입 규제도 전면 철폐했다. 더 나아가 2003년에는 하류 부문(석유 정제·수송·판매)도 전면 개방했다.

1990년대 중반 이후 지속적인 석유시장개방 정책에도 불구하고 막대한 자금력과 높은 기술력을 바탕으로 상하류 부문에서 페트로브라스의 독점적 지위는 계속되고 있다. 2010년 현재 페트로브라스는 브라질 전체 석유 생산의 77%, 가스 생산의 98%를 차지하고 있다. 또한 페트로브라스는 브라질 전체 석유 정제의 96%, 석유 판매의 26.3%를 담당하고 있다.

1) 세계 최고의 심해유전개발 기술 보유

페트로브라스는 심해 탐사 및 시추 부문에서 세계 최고 수준의 기술을 보유하고 있다. 페트로브라스는 브라질 국내에서 가장 많은 특허권을 출원하는 기업으로 2008년에만 72건의 특허를 출원했다. 이 같은 페트로브라스의 높은 기술경쟁력은 설립 초기부터 기술 부문에 적극적인 관심을 갖고 투자한 결과였다.

페트로브라스는 설립 당시인 1950년대 초부터 소규모 연구 및 훈련 부서를 두고 석유 산업에 필요한 인재를 육성하기 위해 대학과 공동 프로젝트를 추진했다. 1966년에는 산하에 연구개발센터(Centro de Pesquisa e Desenvolvimento: CENPES)를 설립하고 본격적인 기술개발에 나섰다. 2008년 현재 CENPES는 2,000명 이상의 연구진을 보유할 만큼 성장했다. 페트로브라스는 1980년대부터 심해탐사기술 혁신프로그램인 'Procap 1,000'(수심 1,000m급 탐사),

'Procap 2,000'(수심 2,000m급 탐사)을 꾸준히 추진하여 심해 탐사 부문에서 세계 신기록을 경신해왔다. 페트로브라스는 2000년부터 'Procap 3,000' 프로그램을 통해 수심 3,000m급의 탐사 작업을 진행 중이다.

페트로브라스가 유독 심해유전 개발에서 경쟁력을 갖게 된 데에는 브라질 유전의 지질학적인 분포도 큰 기여를 했다. 브라질에서 대부분의 유전은 육상보다는 해상에 위치해 있다. 이는 지금까지 발견된 유전의 분포를 통해서도 확인할 수 있다. 전체 발견 유전 중 300~1,500m의 심해유전이 55%로 가장 많고, 다음으로 1,500m 이상의 초심해유전이 25%를 차지한다. 그에 반해 0~300m 근해와 육상유전의 비중은 10%에 불과하다. 이 같은 높은 기술력에 힘입어 페트로브라스는 세계 심해유전에서 가장 많은 석유를 생산(2008년 기준 전 세계 심해유전 석유 생산의 22%)하는 기업으로 부상했다.

2) 국제 메이저 석유 기업으로 부상

높은 해저탐사 기술력과 풍부한 유전개발 경험 등을 바탕으로 페트로브라스는 브라질 국내에서의 독점적 지위에 만족하지 않고 국제 석유 메이저(INOC)로 거듭나고 있다. 활동 무대도 초기 인근의 라틴아메리카 지역을 벗어나 아시아, 아프리카, 중동, 유럽, 북미 등 전 세계로 확대되고 있다. 현재 페트로브라스는 석유 탐사와 생산·정제·배급, 석유화학 및 전력 부문 등에서 전 세계 27개국에 진출해 활동하고 있다. 석유 탐사 및 생산 부문에서는 앙골라, 아르헨티나, 볼리비아, 콜롬비아, 에콰도르, 인도, 이란, 리비아, 멕시코, 모잠비크, 나이지리아, 파키스탄, 페루, 포르투갈, 세네갈, 탄자니아, 터키, 미국, 베네수엘라 등 전 세계 19개국에 진출해 있다. 정제 부문에서는 아르헨티나, 일본, 미국에 진출해 있으며 배급 부문에서는 아르헨티나, 칠레, 콜롬비아, 파라과이에 진출해 있다. 아르헨티나에서는 석유화학과 전력 부문에서도 활동하고 있다. 중국, 일본, 싱가포르, 영국 등에는 대표 사무소를 두고 있다.

2010년 페트로브라스의 해외 석유생산 규모는 1일 14만 4,000배럴, 가스 생산 규모는 1일 9만 3,000배럴로, 각각 페트로브라스 전체 석유 및 가스 생산의 6.7%와 21.8%를 차지한다. 페트로브라스의 해외 석유 매장량은 10억 배럴[4]에 육박하고 있다. 페트로브라스는 향후 5년간(2011~2015년) 해외 석유사업에 112억 달러를 투자할 계획이다. 해외투자의 대부분은 미국, 나이지리아, 앙골라, 아르헨티나 등에서 석유 탐사 및 생산에 집중될 예정이다.

3) 바이오에너지 생산으로 영역 확대

종합 에너지 기업인 페트로브라스의 사업 영역은 석유 탐사 및 생산에서 석유화학, 화력발전 및 비료 생산에 이르기까지 매우 광범위하다. 페트로브라스는 이 같은 다양한 사업을 추진하기 위해 페트로브라스 수송(Petrobras Transporte), 페트로브라스 석유화학(Petrobras Química), 페트로브라스 가스(Petrobras Gas), 페트로브라스 배급(Petrobras Distribuidora), 페트로브라스 금융(Petrobras International Finance Company) 등의 자회사를 거느리고 있다. 최근 들어 페트로브라스는 바이오에너지 분야로도 영역을 확장해가고 있다. 2000년대 중반 페트로브라스는 일본의 종합상사와 바이오에탄올 수송망을 건설하는 등 바이오에탄올의 국제 상품화에 앞장섰다. 여기에 만족하지 않고 2008년 7월 자회사로 바이오연료 회사(Petrobras Biocombustivel)를 설립, 바이오디젤 및 에탄올 생산에도 직접 뛰어들었다. 페트로브라스는 향후 5년간

---

4) 2010년 말 현재 페트로브라스가 보유한 석유 매장량(가스 포함)은 159억 배럴에 달한다.

(2011~2015년) 41억 달러를 투자해 2015년에 85만 5,000m³의 바이오디젤과 260만m³의 바이오에탄올을 생산할 계획이다.

4) 세계 5대 메이저 석유 기업으로 부상 전망

2007년 말 이후 브라질 정부는 연이은 대형 유전의 발견에 고무되어 전략자원의 국가관리 차원에서 석유 산업에 대한 국가개입을 강화하고 있다. 최근 석유가 쏟아져 나오는 암염하층(Pre-salt) 광구에는 최대 900억 배럴의 석유가 매장되어 있는 것으로 추정된다. 이로 인해 국영기업인 페트로브라스의 위상은 더욱 강화되었다. 페트로브라스는 새롭게 분양되는 암염하층 광구의 운영권을 갖고, 광구당 최소 30%의 지분을 보유할 수 있게 되었다. 또한 유망한 심해유전 광구에 한해 외국 석유 회사의 참여 없이 페트로브라스가 단독으로 개발할 수 있는 권한도 갖게 되었다. 최근 페트로브라스는 증자를 통해 암염하층 유전개발에 필요한 투자 자금을 확보했다. 페트로브라스는 2010년 9월 기업공개를 통해 700억 달러의 자금을 조달하는 데 성공했다. 이는 전 세계 기업공개 사상 최고 기록이기도 하다. 페트로브라스가 발행한 신주 대부분은 브라질 정부가 인수해 현재 정부 지분율은 57.5%에서 64.25%까지 증가했다. 그 결과, 브라질 정부는 1990년대 민영화로 약화되었던 페트로브라스에 대한 통제력을 더욱 강화하게 되었다. 페트로브라스는 사상 최대의 신주 발행에 힘입어 시가총액 기준으로 미국의 엑손 모빌(ExxonMobil), 중국의 페트로차이나(PetroChina)에 이은 세계 3위의 석유 회사 반열에 올라섰다. 페트로브라스는 향후 5년간(2010~2014년) 신주 발행을 통해 조달한 자본금을 포함해 총 2,237억 달러를 투자하여 2020년 명실상부한 세계 5대 메이저 석유 기업으로 부상한다는 계획이다.

참고문헌

권기수. 2004. 「브라질 기업들의 해외투자 진출과 특징」. 대외경제정책연구원. ≪KIEP
　세계경제≫, 제8권 제5호, 통권 80호.

AméricaEconomía, 각 호.

Boston Consulting Group. 2009. "The 2009 BCG Multilatinas: A Fresh Look at Latin
　America and How a New Breed of Competitors Are Reshaping the Business Landscape."

Canuto, Otaviano, Flavio M. Rabelo & Jose Maria Silveira. 1997. "Abertura e grupos
　economicos na industria brasileira". Revista Paranaense de Desenvolvimento No. 92,
　9-12/1997, pp. 33~52.

Carvalho, Flavia, Ionara Costa and Geert Duysters. 2010. *Global Players from Brasil:
　drivers and challenges in the internationalization process of Brazilian firms.* United
　Nations University.

Casanova, Lourdes. 2002. "Lazos de familia: Las inversiones españolas en Iberoamérica".
　Foreign Affairs, Vol. 2, N. 2, May.

_____. 2010. "La inversión extranjera directa en América Latina y las multinacionales
　emergentes latinoamericanas." *ARI, 137/2010,* Real Instituto Elcano.

Casanova, Lourdes and Matthew Fraser. 2009. *From Multilatinas to Global Latinas: The
　New Latin American Multilatinas(Compilation Case Studies).* Washington: IDB. pp.
　1~29.

CEPAL. 2010. *La inversión extranjera directa en América Latina y el Caribe 2009.*
　Santiago de Chile.

_____. 2006a. "Captulo III. Translatinas: un panorama general." in *La inversión
　extranjera en América Latina y el Caribe 2005.* Santiago de Chile.

_____. 2006b. La inversión extranjera directa en América Latina y el Caribe 2005. Santiago
　de Chile.

_____. *La inversión extranjera directa en América Latina y el Caribe,* 각 호. Santiago de
　Chile.

Cuervo Cazurra, Alvaro. 2010. "Multilatinas." *Revista Trimestral de Dirección de*

Empresas, N. 25 Primer cuatrimestre.

Cyrino, Alvaro Bruno and Moacir De Miranda Oliveira Junior. 2003. "Emerging Global Players: Evidences from the Internationalization Process of Brazilian Firms." in *Cadernos de Ideias*. Fundação Dom Cabral.

De Toni, Jackson. 2010. "Multinacionais brasileiras: opção ou imposição?" in *Luzes e sombras do Brasil atual*. Nueva Sociedad. Especial em Portugues 2010. pp. 73~88.

Dunning, John H.. 1993. *Multinational Enterprises and the Global Economy*. Addison-Wesley.

Fundação Dom Cabral, 2010. "Ranking das Transnacionalis Brasileiras."

Haberer, Pablo and Adrian F. Kohan. 2007. "Building Global Champions in Latin America" *McKinsey Quarterly* in special edition: Shaping a New Agenda for Latin America.

Iglesias, Roberto M. and Pedro Motta Veiga. 2002. "Promoção de exportação via internacionalização das firmas de capital brasileiro." in BNDES, *O Desafio das Exportações*. Rio de Janeiro: BNDES.

Khanna, Tarun and Palepu, Krishna. 2006. "Emerging Giants: Building World-Class Companies from Emerging Countries." *Harvard Business Review Article,* 17 October.

Minda, Alexandre. 2008. *The strategies of multilatinas: from the quest for regional leadership to the myth of the global corporation*, Cahier no. 2008-08, LEREPS-GRES.

Sinha, Jayant. 2005. "Global Champions from Emerging Markets" *McKinsey Quarterly,* N. 2, 2005.

Santiso, Javier. 2007. "The Emergence of Latin Multilationals." *OECD Emerging Market Network Working Paper,* 04/2007. OECD Development Centre.

_____. 2008. "The emergence of Latin Multilationals." *CEPAL Review 95*, pp. 7~30.

UNCTAD. *World Investment Report*, 각 호.

10장 좌파 정부의 경제정책: 제3의 길인가?

|단원 핵심 주제|
- 2000년대 라틴아메리카에서 좌파 정부가 부상하게 된 이유는 무엇인가?
- 좌파 정부 경제정책의 특징은 무엇인가?
- 좌파 정부들의 경제정책이 서로 차이가 나는 이유는 무엇인가?
- 좌파 정부들이 실시한 경제정책의 주요 사례는 무엇인가?

1. 좌파 세력의 연쇄적 집권

21세기 들어 라틴아메리카에서 발생한 가장 큰 정치경제적 사건은 좌파 세력의 연쇄적인 집권이다. 1999년 베네수엘라 차베스 대통령의 집권이 그 전조였다. 2002년에는 정치경제적으로 남미 지역에서 가장 큰 영향력을 행사해온 브라질에서, 노동자당 출신의 룰라 후보가 네 번의 도전 끝에 대통령에 당선되면서 남미에서 좌파 정부 출현의 물꼬를 텄다. 이후 아르헨티나에서 키르츠네르(Néstor Kirchner) 정부가 등장했으며(2003년), 우루과이에서는 바스케스(Tabaré Vásquez) 정부가 출현하는(2005년) 등 남미 지역을 중심으로 연이어 좌파 성향의 정권이 등장했다.

2005년 말부터는 안데스 지역에서도 속속 좌파 정권이 등장했다. 2005년 12월 볼리비아에서 농민운동가 출신의 급진적 성향의 모랄레스(Evo

Morales) 후보가 당선된 데 이어, 칠레에서는 2006년 1월 바첼레트(Michelle Bachelet)가 대선에서 승리하여 중도좌파연합이 네 번 연속 집권하는 성과를 거두었다. 2006년 6월에는 페루에서도 온건 좌파 출신의 가르시아(Alan García) 후보가 당선되었다.

남미 지역에서 세력을 형성한 좌파는 2006년 코스타리카, 멕시코의 대선에서 우파에 패배하면서 그 확산에 제동이 걸리는 듯했으나 중미 및 카리브 지역에서 다시 확산되었고 기존 좌파 정부들이 재집권하면서 진화했다.

라틴아메리카에서 거침없던 좌파의 확산 추세는 2009년 말에서 2010년 상반기 칠레, 코스타리카, 콜롬비아에 우파 정권이 들어서면서 주춤했다. 그러나 2010년 11월 브라질에서 룰라 대통령을 계승한 호세프(Dilma Rousseff) 후보가 당선되고, 2011년 6월 페루 대선에서 급진좌파 성향의 우말라(Ollanta Humala) 후보가 당선되면서,[1] 라틴아메리카의 정치 지형은 완전

---

[1] 우말라의 대통령 당선에는 성장의 열매에 대한 국민의 분배 요구, 우말라의 급진좌파에서 중도좌파로의 선회, 민주주의의 성숙이 배경으로 작용했다. 페루는 광물과 에너지 분야에 외국인투자가 집중되며 2000년대에 들어 고도성장을 달성했으나 성장의 혜택이 고르게 분배되지 못하면서 지방 빈민층을 중심으로 분배 정책에 대한 요구가 거세졌다. 우말라 후보는 선거 초반에 국가주도 경제로의 급진적 개혁을 표방했으나 경쟁 후보와 접전이 벌어지고 개혁에 대한 국내외의 비판이 이어지자 중도좌파로 노선을 선회했다. 중산층의 증가와 함께 성장한 민주주의 의식은 우말라가 경쟁 후보이자 전 독재자의 딸인 게이코 후지모리를 누르고 당선하는 데 기여했다. 우말라 신정부의 경제정책은 실용적 경제정책의 채택, 빈곤 퇴치를 위한 사회정책 강화, 자원개발 성과의 사회분배에 초점이 맞추어질 전망이다. 기존 정부의 시장친화적인 경제정책의 근간을 흔들지 않는 범위에서 빈곤 퇴치와 소득 재분배에 국정 운영의 우선순위를 둘 것이다. 빈곤 퇴치를 위해 노령연금 도입, 무료 탁아소 건설, 최저임금 인상, 중소기업 지원, 연료가격 인하, 교육과 보건 투자 등을 실행할 계획이다. 광업 기업에 초과이윤세를 부과할 계획이나 외국인투자 유입에 부정적인 영향을 미치지 않는 범위에서 시행될 전망이며, 천연가스의 국내 판매에 우선순위를 둘 계획이다. 더 자세한 내용은 박미숙, 「페루 대통령 선거 결과와 향후 경제정책 전망」, ≪KIEP 지역경제포커스≫, Vol. 5, No. 30(2011) 참조.

히 좌파로 돌아섰다.

2. 최근 라틴아메리카 정치의 좌향좌 배경

라틴아메리카 좌파 정부의 출현을 어느 한 가지 요인으로 설명하는 데는 한계가 있다. 따라서 여기서는 다음의 세 가지 요인으로 좌파의 등장을 설명하고자 한다. 첫째, 최근 좌파의 출현은 직접적이지는 않지만 장기적이며 구조적 요인인 사회적 불평등 심화에서 비롯되었다. 둘째, 단기적으로는 거시경제적 위기가 최근 좌파 등장의 직접적인 요인으로 작용했다. 셋째, 라틴아메리카에서 2000년대 중후반 좌파의 물결이 단발성으로 끝나지 않고 지속적으로 확대 재생산되는 이유는 1차산품 수출 붐에 힘입은 경제호황 때문이다.

1) 장기적·구조적 요인: 사회적 불평등의 심화

먼저 장기적 요인으로 사회적 불평등을 들 수 있다. 역사적으로 라틴아메리카는 전 세계에서 소득분배가 가장 불평등한 지역 중 하나로 평가받아왔다. 21세기에 들어서도 이러한 상황은 전혀 개선되지 않고 오히려 악화되는 형국이었다. 2002년 라틴아메리카 빈곤층의 인구는 전체 인구의 44%인 2억 2,100만 명에 달했다. 결과적으로 이러한 빈곤과 불평등은 우파들의 거센 저항에도 좌파가 정치적으로 승리하는 데 중요한 자산이 되었다. 우파 정당들은 후견-피후견인(Patron-clientelism) 관계, 종교적 동질성 등 여러 형태의 호소를 통해 빈곤층으로부터 정치적 충성을 이끌어내려 했다. 그러나 갈수록 악화되고 있는 빈곤과 불평등의 양상은 우파 정권이 득세하는 상황에

〈그림 10-1〉 라틴아메리카 정권 현황

좌파 (•중도좌파)
우파

온두라스
(포르피리오 로보)

쿠바
(라울 카스트로)

니카라과
(다니엘 오르테가)

멕시코
(펠리페 칼데론)

코스타리카
(라우라 친치야)

과테말라
(알바로 콜롬)

베네수엘라
(우고 차베스)

엘살바도르
(마우리시오 푸네스)

콜롬비아
(알바로 우리베)

파나마
(리카르도 마르티네이)

브라질
(지우마 호세프)

에콰도르
(라파엘 코레아)

파라과이
(페르난도 루고)

페루
(오얀타 우말라)

볼리비아
(에보 모랄레스)

우루과이
(호세 무히카)

아르헨티나
(크리스티나 페르난데스)

칠레
(세바스티안 피녜라)

자료: ≪연합뉴스≫(2011.6.6)를 토대로 재구성.

서도 좌파를 지지하는 잠재적 유권자를 잉태시켰다. 많은 유권자들이 좌파
정당의 소득재분배 공약에 마음을 열기 시작했다. 1980~1990년대 좌파 세
력은 노조 세력의 약화와 좌파 세력 내의 이념적 분열로 수세에 있었다. 그
러나 라틴아메리카 각국에서 신자유주의를 신봉하는 정권들이 국민들의
사회적 요구에 적절히 대응하지 못하고 무능력을 드러냄에 따라 좌파 정당

과 좌파 운동이 정치 세력으로 재결집할 수 있는 빌미를 제공했다.

그렇다면 불과 10년 만에 라틴아메리카의 정치 지형이 180도 바뀐 이유는 무엇일까? 이에 대한 일차적인 대답은 1990년대 이후 라틴아메리카의 경제 실적에서 찾을 수 있다. 1980년대 잃어버린 10년을 힘겹게 보낸 라틴아메리카에서는 1990년대 들어 워싱턴 컨센서스에 입각하여 물가안정, 금융자유화, 무역자유화, 민영화 등 거시경제 정책을 축으로 신자유주의 경제정책의 패러다임을 신봉하는 개혁 성향의 정부가 속속 등장하며 희망의 시기를 맞이하는 듯했다. 그러나 당초 기대와는 달리 라틴아메리카의 경제 실적은 매우 저조했다. 라틴아메리카의 경제는 1990년대 중반 일시적 성장세에 있었지만 그 시기를 제외하고 줄곧 저성장세에 시달려야 했다. 1990년대에 1인당 국민소득은 불과 1.1% 증가하는 데 그쳤으며, 2000년대(2000~2004년) 들어 그 증가율은 0.7%로 더욱 축소되었다.

이같이 낮은 국민소득 증가세는 가뜩이나 소득불평등이 심한 라틴아메리카 각국에서 부익부빈익빈 현상을 더욱 심화시켰다. <표 10-1>에서 나타나듯 1990년대 이후 라틴아메리카에서 빈곤 상황은 결코 개선되지 않았다. 특히 최근 좌파 정권이 등장한 대부분의 국가에서 빈곤층은 오히려 증가했다. 결과적으로 이 같은 심각한 사회적 불평등은 21세기 들어 라틴아메리카 각국에서 자연스럽게 새로운 대안 세력으로서 좌파 정권이 등장할 수 있는 토양을 제공했다.

2) 신자유주의 경제정책의 실패 및 경제위기

사회적 불평등만으로 최근 좌파 정부의 등장을 설명하기는 부족하다. 21세기 좌파 정부의 등장은 1980~1990년대의 시장친화적 개혁과 1998~2002년의 경제위기와 밀접한 연관을 맺고 있다. 일반적으로 라틴아메리카

(단위: %)

연도	라틴 아메리카	아르헨티나	볼리비아	브라질	칠레	에콰도르	멕시코	페루	베네수엘라
1990	48.3	21.2	52.6	48.0	38.6	62.1	47.7	-	39.8
1997	43.5	17.8	62.1	35.8	23.2	56.2	52.9	47.6	48.0
1999	43.9	23.7	60.6	37.5	-	63.5	-	48.6	49.4
2000	42.5	-	-	-	20.2	-	41.1	-	-
2001	43.2	-	-	37.5	-	-	-	54.8	-
2002	44.0	45.4	62.4	38.7	18.7	49.0	39.4	54.7	48.6

자료: CEPAL(2005).

에서 좌파 정부의 등장을 신자유주의 개혁에 대한 반발로 보는 시각이 우세하다. 시장만능 경제의 득세는 결과적으로 경제난을 부추기고 치안 불안을 야기했다. 특히 주요 사회보장 부문에서 국가의 역할이 축소되어 사회적 요구에 대한 국가의 대응능력이 크게 약화되었다. 그 결과, 1990년대 라틴아메리카에서 사회불평등의 수준은 크게 증가했다.

그러나 신자유주의 자체가 좌파 정부의 등장을 추동한 것은 아니다. 1990년대 시장친화적 경제정책이 라틴아메리카 각국에서 국민의 커다란 반대에 직면했다는 뚜렷한 증거가 없기 때문이다. 오히려 반대로 자유무역과 외국인투자 같은 워싱턴 컨센서스의 일부 요소는 폭넓은 대중의 지지를 받기도 했다.

1998~2002년의 경기침체는 라틴아메리카에서 초기 좌파 정부의 등장에 결정적인 역할을 했다. 라틴아메리카 경제는 1990년에서 1997년까지 완만한 경제성장을 달성한 이후 1990년대 후반 정체되거나 침체에 빠졌다. 1998~2002년 라틴아메리카의 1인당 GDP는 마이너스 성장을 기록했으며, 빈곤과 실업률도 크게 악화되었다.

경제위기는 좌파에게 두 가지 측면에서 커다란 호재로 작용했다. 먼저 당시 라틴아메리카 각국의 집권 정당에 커다란 정치적 타격을 주었다. 1998~2004

년 사이 18개 라틴아메리카 국가 중 14개국에서 집권당이 실권했다. 당시 대부분의 국가에서 중도우파 정당이 집권하고 있었기 때문에 정권교체는 곧 좌파 세력의 집권을 의미했다. 둘째, 장기간의 경기침체는 워싱턴 컨센 서스에 정책적 기반을 두고 있는 집권당의 경제정책에 대한 국민의 실망으로 나타났다. 민영화 등 신자유주의 경제정책에 대한 국민의 지지는 1990년대 후반부터 퇴색하기 시작했다. 한 조사에 따르면 2004년 라틴아메리카 국민의 70% 이상이 시장경제 정책의 성과가 만족스럽지 못하다고 답변했다(Latinobarómetro, 2004: 39~41).

결과적으로 1998~2002년의 경제위기는 당시 대부분의 라틴아메리카 국가에서 집권하고 있던 우파 정당의 실권을 초래했으며, 집권당이 실시하던 시장친화적 경제정책에 대한 국민의 지지를 약화시켰다. 이에 1998년 이후 라틴아메리카의 유권자들은 야당을 지지하기 시작했으며, 모호하지만 신자유주의에 대한 대안을 제시하는 좌파 후보에게 지지를 보냈다. 그 결과는 1998년 베네수엘라, 2002년 브라질과 에콰도르, 2003년 아르헨티나, 2004년 우루과이, 2005년 볼리비아에서 좌파 정권의 등장으로 나타났다.

3) 좌파 물결의 확대 및 심화: 1차산품 붐과 확산 효과

소위 잃어버린 5년이라 불리던 1998~2002년 시기의 경제위기가 라틴 아메리카에서 좌파 정부의 등장을 촉발시켰다면, 두 가지 대외환경의 변화는 21세기 첫 10년간 좌파 정부의 확산에 기여했다.

먼저 2002년 이후 지속되고 있는 1차산품 붐이다. 1차산품 국제가격의 상승에 힘입어 2004~2008년 라틴아메리카 경제는 연평균 5.4%의 성장을 달성했다. 이는 라틴아메리카 경제가 1970년대 이후 맞은 최대의 경기호황 이었다. 1차산품 수출 붐은 두 가지 방식으로 라틴아메리카 좌파에 기여했다. 1차산품 붐에 힘입은 경기호황 덕택에 브라질(2006년)을 비롯한 칠레(2006년), 베네수엘라(2006년), 아르헨티나(2007년), 볼리비아(2009년), 우루과이(2009년), 에콰도르(2009년) 등 각국의 좌파 정부는 손쉽게 재선에 성공했다. 둘째, 1차산품 수출 붐에 힘입어 라틴아메리카 각국에서 좌파 정당들은 온전하게 좌파 정책을 추진할 수 있었다.

1990년대에 집권한 좌파 정부들은 거시경제적·재정적 제약 요인으로 좌파 정책을 포기하고 보수주의 정책을 실시할 수밖에 없었다. 그러나 2002년 이후 재정 및 무역수지가 흑자로 돌아서면서 라틴아메리카 각국의 좌파 정부들은 본격적으로 좌파의 트레이드마크인 사회정책 등 좌파 정책을 실시하게 되었다. 특히 경상수지가 개선되고 재정수입이 확대되었으며 미국 및 국제기구에 대한 자금 의존이 크게 감소했다. 그 결과, 최근 라틴아메리카 좌파 정부들은 과거와 달리 2008년 발생한 전대미문의 경제위기 속에서도 재정위기와 외환위기를 피할 수 있었다. 라틴아메리카 중도좌파 정부들은 수십 년 만에 처음으로 재산권을 위협하거나 극단적인 재분배 정책을 실시하지 않고도 유권자에게 물질적인 혜택을 제공할 수 있었다. 이와 같은 1차산품의 붐에 힘입어 상이한 환경 속에서 정통정책을 채택할 가능성이 높았던 정부들이 보다 국가주도적이며 재분배적인 정책을 채택하고 있다. 대표적으로 아르헨티나에서 페론당은 1990년대 우파의 전매특허인 신자유주의 경제정책의 선봉에 섰으나 2000년대 들어서는 좌파로 완전히 돌아섰다.

다음으로 좌파 정부 집권의 지역 확산이나 좌파 정부의 정치적 성공 등에 따른 전시효과도 최근 라틴아메리카에 좌파 정부가 등장하는 데 일조했다. 2000년대 초 차베스 정부, 룰라 정부를 비롯한 기타 좌파 정부들의 정치적 성공은, 좌파 정부는 라틴아메리카에서 성공하기 힘들다는 1990년대의 선입견을 깨기에 충분했다. 2000년대 중반 들어 좌파 정부에 대한 인식의 변

〈표 10-2〉 베네수엘라 주도의 라틴아메리카 에너지동맹체제 추진 현황

사업 및 협정명	사업 및 협정 내용
카라카스 에너지협정 (Caracas Energy Accord)	· 중미·카리브 10개국과 2000년 체결한 원유 특혜제공 협정 · 향후 15년간 연리 2%로 원유 공급액의 25% 금융지원
페르토카리브 (PetroCaribe)	· 카리브 지역 13개국과 2005년 6월 체결한 원유 특혜제공 협정 · 카라카스에너지협정 확대·개편: 에너지 공급량을 18만 5,700b/d(배럴/일)로 확대, 거치 기간 확대, 금융지원 규모 확대 · 참여 자격: 베네수엘라가 제안한 ALBA 창설에 참여
석유-식량자원 교환 협정(Oil for food accord)	· 2004년 4월 아르헨티나의 에너지난 해결을 위해 체결 · 베네수엘라(800만 배럴의 원유 + 100만 배럴의 디젤) ↔ 아르헨티나(연간 2억 6,000만 달러 상당의 농산물)
페트로수르 (Petrosur)	· 2005년 7월 베네수엘라와 아르헨티나, 페트로수르를 중심으로 한 에너지 정책 협력 양해각서 체결 · 현재 베네수엘라 국영석유회사(PDVSA), 아르헨티나 국영석유회사(ENARSA) 참여
페트로안디나 (Petroandina)	· 2006년 6월 베네수엘라 국영석유회사(PDVSA)와 볼리비아 국영석유회사(YPFB)가 페트로안디나 합작회사(볼리비아가 51%의 지분 보유) 설립에 합의 · 볼리비아에서 석유 공동 탐사, 생산 및 마케팅 활동 전개 · 베네수엘라 정부, 1억 5,000만 달러 투자 약속
남미 가스파이프라인 프로젝트(일명 axis of gas, 가스 축)	· 가스파이프라인 총 길이 9,283km(베네수엘라 동부의 푸에르토오르다스 → 아르헨티나 부에노스아이레스) · 가스 수송량: 1일 최대 1,500억 m^3 · 총공사비용: 230억 달러 · 1단계 공사 완료 2010년, 최종 공사 완료 2017년

자료: 필자 정리.

화가 일면서 라틴아메리카 각국에서 좌파 세력의 대권 도전이 확대되었으며, 뚜렷한 이념이 없는 정치인들도 좌파로 옷을 갈아입는 게 유행이었다. 대표적인 사례가 온두라스다. 온두라스에서 전통적으로 자유주의 정당의 일원이었던 셀라야(Manuel Zelaya) 대통령은 중도좌파 프로젝트를 실시했다. 좌파 정부에 대한 인식의 변화는 수십 년간 강력한 보수주의 정당이 뿌리를 내리고 있던 엘살바도르와 파라과이 같은 국가의 유권자에게도 영향을 미쳤다.

특히 라틴아메리카에서 좌파 세력의 확산에는 베네수엘라의 역할이 컸

다. 베네수엘라는 에너지 자원을 무기로 인근 라틴아메리카 국가들의 좌파 정부 등장을 공공연하게 지원하는 한편 기존 좌파 정권의 유지를 위한 경제적 지원에도 적극적이다. 베네수엘라 주도의 에너지동맹이 대표적인 예이다. 최근 확산되고 있는 남미 경제동맹의 기둥은 에너지협력을 축으로 한 에너지동맹이다. 이 같은 남미 에너지동맹은 풍부한 석유 및 천연가스를 무기로 하여 베네수엘라가 주도하고 있다.

한편 베네수엘라는 에너지 경제동맹과 별도로 라틴아메리카 지역에서 미국 중심의 FTA 움직임에 맞선 대안적 협력체 구축에도 열심이다. 베네수엘라는 미주자유무역지대(FTAA)에 맞선 대안적 FTA로 '미주를 위한 볼리바르의 대안(ALBA)'을 결성했으며, 쿠바, 볼리비아 등과 인민무역협정(Trade Agreement of the People: TCP)을 체결해 남미 좌파 3각 동맹체제를 구축하기도 했다.

3. 좌파 정부의 경제정책 유형과 특징

1) 경제정책의 유형

좌파 정부의 경제정책은 시장과 국가의 영향력 정도에 따라 정통적 경제정책, 국가주도 경제정책, 이단적 경제정책의 세 가지로 나눌 수 있다. 먼저 정통적 경제정책은 대체로 경제자유주의의 규정과 원칙을 따른다. 정부는 중앙은행의 독립성은 물론 엄격한 재정 및 통화준칙을 준수한다. 일례로 재정흑자 운영, 통화 발행 제한, 고금리 정책 등이다. 경제안정과 낮은 수준의 인플레이션이 빠른 경제성장보다 우선시된다. 일반적으로 생산 부문에서 민간 소유권을 확대하고 임금, 물가 및 노사관계를 시장에 맡긴다. 마지막으로 무역 및 외국인투자 개방, 경쟁적 환율정책, 자본의 자유로운 유출입을 보장한다. 브라질, 칠레, 우루과이, 페루가 여기에 속한다.

반대로 국가주도 경제정책은 경제활동에 대한 체계적인 국가통제 확대를 통해 경제 게임의 규칙을 재정의한다. 그렇다고 해서 정부가 민간 재산권이나 경쟁적 시장을 반드시 부정하지는 않는다. 일례로 경제개발과 민간 소비 촉진을 위해 극단적으로 공공지출을 늘리고 통화정책을 완화한다. 종종 중앙은행의 독립성이 훼손된다. 물가통제, 외환통제, 전략적 산업의 국유화(재국유화, 특히 천연자원 수출 부문과 공공서비스 제공 유틸리티) 같은 민간 경제활동에 대한 국가의 규제는 확대된다. 마지막으로 무역, 외국인투자, 자본 유입에 대한 국가통제도 강화한다. 베네수엘라가 이 부류에 속하는 대표적인 국가다.

이단적 경제정책은 정통적 경제정책과 국가주도적 경제정책이 혼재된 경우다. 이단적 경제정책은 포괄적이기보다는 선택적인 국가개입 형태를 띤다. 완전하게 시장지향 모델을 포기하거나, 국가가 경제발전의 주요 원동력이 아니면서 정통적 경제정책을 위협하기도 한다. 일례로 일부 전략적 산업의 인수, 물가, 외환 및 투자에 대한 선택적 통제, 수출세나 쿼터의 선택적 혹은 일시적 채택 등을 들 수 있다. 여기에 속하는 국가로는 아르헨티나, 볼리비아, 에콰도르가 있다.

2) 좌파 정부 간에 경제정책 차이는 왜 발생하는가?

그렇다면 좌파 정부 간에 이러한 경제정책의 차이가 극명하게 나타나는 이유는 무엇인가? 특히 왜 어떤 좌파 정권은 급진적 정책을 실시하는 데 반해 어떤 좌파 정권은 온건한 정책을 실시하는 것일까? 여기서는 그 차이가 발생하는 요인을 네 가지로 설명하고자 한다(Flores-Macias, 2010: 415~419).

첫째 요인은 행정부의 권한 정도이다. 많은 학자들은 1980년대와 1990년대에 인기가 없던 신자유주의 경제정책이 채택된 이유를 입법부에 대한 행정부의 강력한 권한 때문이라고 설명하곤 한다. 특히 라틴아메리카에서 행정부의 권한은 정부가 중요한 경제변혁을 수행할 가능성이 있는가를 평가하는 훌륭한 예측 변수가 된다. 왜 칠레와 아르헨티나에서는 혹독한 경제개혁이 성공적으로 추진되었지만 브라질에서는 부분적으로만, 베네수엘라에서는 매우 미진하게 추진되었는가를 설명할 때도 행정부의 권한은 훌륭한 설명 도구가 된다. 대표적인 예로 칠레의 피노체트 군사 정부는 강력한 권한을 바탕으로 아옌데 정부가 추진한 사회주의 정책을 송두리째 바꾸어 놓았다. 민주정부였지만 절대적인 권한을 갖고 있던 아르헨티나 메넴 대통령 역시 야심찬 시장개혁을 성공적으로 추진했다. 그에 반해 힘이 약했던 베네수엘라의 페레스(Carlos Andrés Peréz, 1974~1979년) 대통령은 정통 개혁정책을 추진했으나 실패했다. 베네수엘라보다는 강력하나 아르헨티나와 칠레보다는 약한 권한을 가지고 있던 브라질의 카르도주 대통령의 경제개혁은 완만하게 추진되었다.

둘째, 갑작스러운 경제위기를 겪었는지의 여부이다. 1980년대와 1990년대에 페루, 아르헨티나, 볼리비아에서 급진적인 시장개혁이 추진된 데에는, 외채위기와 고인플레이션 등 심각한 경제위기를 겪은 이후 경제정책의 방향을 수정하고자 했던 정권의 의지가 크게 작용했다. 심각한 경제위기 이후 페루의 후지모리 정부(1990~2000년), 아르헨티나의 메넴 정부(1989~1999년), 볼리비아의 에스텐소로 정부(Víctor Paz Estenssoro, 1985~1989년)는 국민의 지지를 업고 급진적인 개혁을 추진할 수 있었다. 반대로 브라질과 베네수엘라에서는 경제 상황이 그렇게 나쁘지 않았기 때문에 심도 있는 신자유주의 개혁정책을 추진하기가 어려웠다. 브라질에서 카르도주 대통령은 전임자가 추진한 개혁을 이어나갔으나 일부 분야에서 온건한 개혁에 그쳤다.

셋째, 천연자원에 대한 종속 정도이다. 지대추구형 국가에서 1차산품을 통해 벌어들인 지대는 한 국가의 정통적 경제정책에 대한 약속을 저버리게 만든다. 정부 곳간이 갑작스럽게 풍족해지면서 일반 대중은 긴축정책을 거부하고 부의 재분배를 강하게 요구하기 때문이다. 자원지대는 무분별한 풍요를 낳고, 이는 기업인들 사이에서 한탕주의 정신(Get-rich-quick mentality)과 정책결정자들 사이에서 붐-버스트 심리를 양산시킨다.

넷째, 정당제도의 제도화 수준이다(Flores-Macias, 2010). 정당제도의 제도화 수준이 높은 국가, 즉 정당제도가 발전한 국가에서는 아웃사이더 정치인이 갑작스럽게 등장해 대통령이 되기가 쉽지 않다. 즉, 강력한 정당제도를 소유한 국가에서 대통령 입후보자는 정당이 정한 제도적 경선절차를 거치지 않고 대통령에 입후보할 수 없다. 우루과이의 바스케스 대통령, 브라질의 룰라 대통령, 칠레의 라고스와 바첼레트 대통령은 모두 기존 정당의 적법한 내부 경선절차를 거쳐 대통령에 당선되었다. 결과적으로 정당의 제도화 수준이 높은 브라질, 칠레, 우루과이 등에서 좌파 정부들은 기존의 체제를 부정하는 급진적 정책을 추진하기보다는 종전의 체제를 인정하는 온건한 정책을 펼쳤다. 그에 반해 정당정치가 발전하지 않은 국가에서는 기존 정당에 몸담고 있지 않던 정치인이 혜성처럼 등장해 대통령이 되기가 용이하다. 즉, 파편화된 정당체제 속에서는 정치 신인이 정치 경력 없이도 정권을 잡을 수 있다. 볼리비아의 모랄레스 대통령, 에콰도르의 코레아 대통령, 베네수엘라의 차베스 대통령은 높은 개인적 인기를 바탕으로 기존 정당체제를 전면 부정하고 나와 정권을 잡았다.

3) 산업정책: 자원의 고부가가치 산업화 확대

좌파 정부의 경제정책의 특징은 거시경제 정책에서보다 자원개발 정책

〈표 10-3〉 라틴아메리카 주요국의 정당제도와 정책 간의 관계

정책의 유형	국가	정당 제도 (변동성 점수)	주요 정책					
			국유화	가격 통제	토지 개혁	채무 디폴트	중앙은행 자율성 종식	외환 통제
국가 주도적 (급진적)	베네수엘라	저 (41)	○	○	○	-	-	○
	볼리비아	저 (41)	○	○	○	-	-	-
	에콰도르	저 (28)	○	○	-	○	-	-
	아르헨티나	(26)	-	○	-	○	-	-
현상 유지 (온건적)	브라질	고 (20)	-	-	-	-	-	-
	우루과이	고 (16)	-	-	-	-	-	-
	칠레	고 (7)	-	-	-	-	-	-

주: 여기서 정당제도의 변동성은 점수의 크기가 클수록 높다.
자료: Flores-Macias(2010: 423).

등 산업정책에서 뚜렷이 목격된다. 글로벌 금융위기에 따른 석유(가스 포함) 가격의 폭락은 그간 오일머니에 의존해왔던 베네수엘라, 에콰도르, 볼리비아 등 라틴아메리카의 대표적인 좌파 정권들의 존립 기반을 위협했다. 유가 하락에 따른 재정수입 감소로 사회 부문에 대한 지출이 감소하고, 그에 따라 이들 좌파 정권의 정치적 지지기반이 약화될 것으로 전망되었다. 특히 자원 가격 급락에 따른 경제적 어려움으로 자원개발 시장의 개방 등 자원정책의 변화도 예상되었다. 즉, 2000년대 들어 라틴아메리카를 휩쓸었던 자원민족주의 열풍이 퇴조할 것으로 전망되었다.

일부 전문가들은 유가 폭락에다 베네수엘라의 지원 감소로 볼리비아, 에콰도르, 니카라과 등 라틴아메리카 좌파 정부들이 브라질의 노선을 따라 기존의 좌파적 수사(Rhetoric)와 정책을 자제하고, 실용주의 노선으로 전환할

것으로 전망하기도 했다. 그에 반해 미국발 금융위기로 미국식 자본주의가 좌초한 상황에서 라틴아메리카 좌파들은 더욱 급진적인 정책을 취할 것이라고 전망한 전문가도 있었다.

　그렇다면 글로벌 금융위기의 충격 속에서 라틴아메리카 좌파 정권들은 실제로 어떠한 선택을 했을까? 그 답은 자원민족주의 정책의 강화였다. 글로벌 금융위기에 따른 자원 가격의 폭락으로 인한 경제적 어려움 속에서도 라틴아메리카 좌파 정권들은 자원민족주의 정책의 고삐를 놓지 않았다. 라틴아메리카 좌파 정부들이 이 같은 정책을 지속적으로 추진할 수 있었던 배경은, 첫째, 지속적인 자원민족주의 정책을 통해 국민들의 지지를 확보하려는 정치적 동기가 컸다. 특히 베네수엘라의 차베스 대통령은 글로벌 금융위기 이후 자본주의의 사망을 선포하며 베네수엘라식 경제발전 모델이 그 대안이 될 수 있다고 적극 홍보했다. 둘째, 당초 예상했던 것보다 글로벌 금융위기가 이들 국가에 미친 영향이 크지 않았다는 점, 2009년 큰 폭으로 하락했던 자원 가격이 2010년 세계경제의 회복에 힘입어 다시 상승한 점도 이들 국가들이 자원민족주의 정책을 지속적으로 추진할 수 있는 버팀목이 되었다. 실제로 2009년 대부분의 라틴아메리카 국가들이 경기침체를 겪은 데 반해 에콰도르(0.4%)와 볼리비아(3.4%)는 플러스 성장세를 기록했다.

　라틴아메리카는 풍부한 자원을 보유한 대표적인 자원 수출 지역이다. 그러나 역사적으로 풍부한 자원은 라틴아메리카 국가들에게 축복이기보다 저주였다. 많은 학자들이 라틴아메리카 경제의 저발전의 원인을 1차산품과 공산품의 불균등한 교역인 교역조건의 악화에서 찾았다. 이는 종속이론의 토대가 되기도 했다. 최근까지 많은 연구에서 라틴아메리카 경제의 저성장 요인을 1차산품에 편중된 생산구조에서 찾고 있다.

　2000년대 초 세계경제의 호황에 힘입은 1차산품 수출 붐이 일어나자 라틴아메리카 국가들을 새로운 종속 상황에 빠뜨릴 수 있다는 우려가 제기되었다. 특히 중국 특수에 힘입은 중국과의 무역관계 강화는 중국에 대한 남미 국가들의 종속을 가중시킬 수 있다는 우려가 팽배했다. 중국과의 관계 강화는 양면적이다. 원자재와 1차산품 수출이 증가하고, 이 분야에 대한 투자가 늘어난다는 점에서 축복이지만, 1차산품 수출-공산품 수입이라는 전형적인 남-북 국가 교역 형태가 고착되어 라틴아메리카의 고부가가치 산업화 전망을 어둡게 한다는 측면에서 저주이기도 하다(이성형, 2010).

이 같은 우려를 인식해 최근 라틴아메리카 국가들은 자국에서 생산되는 자원을 미가공 형태로 수출하기보다는 일정 정도의 부가가치를 부여해 수출하려는 노력을 기울이고 있다. 이 같은 자원의 부가가치화를 통해 상대적으로 취약한 제조업의 기반을 육성하고 궁극적으로는 고용을 확대한다는 전략이다.

실제로 이 같은 라틴아메리카 산업정책에서 자원의 고부가가치화는 실증적인 연구들을 통해서 그 성공 가능성이 입증되고 있다. 최근 많은 학자들이 과거에 생각했던 것과 달리 1차산품에 의존하는 경제가 반드시 부정적이지만은 않다고 주장하고 있다. 기술혁신을 통한 제품의 질 향상과 차별화로 1차산품 경제도 발전 잠재력이 크다는 것이다.

그렇다면 최근 라틴아메리카 국가들이 과거와 달리 이 같은 자원의 고부가가치화 정책을 추진하게 된 동기는 무엇일까? 먼저 브라질 등 일부 국가에서의 성공적인 산업화 경험은 다른 라틴아메리카 국가들이 적극적인 산업정책을 추진하게 하는 자극제로 작용했다. 또 라틴아메리카 국가들이 최근 금융위기를 성공적으로 극복하고 경제정책 운영에 자신감을 갖게 된 점도 적극적인 산업정책을 추진하게 된 동인으로 작용했다.

자원의 고부가가치화 정책은 다양한 분야에서 추진되고 있다. 그중에서 가장 대표적인 분야가 석유 산업이다. 라틴아메리카 국가들은 종전의 단순한 원유 수출국에서 벗어나 석유 정제 산업과 석유 화학 산업 육성 등을 통

한 고부가가치 제품 개발에 적극적이다. 대표적인 예로 브라질의 국영석유
회사인 페트로브라스는 국내 수요를 충족하고 정유 수출국으로 부상하기
위해 기존 정유시설을 개선하고 신규 공장을 설립하는 데 매우 적극적이다.
브라질의 정유시설은 전반적으로 노후화되어 있는 데다 중동 수입산 경유
(輕油) 정제에 적합한 구조여서 최근 브라질에서 주로 생산되는 중유(重油)
정제에는 적합하지 않다.

자원의 고부가가치화 정책은 급진적인 자원민족주의 정책을 추진하고
있는 베네수엘라에서도 선명하게 나타났다. 차베스 정부는 2008년 6월 석
유 화학 산업의 국가통제 강화를 주요 내용으로 하는 석유화학발전기본법
을 제정했다. 베네수엘라 석유화학공사(PEQUIVEN) 사장에 따르면, 이 법의
제정은 석유화학 분야에 대한 국가 소유권을 확대하고 단순 석유화학 원료
수출에서 벗어나 내수용 제품 공급에 우선순위를 두어 석유화학 관련 국내
중소기업을 육성·발전시키기 위한 목적에서 이루어졌다.

최근 볼리비아 정부가 국가의 운명을 걸고 추진하는 리튬개발사업도 자
원 고부가가치화 정책의 대표적인 사례에 속한다. 세계 리튬 매장량의 1/3
이상을 갖고 있는 볼리비아는 리튬을 단순히 원자재 형태로 수출하는 것이
아니라 국내에서 가공해 수출하는 전략을 펼치고 있다. 볼리비아 광업공사
(COMIBOL)는 2015년까지 리튬을 가공해 배터리, 의약품 재료, 알루미늄 합
금 등 다양하게 활용할 수 있는 부가가치가 높은 제품을 생산한다는 계획이
다. 볼리비아 정부는 과거와 같은 외국 다국적기업의 자국 자원 침탈 행위
를 더 이상 용납하지 않을 것이며 국가 이익을 존중하지 않는 자원의 무제
한적 착취 시대는 끝났다고 선언했다.

4) 사회정책: 좌파 정부의 트레이드마크

라틴아메리카 신좌파 정부가 실시하는 재분배를 위한 사회정책은 부(富)·
소득·재산·권리 등을 집단 간에 이전시키는 정책을 말한다. 특히 소득과
부를 많이 소유한 집단으로부터 그렇지 못한 집단으로 이전시키는 복지정
책이 이러한 재분배 정책에 속한다. 구체적으로는 누진세 제도와 영세민보
호 정책 등이 있다. 여기서는 최근 라틴아메리카 좌파 정부가 실시한 사회
정책을 크게 네 가지로 분류해 살펴보고자 한다.

먼저 재정지출의 확대다. 최소한의 형태로는 빈곤 가정에 대한 조건부 현
금 지급 등 기존의 정해진 프로그램에 대한 지출 확대가 있다. 룰라 정부가
실시한 볼사파밀리아(Bolsa Familia)[2]가 여기에 해당된다. 볼사파밀리아는 카
르도주 전 정부가 실시한 프로그램을 통합한 것이다. 보다 야심찬 전략으로
는 광범위한 분야에서 공공서비스 제공 및 소외 계층에 대한 혜택(저소득층
에 대한 주택, 학교, 의료서비스, 식품 보조금 지급 등) 확대 등 새로운 사회프로그
램의 목표를 설정하는 것이 있다. 베네수엘라 차베스 정부가 실시한 다양한
미시오네스(Misiones)가 대표적인 예이다.

둘째, 기존 사회프로그램의 범위를 확대해 더 많은 인구가 혜택을 받도록
하는 것이다. 극빈층에 초점을 맞춘 프로그램의 수혜 계층을 상향 조정하는

---

2) 볼사파밀리아는 개발학계의 용어를 빌리면 조건부 보조금지원제도(Conditional Cash Tra-
nsfer Program: CCTs)의 한 형태로 분류할 수 있다. 조건부 보조금지원제도란 자녀교육·건
강진단·백신접종 등과 같은 조건으로 빈곤 가정에 생활보조금을 지원하는 빈곤감축 사업이
다. 현재 대부분의 라틴아메리카 국가에서 운영되고 있으며, 에콰도르의 보노 솔(Bono Sol),
멕시코의 프로그레사(Progresa)와 '기회(Oportunidades)', 칠레의 솔리다리오(Solidario), 브
라질의 볼사파밀리아가 대표적인 사례라고 볼 수 있다. 곽재성, 「룰라의 사회정책에 대한
소고 – 볼사파밀리아(Bolsa Familia)를 중심으로」, 대외경제정책연구원 중남미경제연구회
발표자료(2011).

경우가 여기에 해당한다. 전통적으로 비교적 부유한 노동자와 중산층에 혜택이 집중되던 건강보험 및 사회프로그램을 소외받는 계층[3]으로 확대하는 것이다. 이 정책은 주로 칠레와 우루과이에서 실시되었다.

셋째, 노동시장 정책의 강화다. 좌파 정부는 최저임금을 인상하고 단체교섭을 활성화하며 공공고용프로그램을 설립하거나 확대했다. 또 노동자 권리의 확대와 노조 강화를 위해 노동법을 개정하거나 강화했다. 실제로 아르헨티나, 브라질, 칠레, 우루과이 정부는 최저임금을 크게 인상했으며 아르헨티나의 키르츠네르와 우루과이의 바스케스 정부는 단체교섭에서 적극적으로 노조의 손을 들어주었다.

넷째, 최근 대부분의 좌파 정부가 소유권 변화에 손을 대지 않은 데 반해, 볼리비아와 베네수엘라 등 일부 좌파 정부는 토지개혁 등 자산 및 부의 재분배 정책을 과감하게 실시했다.

결론적으로 사회주의 역사적 모델과 연관된 소유권의 커다란 변화가 없었음에도 라틴아메리카 신좌파는 소득분배와 빈곤층에게 보다 많은 경제적 기회를 주기 위해 국가권력을 사용했다. 라틴아메리카 좌파와 비좌파의 구분은 사회불평등 해소를 위해 공권력을 사용했는지의 여부로 결정된다.

---

3) 라틴아메리카에서 여성 노동자, 비공식 부문의 노동자는 역사적으로 사회적 안전망의 혜택을 받지 못했다.

4. 좌파 정부의 경제정책 사례

1) 정통적(실용적) 경제정책: 브라질

정통적(Orthodox) 경제정책을 실시하고 있는 대표적인 국가로 브라질을 들 수 있다. 그러나 엄밀하게 볼 때 브라질이 정통적 경제정책만을 추진했다고 보기는 어렵다. 거시경제 측면에서 브라질의 경제정책은 정통적 성격을 갖고 있다. 그러나 사회정책, 산업정책, 자원개발 정책 등에서 룰라 정부는 과거와 달리 국가의 개입을 강화하는 정책을 추진했다.

먼저 거시경제 정책을 살펴보면 2003년 집권한 룰라 정부는 당초 우려와 달리, 시장친화적 경제정책을 실시했다. 룰라 정부의 거시경제 정책은 변동환율제, 물가목표제(Inflation targeting),[4] 긴축재정의 세 가지 축에 기초했다.

그러나 이 같은 거시경제 정책의 근간은 2003년 룰라 정부가 집권한 이후 새롭게 수립된 게 아니다. 브라질은 이미 1990년대 후반 거시경제 정책상에 커다란 변화를 겪었다. 카르도주 정부는 1999년 경제위기 이후 경제위기의 3대 주범을 잡는 데 주력했다. 첫째, 환율제도를 변화시켰다. 브라질 정부는 1994년 이후 고인플레이션을 잡기 위해 도입했던 경직된 고정환율제도를 폐기하고 완전한 변동환율제를 도입했다. 둘째, 물가안정을 위해 중앙은행의 독립성을 강화하는 한편 물가목표제를 도입했다. 브라질 정부는 매년 인플레이션 달성 목표치(4.5%)를 설정하고 ±2.5%의 여유를 두었다.

---

[4] 물가목표제란 통화정책의 궁극적 목표를 물가안정에 두고 중앙은행이 명시적인 인플레이션 목표를 사전에 설정해 대외적으로 공표한 후, 각종 통화정책 수단을 통해 목표에 도달하려는 통화정책 운용 방식을 말한다. 한국도 지난 1998년부터 이 제도를 도입하여 운용하고 있다. 현재 뉴질랜드, 캐나다, 영국, 스웨덴 등 여러 국가에서 이 방식을 채택하고 있다. http://ask.nate.com/qna/view.html?n=11182447(검색일: 2011.6.17).

〈표 10-4〉 볼사파밀리아의 주요 지원 내용

- 1인당 소득 수준이 월 140헤알 이하인 빈곤층(poverty) 가정을 대상으로 자녀(0~15세) 1명당 22헤알씩 최대 3명까지 지원, 16~17세의 자녀를 둔 가정에는 1명당 33헤알로 최대 2명까지 지급. 단, 조건은 취학 연령(6세 이상)의 모든 자녀가 학교에 출석해야 함
- 1인당 소득 수준이 월 70헤알 이하인 극빈층(extreme poverty) 가정에는 무조건적으로 68헤알을 추가 지원(Beneficio Basico)
- 가구당 보조금은 최소 22헤알(1자녀를 둔 빈곤가정)에서 최대 200헤알까지 가능(15세 이하의 자녀 3명과 16~17세의 자녀를 둔 극빈가정)
- 보조금은 브라질연방저축은행(Caixza Econômica Femeral)이 발행한 직불카드(debit card) 형태로 각 가정의 여자 가장에게 지급

자료: 곽재성(2011: 5) 등의 자료를 토대로 필자 작성.

셋째, 1999년 경제위기에 가장 직접적인 빌미를 제공했던 재정적자 문제를 해소하기 위해 지속적인 긴축재정 정책을 실시하고, 지방정부의 지출 상한선을 제한하는 재정책임법(Fiscal Responsibility Law)을 제정해 기초재정수지(명목재정수지－이자 지급분)를 흑자로 유지해왔다. 이 같은 3대 거시경제 정책 기조는 집권 여당 내에서나 제조업계의 강력한 반발에도 불구하고 2003년 룰라 정부에 들어서도 정책의 금과옥조로 신봉되어왔다. 오히려 룰라 정부 들어 이들 3대 정책은 더욱 굳건히 추진되었다. 그 결과, 브라질 경제는 2002년 대선 당시의 극심한 경제적 혼란을 신속히 극복하고 안정적 성장세를 구가하게 되었다.

룰라 대통령은 카르도주 전 대통령이 추진한 볼사에스콜라(Bolsa Escolar, 빈민층 취학학생지원 프로그램)를 확대·개편하고, 기아제로(Fome Zero) 프로그램을 통합하여 볼사파밀리아 프로그램을 추진했다. 공식적으로 볼사파밀리아 정책은 초기에 대통령실 산하 볼사파밀리아국에서 주관했으나 2004년 초 신설된 사회개발부(Ministerio do Desenvolvimento Social: MDS)로 이관되었다. 볼사에스콜라와 유사하게 6~17세의 자녀를 둔 가정에서 자녀가 학교에 출석하면 일정액의 현금을 직불카드 형태로 여자 가장에게 지원한다. 또한 보건 분야의 조건도 내걸어 6세 미만 유아의 예방접종, 산모의 건강검

진 등을 요구했다.

시행 초기의 지원제도를 살펴보면, 수혜자의 규모는 시작 당시인 2003년 12월 380만 가구에서 2009년에는 1,240만 가구로 늘었다. 총수혜자는 브라질 인구의 약 1/4인 4,000만 명에 달했다. 2006년 기준 월평균 가구당 수령액을 95헤알로 가정할 경우 총지원액은 GDP의 0.4~0.5%에 해당된다 (곽재성, 2011: 5~6).

룰라 정부의 경제정책 색깔은 산업정책에서 보다 뚜렷이 목격된다. 브라질에서 산업정책은 전통적으로 국가경제개발계획의 중요한 축을 형성해왔다. 1970년대 말까지 1~2차 국가발전계획(PND)으로 대표되는 브라질의 산업정책은 1960~1970년대 브라질 경제의 빠른 성장에 크게 기여한 것으로 평가된다. 그러나 이 같은 산업정책의 중요성에도, 1980년 이후 제대로 된 산업정책이 존재하지 않았다는 것이 브라질 내부의 대체적인 평가다. 이는 1980년 이후 계속되어온 브라질의 거시경제 불안정과도 무관하지 않다. 그간 브라질 정부는 외환위기 등 연이은 경제위기로 인해 단기적인 거시경제 정책에 관심을 집중하다 보니 중장기적인 산업정책에 관심을 가질 여유가 없었다. 1990년대 중반 카르도주 정부에 들어서 일시적인 거시경제 안정으로 산업정책에 관심을 가질 기회가 있었으나, 1998년 이후 나타난 경제위기로 본격적인 산업정책 추진은 차기 정부의 과제로 넘겨졌다.

따라서 룰라 정부의 산업정책 추진은 브라질의 경제 지형이 크게 바뀌었음을 방증하는 것이다. 브라질 경제는 1990년대 후반 경제위기를 극복하는 과정에서 그간 브라질 경제의 불안 요인으로 지적되어왔던 많은 문제점을 해결했고 또 해결의 실마리를 찾았다. 또한 2003년 룰라 정부의 출범 이후 시장친화적 경제정책의 성과에 힘입어 경제는 급속히 안정을 찾았다. 이러한 배경하에서 산업정책은 20년 만에 비로소 브라질 경제정책의 전면에 부상하기에 이르렀다.

룰라 정부 집권기의 산업정책은 2004년과 2008년, 두 번에 걸쳐 실시되었다. 룰라 정부의 집권 이듬해인 2004년 3월 산업기술무역정책(Política Industrial, Tecnológica e de Comercio Exterior: PITCE)이란 이름으로 실시된 산업정책은 산업 현대화, 해외시장 진출과 경쟁력 강화, 제품·공정·경영혁신, 전략산업과 미래산업 육성, 중소기업 육성, 산업발전 환경 개선, 국가 혁신체제 강화 등이 주요 목표였다.

PITCE의 연속선상에서 룰라 정부는 2008년 5월 일명 PITCE2로 알려진 생산개발정책(Política de Desenvolvimento Produtivo: PDP)을 발표했다. PDP는 크게 세 가지 배경하에서 탄생했다. 첫째, 2004년부터 실시해오던 PITCE를 보다 확대·심화시킬 필요가 있었다. 브라질에서 20년 만에 부활한 산업 정책은 여러 긍정적 평가에도 개선의 여지가 많다는 비판이 거셌다. 특히 신발, 섬유, 목재 및 가구 등 노동집약적인 산업도 산업정책 대상에 포함시켜야 한다는 목소리가 높았다. 둘째, 룰라 정부는 이제 막 성장주기로 진입한 브라질 경제의 성장을 공고히 할 필요가 있었다. 2008년 브라질의 경제환경은 PITCE가 출현했던 2004년과 크게 바뀌어 있었다. 룰라 정부가 출범한 이후 브라질 경제는 시장친화적 경제정책과 대외경제 호조건에 힘입어 2004년부터 본격적인 성장세로 진입해 2007년까지 연평균 4.5%의 안정적인 경제성장을 달성했다. 2007년 말까지 브라질은 23분기 연속 산업생산 확대, 15분기 연속 소비 증가, 13분기 연속 투자 증대 등의 호황을 누렸다. 안정적 경제성장에 힘입어 실업률도 감소하고 정규직 고용도 확대되었으며 실질 임금도 크게 상승했다. 물가안정에 힘입어 신용대출도 크게 증가했으며 자본시장도 급팽창했다. 브라질 경제의 전반적인 기초체력 강화에 힘입어 브라질은 역사상 처음으로 국제 신용평가기관으로부터 투자적격등급을 받았다. 셋째, 성장촉진계획(PAC), 과학기술혁신실천계획(PACTI), 교육개발계획(PDE), 보건개선프로그램(Mais Saude) 등 당시 추진 중이던 각종 정책을 연계하고 수렴시킬 필요성이 대두되었다.

PDP는 이렇듯 브라질 경제가 장기 성장주기로 진입하기 위한 필요조건을 조성하고 현재 진행 중인 각종 정책의 연계와 수렴이 필요하다는 정책적 판단에서 탄생했다. 이에 따라 PDP의 핵심 목표는 성장주기에 진입한 브라질 경제의 지속 성장을 견인하는 것이었다. 이를 달성하기 위해 구체적으로 생산적 투자 장려 및 확대, 경제성장률 제고, 지속가능 성장이라는 세 가지 목표가 제시되었다. 또한 브라질 경제가 해결해야 할 최우선 과제로 공급 능력 확대, 기업의 혁신 능력 제고, 국제수지의 건전성 유지, 중소기업의 강화 등이 선정되었다.

국가개입적인 룰라 정부의 경제정책은 자원개발 정책에서도 목격된다. 룰라 정부 1기까지만 해도 브라질의 자원개발 정책은 카르도주 정부 시기에 추진된 개방정책의 기조가 그대로 유지되었다.[5]

1990년대 중반 이후 일관되게 추진되어온 브라질의 석유산업 정책은 2007년 말 이후 새로운 전환점을 맞았다. 2007년 말부터 잇단 대규모 유전의 발견에 고무된 브라질 정부는 전략자원의 국가관리를 강화하는 차원에서 기존 석유산업 정책의 방향을 전면적으로 재수정했다. 먼저 브라질 정부는 2007년 말 실시된 제9차 석유광구 분양에서 원유 발견 가능성이 높은 투피(Tupi) 유전 주변의 41개 광구를 국제 입찰에서 제외시켰다. 또한 2008년 말 실시된 제10차 석유광구 분양에서도 유전 발견 가능성이 높은 해저유전을 배제했다.

더 나아가 브라질 정부는 개발 잠재력이 높은 암염하층 광구 개발을 전담할 새로운 국영석유회사 설립을 추진했다. 당초 브라질 정부의 석유개발 정

---

5) 석유산업 개방 이후 1998년부터 석유청(ANP)은 국영석유회사인 페트로브라스가 보유한 397개 광구를 제외한 나머지 광구를 국제경쟁 입찰 방식으로 국내외 민간 회사에 개방해왔다. 2008년 말까지 총 10차에 걸쳐 국제 광구 입찰이 실시되었다.

책은 투자 환경 악화를 우려하고 외국 석유 기업의 반발 등을 고려해 로열티, 특별참가세(Special Participation Tax) 등 일부 세제를 변경하는 수준에 그칠 것으로 전망되었다. 그러나 룰라 대통령이 2008년 8월 석유개발 잠재력이 높은 암염하층 광구 개발을 전담할 새로운 국영석유회사의 설립을 지시함에 따라 기존 석유개발 정책의 대폭적인 수정이 불가피해졌다.

2008년 중순부터 새로운 석유개발 정책 수립을 위해 결성된 각료위원회는 2008년 12월 향후 석유개발 정책의 대략적인 윤곽을 확정했다. 당초 예정대로 암염하층 유전 개발을 전담할 신규 국영석유회사 프레-살 페트롤레오(Pre-Sal Petróleo) 설립이 확정되었다. 본래 브라질 정부가 페트로브라스 이외에 새롭게 국영석유회사를 설립하기로 한 이유는, 페트로브라스가 실질적인 국영기업이기는 하나 민간이 상당 부문의 지분을 갖고 있어 암염하층 석유개발에서 나오는 수익이 온전히 국고로 귀속되기보다는 주주의 주머니로 갈 가능성이 높다는 판단에서였다. 페트로브라스의 우려와 달리 새로 설립될 국영석유회사는 직접 석유개발을 주도하지 않고 암염하층 광구의 탐사 및 개발 관리만을 맡게 되었다. 대신에 페트로브라스가 분양되는 암염하층 광구의 운영권을 갖고, 광구당 최소 30%의 지분을 보유할 수 있도록 했다. 유망성이 높은 심해유전 광구에 한해 페트로브라스가 외국 석유 회사의 참여 없이 단독으로 개발할 수 있는 권한을 갖게 되었다.

또한 암염하층 유전의 개발에 한해 기존 조광권 계약(Concession) 대신 생산물분배 계약(PSA)을 적용하기로 했다. 브라질 정부는 이 같은 석유개발 계약 형태의 전환을 통해 석유 생산물에 대한 국가의 소유권을 강화하겠다는 전략이다.

마지막으로 룰라 정부는 페트로브라스의 증자를 통해 암염하층 유전 개발에 필요한 투자 자금을 확보했다. 2010년 6월 페트로브라스는 2010~2014년 기간 총 2,237억 달러를 암염하층 유전 개발에 투자하겠다는 계획

법안	내용	추진 현황
PLC8/09	페트로브라스 증자 ·브라질 정부가 산토스(Santos) 분지 암염하층 광구(매장량 50억 배럴)를 페트로브라스에 양도 ·페트로브라스, 암염하층 광구 개발자금 마련 위해 신주 발행 ·브라질 정부, 신주 취득 통해 정부 지분 확대	·2010년 6월 9일 상원 통과 ·2010년 6월 말 룰라 대통령 승인 ·2010년 9월 23일 신주 발행 성공
PLC309/09	신국영석유회사(프레-살 페트롤레오) 설립 ·브라질국가석유청(ANP)의 감독 아래 100% 국영석유회사 설립, 암염하층 광구의 탐사 및 개발 관리	·2010년 7월 7일 상원 통과 ·2010년 8월 2일 룰라 대통령 승인
PLC7/09	생산물분배 계약(PSA) 도입 ·암염하층 신규 광구의 계약 형태를 생산물분배 계약(PSA)으로 변경 ·페트로브라스가 광구의 운영권자가 되며 광구당 최소 30%의 지분 보유 소셜펀드 설립 ·암염하층 광구에서 생산되는 원유가스 매각 대금을 통해 소셜펀드를 조성, 교육·빈곤대책·과학기술 진흥에 사용	·2010년 6월 9일 상원 통과 ·로열티 분배를 둘러싼 상하 양원의 이견으로 하원 통과 지체

자료: JOGMEC(2011).

을 밝혔다. 이 중에서 석유 탐사 및 생산에만 1,188억 달러를 투자한다는 계획이다. 브라질 정부는 페트로브라스가 발행하는 신주 대부분을 인수해, 현재 브라질 정부가 보유하고 있는 보통주의 약 57.5%(BNDES 지분 포함)를 70%까지 늘린다는 전략이다.[6] 브라질 정부는 이를 통해 1990년대 페트로브라스의 민영화 과정에서 약화되었던 페트로브라스에 대한 통제력을 다시 확보하려고 한다.

페트로브라스는 2010년 9월 23일 기업공개를 통해 700억 달러의 자금을 조달하는 데 성공했다. 이는 전 세계 기업공개 사상 최고 기록이기도 하다. 페트로브라스는 보통주 24억 주를 주당 29.65헤알에, 우선주 18억 7,000만

---

6) 2010년 9월 23일 성공적 기업공개로 실제 정부 소유 페트로브라스의 지분(의결권을 가진 보통주 기준)은 64.25%까지 확대되었다.

주를 주당 26.30헤알에 매각했다. 페트로브라스는 이 가운데 425억 달러 규모의 주식을 정부에 증여하는 대신, 50억 배럴 규모의 유전개발 및 탐사권을 넘겨받았다.

2) 국가주도 경제정책: 베네수엘라

국가주도적 경제정책의 대표적인 주자라고 할 수 있는 베네수엘라의 거시경제 정책은 브라질과 사뭇 달랐다. 베네수엘라는 국가가 외환, 물가 등 모든 거시경제 변수를 통제했다. 한 예로 차베스 정부는 2003년 2월부터 모든 외환거래를 통제했다. 모든 외환거래는 외환관리위원회(Cadivi)의 승인을 받도록 했다. 환율도 고정시켰다. 정국 불안으로 발생하는 외화도피를 막기 위한 고육지책이었다. 베네수엘라 정부는 외환통제 이후 수입상들이 암시장 환율로 수입을 실시하면서 물가가 뛰자 이를 억제하기 위해 외환의 불법거래를 엄격히 제한하는 법률을 제정하기도 했다.[7] 또한 기초 식료품, 의약 및 위생 관련 물품, 원자재 및 중간재의 3개 분야의 가격도 통제했다. 특히 우유, 쌀 등 기초 식료품 가격의 국가통제로 인해 발생한 생산 및 유통 부문에서의 문제를 해결하기 위해 베네수엘라의 가장 큰 낙농업체인 로스 안데스(Los Andes)를 국유화했다.

2010년 1월 차베스 정부는 2005년부터 유지된 기존의 공정환율(달러당 2.15볼리바르)을 폐지하고 복수환율을 도입했다. 식료품 등 생필품에 적용되는 환율은 1달러당 2.6볼리바르로, 원유 수출에 적용되는 달러를 포함한 나머지는 4.3볼리바르로 평가절하했다. 이는 유가 하락으로 재정수입이 크게 줄어드는 상황에서 재정수입을 늘리기 위한 고육지책이었다. 평가절하 결

---

7) 자연인의 경우 4,000달러 이상, 법인의 경우 9,000달러 이상을 암시장에서 거래 시 2~4년의 징역에 처하고 거래 금액의 1~3배에 해당하는 벌금을 부과했다.

과, 당장 달러로 받는 원유판매 대금이 볼리바르화 기준으로 두 배나 증가하게 되었다. 2010년 1월 암시장 환율은 1달러당 6.15볼리바르로 공정환율은 암시장 환율의 1/3 수준이었다. 이러한 볼리바르화의 과대평가는 고질적인 정부재정 적자, 제조업의 붕괴, 수출경쟁력 약화라는 문제를 야기했다. 그러나 볼리바르화의 평가절하 역시 물가 폭등이라는 달갑지 않은 문제를 불러일으켰다. 정부의 가격 및 환율 통제로 인한 가격 왜곡 효과에다 제조업 기반이 취약하고 대부분의 생필품을 수입에 의존해야 하는 상황에서 볼리바르화의 평가절하에 따른 수입품 가격의 상승은 곧바로 수입 공산품의 가격 인상으로 이어졌다.

차베스 정부가 경제 불평등 문제를 해소하기 위해 시도한 주요 정책 중의 하나는 토지개혁과 사회프로그램을 통한 부의 재분배였다. 차베스 정부는 경제·사회·문화 조건을 개선하기 위해 식품, 보건 및 교육 등 공공서비스 제공을 목적으로 한 일련의 정책인 미시오네스 볼리바리아나스(Misiones Bolivarianas)를 추진했다. 2003년에 베네수엘라 정부는 국영 채소가게 체인인 메르칼(Mercal)을 설립했다. 여기서는 일반 시장에서보다 39% 낮게 필수 식품을 팔며, 판매되는 식품의 40%는 국내 중소농으로부터 구매한다. 2005년 현재 베네수엘라에는 1만 3,392개의 메르칼과 102개의 식품창고, 31개의 수페르메르칼(Supermercal), 1만 2,500개의 소형 메르칼인 메르칼리토(Mercalito) 등이 생겼다.

차베스 정부는 국내 농업 생산을 늘리고 농산물 수입을 줄임으로써 식량주권을 회복하고, 사용하지 않는 농지를 더욱 균등하게 재분배하기 위해 몇 가지 법률을 통과시켰다. 차베스 대통령 집권 이전에 베네수엘라에서는 5%의 농장주가 농지의 75%를 소유하고 있었다. 대농장주가 소유하는 농지는 유휴 농지이거나 생산성이 크게 떨어졌다. 차베스 정부는 토지법을 제정해 이러한 형태의 토지 소유를 불법으로 선언하고, 식량 생산을 위해 농지를 필요로 하는 가정에게 분배하도록 강제했다. 그 결과, 2009년 1월 현재 베네수엘라 정부는 270만 헥타르의 유휴 토지를 180만 무토지 농민가정에 재분배했다. 또한 차베스 정부는 형법 개정을 통해 무토지 농민의 유휴 민간토지 점거를 합법화하고 중소규모의 농민들에게 토지 소유권을 갖도록 지원하는 소위 미시온 사모라(Misión Zamora) 사업을 개시했다.

베네수엘라는 1990년대 중반까지만 해도 다른 라틴아메리카 국가들과 마찬가지로 개방적인 자원정책을 추진했다. 1990대 중반 경제위기를 극복하는 과정에서 대부분의 석유자원개발 및 투자 권리가 다국적기업에 양도되었다. 그러나 1990년대 후반 좌파 성향의 차베스 대통령이 집권한 이후 베네수엘라의 자원정책은 180도 바뀌었다. 차베스 정부는 에너지 산업에 대한 완전한 주권 행사(Full Oil Sovereignty)를 천명하고[8] 에너지 자원에 대한 국가통제를 강화했다. 이에 따라 2005년부터 국영석유회사인 PDVSA와 외국 석유 회사가 기존에 체결한 기존 원유생산 계약을 무효화하고, 정부가 지분의 절반 이상을 소유하는 새로운 합작기업을 설립했다.

최근 들어 차베스 정부의 국유화 정책은 에너지 산업에 머물지 않고 TV, 전력, 시멘트, 식료품 등 전 산업을 대상으로 확장되고 있다. 특히 차베스 정부는 광물 전반에 대한 국가 주권(Soberanía nacional) 원칙에 따라 자원에 대한 국가 소유권 재확인, 개발 프로젝트에 대한 국가 통제권 강화 등을 통해 진정한 자원 국유화(Auténtica nacionalización)를 추진 중이다. 이의 일환으로 알루미늄, 철, 시멘트 등 천연자원에 대하여 이윤을 목적으로 하는 자본주의식의 수출을 중단하고 국내 소비 충족을 통해서 국가발전에 기여한다는 정책 기조하에 국유화 조치를 지속적으로 추진하고 있다.

---

8) 1999년 신헌법을 제정해 PDVSA의 민영화를 전면 금지시키고, 2004년 10월에는 완전한 석유 주권을 천명했다.

<표 10-6> 차베스 정부의 국유화 일지

·2007 통신 회사 CANTV 국유화 발표
·2007 전기 회사 ELECTRICIDAD DECARACAS 주식 매입
·2007 오리노코 유전 지대 국유화령 공포
·2007 철강 회사 SIDOR 국유화 발표
·2008 SIDOR 국유화령 공포
·2008 시멘트 회사 CEMEX, HOLCIM, LAFARGE 국유화
·2008 베네수엘라 은행(Banco do Venezuela) 국유화 발표
·2008 Las Cristinas 금광 국유화 발표
·2009 식료품 및 1,500헥타르 농장의 국유화 발표
·2009 PDVSA 서비스 제공 하청업체 71개 회사 국유화 발표
·2009 베네수엘라 은행(Banco do Venezuela) 국유화
·2009 글로벌 금융위기 과정에서 인수한 은행을 중심으로 비센테나리오 은행(Banco Bicentenario) 설립

자료: 중남미자원협력센터(2011).

3) 이단적 경제정책: 에콰도르, 볼리비아, 아르헨티나

(1) 에콰도르

2007년 1월 취임 이후 코레아 대통령은 좌파 정책을 지속적이며 일관되게 추진해오고 있다. 이는 에콰도르의 이전 대통령들과는 분명히 다른 것이다. 과거에 대통령들은 선거 과정에서 대선 공약으로 좌파 공약을 내세우기는 했으나 취임 이후 온건한 노선으로 전환하곤 했다. 그에 반해 코레아 대통령은 급진적 선거공약을 포기하지 않고 오히려 고삐를 더 당기는 형국이다.

코레아 대통령은 취임 이후 선거공약을 하나하나 실천에 옮겼다. 그중 대표적인 것이 불법적인 소지가 있는 외채의 상환 중단이다. 코레아 대통령은 2008년 11월 15일 도래한 국채 이자 3,000만 달러에 대해 지급을 하지 않겠다고 발표하고, 2008년 12월 과거 불법 소지가 있는 글로벌본드, 국제기구 및 국가 간 채무(브라질, 스페인) 등에 대해 채무불이행을 선언했다. 또한 계약 위반을 이유로 미국의 Occidental(Oxy)사와의 계약을 파기하고 운영

〈표 10-7〉 2008년 에콰도르 신헌법의 주요 내용

- 대통령 권한 강화(4년 연임 허용, 의회해산권 부여, 통화정책 권한 강화)
- 일부 외채를 '불법'으로 규정하고 상환 거부
- 국가가 유휴농지 몰수 및 재분배 권리 보유
- 외국 군사기지 제공 금지
- 동성결혼에 이성결혼과 같은 동등한 권리 부여
- 가정주부 및 비정규직 노동자에 대해서도 사회보장 혜택 부여

자료: 한국수출입은행(2009).

중인 광구(Block 15)를 몰수했다. 코레아 정부는 Occidental이 정부의 승인 없이 캐나다 Encana에 일부 지분을 양도하는 등 계약을 위반했다는 주장이다. 이에 대응해 Occidental은 코레아 정부가 불법으로 석유자산을 몰수했다며 10억 달러의 보상금을 요구하고 있다.

코레아 대통령은 국내적으로 사회 및 교육 인프라에 대한 재정지출과 주택 보급, 생필품에 대한 보조금 지급을 확대하는 정책을 펼쳤다. 특히 통화정책에 대한 국가의 개입을 강화하기 위해 2008년에는 중앙은행의 자율성을 폐지했다.

코레아 대통령는 대선 공약에서 제시한 정책들을 제도화하기 위한 일환으로 2007년 11월부터 제헌의회를 구성해 신헌법 제정을 추진했다. 신헌법은 2008년 9월 28일 치러진 국민투표에서 64%의 압도적인 찬성으로 최종 확정되었다. 코레아 대통령은 신헌법 제정 과정에서 나타난 국민의 높은 지지에 힘입어 2009년 5월 실시된 재선에서도 51.8%의 득표율로 1차 선거에서 승리했다. 에콰도르 정치사에서 결선 투표 없이 1차 투표에서 선거 결과가 확정된 것은 1979년 이후 처음이었다.[9]

국가개입적인 성격의 코레아 정부의 정책은 자원개발 분야에서 뚜렷이

---

9) 에콰도르 선거법에서는 후보자가 50% 이상의 득표를 획득하거나, 40% 이상을 획득하고 2위 득표자와 10% 이상 차이가 날 경우에 결선 투표 없이 당선이 확정된다. 2009년 선거로 코레아 대통령은 2013년까지 임기가 보장되며 연임도 가능하다.

나타나고 있다. 코레아 정부는 "석유 자원은 국민의 소유이며 석유 자원의 개발 수익은 국가발전과 국민의 복리 증진에 사용되어야 한다"라는 원칙하에 석유법을 개정해오고 있다. 에콰도르는 외국 회사의 석유 및 천연가스 자원개발 참여는 허용하되, 개발된 자원에 대한 소유권은 인정하지 않고 있다. 에콰도르 정부는 2006년 6월부터 외국계 회사를 포함한 석유 분야 민간기업의 초과이윤을 회수하는 법률을 제정 및 개정해오고 있다. 초과이윤 환수 비율은 초기에 50%였던 것이 2007년 10월에는 99%까지 확대되었다.

광업 부문에서도 국가통제를 강화해오고 있다. 이의 일환으로 2008년 9월 신광업법을 제정했다. 먼저 세제 측면에서 로열티(3~5%)와 특별수익세(70%)를 새롭게 도입했다. 또한 종전의 최저 수입관세 적용, 부가세 면제 등 광업 부문에 대한 각종 우대조치를 폐지했다. 광업권의 유효연수도 30년에서 25년으로 축소했다. 광업권 허가 방식도 라이선스 방식에서 입찰 방식으로 변경했다.

한편 코레아 정부는 2010년 7월 19일 종전 석유 계약을 참여 계약 방식에서 서비스 계약 방식으로 전환하겠다는 내용을 주로 하는 석유법을 개정했다. 이 법에 따라 광구 단위로 운영 중인 석유 회사는 120일 내에 계약을 변경해야 하며, 주변 지역(Marginal)의 광구를 운영 중인 기업은 180일 내에 계약을 변경해야 한다. 또한 정해진 기간 내에 계약 재협상이 이루어지지 않을 경우, 광구는 국가에 귀속되며 투자금을 회수하지 못한 기업에 대한 보상 절차가 이루지게 된다.

(2) 볼리비아

2006년 1월 취임한 좌파 성향의 에보 모랄레스가 취임 초기에 가장 역점을 두고 추진한 정책은 자원 산업에 대한 국가통제 확대였다. 특히 모랄레스 정부는 2006년 3월 IMF 협정을 갱신하지 않음으로써 국제기구의 간섭

원주민의 권리(5조)

· 원주민의 언어적 전통을 옹호한다. "공식 언어는 스페인어와 원주민의 모든 언어"로 규정하고, 지방 정부는 주민의 필요와 선호에 따라 스페인어 이외 다른 원주민 언어를 지정할 수 있다.
· 원주민들의 영토, 문화, 역사, 언어 등을 존중하고, 사법, 정치, 사회적 조직 형태를 둔다.

국가의 새로운 책임(20조, 41조)

· 국민들의 물, 식량, 교육, 보건, 주택, 전기, 통신 및 다른 기본적 서비스에 대한 권리를 명시했다. 국가는 이런 기본적 서비스를 효과적이고 공정하게 제공할 책임이 있다. 교육은 무상이며, 의료보험은 보편적이어야 한다.
· 기본적 서비스의 사유화를 금지한다.
· 국가는 의약품에 대한 접근권을 보장해야 할 책임이 있다. 국가는 복제 의약품 생산에 우선순위를 두고, 의약품에 대한 접근은 지적재산권 또는 상업화로 인해 제한받을 수 없다.

천연자원에 대한 주권(349조)

· 천연자원은 양도하거나 분할할 수 없는 자산으로 볼리비아인들이 직접 소유하며, 집단적 이해에 따라 국가가 관리한다. 국영석유가스기업 및 국가 소유의 광산 기업은 사유화를 금지한다.

노동자의 권리(54조)

· 기업이 부당한 방법으로 파산될 경우 국가의 지원 아래 공동체적 혹은 사회적 기업으로 전환할 수 있도록 한다.

환경적 권리

· 모든 경제 주체가 환경을 보호할 의무를 지도록 하고, 천연자원 및 종적 다양성을 보존하도록 한다.

군사적 이슈(10조)

· 국가 간 차이와 갈등을 해결하기 위한 도구인 모든 침략 전쟁을 거부한다. 볼리비아 영토 내 외국군 기지 설치를 금지한다.

대외정책

· 주요 조약 체결 시 국민투표를 통해 국민의 의사를 묻는다.

대통령 임기

· 대통령의 임기는 5년으로 하고, 한 차례 연임이 가능하다.

사유지 보유한도 규정 강화

· 토지 소유는 경제사회 이익에 기여할 수 있어야 하며, 비생산적인 토지는 정부가 수용할 수 있다. 개인의 토지보유 한도는 5천 헥타르 이내로 제한한다.

자료: 변정필(2009).

없이 더욱 자유롭게 경제 및 개발정책을 추진할 수 있는 정책적 공간을 확보했다. 그리고 마침내 2006년 5월 석유·천연가스 산업에 대한 국유화를 단행했다. 모랄레스 정부의 국유화 조치는 ① 석유·천연가스 생산의 상류 부문에서 하류 부문까지를 모두 국가 관리 아래 두고, ② 지금까지 다국적기업에 위탁한 석유·천연가스의 생산·유통·판매에 대한 권한을 회복하며, ③ 세율 인상을 통해 정부의 세수를 확대하는 등의 내용을 주로 하고 있다. 에너지 부문에 대한 국유화 조치 이후 광업 부문에 대한 국가통제 역시 강화해왔다. 먼저 2007년 5월 볼리비아 광업공사(COMIBOL)의 권한을 대폭 강화했다. 새로운 탐사 광구의 경우 민간기업이 단독으로 광업권을 취득할 수 없도록 했으며, 볼리비아 광업공사(COMIBOL)와 반드시 합작 계약을 체결하도록 했다. 뒤이어 2007년 12월에는 금속 가격 상승 시 추가소득세 12.5% 적용 등을 주 내용으로 하는 광업 세제를 강화했다.

모랄레스 정부는 빈곤층의 보건 및 교육 개선을 목표로 한 사회프로그램도 적극 추진해왔다. 여기에 소요되는 재원은 주로 천연가스 판매 수입으로 충당된다. 먼저 2006년부터 교육지원 프로그램(Bono Juancito Pinto)을 실시했다. 이는 빈곤층 학생들이 초등학교 6학년까지 무사히 끝마칠 수 있도록 매년 200볼리비아노(약 29달러)를 무상으로 제공하는 것이다. 이 프로그램의 지원을 받기 위해서 학생들은 학교에 반드시 등록해야 한다. 둘째, 고령인구의 극빈층 전락을 막기 위해 60세 이상 모든 저소득층 주민에게 현금을 무료로 지원하는 고령인구지원 프로그램(Renta Dignidad)을 2008년부터 시작했다. 사회보장연금을 받는 이들에게는 1,800볼리비아노(약 258달러), 사회보장연금을 받지 못하는 이들에게는 2,400볼리비아노(약 344달러)가 지급된다. 마지막으로 2009년 5월부터 산모와 영아의 사망률을 낮추기 위해 산모지원 프로그램(Bono Juana Azurduy)을 개시했다.

이 밖에 모랄레스 정부는 2006년부터 7만 7,000제곱마일의 토지를 재분배하는 야심찬 토지개혁을 추진했다. 모랄레스 정부는 이미 8,500제곱마일의 국유지를 농촌의 빈곤 가정에 분양하기도 했다.

모랄레스 정부는 2009년 1월 개헌을 통해 그동안 실시해온 사회주의 정책의 확고한 성문화를 도모했다. 개헌 국민투표에서 전체 국민의 61.7%가 모랄레스 정부에게 압도적인 지지를 보냈다. 이 개헌으로 전체 인구의 2/3를 차지하는 원주민의 권리와 정치적 힘이 강화되었다. 또한 대농장 소유주의 토지 소유가 제한되었다.[10] 정부는 농경지가 경제사회적 기능을 하고 있는지, 생산적으로 활용되고 있는지 등을 2년마다 평가해 공정한 보상을 한 후 빈곤한 가구들에 분배할 수 있게 되었다. 개인의 토지 소유 한도는 5,000 헥타르로 제한했다.

2009년의 개헌에서 주목을 끄는 점은 볼리비아 수출의 50% 이상을 차지하는 천연가스를 비롯한 주요 천연자원이 볼리비아 국민의 주권임을 명시하는 등 자원민족주의에 근간을 둔 신헌법을 제정해 자원 산업에 대한 국가 통제를 성문화했다는 점이다. 볼리비아 정부는 개헌을 통해 외국인투자자의 투자를 제한하고, 광산지분 소유구조를 조정했으며, 광산 관련 외국인투자업체의 경우 수익의 일정 부문을 재투자하도록 했다. 또 광산의 탐사·개발·정제·운송·판매 등 모든 단계에서 국가의 통제와 지도를 명문화했다.

모랄레스 대통령은 더 나아가 2010년 5월 1일 노동절을 기해 외국 자본이 투자한 3개의 전력 회사와 1개의 배전 회사, 광물 회사인 빈토 안티모니오(Vinto Antimonio)의 국유화를 대통령령으로 공포했다. 천연자원뿐 아니라 에너지 산업도 국유화하는 것이 신헌법 정신에 부합되며, 기초 서비스를 제공하는 산업을 민간 부문에 맡길 수 없다는 것이 이유였다.

(3) 아르헨티나

아르헨티나 역사상 최악의 경제위기로 평가되는 2001~2002년의 위기를 겪으며 아르헨티나 경제정책의 기조가 크게 바뀌었다. 아르헨티나는

---

10) UN개발계획(UNDP)에 따르면 남미 최빈곤국인 볼리비아는 100여 가구가 2,500만 헥타르를 소유하고 있으며, 2,000만의 소농들은 500만 헥타르를 소유하고 있어 극명한 대립을 이루고 있다.

1990년대 워싱턴 컨센서스에 입각한 급진적인 시장개방 정책을 실시해 IMF와 미국으로부터 신자유주의 경제정책의 대표적인 성공 모델로 평가받기도 했다.

그러나 전대미문의 경제위기 이후 모든 상황이 바뀌었다. 2003년 5월 출범한 네스토르 키르츠네르 정부는 경제위기의 후유증을 신속히 극복하고 안정적인 성장 기반을 구축하기 위해 신속한 채무 재협상과 구조개혁, 금융시스템의 정상화, 외국계 민영화 기업과의 투자 분쟁 해결 등의 과제를 해결해야 했다. 특히 그중에서도 신속한 채무 재협상은 아르헨티나 경제위기 해결의 출발점이자 종착역이기도 했다. 당초 아르헨티나 정부의 채무스와프 제안은 국제채권단의 거센 반발이 예상되어 성공 가능성이 높지 않을 것으로 분석되었다. 국제채권단은 원금의 약 70% 탕감을 주장하는 아르헨티나 측의 제안을 수용할 수 없다는 입장이었다. 그러나 더 이상의 채무구조조정 협상은 없을 것이라는 아르헨티나 정부의 압력이 효력을 발휘해, 당초 예상과는 달리 채무스와프에 대한 채권단의 참여율은 아르헨티나 정부의 기대치 50%를 크게 웃도는 76%에 달했다. 일반적으로 IMF를 포함한 국제금융커뮤니티는 채무스와프에 대한 채권단의 참여율이 70%를 넘으면 채무스와프가 적법성을 갖는 것으로 평가한다. 아르헨티나 정부는 2001년 말 디폴트 선언 이후 3년간 끌어왔던 1,026억 달러 규모의 채무구조조정을 위한 채무스와프를 2005년 3월 성공적으로 종료했다고 공식 선언했다. 채무스와프는 2001년 말 디폴트된 구채권을 액면가가 탕감된 신채권으로 전환하는 것을 의미했다. 신규 발행 채권은 액면가 채권(Par bonds, 액면가는 축소하지 않은 상태에서 지급만기일 연장), 준액면가 채권(Quasi-par bonds, 액면가 30.1% 축소), 할인 채권(Discount bonds, 액면가 66.3% 축소)의 세 가지로 나뉘었다.

한편 키르츠네르 대통령은 2006년 1월 3일 98억 달러 규모의 IMF 차관을 조기에 상환했다. 그간 아르헨티나 내에서는 2001~2002년 경제위기의

〈표 10-9〉 아르헨티나 정부 채무스와프 제안의 주요 내용

구분	액면가 채권	준액면가 채권	할인 채권
탕감 규모	0%	30.1%	66.3%
금리	·가변: 1.33%~5.25%, GDP 3% 이상 성장 시 추가 금리 지불	·고정: 3.31%, GDP 3% 이상 성장 시 추가 금리 지불	·고정: 8.28%, GDP 3% 이상 성장 시 추가 금리 지불
만기	2038년	2045년	2033년
발행 화폐	달러, 페소, 유로, 엔화	페소	달러, 페소, 유로, 엔화
발행 규모	·참여율 70% 이하: 100억 달러 ·참여율 70% 이상: 150억 달러	최고 83억 달러	·참여율 70% 이하: 199억 달러 ·참여율 70% 이상: 202억 달러
거래 개시	2005년 4월 1일	2006년 4월 1일	2005년 4월 1일

자료: 필자 정리.

주범을 IMF 탓으로 돌리는 논의가 우세했다. 아르헨티나에서는 다른 어느 나라에서보다 IMF의 개혁 정책 요구와 경제정책 통제에 대한 거부감이 거셌다. 이에 따라 IMF 조기 졸업은 정치적으로, 그간 아르헨티나 경제를 좌지우지해왔던 외세와의 단절로 비추어졌다.

경제위기 직후 당초 우려와는 달리 아르헨티나 경제는 빠른 회복세를 보였다. 키르츠네르 대통령이 집권한 5년간(2003~2007년) 아르헨티나 경제는 연속 8%대의 성장세를 지속했다. 당시 아르헨티나 경제의 고성장세는 우호적인 대외경제 환경에 따른 수출 확대, 키르츠네르 대통령의 경제정책 성공에 따른 정치적·사회적 안정, 오랜 경기침체 이후 투자 및 소비 급등 등에 기인했다. 특히 당시 아르헨티나 경제는 대외경제 호황에 힘입어 무역수지 흑자, 경상수지 흑자, 재정수지 흑자의 세쌍둥이 흑자를 달성하며 외형적인 경제 기초 여건이 크게 강화되었다. 지표상으로만 보면 아르헨티나 경제가 2000년대 초 경제위기의 후유증을 완전히 극복하고 새로운 성장 궤도로 진입하는 듯 보였다.

그러나 네스토르 키르츠네르 대통령 집권기에서 시작되어 그의 부인인

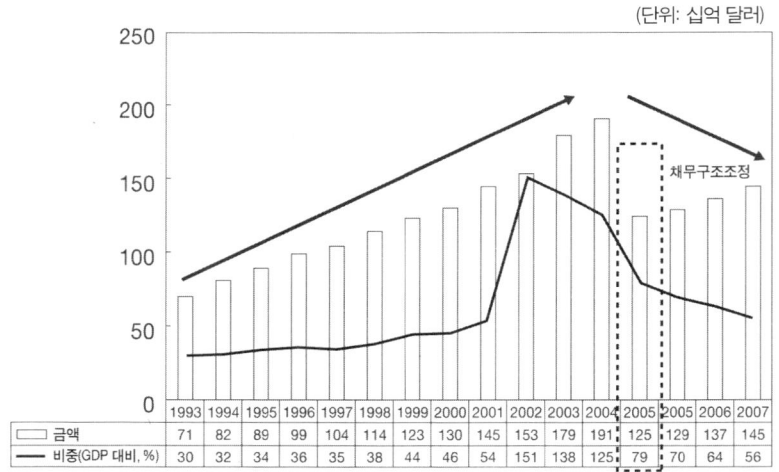

〈그림 10-2〉 아르헨티나의 국가채무 증가 추이

(단위: 십억 달러)

	1993	1994	1995	1996	1997	1998	1999	2000	2001	2002	2003	2004	2005	2005	2006	2007
금액	71	82	89	99	104	114	123	130	145	153	179	191	125	129	137	145
비중(GDP 대비, %)	30	32	34	36	35	38	44	46	54	151	138	125	79	70	64	56

자료: 아르헨티나 중앙은행(BCRA)(2009).

크리스티나 키르츠네르(Cristina Kirchner) 대통령의 취임 이후에 더욱 선명하게 나타난 인위적이며 반시장적인 경제정책은 아르헨티나 경제의 왜곡을 심화시켰다. 이 같은 경제 왜곡은 아르헨티나 경제가 수치상으로 높은 성장세를 보이고 있음에도 지속적인 채무 디폴트 재발 의혹에서 벗어나지 못하게 하는 원인이 되었다.

2008년 5월 미국 내에서 가장 영향력 있는 라틴아메리카 소식지인 ≪라틴 비즈니스 크로니클(Latin Business Chronicle)≫은 미주 간 대화(Inter-american Dialogue)가 발행하는 뉴스레터인 ≪라틴 어드바이저(Latin Adviser)≫의 기사를 인용해 아르헨티나의 국가채무 디폴트 가능성을 처음으로 제기했다. 이 기사에서 JP Morgan의 부회장인 블라디미르 워밍(Vladimir Werming)은 농산물 수출세 인상에 반대하는 농민 파업에 따른 재정수입 확보의 어려움과 채무상환 부담 증가, 인플레이션 급등과 인플레이션 수치 조작 및 은폐에 따른 정부정책의 신뢰도 상실 등을 이유로 아르헨티나 정부가 국가채무 디폴트에 직면할 가능성이 35%에 달한다고 지적했다. 이후 6월 초 ≪월스트리트 저널(Wall Street Journal)≫과 6월 13일 ≪파이낸셜 타임스(Financial Times)≫가 재차 아르헨티나의 디폴트 가능성을 제기하면서 아르헨티나의 위기설은 확대 재생산되었다. ≪파이낸셜 타임스≫는 아르헨티나 한 연구기관(CIIMA)의 연구 결과를 인용, 현재의 국가채무 수준이 2001년 채무 디폴트 당시보다 높고 정부의 대외신인도가 악화되고 있어 아르헨티나가 다시 디폴트에 빠질 가능성이 높다고 보도했다. 특히 ≪파이낸셜 타임스≫는 아르헨티나 정부의 채무상환 규모가 큰 것은 아니나 정치적·경제적 혼란으로 현재 아르헨티나 정부의 대외신인도가 크게 하락하여 상환자금 확보에 어려움이 가중되고 있는 점을 커다란 위험 요인으로 지적했다.

2008년 아르헨티나 채무 디폴트 가능성이 제기된 직접적인 발단은 2001년 채무 디폴트 이후 아르헨티나 정부가 2005년 채무구조조정을 성공적으로 마쳤음에도, 국가채무 규모가 2001년 채무 디폴트 당시 수준으로 증가했다는 사실에서 비롯되었다. 실제로 2007년 말 현재 아르헨티나의 국가채무는 2005년 3월 채무구조조정을 통한 대폭적인 채무 경감 효과에도 불구하고 2001년 채무 디폴트 당시의 국가채무 규모(GDP의 54%인 1,442억 달러)보다 많은 1,447억 달러(GDP의 56%)에 달한다.

특히 일부 채권단과의 채무구조조정 지연으로 아르헨티나의 국제자본시장 접근이 실질적으로 차단되고 국가채무 규모가 확대됨에 따라 상환 부담이 증가하는 상황에서, 아르헨티나 정부의 지속적인 채무상환 능력에 대해 강한 의구심이 제기되었다. 채무 디폴트 이전까지 아르헨티나 정부는 주로 국제자본시장의 기채를 통해 필요한 외자를 조달해왔다. 그러나 2001년 이후 아르헨티나의 자본조달 창구는 베네수엘라 정부와 국내 기관투자가들로 한정되었다. 2005~2007년 기간 아르헨티나 정부의 총자본차입 규모는

166억 달러에 달했는데, 이 중 40%는 베네수엘라 정부에 대한 국채 발행을 통해, 나머지 60%는 국내자본시장을 통해 충당되었다.

채무 디폴트 가능성에 대한 우려가 대두되는 상황에서 농산물 수출세 인상을 둘러싸고 정부와 농민이 대립하면서 극심한 정치적·사회적 혼란이 발생했다. 또 인플레이션 수치 조작 의혹으로 정부의 경제정책에 대한 신뢰도가 상실되면서 채무 디폴트에 대한 우려는 더 증폭되었다.

2007년 12월 집권한 크리스티나 키르츠네르 대통령은 전 정부의 경제정책 기조를 이어받아 물가안정과 재정수입 확보를 위해 주요 농축산물 및 연료에 대해 수출세를 부과했다. 특히 2008년 3월 키르츠네르 정부는 추가적인 물가 억제와 세수 확보를 위해 5개월 만에 콩, 콩 부산물 및 해바라기씨에 대한 수출세를 종전 35%에서 44%로 대폭 인상했다. 이 같은 정부의 극단적인 조치에 대응하여 3월부터 4개 농민단체를 중심으로 농산물 수출세 인상을 반대하는 시위가 발발했다. 그러나 키르츠네르 정부는 농민 시위의 심각성을 제대로 인식하지 못하고 강경 일변도의 자세로 일관했다. 시위가 장기화되는 상황에서 도시 중상류층이 농민 시위에 합세함에 따라 시위 양상은 2001~2002년 정치·경제위기가 극에 달했던 상황으로 발전했다. 3개월간 지속된 농민 시위와 정치적·사회적 혼란으로 키르츠네르 정부의 지지율은 집권 초기인 2008년 1월 50%대였던 것이 같은 해 6월에는 20%대로 30% 이상 하락했다.

국론 분열 양상으로 치닫던 수출세 인상에 대한 찬반 세력의 대립은 키르츠네르 정부가 난국을 타개하기 위해 의회에 상정한 수출세 인상안이 최종적으로 부결됨에 따라 일단락되는 양상을 보였다. 정부는 여당이 상하 양원에서 다수 의석을 차지하고 있어 의회 표결에서 손쉽게 승리할 것으로 기대했으나 표결 결과 하원에서는 여당이 승리한 반면 상원에서는 패배해, 결과적으로 수출세 인상안은 부결되었다.

농민 시위 장기화로 정치적·사회적 혼란이 지속되는 가운데 아르헨티나 정부의 인플레이션 수치 조작 의혹과 이의 개선을 요구하던 경제부 장관의 실각은 정부정책에 대한 신뢰도를 크게 실추시켰다. 아르헨티나 통계청(INDEC)이 발표한 2007년 공식 소비자물가(8.5%)가 민간기관들이 추정한 물가(25~30%)와 커다란 차이를 보이며 아르헨티나 정부의 인플레이션 수치 조작 의혹이 크게 제기되었다. 이러한 상황에서 2008년 4월 인플레이션 조작 중단, 농산물 수출세 인하 등 현 정부의 경제정책에 반대하는 입장을 보이던 마르틴 로우스테우(Martín Lousteau) 경제장관이 전격 해임되면서 인플레이션 조작 의혹은 더욱 증폭되었다. 인플레이션 조작 의혹에 정부가 근본적인 해결책보다는 미봉책으로 대응함에 따라 정부정책에 대한 신뢰도는 더욱 실추되었다.

농민 시위 장기화에 따른 정치적·사회적 혼란과 정부정책에 대한 신뢰도 상실은 아르헨티나 경제 전반에 걸쳐 악영향을 미쳤다. 먼저 극심한 정치적·사회적 혼란에 따른 은행예금 인출 동결을 우려한 예금인출 사태가 속출했고, 달러에 대한 수요가 일시적으로 급증했다. 금융시장의 혼란은 아르헨티나 중앙은행이 달러 방출, 정기예금(BADLAR) 금리 인상 등의 조기진압 정책을 실시하면서 안정을 되찾았다. 그러나 이 과정에서 중앙은행은 약 30억 달러의 외환보유고를 소진했다. 또한 금융시장 혼란에 따른 금리인상으로 2008년 6월 소비자신뢰지수가 5년 만에 최저 수준으로 하락하는 등 그간 아르헨티나 경제성장을 이끌었던 소비심리가 크게 위축되었다. 특히 아르헨티나 정부는 농산물 수출세 인상을 통해 연간 12억 달러의 세수 확대를 기대했지만, 장기간 농민파업으로 농산물 수출 물량이 감소하며 정부의 재정수입 확보는 악화되었다. 마지막으로 아르헨티나 경제의 대외신인도가 크게 실추되었다. 2008년 4월 25일 S&P가 아르헨티나 국가신용등급을 안정적(B Outlook stable)에서 부정적(B Outlook negative)으로 하향조정했다.

위와 같이 채무 디폴트가 재연될 것이라는 의혹이 있었지만 객관적인 지표를 통해 부채 규모 및 구조, 부채상환 능력 등을 종합적으로 분석해보면 아르헨티나 경제가 단기적으로 디폴트에 직면할 가능성은 희박했다. 당시 아르헨티나 채무 디폴트 가능성 제기는 세계경제 불안으로 베트남 등 일부 신흥시장 국가들의 경제위기설이 거론되고 있는 상황에서, 3개월 이상 지속된 아르헨티나의 극심한 정치적·사회적 혼란이 총체적인 국정 마비로 이어져 2001년과 같은 채무 디폴트로 발전할 것을 우려한 국제금융계의 과민 반응에서 비롯된 것이었다(권기수, 2008: 6~9).

2008년부터 본격화된 미국발 금융위기는 아르헨티나 경제에도 악영향을 미쳤다. 그러나 당초 우려와는 달리, 아르헨티나 경제는 글로벌 금융위기의 여파를 비교적 무난히 극복했다. 과거와 달리 은행 부문의 위기도 없었고 2008년 내내 아르헨티나 경제를 괴롭힌 채무 디폴트도 없었다. 대부분의 라틴아메리카 국가들이 마이너스 성장을 기록한 데 반해 아르헨티나는 미약하나마 플러스 성장을 기록했다.

경제위기 이후 경제정책뿐 아니라 자원정책에도 커다란 변화가 일어났다. 1990년대 라틴아메리카 국가 중에서도 가장 급진적인 개방정책을 추진했던 아르헨티나는 1990년대 초반 자원 부문을 모두 민간에 개방했다. 특히 국영석유회사(YPF)의 지분을 100% 매각하는 등 에너지 분야에서 개방정책은 매우 급진적이었다.

그러나 2000년대 들어 아르헨티나 정부의 자원개방 정책은 크게 후퇴하고 있다. 먼저 2004년 10월 아르헨티나 정부는 에너지난 타개와 에너지 주권 회복을 위해 국영에너지회사(ENARSA)를 다시 설립했다. ENARSA는 석유, 천연가스, 석탄, 우라늄 등 모든 형태의 에너지 탐사·개발·생산·판매를 담당한다. ENARSA의 지분은 연방정부가 53%, 주정부가 12%, 기타 민간 부문이 35% 소유하고 있다.

또한 아르헨티나 정부는 국내시장에 값싼 에너지를 공급하기 위해 에너지 수출에 20~45% 수출세를 부과해오고 있다. 2003년 이후 아르헨티나 정부의 에너지 정책은 원활한 내수 공급에 초점이 맞추어져 있다. 이에 따라 국내 가스와 석유의 가격은 국제가격에 비해 크게 낮게 책정되었다. 그러나 정부의 이 같은 에너지가격 통제와 전력요금 동결 조치는 에너지 기업들의 '투자 기피 → 생산 축소 → 에너지 의존 화력발전량 감소 → 전력난'의 악순환을 초래하고 있다.

2000년대 들어 아르헨티나 자원정책의 커다란 변화 중 하나는 2003년 천연자원의 소유권을 연방정부에서 주정부로 이전한 것이다. 그 결과 천연자원의 개발 및 소유권이 대부분 주정부 관할에 놓이게 되었다. 그러나 에너지 분야에서는 연방정부와 주정부가 역할을 분담해 맡고 있다. 주정부가 육상과 12해리까지의 탐사 및 개발 관련 국제 입찰을 주관하고 있는 데 반해 12~200해리 등 원거리 해양 탐사는 ENARSA가 주도하고 있다.

아르헨티나 정부는 2008년 들어 석유 매장량 및 생산량의 지속적 감소 및 연료 수입 상황을 극복하기 위해 더욱 적극적인 에너지산업 육성정책 (Petróleo Plus y Refinación Plus, 2008.11)을 추진해오고 있다. 아르헨티나 정부는 재정 인센티브 지원 및 감세 정책 등을 통해 탐사·생산·정제 분야에 민간 부문의 투자를 적극 유치한다는 생각이다. 이를 통해 아르헨티나 정부는 85억 7,000만 달러의 직접투자 유치, 8,000명의 고용창출, 향후 5년 내 13%의 석유 생산 확대 효과를 기대하고 있다.

참고문헌

곽재성. 2011. 「룰라의 사회정책에 대한 소고―볼사파밀리아(Bolsa Familia)를 중심으로」. 대외경제정책연구원 중남미경제연구회 발표자료.

권기수. 2008. 「아르헨티나 국가채무 디폴트 가능성 분석과 전망」. ≪KIEP 지역경제포커스≫, Vol. 2, No. 23.

_____. 2011. 「룰라 정부의 산업정책 평가와 과제」. ≪포르투갈-브라질 연구≫, 제8권 1호.

박미숙. 2011. 「페루 대통령 선거 결과와 향후 경제정책 전망」. ≪KIEP 지역경제포커스≫, Vol. 5, No. 30.

박영호·이철원·권기수·정재완·황지영. 2009. 『해외자원 개발의 전략적 추진방안: 4대 신흥지역 중심으로』. 서울: 대외경제정책연구원.

변정필. 2009. 1. 29. "볼리비아 개헌안 통과" http://www.newscham.net/news/view.php?board=news&nid=51383(참세상)

에너지산업해외진출협의회 중남미연구회·해외자원개발협회·한국석유공사. 2009. 『해외자원 개발 중남미 진출전략: 멕시코, 콜롬비아, 베네수엘라, 볼리비아』.

이성형. 2010. 「중국과 라틴아메리카: 정치·경제적 충격」. 권기수·김원호·이성형·김종섭 지음. 『한·중남미 경제협력의 현황과 과제 』. 서울: 대외경제정책연구원.

_____. 2011. 「룰라 정부의 유산: 빛과 그림자」. "브라질의 부상과 라틴아메리카의 미래" 한국라틴아메리카학회·전북대학교 정치외교학과·서울대학교 라틴아메리카연구소·부산외국어대학교 중남미지역원 공동 하계학술대회(2011.5), pp. 28~29.

한국석유공사 석유정보센터. 2010. 「브라질의 석유개발 환경 변화」.

한국석유공사. ≪주간 석유뉴스≫, 각 호.

한국수출입은행. 2009. 「에콰도르, 코레아(Correa) 대통령 재선 배경 및 향후 전망」. ≪해외투자경제정보≫.

CEPAL. 2005. *Anuario estadístico de América Latina y el Caribe.* Santiago de Chile.

Biddle, Karen, Fiona Kenyon, Fernando Prada and Brooke Reilly. 2006. "Bolivia's New Economy Policy." *Public Policy 542.*

Birdsall, Nancy, Augusto de la Torre and Felipe Valencia Caicedo. 2010. "The Washington

Consensus: Assessing a Damaged Brand." World Bank. *Policy Research Working Paper 5316.*

Bresser-Pereira, Luiz Carlos. 2009. "From Old to New Developmentalism in Latin America." *Textos para discussão Getulio Vargas Foundation*, No. 193.

Cameron, Maxwell A. 2009. "Latin America's Left Turns: beyond good and bad." *Third World Quarterly*, Vol. 30, No. 2, pp. 331~348.

Echeverry, Juan Carlos, Jaime Navas, Veronica Navas and Maria Paula Gomez. 2009. "Oil in Colombia: History, Regulation and Macroeconomic Impact." Documentos CEDE.

Flores-Macias, Gustavo A. 2010. "Statist vs. Pro-Market: Explaining Leftist Governments' Economic Policies in Latin America." *Comparative Politics,* Vol. 42, No. 4, July 2010, pp. 413~433.

Foxley, Alejandro. 2010. "Market versus State: Postcrisis Economics in Latin America." Carnegie Endowment.

Latinobarómetro. 2004. "Latinobarómetro 2004."

Levitsky, Steven and Kenneth M. Roberts. 2011. "Introduction: Latin America's 'Left Turn' A Framework for Analysis." in Levitsky, Steven and Kenneth M. Roberts(eds.) *The Resurgence of the Latin American Left*. The Johns Hopkins University Press.

Moreno-Brid, Juan Carlos. 2006. "The Future of Economic Policy Making by Left-of-Center Governments in Latin America: Old Wine in New Bottles?" *Harvard Review of Latin America,* Issue no. 39.

Penfold, Michael. 2010. "Re-Election in the Andes: Politics and Prospects." Inter-American Dialogue. *Working Paper*, September 2010.

Weisbrot, Mark, Rebecca Ray and Jake Johnston. 2009. "Bolivia: The Economy during the Morales Administration." CEPR.

Weisbrot, Mark, Rebecca Ray and Luis Sandoval. 2009. "The Chavez Administration at 10 Years: The Economy and Social Indicators." CEPR.

Weisbrot, Mark, Rebecca Ray. 2010. "Update on the Venezuelan Economy." CEPR.

Wiesehomeier, Nina. 2010. "The Meaning of Left-Right in Latin America: A Comparative View." Working Paper, No. 370, July 2010.

Wood, Duncan. 2010. "The Outlook for Energy Reform in Latin America." Woodrow Wilson Center.

BMI(Business Monitoring International) 온라인 자료.

JOGMEC 홈페이지 자료.

중남미자원협력센터 홈페이지.

KORTA 홈페이지 자료.

아르헨티나 중앙은행(BCRA) 홈페이지 자료.

11장 글로벌 금융위기와 롤러코스트 경제의 종언

|단원 핵심 주제|
- 글로벌 금융위기 이전 2000년대의 라틴아메리카 경제는 어떠했는가?
- 글로벌 금융위기가 라틴아메리카 경제에 끼친 영향은?
- 라틴아메리카가 글로벌 금융위기에서 쉽게 벗어날 수 있었던 이유는 무엇인가?
- 앞으로 라틴아메리카 경제의 전망은 어떠한가?

1. 글로벌 금융위기 이전의 라틴아메리카 경제

1980년대 외채위기, 1995년 멕시코 페소화 위기, 1999년 브라질의 경제 위기, 2001년 아르헨티나의 채무 디폴트 등, 라틴아메리카는 항상 세계 경제 혼란의 단골 주연이었다. 그러나 최근 발생한 사상 초유의 글로벌 금융위기에서 라틴아메리카는 더 이상 주연도 조연도 아니었다. 간혹 베네수엘라와 아르헨티나가 신문지상에서 경제위기가 발생할 가능성이 높은 지역으로 소개되어 단역으로 출현하기는 했지만 큰 관심을 끌지는 못했다.

1) 40년 만에 최장의 경기호황

라틴아메리카 경제는 잃어버린 5년(1998~2002년)에서 벗어나, 지난 5년간(2004~2008년) 연평균 5.4% 성장을 기록하며 40년 만에 최장의 경기호황을 기록했다. 일부에서는 이 같은 안정적 성장세를 라틴아메리카 경제의 골디락스(Goldilocks, 고성장-저물가 경제)[1]라고도 평가한다.

최근 라틴아메리카 경제의 빠른 성장세는 수출, 소비 및 투자의 증가라는 경제성장의 3박자가 조화를 이룬 결과로 평가된다. 먼저 최근 라틴아메리카 경제의 높은 성장세는 빠른 수출 증가에 힘입은 바가 컸다. 세계 경제호황에 따른 국제상품 수요 급증과 이에 따른 교역조건[2] 개선에 힘입어 2000년대 들어 수출은 큰 폭의 증가세를 지속했다. 교역조건은 2000년대 들어 꾸준히 개선되어, 2008년에는 교역조건이 2000년과 비교하여 21.4% 호전되었다. 교역조건 개선에 힘입어 2003~2008년 기간의 수출은 연평균 17% 증가해 2008년 수출액은 사상 최고인 8,835억 달러를 기록했다. 수출 급증에 힘입어 무역흑자는 2003년 565억 달러에서 2006년 904억 달러로 정점에 달했으며, 이후 하락세로 돌아서 2008년에는 345억 달러에 그쳤다. 무역흑자 확대에 힘입어 2003년 이후 경상수지도 흑자로 전환되었다. 경상수지는 2007년까지 흑자세가 지속되다 2008년 적자세로 돌아섰다. 이 같은 쌍둥이 흑자 증가에 힘입어 외환보유고도 큰 폭의 증가세를 기록하며, 라틴

---

1) 골디락스 경제(Goldilocks)는 뜨겁지도 차갑지도 않은 호황을 의미하는 경제학 용어이다. 영국 전래동화 「골디락스와 곰 세 마리」에 등장하는 소녀의 이름에서 유래한 것으로, 소녀가 곰이 끓인 세 가지 스프 중 뜨거운 것과 차가운 것, 그리고 적당한 것 중에서 적당한 것을 먹고 기뻐한 이야기에서 따온 말이다.

2) 교역조건(交易條件, Terms of Trade)이란 상품 1단위의 수출로 얻은 외화로 수입할 수 있는 상품의 단위, 즉 수출입품의 교환 비율을 말한다. 특정한 기준 연도의 수출입품 물가지수를 100으로 하고, 그 후 어떤 시기의 수출품 물가지수와 수입품 물가지수의 변화를 조사해서 산출한다. 기준 연도의 교역조건은 1이지만 그 후 어느 시점에서 수출품 물가지수가 180이 되고 수입품 물가지수가 150이 됐다면 그 값은 1.2가 되어 교역조건은 20% 유리한 것이 된다. 이같이 수출입품의 가격을 비교해서 얻어지는 교역조건을 상품교역조건이라 한다. http://www.donga.com/fbin/dict?n=sisa&a=v&l=2124(검색일: 2011.6.15).

항목	단위	2000년	2001년	2002년	2003년	2004년	2005년	2006년	2007년	2008년
GDP	연증가율(%)	4.0	0.4	-0.4	2.2	6.1	4.9	5.8	5.8	4.2
1인당 GDP		2.5	-1.0	-1.7	0.9	4.7	3.6	4.4	4.4	2.9
소비자 물가		9.0	6.1	12.2	8.5	7.4	6.1	5.0	6.4	8.4
실업률	(%)	10.4	10.2	11.0	11.0	10.3	9.1	8.6	7.9	7.4
총외채 (GDP 대비)		35.2	36.4	40.2	40.4	34.8	25.2	20.9	20.5	18.0
경상 수지	백만 달러	-48,701	-54,048	-16,188	8,580	20,889	33,921	43,817	11,301	-33,542
무역 수지		-1,301	-8,123	19,868	40,155	55,423	75,395	90,448	62,998	34,512
수출		363,967	348,998	352,903	384,246	473,449	569,286	677,875	763,336	883,553
수입		365,269	357,121	333,035	344,092	418,026	493,891	587,428	700,337	849,092
외환 보유고		171,298	169,408	167,959	201,185	227,838	263,207	320,757	459,550	512,214
순 FDI		71,520	66,111	50,261	37,197	48,680	53,766	30,173	85,384	90,484
재정 수지	GDP 대비 (%)	-2.6	-3.2	-2.9	-3.0	-1.9	-1.1	0.0	0.3	-0.3
정부 부채		47.3	49.5	64.3	61.9	55.1	47.4	39.7	32.7	30.8

자료: CEPAL(2009).

아메리카 경제의 대외취약성 개선에 크게 기여했다. 라틴아메리카의 외환보유고는 2002년부터 꾸준히 증가해 2008년에는 5,000억 달러를 상회했다. 2008년 외환보유고 규모는 2002년 대비 세 배 이상 증가한 수치이다.

높은 소비지출도 라틴아메리카 경제성장세를 견인했다. 라틴아메리카

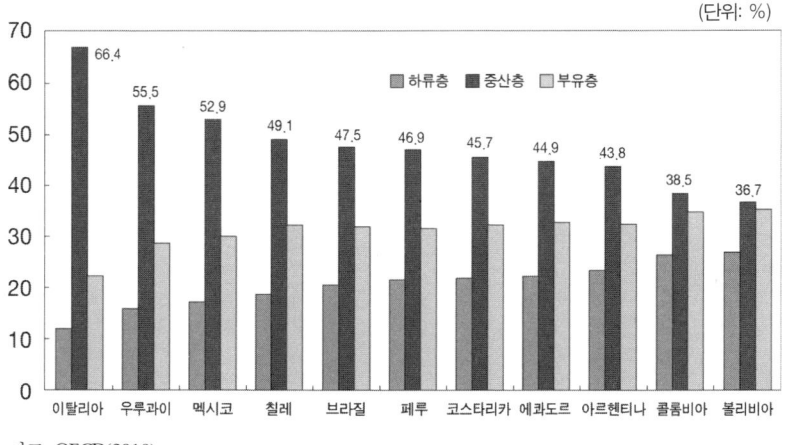

〈그림 11-1〉 라틴아메리카 국가별 중산층 비율 현황

(단위: %)

하류층 ■ 중산층 □ 부유층

이탈리아 66.4
우루과이 55.5
멕시코 52.9
칠레 49.1
브라질 47.5
페루 46.9
코스타리카 45.7
에콰도르 44.9
아르헨티나 43.8
콜롬비아 38.5
볼리비아 36.7

자료: OECD(2010).

경제는 2000년대 들어 적극적인 개방 정책에 힘입어 수출입 의존도가 높아지고 있으나 수입대체산업화의 전통이 남아 있어 여전히 내수의 비중이 높은 편이다. 소비 증가는 라틴아메리카 경제성장의 가장 큰 동력원으로 작용했다. 대표적으로 브라질의 경우 GDP에서 차지하는 소비의 비율이 60%를 상회했다. 물가안정에 따른 금리 인하 → 가계신용대출 증가, 교역조건 개선 → 국민소득(GNI) 증가에 따른 구매력 증가, 해외 거주 라틴아메리카인들의 송금 증가, 고용 증대와 실질 임금 증가에 따른 가처분 소득 확대 등의 요인에 힘입어 소비는 2003년 이후 두 자릿수의 증가율을 기록하며 경제성장을 견인했다. 소비자물가는 신중한 물가안정 정책과 시장 개방에 따른 수입 물가 하락 등의 영향에 힘입어 2002년 12.2%에서 점차 하락해 2006년에는 5%까지 떨어졌다 2008년 8.4%로 증가했다. 지속적인 경제성장에 따른 고용 확대로 실업률은 2002년 11%에서 점차 하락해 2008년에는 7.4%까지 줄었다. 외국인직접투자에 이어 제2의 자본 조달 창구로 주목받고 있

는 해외송금 유입은 2000년대 들어 두 자릿수의 증가율을 기록해 2008년에는 600억 달러를 넘어섰다. 특히 왕성한 소비층을 형성하는 중상류층이 크게 증가해 소비 확대를 견인한 것으로 평가된다. 브라질의 경우 최근 5년간(2004~2008년) 중산층 가구의 비율이 전체 가구의 42.26%에서 51.89%로, 상류층 가구의 비중도 11.61%에서 15.52%로 증가했다. 그에 반해 빈곤층 가구의 비중은 46.13%에서 32.59%로 크게 감소했다.

2006년부터 높은 투자 증가세도 견조한 라틴아메리카 경제성장세를 견인했다. 내수 팽창, 금리 인하, 주식시장 발전에 따라 자본조달이 용이해지면서 그간 주춤했던 투자도 2006년부터 두 자릿수의 증가율을 기록했다. 천연자원의 보고로서 라틴아메리카 경제의 중요성이 부각되고, 안정적 경제성장세와 투자환경 개선의 덕택으로 그간 주춤했던 외국인직접투자도 2007년부터 큰 폭의 증가세로 돌아서 2008년에는 사상 최고치를 기록했다. 그 결과, GDP 대비 투자율은 2004년 17.4%에서 2008년 21.8%로 증가했다.

최근 5년간 지속된 라틴아메리카 경제의 안정적 성장세는 라틴아메리카 경제의 펀더멘털을 크게 강화시켰다. 첫째, 라틴아메리카 대부분의 국가들이 신중한 재정정책을 추진한 결과, 재정수지가 크게 개선되며 라틴아메리카 경제의 만성적인 불안 요인인 정부부채가 크게 감소했다. 브라질, 칠레, 페루 등 일부 국가들의 경우 재정지출의 상한선을 법으로 제한한 재정책임법과 구조적 재정수지 준칙 등의 제도를 도입해 방만한 재정지출을 억제했다. 또한 대부분의 라틴아메리카 국가들은 과거와 달리 최근의 경기호황기에도 재정지출을 자제하는 모습을 보였다. 그 결과, 라틴아메리카의 재정수지는 2003년 GDP 대비 3.0% 적자에서 지속적으로 하락, 2007년에는 일시적이나마 플러스로 전환되었다. 이 같은 재정수지 개선에 힘입어 라틴아메리카의 정부부채는 2002년을 기점(GDP 대비 64.3%)으로 하락세로 돌아서 2008년에는 절반 수준(GDP 대비 30.8%)으로 하락했다. 둘째, 지속적인 수출 확대로 인해 큰 폭의 무역흑자를 기록했고 대외수지 역시 크게 개선되었다. 외환보유고 증가에다 국내자본시장의 발달로 라틴아메리카 각국의 국제자본시장에 대한 의존도도 크게 감소했다. 그 결과, GDP 대비 총외채 규모는 2003년의 40.4%를 기점으로 하락세로 돌아서 2008년에는 18.0%로 크게 감소했다. 셋째, 라틴아메리카 각국의 경제정책에 대한 신뢰도가 크게 제고되었다. 멕시코, 칠레, 브라질, 페루, 콜롬비아 등 시장친화적 경제정책을 추진하는 국가들에서 변동환율, 물가목표제, 건전재정의 거시경제 정책 3각 축이 공고하게 추진되며 라틴아메리카 각국의 경제정책에 대한 대내외의 신뢰도가 크게 제고되었다.

2) 라틴아메리카 경제와 자원부국 경제의 성장 비교

라틴아메리카 경제가 호황을 구가한 2004~2008년의 기간에 라틴아메리카 경제 전체와 자원부국 경제의 평균 성장률을 비교해보면 자원부국 경제[3]의 성장률이 다소 높은 것으로 나타난다. 경제호황기 이전(2000~2003년) 라틴아메리카 전체 경제와 자원부국 경제 간의 성장률은 비슷한 수준이었다.[4] 경제호황기(2004~2008년) 양측 간의 성장률을 비교해보면 성장세의 격차가 더욱 뚜렷이 나타났다. 라틴아메리카 경제성장률은 5.4%에 불과한 데 반해 자원부국 경제의 성장률은 6.1%에 달했다.

자원부국 경제 간에도 성장세의 격차가 뚜렷이 나타났다. 경제호황기에 9개 자원부국 중에서는 베네수엘라가 연평균 10.4%의 경제성장률을 기록해 가장 빠른 성장세를 나타냈으며, 다음으로 아르헨티나 8.5%, 페루 7.6%

---

3) 여기서 자원부국은 1차산품 순 수출국인 아르헨티나, 브라질, 볼리비아, 칠레, 콜롬비아, 에콰도르, 멕시코, 페루, 베네수엘라 등 9개국을 말한다.
4) 라틴아메리카 전체의 경제성장률은 1.6%, 자원부국의 경제성장률은 1.8%였다.

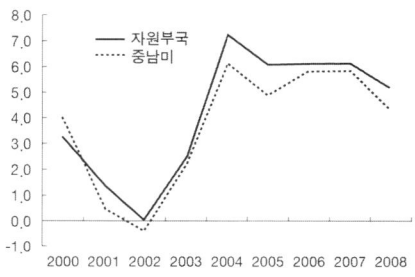

〈그림 11-2〉 라틴아메리카 자원부국의 경제성장률 추이

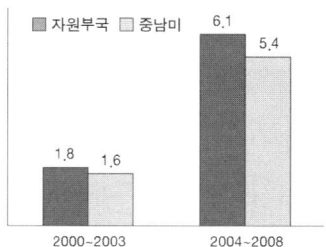

〈그림 11-3〉 라틴아메리카 자원부국의 경제성장 비교

(단위: %)

자료: CEPAL(2009).

순이었다.

　이 같은 자원부국 경제의 빠른 성장세는 1차산품을 중심으로 한 큰 폭의 수출 증가세에 힘입은 바 컸다. 경제호황기 이전의 라틴아메리카 전체 경제와 자원부국 경제 간의 수출 증가세는 비슷한 수준이었다. 그러나 경제호황기에 라틴아메리카 전체 경제가 연평균 17%의 수출 증가세를 기록한 데 반해 자원부국 경제는 24%의 증가세를 기록했다. 국가별로는 볼리비아가 가장 빠른 수출 증가세(연평균 32.6%)를 기록했으며, 페루(28.8%), 베네수엘라(27.9%), 칠레(26.4%), 에콰도르(24.5%)가 그 뒤를 이었다.

<표 11-2> 라틴아메리카 자원부국의 경제성장률 추이

(단위: %)

구분	2000	2001	2002	2003	00~03 평균	2004	2005	2006	2007	2008	04~08 평균
아르헨티나	-0.8	-4.4	-10.9	8.8	-1.8	9.0	9.2	8.5	8.7	7.0	8.5
볼리비아	2.5	1.7	2.5	2.7	2.4	4.2	4.4	4.8	4.6	6.1	4.8
브라질	4.3	1.3	2.7	1.1	2.4	5.7	3.2	4.0	5.7	5.1	4.7
칠레	4.5	3.4	2.2	3.9	3.5	6.0	5.6	4.6	4.7	3.2	4.8
콜롬비아	2.9	2.2	2.5	4.6	3.1	4.7	5.7	6.9	7.5	2.6	5.5
에콰도르	2.8	5.3	4.2	3.6	4.0	8.0	6.0	3.9	2.5	6.5	5.4
멕시코	6.6	0.0	0.8	1.4	2.2	4.0	3.2	4.8	3.3	1.3	3.3
페루	3.0	0.2	5.0	4.0	3.1	5.0	6.8	7.7	8.9	9.8	7.6
베네수엘라	3.7	3.4	-8.9	-7.8	-2.4	18.3	10.3	9.9	8.9	4.8	10.4
자원부국	3.3	1.5	0.0	2.5	1.8	7.2	6.0	6.1	6.1	5.2	6.1
라틴아메리카	4.0	0.4	-0.4	2.2	1.6	6.1	4.9	5.8	5.8	4.2	5.4

자료: Global Insight(2010).

<표 11-3> 라틴아메리카 자원부국의 수출 증가세 추이

(단위: %)

구분	2000	2001	2002	2003	00~03 평균	2004	2005	2006	2007	2008	04~08 평균
아르헨티나	13.2	0.4	-3.2	14.1	6.2	17.5	16.7	15.2	20.2	25.7	19.1
볼리비아	18.6	3.1	1.1	23.0	11.4	34.3	30.1	38.8	15.1	44.6	32.6
브라질	14.7	5.7	3.7	21.1	11.3	32.0	22.6	16.5	16.6	23.2	22.2
칠레	11.9	-5.2	-0.4	19.5	6.5	50.5	27.0	41.8	15.3	-2.7	26.4
콜롬비아	14.7	-6.5	-3.8	11.3	3.9	24.6	26.2	15.9	21.2	26.3	22.9
에콰도르	13.7	-7.0	9.9	22.5	9.8	23.6	31.4	25.9	12.9	28.8	24.5
멕시코	21.9	-4.4	1.4	2.3	5.3	14.1	14.0	16.7	8.8	7.2	12.1
페루	14.2	1.0	9.8	17.8	10.7	40.9	35.6	37.2	17.0	13.1	28.8
베네수엘라	61.7	-20.4	-0.5	1.9	10.7	46.5	40.3	11.4	19.4	22.0	27.9
자원부국	20.5	-3.7	2.0	14.8	8.4	31.6	27.1	24.4	16.3	20.9	24.0
라틴아메리카	19.8	-1.5	1.1	9.6	7.2	21.3	18.9	17.5	12.9	14.2	17.0

자료: Global Insight(2010).

라틴아메리카 주요국의 1차산품 수출 비중(2003~2006년 평균)

라틴아메리카 주요 자원부국의 총수출 대비 1차산품 수출 의존도를 살펴보면 베네수엘라가 86%로 가장 높게 나타났으며, 다음으로 페루 69%, 아르헨티나 59%, 칠레 58%, 콜롬비아 53%, 브라질 42%, 멕시코 15% 순이었다.

(단위: %)

		아르헨티나	브라질	칠레	콜롬비아	멕시코	페루	베네수엘라
	석유	21	14	3	47	88	9	96
	동	4	1	75	0	3	25	0
	콩	37	22	0	0	0	0	0
	금	1	1	2	7	1	29	0
1차산품 수출에서 각 산품의 비율	석탄	0	0	0	22	0	0	1
	철광	0	16	1	0	0	2	0
	수산물	2	0	11	1	1	15	0
	커피	0	5	0	13	1	3	0
	아연	0	0	0	0	1	10	0
	설탕	0	8	0	3	0	0	0
	옥수수	0	0	0	0	0	0	0
	기타	28	32	7	8	5	7	3
총수출 대비 1차산품 수출 비율		59	42	58	53	15	69	86
GDP 대비 1차산품 수출 비율		13	6	20	9	4	14	31

2. 글로벌 금융위기가 라틴아메리카 경제에 미친 영향

1) 글로벌 금융위기의 라틴아메리카 전염 경로

글로벌 금융위기는 수출 둔화, 1차산품 가격 급락, 해외송금 유입 감소, 관광 수입 감소, 해외직접투자 유입 감소 등 다양한 경로를 통해 라틴아메리카 실물 경제에 영향을 미쳤다. 특히 미국발 금융위기의 영향으로 대미 의존도가 높을수록, 1차산품에 대한 수출 의존도가 높을수록 피해가 클 것으로 전망되었다. 국가별로는 대미 의존도가 가장 높고 석유 등 1차산품에 대한

<表 11-4> 라틴아메리카의 대미 의존도 및 1차산품 수출 의존도와
해외송금 의존도 현황

(단위: %)

분류	국가
대미 수출 의존도 (2007년, 총수출 대비)	멕시코(75.9), 도미니카공화국(67.1), 엘살바도르(47.3), 베네수엘라(42.4), 과테말라(39.6), 콜롬비아(28.5), 코스타리카(24.9), 브라질(14.1), 칠레(12.5), 아르헨티나(7.4)
1차산품 의존도 (2003~2006년 평균, 총수출 대비)	베네수엘라(96), 페루(69), 아르헨티나(59), 칠레(58), 콜롬비아(53), 브라질(42), 멕시코(15)
해외송금 의존도 (2007년, GDP 대비)	온두라스(20.8), 엘살바도르(18.1), 니카라과(12.9), 과테말라(12.3), 콜롬비아(2.6), 코스타리카(2.5), 멕시코(2.3)

자료: EIU Viewswire(2008); Global Insight(2009).

<표 11-5> 글로벌 금융위기의 라틴아메리카 전염효과 전망

구분	1차산품 순 수입국	1차산품 순 수출국
대미 의존도가 높은 국가	코스타리카, 엘살바도르, 과테말라, 아이티, 온두라스, 니카라과, 도미니카공화국	멕시코
대미 의존도가 낮은 국가	자메이카, 파나마, 파라과이, 우루과이	아르헨티나, 볼리비아, 브라질, 칠레, 콜롬비아, 에콰도르, 페루, 베네수엘라

자료: Lustig(2008).

수출 의존도가 높은 멕시코가 가장 큰 타격을 받을 것으로 예상되었다.

2) 실물 부문에 미친 영향

(1) 수출입

글로벌 금융위기는 먼저 라틴아메리카 수출에 직접적인 악영향을 미쳤다. 글로벌 금융위기에 따른 세계경제의 침체는 1차산품의 수출가격의 하락을 가져와 라틴아메리카 자원부국의 수출 하락을 부채질했다. 라틴아메

〈그림 11-4〉라틴아메리카 교역조건 변화(2008~2009년)

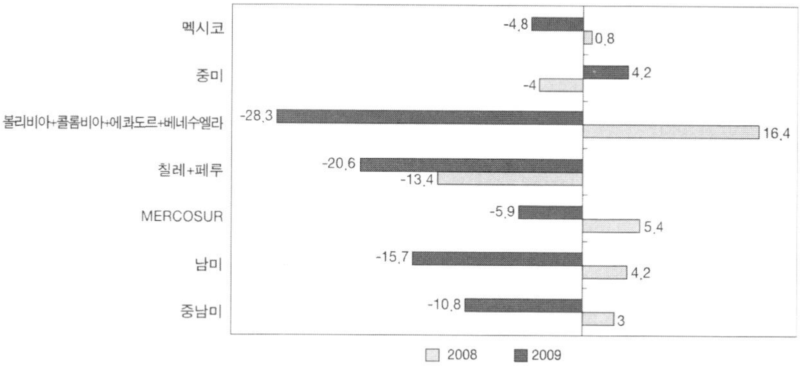

자료: CEPAL(2009).

리카의 교역조건은 2008년 3% 증가하는 데 그쳤으며, 2009년에는 10.8% 하락했다. 지역별로는 중미보다는 남미의 교역조건이 현저하게 하락했다. 국가별로는 볼리비아, 콜롬비아, 에콰도르, 베네수엘라 등 대표적인 석유/가스 수출국 경제에서 교역조건의 하락세(2009년 -28.3%)가 두드러지게 나타났다. 광물 수출국에서보다는 석유/가스 등 에너지 수출국에서의 교역조건 악화가 보다 현저하게 나타났다.

그 결과, 라틴아메리카의 수출은 2008년 4분기부터 마이너스 성장세로 진입했다. 국가별로는 칠레가 라틴아메리카 국가 중 가장 빠른 2008년 3분기부터 수출 감소세를 기록했다. 라틴아메리카의 수출은 2009년 4분기부터 플러스 성장세로 반전되었지만 아르헨티나, 브라질, 콜롬비아의 수출은 2009년 4분기까지도 감소세가 지속되었다.

2009년 라틴아메리카의 수출은 전년 대비 21.1% 감소한 7,580억 달러에 머물렀다. 국가별로는 베네수엘라의 수출 감소세(전년 대비 -38.3%)가 가장 두드러졌으며 에콰도르(-25%), 볼리비아(-24.8%), 브라질(-22.7%),

<표 11-6> 라틴아메리카 주요국의 수출 증가율 추이

(단위: %)

구분	2004년	2005년	2006년	2007년	2008년	2009년
아르헨티나	17.5	16.7	15.2	20.1	25.6	-20.5
볼리비아	34.3	30.1	38.8	15.1	44.6	-24.8
브라질	32.0	22.6	16.5	16.6	23.2	-22.7
칠레	50.4	26.9	41.8	15.7	-3.0	-18.0
콜롬비아	24.6	26.3	15.9	21.3	26.2	-11.6
에콰도르	23.6	31.3	25.9	12.9	28.8	-25.0
멕시코	14.1	13.9	16.7	8.9	7.2	-21.1
페루	40.9	35.6	37.2	17.0	13.1	-14.7
베네수엘라	46.5	40.2	17.5	5.8	34.6	-38.3
라틴아메리카	21.4	18.6	18.1	11.8	15.4	-21.1
전 세계	21.3	14.1	15.6	15.4	14.4	-22.2

자료: Global Insight(2010).

<표 11-7> 라틴아메리카 주요국의 수입 증가율 추이

(단위: %)

구분	2004년	2005년	2006년	2007년	2008년	2009년
아르헨티나	62.0	28.0	19.3	30.6	28.4	-31.9
볼리비아	14.1	26.6	20.6	22.8	44.2	-12.1
브라질	30.1	17.1	24.1	32.0	43.5	-26.3
칠레	27.7	32.9	17.8	22.5	30.9	-31.0
콜롬비아	19.6	26.8	23.4	25.5	20.6	-16.1
에콰도르	20.5	26.3	17.5	14.5	36.4	-19.7
멕시코	15.4	12.7	15.5	10.2	9.5	-24.0
페루	19.0	23.2	23.4	32.0	45.1	-26.1
베네수엘라	65.0	41.6	39.5	37.0	8.0	-20.8
라틴아메리카	20.0	16.7	18.2	18.1	20.4	-24.0
전 세계	21.8	13.8	15.1	15.0	15.0	-22.7

자료: Global Insight(2010).

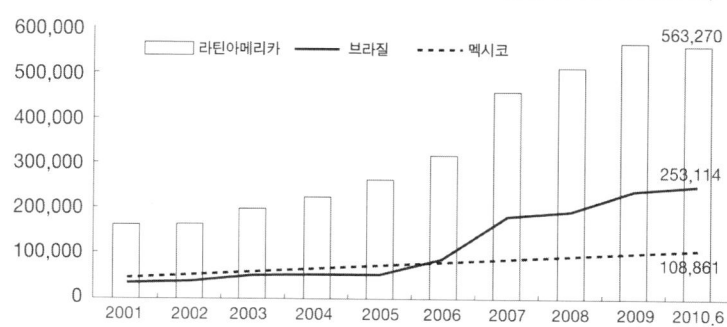

(단위: 십억 달러, 연말 기준)

자료: EIU(2011).

멕시코(-21.1%), 아르헨티나(-20.5%), 칠레(-18%) 순으로 높은 감소세를 기록
했다. 2009년 라틴아메리카의 수출 감소세는 전 세계 수출 감소세와 비슷
한 수준이었다.

라틴아메리카 각국의 내수 침체로 2008년 4분기부터 수입의 증가세도
크게 둔화되었으며, 2009년 1분기부터 두 자릿수의 마이너스 성장세로 진
입했다. 국가별로는 멕시코가 2008년 4분기부터 감소세를 기록했다. 그에
반해 베네수엘라는 라틴아메리카 국가들 중 가장 늦은 2009년 2분기부터
수입 감소세를 나타냈다. 수출과 달리 라틴아메리카의 수입은 2009년 4분
기까지도 지속적으로 감소했다.

2009년 라틴아메리카 전체의 수입은 전년 대비 24% 감소한 6,850억 달
러에 그쳤다. 국가별로는 아르헨티나(전년 대비 -31.9%), 칠레(-31%), 브라질
(-26.3%), 페루(-26.1%), 멕시코(-24%) 순으로 수입 감소세가 현저했다. 2009
년 라틴아메리카의 수입 감소세는 전 세계 수입 감소세를 웃도는 수준으로
나타났다.

수출 감소세를 능가하는 수입 감소세로 2009년 라틴아메리카의 무역수

<표 11-8> 라틴아메리카 주요국의 무역수지 추이

(단위: 십억 달러)

구분	2004년	2005년	2006년	2007년	2008년	2009년
아르헨티나	13.2	13.0	13.8	13.2	15.5	18.5
볼리비아	0.3	0.5	1.1	1.0	1.5	0.5
브라질	33.6	44.7	46.5	40.0	24.8	25.3
칠레	9.8	11.0	22.9	24.1	8.5	14.4
콜롬비아	1.3	1.6	0.4	-0.6	1.0	2.6
에콰도르	0.3	0.8	1.8	1.8	1.4	0.1
멕시코	-8.7	-7.5	-6.1	-10.1	-17.3	-4.6
페루	3.0	5.3	8.9	8.2	3.0	5.8
베네수엘라	22.9	31.9	32.2	23.6	44.0	18.6
라틴아메리카	73.9	96.4	113.1	86.6	62.1	74.8
전 세계	5.6	25.0	82.7	145.3	100.6	158.2

자료: Global Insight(2010).

지 흑자는 2008년보다 120억 달러 증가한 740억 달러를 기록했다. 국가별로는 브라질이 250억 달러로 가장 큰 무역흑자를 기록했으며, 그 뒤를 베네수엘라(190억 달러), 아르헨티나(190억 달러), 칠레(140억 달러), 페루(60억 달러) 등이 이었다. 멕시코는 무역적자를 기록했으나, 그 규모는 2008년보다 크게 감소했다.

글로벌 금융위기의 여파 속에서도 라틴아메리카의 외환보유고는 무역흑자 증가에 힘입어 지속적인 증가세를 보였다. 2009년 외환보유고는 2008년보다 860억 달러 증가한 5,530억 달러를 기록했다. 국가별로는 브라질(전년 대비 23% 증가), 칠레(10% 증가) 순으로 높은 증가세를 보였다. 그에 반해 베네수엘라의 경우 라틴아메리카 국가 중 유일하게 외환보유고가 감소세(전년 대비 13%)를 보였다.

이상에서 살펴본 대로 글로벌 금융위기의 영향으로 라틴아메리카 경제는 예외 없이 커다란 타격을 받았다. 당초 중국 등 아시아 경제권에 대한 수출 의존도가 높은 남미 국가들의 수출 감소세가 멕시코나 중미 국가들의 수출 감소세보다 낮을 것으로 전망했으나 실제 결과는 커다란 차이가 없고, 오히려 남미 국가들의 수출 하락세가 더욱 큰 것으로 분석되었다.

(2) 소비

글로벌 금융위기의 여파가 본격화되면서 그간 라틴아메리카 경제성장을 이끌었던 소비도 타격을 받기 시작했다. 라틴아메리카 경제에서 민간소비가 차지하는 비중은 60%를 상회하기 때문에 소비의 향방은 라틴아메리카 경제의 향방을 결정짓는 중요한 변수로 간주되어왔다. 라틴아메리카에서 소비는 2009년 1분기부터 마이너스 성장세로 진입했다. 국가별로는 멕시코가 라틴아메리카 국가 중 가장 빠른 2008년 4분기부터 마이너스 성장세로 전환되었다. 2009년 4분기에 들어서야 라틴아메리카 지역의 소비는 플러스 성장세로 반전되었다. 그러나 베네수엘라, 멕시코는 2009년 4분기까지도 소비 감소세에서 벗어나지 못했다.

2009년 라틴아메리카의 소비는 전년 대비 0.2% 감소하는 데 그쳤다. 국가별로는 멕시코(전년 대비 -6.1%), 베네수엘라(-3.2%), 에콰도르(-0.7%) 순으로 소비 하락세가 현저했다. 그에 반해 브라질, 아르헨티나, 칠레, 페루, 콜롬비아 등 남미 국가 대부분에서는 경기침체에도 불구하고 소비가 증가했다. 이 같은 소비 증가세는 남미 각국이 실시한 소비진작책이 주효한 결과로 해석되었다.

(3) 산업생산

글로벌 금융위기의 여파로 라틴아메리카의 산업생산은 2008년 4분기부터 마이너스 성장세를 기록했다. 국가별로는 멕시코, 콜롬비아, 베네수엘라의 산업생산이 다른 라틴아메리카 국가에 비해 빨리 침체되기 시작했다. 반

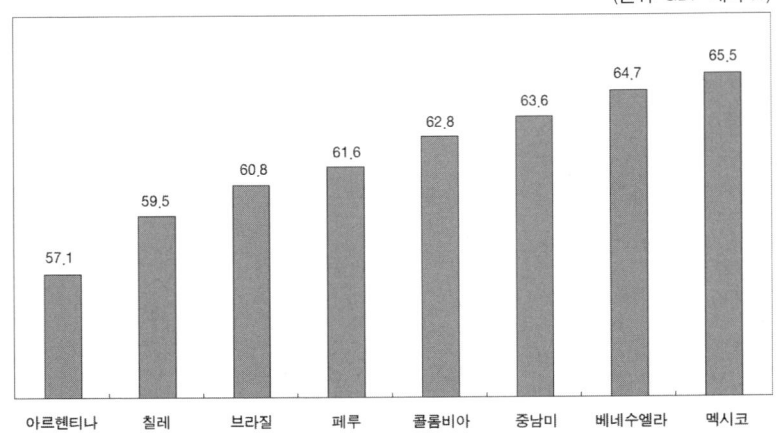

〈그림 11-6〉 라틴아메리카 각국 경제에서 민간소비가 차지하는 비중(2010년)

(단위: GDP 대비 %)

57.1 아르헨티나
59.5 칠레
60.8 브라질
61.6 페루
62.8 콜롬비아
63.6 중남미
64.7 베네수엘라
65.5 멕시코

자료: EIU(2011).

〈표 11-9〉 라틴아메리카 주요국의 소비 증가율 추이

(단위: %)

구분	2004년	2005년	2006년	2007년	2008년	2009년
아르헨티나	9.5	8.9	7.8	9.0	6.5	0.5
볼리비아	2.9	3.3	4.1	4.2	5.5	3.7
브라질	3.8	4.5	5.2	6.1	7.0	4.1
칠레	7.2	7.4	7.1	7.0	4.6	0.8
콜롬비아	3.9	4.0	6.4	7.3	3.0	1.1
에콰도르	4.6	7.3	5.4	3.7	6.9	-0.7
멕시코	5.6	4.8	5.6	4.0	1.9	-6.1
페루	3.6	4.6	6.4	8.3	8.7	2.4
베네수엘라	15.4	15.7	15.5	18.7	7.1	-3.2
라틴아메리카	5.5	5.5	6.0	6.3	5.0	-0.2
전 세계	3.3	3.4	3.6	3.5	1.5	-0.5

자료: Global Insight(2010).

〈표 11-10〉 라틴아메리카 주요국의 산업생산 증가율 추이

(단위: %)

구분	2004년	2005년	2006년	2007년	2008년	2009년
아르헨티나	10.7	8.0	8.4	7.5	4.7	0.6
브라질	8.3	3.1	2.8	6.0	3.1	-7.4
칠레	8.8	5.4	3.2	4.1	0.2	-6.7
콜롬비아	6.3	4.1	11.0	11.0	-2.7	-5.7
멕시코	3.7	2.8	5.7	2.0	-0.6	-7.3
페루	7.4	7.5	7.5	11.1	9.1	-7.2
베네수엘라	28.9	11.3	10.1	6.9	1.4	-11.9
라틴아메리카	7.5	4.2	5.3	5.3	1.8	-6.8
전 세계	4.1	3.2	4.2	4.2	-0.4	-8.8

자료: Global Insight(2010).

〈표 11-11〉 라틴아메리카 주요국의 투자 증가율 추이

(단위: %)

구분	2004년	2005년	2006년	2007년	2008년	2009년
아르헨티나	34.5	22.7	18.2	13.7	9.1	-10.2
볼리비아	-1.1	6.7	9.3	12.6	18.7	2.9
브라질	9.1	3.6	10.0	13.9	13.4	-9.9
칠레	9.9	23.9	2.5	11.2	18.7	-15.2
콜롬비아	11.1	13.2	18.1	14.4	4.9	2.7
에콰도르	4.9	10.8	3.8	2.5	16.1	-4.3
멕시코	8.0	7.4	9.9	6.9	4.4	-10.1
페루	7.7	12.0	18.9	22.6	28.3	-8.6
베네수엘라	49.7	38.4	29.3	25.3	-3.3	-8.2
라틴아메리카	11.6	10.0	11.9	12.0	8.6	-9.0
전 세계	6.0	6.3	6.2	5.2	0.9	-7.1

자료: Global Insight(2010).

면 아르헨티나와 페루의 산업생산은 다른 라틴아메리카 국가보다 늦은 2009년 1분기부터 마이너스 성장세에 진입했다. 라틴아메리카 전체의 산업

<표 11-12> 라틴아메리카 주요국의 순 외국인직접투자 유입 추이

(단위: 백만 달러)

구분	2000~2005 연평균	2006년	2007년	2008년	2009년	증감률(%) (2008~2009)
브라질	19,197	18,782	34,585	45,058	25,949	-42.4
칠레	5,012	7,298	12,534	15,181	12,702	-16.3
콜롬비아	3,683	6,656	9,049	10,583	7,201	-31.9
아르헨티나	4,296	5,547	6,473	9,726	4,895	-49.6
페루	1,604	3,467	5,491	6,924	4,760	-31.2
에콰도르	839	271	194	1,001	312	-68.8
볼리비아	350	278	362	508	418	-18.0
베네수엘라	2,546	-508	1,008	349	-3,105	-990.0
멕시코	22,327	19,779	27,311	23,170	11,418	-50.7
남미	37,974	43,370	71,227	91,279	54,454	-40.3
중미	2,549	5,756	7,235	7,487	5,027	-32.8
라틴아메리카	66,370	74,794	111,844	131,938	76,681	-41.8

자료: CEPAL(2010).

생산은 2009년 4분기부터 성장세로 반전되었지만, 칠레, 페루, 베네수엘라, 멕시코의 산업생산은 2009년 4분기까지도 마이너스 성장세를 지속했다.

2009년 전체적으로 라틴아메리카의 산업생산은 큰 폭의 감소세(-6.8%)를 기록했다. 국가별로는 라틴아메리카 국가 중 비교적 제조업 기반이 강한 베네수엘라(-11.9%), 브라질(-7.4%), 멕시코(-7.3%), 페루(-7.2%)가 지역 평균보다 심각한 산업생산 감소를 기록했다. 그에 반해 아르헨티나는 라틴아메리카 국가 중 유일하게 미미하나마 산업생산 증가세를 기록했다.

산업생산의 감소로 그간 소비와 더불어 라틴아메리카 경제성장을 견인해왔던 투자도 큰 폭의 감소세로 돌아섰다. 국가별로 칠레가 가장 큰 폭의 투자 감소세(전년 대비 -15.2%)를 기록했으며, 그 뒤를 아르헨티나(-10.2%), 멕시코(-10.1%), 브라질(-9.9%) 등이 이었다. 라틴아메리카 국가 중에서는 볼리비아와 콜롬비아만이 투자 증가세를 기록했다.

2008년까지 지속적인 증가세를 보이던 외국인직접투자도 2009년에는 글로벌 금융위기의 영향으로 전년 대비 41.8% 감소한 773억 달러를 기록했다. 국가별로는 멕시코(전년 대비 -50.7%), 아르헨티나(-49.8%), 브라질(-42.4%), 콜롬비아(-32%), 페루(-31.3%) 순으로 높은 감소세를 기록했다.

(4) 경제성장률

글로벌 금융위기에 따른 수출, 소비 및 산업생산 감소의 영향으로 대부분의 라틴아메리카 경제는 2009년 1분기부터 마이너스 성장을 보였다. 국가별로는 미국 경제에 의존도가 높은 멕시코, 콜롬비아가 다른 라틴아메리카 국가들보다 빠른 2008년 4분기부터 경기침체에 직면했다. 그에 반해 아르헨티나, 페루, 베네수엘라 등은 다른 라틴아메리카 국가들에 비해 뒤늦은 2009년 2분기부터 마이너스 성장세에 진입했다.

대부분의 라틴아메리카 국가들은 2009년 4분기부터 경기침체에서 탈피했다. 그러나 글로벌 경제위기의 영향을 크게 받은 멕시코, 베네수엘라 등은 2009년 4분기까지도 침체 국면에서 벗어나지 못했다.

2009년 라틴아메리카 경제는 글로벌 금융위기의 영향으로 1990년 이후 처음으로 마이너스 성장세를 기록했다. 국가별로는 멕시코가 -6.5% 경제성장률을 기록해 가장 큰 침체를 겪었으며, 그 뒤를 베네수엘라(-3.2%), 칠레(-1.4%), 브라질(-0.2%)이 이었다. 라틴아메리카 국가 대부분이 경기침체를 겪었으나 아르헨티나, 페루, 콜롬비아 등은 플러스 성장을 보였다.

2009년 라틴아메리카 경제의 마이너스 성장은 요소별로 수출 감소(전년 대비 -21.1%), 투자 감소(-9%), 산업생산 감소(-6.8%)에 기인한 것으로 분석된다. 그에 반해 라틴아메리카 각국 정부의 적극적인 경기부양책을 통한 정부지출 확대(전년 대비 3.8% 증가)는 라틴아메리카 경제의 경착륙을 막는 든든한 버팀목 역할을 했다. 이 같은 라틴아메리카 각국 정부의 적극적인 경기

<표 11-13> 라틴아메리카 주요국의 분기별 경제성장률 추이

(단위: 전년 동기 대비 %)

구분	2008-Q3	2008-Q4	2009-Q1	2009-Q2	2009-Q3	2009-Q4	2010-Q1	2010-Q2
아르헨티나	6.9	4.1	2.0	-0.8	-0.4	2.6	6.4	12.2
볼리비아	7.1	4.2	2.1	4.2	3.3	3.7	3.4	4.3
브라질	7.1	0.8	-2.1	-1.6	-1.2	4.3	9.0	8.8
칠레	4.4	0.6	-1.9	-4.1	-1.8	2.1	1.5	6.5
콜롬비아	3.1	-1.5	-0.4	-0.2	0.9	3.0	4.2	4.5
에콰도르	6.5	4.2	0.3	-0.2	0.3	1.1	1.7	2.1
멕시코	1.6	-1.1	-7.9	-10.0	-6.1	-2.3	4.3	7.6
페루	10.9	6.5	1.9	-1.2	-0.6	3.4	6.1	10.1
베네수엘라	3.8	3.5	0.5	-2.6	-4.6	-5.8	-5.2	-1.9
라틴아메리카	4.7	0.9	-2.4	-3.6	-2.3	1.0	5.3	6.8
전 세계	1.7	-0.9	-3.4	-3.0	-1.9	0.9	3.8	4.2

자료: Global Insight(2010).

<표 11-14> 라틴아메리카 주요국의 경제성장률 추이

(단위: %)

구분	2004	2005	2006	2007	2008	2009	격차 (2009~2008)
아르헨티나	9.0	9.2	8.5	8.7	6.8	0.9	-5.9
볼리비아	4.2	4.4	4.8	4.6	6.1	3.4	-2.8
브라질	5.7	3.2	4.0	6.1	5.1	-0.2	-5.3
칠레	5.9	5.6	4.8	4.7	3.4	-1.4	-4.9
콜롬비아	5.3	4.7	6.7	6.9	2.7	0.8	-1.9
에콰도르	8.8	5.7	4.8	2.0	7.2	0.4	-6.9
멕시코	4.0	3.2	4.9	3.3	1.5	-6.5	-8.1
페루	5.0	6.8	7.7	8.9	9.8	0.9	-8.9
베네수엘라	18.5	10.3	9.8	8.2	4.8	-3.1	-8.0
라틴아메리카	5.6	4.5	5.4	5.4	4.0	-1.8	-5.8
전 세계	3.9	3.6	4.2	4.1	1.8	-1.8	-3.6

자료: Global Insight(2010).

(단위: %)

구분	2004년	2005년	2006년	2007년	2008년	2009년
아르헨티나	2.7	6.1	5.2	7.6	6.9	7.3
볼리비아	3.1	3.4	3.3	3.8	3.9	3.8
브라질	4.0	2.5	2.5	5.3	1.6	3.7
칠레	6.0	5.9	6.4	7.2	0.5	6.8
콜롬비아	6.3	5.2	5.6	6.0	2.6	2.8
에콰도르	3.6	3.5	3.6	6.1	11.5	4.0
멕시코	-2.7	2.6	1.9	3.1	0.9	2.3
페루	4.1	9.1	7.6	4.5	2.1	16.5
베네수엘라	14.2	10.7	9.6	6.1	6.7	2.3
라틴아메리카	2.3	3.6	3.2	5.0	2.2	3.8
전 세계	2.2	2.2	2.5	2.7	3.2	3.3

자료: Global Insight(2010).

〈표 11-16〉 라틴아메리카 주요국의 재정수지 추이

(단위: GDP 대비 %)

구분	2007년	2008년	2009년
아르헨티나	1.2	1.4	-0.6
브라질	-2.7	-1.9	-3.3
칠레	9.9	6.2	-4.7
콜롬비아	-2.8	-1.8	-3.8
멕시코	0.0	-0.6	-2.8
페루	3.1	2.1	-2.1
베네수엘라	-2.6	-2.4	-6.5
라틴아메리카	-1.0	-0.9	-3.4

자료: Global Insight(2010).

부양책에 힘입어 소비는 전년 대비 0.2% 하락하는 데 그쳤다.

국가별로 2009년 재정지출은 페루(전년 대비 16.5% 증가), 아르헨티나 (7.3%), 칠레(6.8%), 에콰도르(4.0%), 볼리비아(3.8%), 브라질(3.7%) 순으로 높

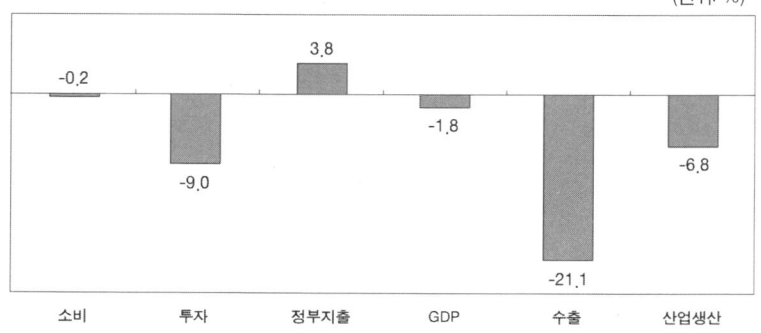

〈그림 11-7〉 2009년 라틴아메리카 요소별 경제 실적

(단위: %)

자료: Global Insight(2010).

은 증가세를 기록했다. 2009년 라틴아메리카의 재정지출 증가율은 전 세계 재정지출 증가율을 웃돌았다.

　라틴아메리카 각국이 경기침체를 억제하기 위해 재정지출을 확대함에 따라 2009년 라틴아메리카의 재정수지는 2008년과 비교해 크게 악화되었다. 국가별로는 베네수엘라(-6.5%), 칠레(-4.7%), 콜롬비아(-3.8%)가 지역 평균 이상의 재정적자를 기록했다. 특히 아르헨티나, 칠레, 페루는 재정수지가 흑자에서 적자로 반전되었다

3) 외환 및 금융시장에 미친 영향

(1) 환율

　글로벌 금융위기의 영향으로 대부분의 라틴아메리카 국가들은 2008년에 큰 폭의 환율 상승을 경험했다. 국가별로는 브라질(전년 대비 30.0% 상승), 칠레(28.3%), 멕시코(27.4%), 콜롬비아(11.5%) 순으로 높은 환율 상승을 기록했다. 라틴아메리카 국가들에서 이같이 높은 환율 변동이 나타난 이유는

〈그림 11-8〉 라틴아메리카 주요국의 환율 변동 추이

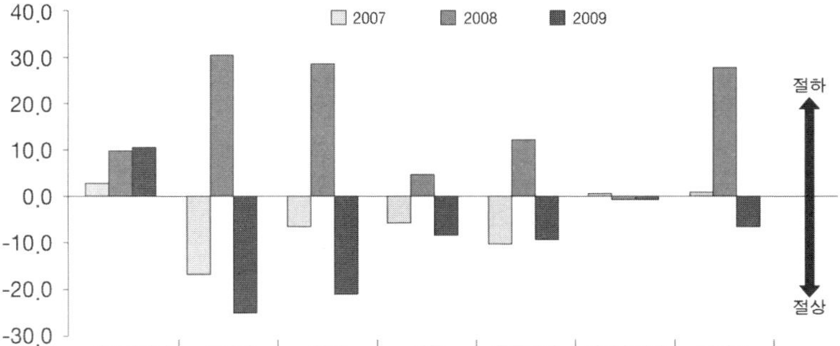

	아르헨티나	브라질	칠레	페루	콜롬비아	베네수엘라	멕시코
2007	2.5	-16.7	-6.5	-5.6	-9.9	0.0	0.3
2008	9.6	30.0	28.3	4.2	11.5	0.0	27.4
2009	10.1	-24.7	-20.5	-8.1	-9.3	0.0	-6.1

자료: 각국 중앙은행(2010).

1990년대와 달리 변동환율제를 채택했기 때문으로 해석된다. 특히 기초경제여건이 튼실한 브라질과 멕시코의 환율 상승폭이 상대적으로 큰 이유는 브라질과 멕시코의 일부 대기업들이 파생상품에 대한 투자로 거액의 손실을 입었기 때문이다.[5)]

그러나 2009년 1분기 이후 라틴아메리카 경제가 신속한 회복세를 보이며 라틴아메리카 국가 대부분에서 환율은 하락세로 반전해 2009년 말에는 글로벌 금융위기 이전인 2007년 말 수준으로 복귀했다. 국가별로는 브라질(전년 대비 -24.7%), 칠레(20.5%), 콜롬비아(9.3%) 순으로 높은 환율 하락세를 기록했다. 특히 브라질의 경우 투기적 자본의 과다 유입에 따른 헤알화 가치 상승을 억제하기 위해 2009년 말부터 일련의 대응책을 실시했다. 2009년 10월 브라질 정부는 주식 및 채권을 겨냥한 외국인투자자금에 2%의 금

---

5) Kaltenbrunner and Painceira(2010)는 브라질의 기초경제여건이 튼실함에도 신흥시장 중 가장 큰 폭의 환율 상승을 기록한 이유를, 브라질 경제가 과거와 다른 형태의 대외취약성(단기 외국 자본에 대한 높은 의존 등)에 노출되었기 때문이라고 분석한다.

〈그림 11-9〉라틴아메리카 주요국의 주가 변동 추이

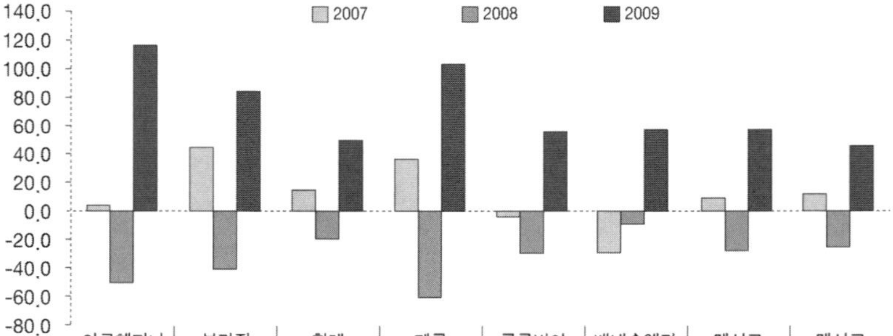

	아르헨티나	브라질	칠레	페루	콜롬비아	베네수엘라	멕시코	멕시코
	MERV	BOVESPA	IGBC	LIMA	IGBC	IBC	INMEX	IPC
2007	2.9	43.8	13.8	36.0	-4.2	-27.4	8.8	11.7
2008	-49.8	-41.2	-19.6	-59.8	-29.3	-7.4	-26.8	-24.2
2009	114.7	82.6	46.9	101.0	53.0	57.0	56.2	43.5

자료: 각국 중앙은행(2010).

융거래세(IOF)를 부과한 데 이어, 11월에는 브라질 기업들이 해외에서 발행하는 주식예탁증서(ADR)에 1.5%의 세금을 부과했다.

(2) 주가

글로벌 금융위기 여파로 2008년 라틴아메리카 각국의 주가는 전년에 비해 크게 하락했다. 국가별로는 페루(-59.8%), 아르헨티나(-49.8%), 브라질(41.2%), 콜롬비아(-29.3%), 멕시코(-26.8%) 순으로 큰 폭의 하락세를 보였다.

그러나 2009년 상반기 이후 라틴아메리카 경제가 빠르게 회복하면서 각국의 주가는 대부분 위기 이전의 수준을 되찾았다. 국가별로는 아르헨티나(114.7%), 페루(101%), 브라질(82.6%), 베네수엘라(57%), 멕시코(56.2%) 순으로 높은 증가세를 보였다.

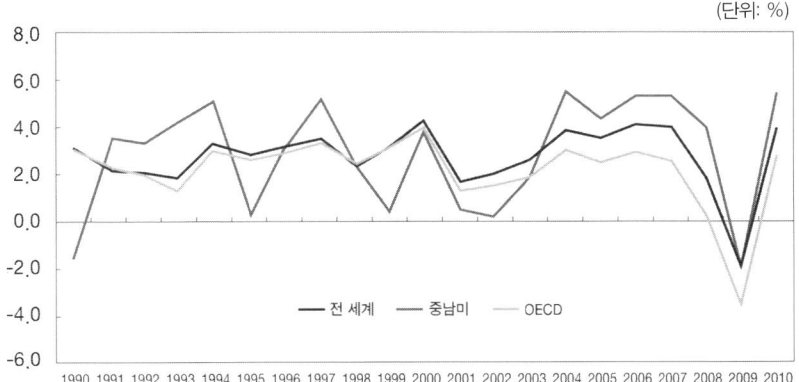

(단위: %)

자료: Global Insight(2011).

4) 글로벌 금융위기의 신속한 극복

라틴아메리카 경제는 2009년 일시적인 경기침체(-1.9% 성장)를 겪긴 했으나 신속히 탈피해, 2010년에는 5.6% 경제성장을 달성했다. 이는 전 세계 경제성장률 및 OECD 경제성장률을 크게 웃도는 것이다. 라틴아메리카 경제는 2009년 4분기(전년 동기 대비)부터 본격적인 회복세에 진입했다. 그에 반해 OECD는(회원국 평균 기준) 2010년 1분기에 들어서야 회복세를 보였다.

국가별로는 경제 회복 속도가 크게 달랐다. 파라과이, 페루, 아르헨티나, 우루과이, 브라질, 파나마 등은 신속한 회복세를 나타냈다. 칠레가 라틴아메리카 국가 중에서는 가장 빠른 회복세(2009년 3분기)를 보인 반면, 멕시코는 2010년 1분기에 들어서야 회복세를 보였다. 베네수엘라는 2010년 내내 경기침체를 보였다.

라틴아메리카 경제를 시장친화형 자원부국과 반시장형 자원부국으로 구분해 경제성장률을 비교해보면 흥미로운 점을 발견할 수 있다. 여기서 시장

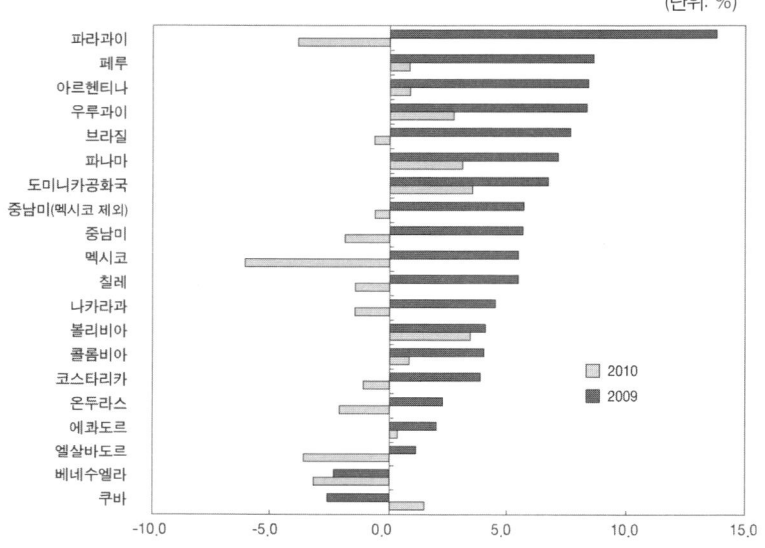

〈그림 11-11〉 라틴아메리카 국가별 경제성장률 비교

(단위: %)

자료: Global Insight(2011).

친화형 자원부국은 브라질, 칠레, 페루, 멕시코, 콜롬비아를, 반시장형 자원
부국은 아르헨티나, 볼리비아, 베네수엘라, 에콰도르 등을 일컫는다. 또한
중국 변수가 라틴아메리카 경제에 미친 영향을 살펴보기 위해 시장친화형
자원부국 중 중국 경제에 대한 의존도가 높은 국가를 시장친화 중국 의존형
자원부국(브라질, 칠레, 페루)으로 분류했다. 분석 결과, 경제 붐 시기(2004~
2008년)에는 시장친화형 자원부국보다 반시장형 자원부국의 성장세가 두드
러졌다. 경제위기(2009년) 시에도 시장친화형 자원부국보다 반시장형 자원
부국의 경제가 오히려 양호한 성장세를 보였다. 그러나 본격적인 경제회복
기(2010년)에는 시장친화형 자원부국 경제가 반시장형 자원부국 경제를 앞
질렀다. 특히 시장친화형 자원부국 중에서도 중국 의존형 자원부국의 경제
회복세가 두드러졌다.

브라질과 멕시코 간 경제 규모 경쟁

라틴아메리카에서는 전통적으로 브라질과 멕시코가 경제 규모를 놓고 소리 없는 경쟁을 벌여왔다. 2000년대 초까지는 멕시코의 경제 규모가 브라질을 앞질렀다. 그러나 2004년 이후 브라질 경제가 안정적 성장세와 헤알화 고평가를 바탕으로 멕시코를 제치고 명실상부한 라틴아메리카 최대 경제대국으로 위상을 굳혔다. 2010년 현재 브라질의 GDP는 2조 879억 달러로 멕시코(1조 400억 달러)의 두 배에 달한다.

〈그림 11-12〉 브라질과 멕시코의 경제 규모 비교

(단위: 10억 달러)

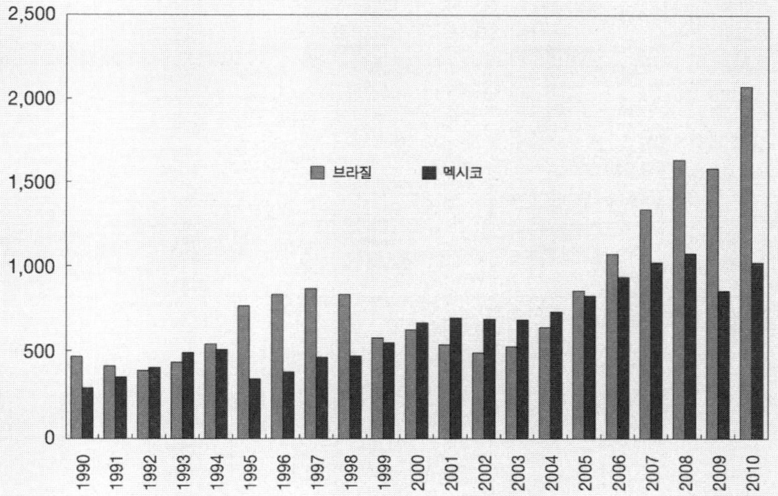

자료: Global Insight(2011).

라틴아메리카 경제에서 브라질이 차지하는 비중은 1990년 39%에서 2001년에 25%까지 하락했으나, 이후 증가세로 돌아서 2010년 현재 42%에 달했다. 그에 반해 멕시코의 비중은 1990년 24%에서 2002년 36%로 정점을 기록했으나, 이후 하락세로 돌아서 2010년 21%에 그쳤다. 2010년 기준으로 브라질은 세계 7대 경제대국이며 개발도상국 중에서는 중국 다음으로 큰 규모다. 멕시코의 순위는 14위로 한국(15위)을 한 단계 앞서고 있다.

시장친화형 자원부국과 반시장형 자원부국 간의 경제성장률 비교

미주개발은행은 2011년 3월 25~29일 열린 연차총회에서 「One Region, Two Speeds?」라는 보고서를 통해 라틴아메리카 국가들의 글로벌 금융위기 극복과 그 성장 유형을 '브라질형(Brazilian Cluster)'과 '멕시코형(Mexican Cluster)'으로 분류하고, 브라질형 국가들의 성장세가 두드러졌다고 평가했다. 브라질형 국가들은 1차 산품 순 수출국이며 개발도상국에 대한 무역 비중이 높고, 선진국으로부터의 송금 의존도가 낮다는 특징이 있다. 그에 반해 멕시코형에 속하는 국가들은 1차산품 순 수입국이며 선진국에 대한 무역 의존도는 물론 송금 의존도가 높다는 게 특징이다.

브라질형 국가와 멕시코형 국가의 특징

유형	국가	특징
브라질형	브라질, 아르헨티나, 볼리비아, 칠레, 콜롬비아, 에콰도르, 파라과이, 페루, 트리니다드토바고, 우루과이, 베네수엘라	1차산품 순 수출국 개발도상국과의 높은 무역 비중(56%) 선진국으로부터 낮은 송금 의존도
멕시코형	멕시코, 바하마, 바베이도스, 벨리즈, 코스타리카, 도미니카공화국, 엘살바도르, 과테말라, 가이아나, 온두라스, 자메이카, 니카라과, 파나마, 수리남	1차산품 순 수입국 선진국과의 높은 무역 비중(91%) 선진국으로부터 높은 송금 의존도

자료: 미주개발은행(2011).

글로벌 금융위기 이후 1차산품 가격이 상승하고, 개발도상국의 수입 수요가 증가하며, 선진국 자본의 개발도상국 유입이 증가하면서, 브라질형 국가들에게 유리한 성장 여건이 형성되고 있다. 그에 반해 멕시코형 국가들은 선진국에 대한 무역 의존도와 송금 의존도가 높아 글로벌 금융위기 시 브라질형 국가들에 비해 큰 타격을 입었으며, 경제의 회복 속도 또한 느린 것으로 평가된다.

3. 라틴아메리카 경제의 위기 대응능력 개선 배경

선진국에서의 경기침체와 금융위기가 라틴아메리카에서 통화위기나 외채위기 혹은 은행위기로 비화되지 않은 것은 1800년대 초 독립 이후 처음이다. 이같이 라틴아메리카 경제가 위기에 강해진 이유는 여러 가지로 설명할 수 있다. 여기에서는 그 이유를 통화불일치 감소, 유연한 환율제도, 은행제도의 건전성 강화, 팽창적 재정 및 통화정책 추진, 국내자본시장의 발전, 개발도상국에 대한 수출 의존도 증가 등으로 설명한다.

1) 통화불일치 감소

라틴아메리카를 비롯한 많은 신흥시장에서 통화불일치(Currency mismatch)는 금융위기의 주범이었다. 통화불일치란 외화로 표시된 부채와 자국 통화로 계산된 자산이 다른 것을 말한다. 예를 들어 달러를 빌려 원화로 교환해 쓰는 기업의 경우 원화 가치가 낮아지면 갑자기 원화를 기준으로 한 부채 규모가 커져 부도 위험에 직면하게 된다. 최근 라틴아메리카에서 통화불일치의 대표적인 사례로는 2001~2002년 발생한 아르헨티나 경제위기를 들 수 있다.

그러나 2000년대 들어 라틴아메리카 각국에서 통화불일치가 크게 감소했다. 통화불일치 감소는 먼저 라틴아메리카 국가들의 부채 중 외화표시부채가 줄어든 데서 발견할 수 있다. 라틴아메리카에서 외화표시부채의 비중은 2000년대 초 40%에서 2007~2008년 20% 미만으로 하락했다. 1980년대와 1990년대 금융위기를 통해서 뼈아픈 교훈을 체득한 많은 라틴아메리카의 기업, 은행 및 정부는 통화위기에 대한 익스포저를 줄이기 위해 외화표시부채를 자국통화표시부채로 전환했다. 때마침 라틴아메리카 각국에서 채권시장이 발전하고, 연기금의 전면적 혹은 부분적인 민영화에 따라 민간 연기금이 성장한 것도 자국통화표시부채로의 전환에 크게 일조했다.

라틴아메리카 각국의 통화불일치 감소는 순 외화표시자산의 크기를 통해서도 확인할 수 있다. 라틴아메리카의 순 외화표시자산은 2000년대 초

-2,600억 달러에서 2008년 말에는 1,500억 달러로 급증했다. 이같이 라틴아메리카의 순 외화표시자산이 마이너스에서 플러스로 전환된 이유는 라틴아메리카 외환보유고의 급증 때문이다. 라틴아메리카 지역의 외환보유고는 2000년대 초 이후 지속적으로 증가해 2009년에는 글로벌 금융위기의 여파 속에서도 전년 대비 860억 달러 증가한 5,530억 달러를 기록했다.

2) 유연한 환율제도

최근 라틴아메리카의 경제성장 패턴에서 나타나는 또 다른 중요한 변화는 대외 충격에 대한 취약성이 크게 개선되었다는 점이다. 이같이 라틴아메리카 경제의 대외취약성이 개선된 이유는 환율제도의 변화에서 찾을 수 있다. 1990년대 후반의 라틴아메리카 경제위기 요인 중 하나는 경직된 환율제도에 있었다. 1990년대 들어 브라질, 아르헨티나 등을 포함한 라틴아메리카 국가 대부분이 인플레이션 억제의 한 수단으로 고정환율제도를 도입했다. 고정환율제도는 실제로 라틴아메리카 각국의 인플레이션을 억제하는 데 크게 기여했으나 환율 고평가에 따른 불안 요인을 낳았다. 실증적 연구에 따르면 대외 충격은 엄격한 환율제도를 실시하는 국가들에 더 큰 영향을 미친다. 이 경우 대외 충격에 따른 부정적 비용이 긍정적 이익을 능가한다. 다른 변수를 다 통제할 경우 더 유연한 환율제도를 채택하고 있는 국가들이 고정환율제를 실시하는 국가들보다 빠르게 성장하는 경향을 보인다. 게다가 최근의 실증연구에 따르면 더 유연한 환율제도는 기업들의 통화불일치 피해를 막아주는 역할도 한다.

라틴아메리카 국가 대부분은 1990년대에 경제위기를 겪으면서 환율제도를 고정환율제에서 변동환율제로 전환했다. 1994년 멕시코를 필두로 1999년에는 브라질이, 2002년에는 라틴아메리카 국가 중 가장 경직된 고

구분	변동환율제	중간환율제	고정환율제
아르헨티나	○	-	-
브라질	○	-	-
칠레	○	-	-
콜롬비아	○	-	-
멕시코	○	-	-
페루	-	○	-
베네수엘라	-	-	○

정환율제(통화위원회 제도[6])를 유지해오던 아르헨티나가 변동환율제를 도입
했다. 이에 따라 달러라이제이션을 채택하고 있는 일부 국가를 제외하고 대
부분의 라틴아메리카 국가들이 변동환율제를 채택하게 되었다. 또한 많은
라틴아메리카 국가에서 통화정책이 종전의 환율 목표에서 물가 목표를 중
시하는 방향으로 전환되었다. 이에 따라 2008년 9월부터 경기침체와 갑작
스러운 자금 유입의 중단(Sudden stop)이 라틴아메리카를 강타했을 때, 대부
분의 라틴아메리카 국가들은 환율을 평가절하해 충격을 자연스럽게 흡수

---

6) 통화위원회 제도(通貨委員會制度, Currency Board System)란 미국 달러화의 유입과 유출
에 맞춰 자국 통화량을 조절하고 환율을 일정하게 유지하는 일종의 고정환율제도이다. 이
제도는 달러화가 국내에 유입되면 그만큼 자국 통화를 시장에 방출하고 달러화가 국외로 유
출되면 그만큼 자국 통화를 시장에서 거둬들여 달러화에 대한 자국 통화의 가치를 일정하게
유지한다. 이 제도가 유지되기 위해선 정부가 충분한 외화를 보유하고 있어야 하고, 통화량
은 달러화의 유출입에 맞춰 변하기 때문에 독자적인 통화량 조절책을 사용할 수 없다는 문
제점이 있다. 아르헨티나의 통화위원회 제도는 외환보유고를 본원통화의 100% 이상 유지,
미 달러화에 대한 페소화 환율을 1:1로 고정, 무제한 달러화 교환 보장을 주요 내용으로 하
고 있으나 지급준비금 제도 유지, 공공 부문과 금융기관에 대한 중앙은행의 대출한도 설정
등 중앙은행이 재량적으로 통화공급을 조절할 수 있는 여지를 남겨둠으로써 정통적인 통화
위원회 제도에서는 다소 벗어났다. 더 자세한 논의는 한국은행, 『아르헨티나의 통화위원회
제도 운용 경험 및 Dollarization 논의』(서울: 한국은행, 1997) 참조.

국가	준칙 형태	도입 시기	구속력	대상	대상 기간
아르헨티나	ER, BBR,DR	2000	성문	일반 정부	매년
브라질	ER, BBR, DR	2000 2001	성문 (헌법)	일반 정부	매년
칠레	BBR	2000	정치공약	중앙정부	다년(Cyclical Adjustment)
멕시코	BBR, RR	2006	성문	일반 정부	다년 지출 상한
페루	ER, BBR	2000	성문	일반 정부	매년

주: ER: 지출준칙(Expenditure Rule), RR: 수입준칙(Revenue Rule), BBR: 재정수지준칙(Budget Balance Rule), DR: 채무준칙(Debt Rule).
자료: IMF(2009).

할 수 있었다.

3) 팽창적 재정과 통화정책 추진

과거 수십 년간 라틴아메리카 지역에서 재정 및 통화정책은 경기동행성 (Fiscal procyclicality)이 강했다. 즉, 경제가 호황일 경우 팽창적 정책이 추진되었으며 경기가 불황일 경우 긴축적 정책이 실시되었다. 그 결과 라틴아메리카 경제는 거시경제적 혼란과 거시금융적 변동성을 겪어야 했다. 경제가 호황일 경우 정부수입과 재정지출은 증가하기 마련이다. 이에 따라 은행 대출도 활발하고 통화는 고평가된다. 그에 반해 경기가 불황일 경우 정부는 필요한 유동성 및 국채를 발행할 신용을 갖지 못해 재정적자 정책을 실시해야 했다.

한편 중앙은행은 경기가 불황일 경우 환율 목표를 훼손하거나 외환보유고를 고갈시키지 않고 팽창적 통화정책을 실시할 수 없었다. 이에 따라 라틴아메리카 국가들은 경기침체기에 긴축재정 및 통화정책을 실시할 수밖에 없었으며, 이는 설상가상으로 라틴아메리카 경제의 침체를 더 부추겼다.

그러나 이번 금융위기에서 라틴아메리카 각국의 재정 및 통화정책은 과거와 사뭇 달랐다. 라틴아메리카 각국은 경기팽창기임에도 이전과 달리 재정지출을 자제했다. 1990년대 후반과 2000년대 초에 걸친 경제위기를 통해 라틴아메리카 각국은 재정지출 억제를 통한 정부부채 축소만이 지속적인 경제성장의 필수요소임을 절감했다. 이에 따라 많은 라틴아메리카 국가들이 2000년대 들어 재정준칙(Fiscal rule)을 도입하여 방만한 지출을 제도적으로 억제했다. 특히 라틴아메리카 국가 중에서도 재정적자에 따른 과도한 정부부채로 1999년 위기를 맞았던 브라질 정부는 지속적인 긴축재정 정책에다 지방정부의 지출 상한선을 제한하는 책임재정법을 제정해 기초재정수지(명목재정수지 - 이자지급분)를 흑자로 유지해오고 있다. 또한 많은 라틴아메리카 국가들이 외화표시채무를 자국통화표시채무로 전환했다.

이에 따라 남미 경제위기가 발발했던 1998~1999년 GDP 대비 4~5%에 달했던 재정적자는 라틴아메리카 각국이 IMF의 지도하에 긴축재정 정책을 실시해옴에 따라 지속적으로 하락해 2006년에 그 규모는 GDP 대비 0.3%에 그쳤다. 재정수지 개선에 힘입어 라틴아메리카 각국의 부채 비율 또한 크게 감소했다. 라틴아메리카의 GDP 대비 부채 비율은 1990년대 후반 동아시아 금융위기 이후, 브라질(1999년), 아르헨티나(2001년)에서의 연이은 경제위기로 2002년 62.7%에 달했으나 2009년에는 33.2%선까지 하락했다.

결과적으로 많은 라틴아메리카 국가들이 글로벌 금융위기에 대응해 경기부양책을 실시할 만한 여유를 갖게 되었다. 실제로 라틴아메리카 18개국에서 주택 및 인프라 건설, 빈곤층이나 실업자에 대한 현금지원(직접지원), 법인세나 개인소득세 삭감, 브라질의 국영은행을 통한 대출 및 보증 등과

(단위: GDP 대비 %)

구분	2001	2002	2003	2004	2005	2006	2007	2008	2009
아르헨티나	64.8	184.4	156.9	143.3	87.6	76.3	66.7	57.8	57.3
볼리비아	76.7	80.2	89.5	83.9	78.1	52.4	40.0	36.8	39.5
브라질	52.2	60.6	54.9	50.6	38.5	47.0	45.1	38.4	42.8
칠레	20.2	22.1	19.5	16.8	13.0	10.6	9.1	12.0	12.7
콜롬비아	51.6	58.4	56.5	51.6	50.1	47.3	43.8	42.9	45.1
에콰도르	62.7	54.7	49.5	43.7	38.9	32.0	30.2	25.0	19.5
멕시코	24.1	25.7	26.1	24.2	22.9	22.6	22.9	27.0	35.2
페루	44.2	45.7	47.4	41.8	38.2	31.3	27.2	24.5	23.8
베네수엘라	30.4	42.4	46.3	38.1	32.8	24.1	19.5	14.2	18.4
라틴아메리카	48.5	62.7	61.4	54.2	46.5	39.6	33.6	31.6	33.2

자료: CEPAL(2010).

같은 경기부양책이 실시되었다.

　국가별로 구체적인 경기부양책을 살펴보면, 먼저 아르헨티나의 경우 라틴아메리카 국가 중 가장 적극적으로 공공사업을 추진했다. 아르헨티나 정부는 내수침체를 막기 위해 2008년 11월 초 공공사업 확충, 제조업 금융지원, 소비자신용 대출 확대 등을 포함한 130억 달러 규모의 경기부양책을 마련했다. 특히 2008년 11월 25일에는 710억 페소(약 212억 달러) 규모의 공공사업 투자 계획, 신규 고용을 창출하거나 비정규직 근로자를 정규직으로 전환하는 기업들에 대한 세금 감면, 해외 거주자들의 본국 송금 시 각종 혜택부여 등의 추가적인 대책을 발표하는 등 가장 적극적인 경기부양책을 실시했다.

　브라질도 대규모 SOC 사업 및 해저유전개발 사업을 실시했다. 브라질 정부는 수출업자 지원을 위해 수출 금융지원을 늘리는 한편, 중소기업, 건설산업, 농촌 기업을 위한 직간접적인 금융지원을 확대했다. 또한 브라질 정부는 자동차구매 소비자신용 확대, 가전제품 소비금융 확대 등 소비 진작을

〈표 11-20〉 라틴아메리카 주요 국가들의 경기부양책

(단위: %)

항목		아르헨티나	브라질	칠레	멕시코	페루
지출	인프라 투자	T	T	T	S	T
	중소기업/농민 지원	T	T	T	S	T
	사회안전망	T	-	T	-	T
	주택/건설부문 지원	T	T	T	S	-
수입	법인세	-	T	T	-	T
	개인소득세	P	-	T	-	-
	간접세	-	T	T	T	T
GDP 대비 비율(2009년)		1.5	0.6	2.9	1.5	2.0

주: T: 임시조치, S: 자동 변화 조치, 미래보상(compensatory) 조치들에 의해 비용 조달, P: 영구 조치.
자료: IMF(2009a).

위한 각종 조치를 실시했다. 특히 2008년 11월 24일 룰라 대통령은 대규모 인프라 개발 계획인 성장촉진계획(PAC), 암염하층 해역의 대규모 유전개발, 2014년 월드컵 준비 공사 등을 차질 없이 추진해 2009년 4%의 경제성장을 달성한다는 계획을 발표했다.

멕시코도 성장 및 고용 촉진 프로그램(PICE)을 실시했다. 멕시코 정부는 2008년 11월 인프라 부문에 대한 추가 지출(GDP 대비 0.7%, 903억 페소), 석유공사 페멕스(PEMEX)의 투자제도 개선, 인프라투자촉진법 개혁, 중소기업으로부터 정부조달 규모 확대, 석유정제공장 건설 등을 주 내용으로 하는 성장 및 고용 촉진 프로그램을 발표했다. 또한 2009년 1월 7일에는 1억 5,000만 달러 규모의 추가적인 경기부양책을 발표했다. 주요 내용은 대규모 인프라구축사업, 노후된 학교시설과 도로 및 역사유적지 보수 등을 통해 단기 일자리 25만 개 창출, 조업을 중단하거나 단축한 업체들을 중점적으로 지원함으로써 일자리 50만 개 보호, 유가 1년간 동결, 가정용 가스 가격 10% 인하, 실업수당 확대 등이다. 이 밖에 칠레, 콜롬비아, 페루 등 대부분

국가	주요 내용
아르헨티나	·공공사업 확충, 제조업 금융지원, 소비자신용 대출 확대 등을 포함한 130억 달러 규모의 경기부양책 실시(2008.11) ·710억 페소(약 212억 달러) 규모의 공공사업 투자 계획, 신규 고용을 창출하거나 비정규직 근로자를 정규직으로 전환하는 기업들에 대한 세금 감면, 해외 거주자들의 본국 송금 시 각종 혜택 부여 등의 추가적인 대책 발표(2008.11.25)
브라질	·농업부문 신용 확대(50억 헤알, 2008.10.1) ·건설업 금융지원(30억 헤알, 2008.10.29) ·농촌생산업자 금융지원(10억 헤알, 2008.11.5) ·중소기업 금융지원(50억 헤알, 2008.11.6) ·자동차 기업의 소비자신용지원(40억 헤알, 2008.11.11) ·건설자재 구입 시 금융지원 한도 확대(2008.11.11) ·가전제품(TV, 비디오 등) 및 가구 등에 대한 소매소비 금융지원(20억 헤알, 2008.11.12) ·210억 달러 규모의 인프라개발 프로젝트(PAC), 암염하층 해역의 대규모 유전 개발, 2014년 월드컵 준비 공사 추진(2008.11.24)
칠레	·40억 달러 규모의 추가 경기부양책(2009.1.6) ·370만 명의 저소득층에게 월 62달러의 생활보조금 지급 ·10만 명의 직간접 고용창출 기대
콜롬비아	·5억 달러 규모의 인프라지원기금 창설 ·미주개발은행과 안데스개발공사(CAF)로부터 기금 확보
멕시코	·성장 및 고용 촉진 프로그램(PICE) 실시(2008.11.22) ·인프라 부문에 대한 추가 지출(GDP 대비 0.7%, 903억 페소) ·페멕스(PEMEX)의 투자제도 개선, 인프라투자촉진법 개혁, 중소기업으로부터 정부조달 규모 확대, 석유정제공장 건설 ·1억 5,000만 달러 규모의 추가 경기부양책(2009.1.7) ·대규모 인프라구축사업 착수, 노후된 학교시설과 도로 및 역사유적지 보수 등을 통해 단기 일자리 25만 개 창출 ·조업을 중단하거나 단축한 업체를 중점적으로 지원함으로써 일자리 50만 개 보호 ·유가 1년간 동결, 가정용 가스 가격 10% 인하, 실업수당 확대
페루	·도로, 주택, 병원 등 인프라 부문 프로젝트 추진 촉진 ·세계은행, 미주개발은행, IMF, 안데스개발공사(CAF) 등 다자금융기구로부터 17억 달러의 투자 자금 확보

자료: 라틴아메리카 각국의 주요 일간지; CEPAL.

의 라틴아메리카 국가들이 경기부양책의 일환으로 각종 인프라사업을 추진했다.

한편 라틴아메리카 국가들은 과거와 같이 은행 예금자와 대출자에 대한

(단위: %)

국가	금리인하 개시 시점	금리 인하 개시기 금리	최저 금리	2010년 8월 말 현재 금리
브라질	2009년 1월	13.75	8.75	10.75
멕시코	2009년 1월	8.25	4.50	4.50
페루	2009년 2월	6.50	1.25	2.50
칠레	2009년 1월	8.25	0.50	1.50
콜롬비아	2009년 4월	10.00	3.00	3.00
베네수엘라	2009년 1월	33.50	29.50	29.50
도미니카공화국	2009년 4월	9.50	4.00	4.00
우루과이	2009년 4월	10.00	6.25	6.25

자료: Global Insight(2010).

구제금융(Bail out) 조치 등에 막대한 비용을 지출하지 않았다. 과거 금융위기에서는 금융권의 구제금융 조치로 막대한 공공자금이 소요되곤 했다. 그러나 이번 금융위기에서는 통화정책도 과거와 달랐다. 공식적으로 물가목표제(Inflation Targeting)를 실시하고 있는 브라질, 칠레, 콜롬비아, 멕시코, 페루 등 라틴아메리카 주요국의 중앙은행들은 팽창적 통화정책을 실시할 여건을 갖추고 있었다.

라틴아메리카 각국은 경기침체에 대응해 일련의 금리인하 정책을 실시했으며, 그 결과 각국에서 금리는 사상 최저 수준으로 떨어졌다. 과거와 달리 특정 환율이나 통화밴드를 방어할 필요가 없었다. 고정환율제를 채택하고 있는 베네수엘라도 외환보유고를 소진해가며 팽창적 정책을 실시했다.

이 같은 경기 역행적 재정 및 통화정책 실시에도 불구하고 라틴아메리카 국가들의 주식, 채권 및 통화시장에 대한 투자자들의 신뢰는 떨어지지 않았으며, 국제 신용평가기관의 투자등급 하락도 발생하지 않았다.[7]

7) 국제금융기관들도 라틴아메리카 국가들의 유동성 부족 해소를 위해 적극적인 지원을 약속

국가	Moody's		S&P		Fitch	
	등급	전망	등급	전망	등급	전망
아르헨티나	B3	안정	B-	안정	B-	안정
브라질	Baa3	긍정	BBB-	안정	BBB-	안정
칠레	Aa3	안정	A+	안정	A	안정
페루	Baa3	안정	BBB-	안정	BBB-	긍정
콜롬비아	Ba1	안정	BBB-	안정	BB+	안정
베네수엘라	B2	안정	BB-	안정	B+	안정
멕시코	Baa1	안정	BBB	안정	BBB	안정

주: 굵은 고딕체는 투자적격 등급을 의미한다.
자료: Moody's(2010); S&P(2010); Fitch(2010).

오히려 무디스(Moody's)사는 2009년 초 칠레, 우루과이의 국가신용등급을 상향 조정하기까지 했다. 유일하게 자메이카 기업의 신용등급이 하락했을 뿐이었다. 멕시코의 경우 심각한 경기침체와 재정수지 악화로 투자등급 하락이 예상되었으나 안정적 전망을 부여받았다.

했다. 라틴아메리카 지역의 대표적인 개발은행인 안데스개발공사(CAF), 미주개발은행(IDB), 라틴아메리카준비기금(LARF)은 라틴아메리카 금융기관에 총 93억 달러 지원을 약속했다. 특히 미주개발은행은 2009년 라틴아메리카 지역에 대한 대출 규모를 120억 달러로 대폭 확대하기로 했다. 국제금융공사(IFC)와 세계은행도 각각 20억 달러, 10억 달러의 지원을 약속했다. 한편 멕시코, 콜롬비아, 코스타리카 등은 IMF 금융지원을 요청했다. 대외 유동성 확보를 위해 엘살바도르(2008.12, 8억 달러)를 필두로 과테말라(2009.3, 9억 달러), 코스타리카(2009.4, 7억 달러) 등이 IMF에 대기성 차관을 요청했으며, 멕시코도 2009년 4월 470억 달러의 신축적 신용공여제도(Flexible Credit Line) 차관을 신청했다. 브라질과 멕시코는 2008년 10월 29일 미국과 300억 달러 규모의 통화스와프 협정을 체결, 금융위기 전염효과 차단을 위한 국제 공조 체제를 구축했다. 아르헨티나도 민간채권단과의 채무 조정과 파리클럽에 대한 채무상환의 지연으로 신규 자금조달이 어려운 상황에서 유동성 문제 해결을 위해 중국과 102억 달러 규모의 통화스와프를 체결했다.

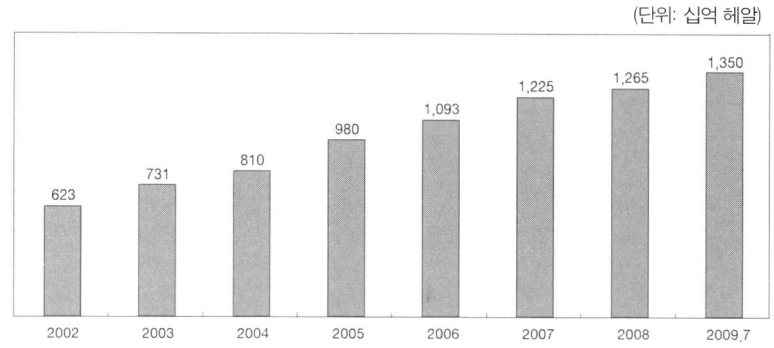

〈그림 11-13〉 브라질의 연방국채 발행 규모(누적 기준)

(단위: 십억 헤알)

자료: BM&F Bovepa(2010).

4) 은행 시스템의 높은 건전성

라틴아메리카 각국의 견고한 은행 시스템도 라틴아메리카 국가들이 이번 금융위기를 수월하게 극복한 배경이 되었다. 라틴아메리카와 동유럽 국가들의 차이점 비교를 통해 라틴아메리카 은행 시스템의 건전성을 살펴볼 수 있다.

먼저 라틴아메리카에서 외국계 은행들은 국내 소매금융을 통해 확보한 자금으로 대부분의 국내 대출 업무를 수행했다. 그에 반해 동유럽의 외국계 은행의 대출 자금은 주로 도매금융, 즉 외국으로부터 차입한 것이었다. 특히 동유럽에서 많은 외국계 은행들은 국제자본의 현지 대출 통로로 현지 은행을 활용했다. 국경 간 도매금융을 통한 국내(현지) 대출은 상대적으로 안정적이기는 하나 국내(현지) 저축을 통한 대출보다 자본의 갑작스러운 유입 중단(Sudden stop)에 취약할 수밖에 없는 구조였다. 이에 따라 동유럽에서보다 라틴아메리카에서 금융 시스템이 더욱 안정적이었다. 2008년 중반 라틴아메리카에 진출한 외국계 은행의 국내 부채(Local claims)는 총부채의 60%

〈표 11-24〉 각 지역 은행의 신용평가[a] 현황(2009년)

구분	2009년			
	1/4분기	2/4분기	3/4분기	4/4분기
선진국	27.7	30.8	33.0	29.6
개발도상국	34.4	35.7	33.1	26.3
라틴아메리카	20.9	25.7	24.2	16.6
아시아	31.2	26.9	10.8	4.3
동유럽	57.6	62.0	66.0	56.7

주: a: 부정적 전망(Negative Outlook) 및 부정적 관찰대상(Negative Watch) 비중.
자료: Fitch(2010).

이상을 차지했으며, 국내 부채의 80% 이상이 국내 저축에 의존하고 있다. 반면 동유럽에서 그 비중은 40%, 60%에 불과했다. 2008년 라틴아메리카 7 개국에서 은행 간, 국경 간 대출의 크기는 GDP의 10% 미만이었다. 반면 동유럽 7개국에서 그 비중은 30%에 달했다.

또한 외국계든 국내계든 라틴아메리카 은행들의 유동성 수준이 매우 높았다. 일례로 총자산에서 순 자산의 비중이 35%를 웃돌았으며, BIS 자기자본비율[8](2009년 기준)도 평균 15%로 국제 기준인 8%를 크게 상회했다.

금융위기 이후 부실여신(NPL)[9]의 비중이 높아지긴 했으나 충당금 적립은 미국이나 일본보다 높은 수준이다. 이에 따라 라틴아메리카 은행들은 금

---

8) 자기자본비율(Capital adequacy ratio)은 국제결제은행(BIS)이 일반은행에게 권고하는 자기자본비율 수치이다. 보통 BIS 자기자본비율이라고 한다. BIS에서는 자기자본비율의 8% 이상을 안정권으로 보고 있다. 자기자본비율은 자기자본을 총자본으로 나누어 구하는데, 총자산을 산정할 때는 투자 대상별 신용도에 따라 위험 가중치를 부여한다. 예컨대 정부 발행 채권의 위험 가중치는 0%, 주택담보 대출의 위험 가중치는 50%이다. 8%를 밑돌면 해외에서의 차입과 유가증권 발행이 불가능해지는 등, 소위 '부실은행' 취급을 받는다. http://ko.wikipedia.org/wiki(검색일: 2011.6.17)

9) 부실여신(Non-Performing Loan: NPL)이란 부실대출금(장기 연체/손실 비용)과 부실지급 보증액을 합친 금액으로 수익이 발생하지 않기 때문에 무수익여신이라고도 한다. 즉, 돈을 빌려주고 되돌려받지 못하는 금융기관의 부실채권을 말한다.

융위기 기간에 더욱 쉽게 부실여신의 증가를 관리할 수 있었다.

게다가 라틴아메리카에서 활동하고 있는 대표적인 외국계 은행인 영국의 HSBC와 스페인의 BBVA 및 Santander 은행의 경우 첨단 금융상품 및 모기지에 대한 투자 손실과 동유럽 국가들에 대한 대출 비중도 크지 않았다.

신용평가기관들도 양 지역 은행의 질적 차이를 인정하고 있다. 대표적으로 Fitch는 2009년 2분기 유럽계 모은행들의 취약성을 반영해 동유럽 18개 은행의 신용등급을 강등시켰다. 반면 2009년 2분기 현재 라틴아메리카의 어느 은행도 신용등급의 하락을 겪지 않았다.

5) 국내자본시장의 발전

라틴아메리카에서 채권시장의 발전은 매우 더디었다. 오랜 기간 거시경제 불안정, 장기 계획을 소유한 다양한 투자자 기반 부족, 민간 및 정부 등 채권 발행자의 투명성과 책임감 부족, 사법제도의 높은 불확실성, 일부 정부의 전면적인 디폴트와 지불유예 등이 라틴아메리카에서 채권시장의 빠른 성장을 가로막았다.

그러나 2000년대 들어 정치경제가 안정되고, 민간 연기금 회사 및 뮤추얼펀드가 장기투자를 목적으로 상당한 자산을 관리하기 시작했으며, 브라질, 멕시코 등 라틴아메리카의 대국을 중심으로 채권시장이 크게 성장했다. 일례로 브라질 국채시장의 발행 규모(누적 기준)는 2002년 6,230억 헤알에서 2009년 7월 말 현재 1조 3,500억 헤알로 두 배 이상 증가했다.

6) 개발도상국에 대한 수출 의존도 증가

2000년대 들어 라틴아메리카 국가들에서는 수출다각화 정책에 힘입어

〈표 11-25〉 라틴아메리카 수출입 상대국으로서 중국의 순위 변화

국가	수출		수입	
	2000년	2008년	2000년	2008년
라틴아메리카	16	2	9	2
아르헨티나	6	2	4	3
브라질	12	1	11	2
칠레	5	1	4	2
콜롬비아	35	4	15	2
페루	4	2	13	2
베네수엘라	37	3	18	3
코스타리카	26	2	16	3
멕시코	25	5	6	3
쿠바	5	2	5	2
우루과이	4	5	7	4
볼리비아	18	10	7	6
에콰도르	20	17	12	4

자료: Barcena and Rosales(2010).

선진국에 대한 수출 비중이 하락한 반면 개발도상국에 대한 수출 비중은 증가하는 추세를 보였다. 선진국에 대한 수출 비중은 2000년 73.2%에서 2008년에는 62.1%로 크게 감소했다. 그에 반해 개발도상국에 대한 수출 비중은 24.3%에서 32.6%로 크게 증가했다.

특히 중국과의 교역 규모는 2003년 이후 연평균 40%씩 증가하는 등 비약적인 발전을 이룩했다. 그 결과, 라틴아메리카 수출 대상국으로서 중국의 순위는 2000년 16위에서 2008년 2위로 껑충 뛰었다. 같은 기간 라틴아메리카 수입 대상국으로서 중국의 순위도 9위에서 2위로 부상했다.

결과적으로 중국을 비롯한 개발도상국에 대한 이 같은 수출 의존도 증가는, 최근 글로벌 금융위기로 선진국 경제가 커다란 침체를 겪은 상황에서 라틴아메리카 국가들의 수출 하락을 상쇄하는 요인으로 작용했다.

〈표 11-26〉 주요 라틴아메리카 국가의 2009년 지역별 수출 증감액

(단위: 억 달러)

국가	미국	유럽[a]	일본	중국	인도
브라질	-119	-59	-18	38	23
멕시코	-486	-59	-4	2	-5
아르헨티나	-18	-34	-	-27	-1
칠레	-22	-79	-27	16	-8
페루	-17	-10	-4	3	2

주: a: 독일, 영국, 이탈리아, 스페인.
자료: 곽창현(2010).

또한 원유 등 1차산품 가격의 신속한 회복세도 1차산품 수출국인 라틴아메리카 국가들이 빠르게 경제위기를 극복하는 데 크게 일조했다. 대표적으로 2009년 원유 가격은 2008년 대비 약 37% 하락했으나 2010년 7월 현재 21% 증가했다.

4. 향후 전망 및 과제

중장기적으로 라틴아메리카 경제는 그간 구축한 탄탄한 기초체력과 중국, 인도 등 신흥시장의 지속적인 성장세를 바탕으로 한 1차산품의 높은 가격에 힘입어 4%대의 성장세를 이어갈 것으로 전망된다.

그러나 라틴아메리카 경제가 대외경제의 부침에 크게 영향을 받지 않고 최근 5년간 기록한 5%대의 안정적 성장세를 지속하기 위해서는 일정 수준의 투자나 생산성 향상이 뒷받침되어야 한다는 것이 대체적인 라틴아메리카 경제 전문가들의 평가다. 최근 라틴아메리카 경제성장세를 노동, 자본, 총요소생산성(기술진보)[10] 등 생산성 측면에서 살펴보면 자본축적에 대한

〈표 11-27〉 연도별 라틴아메리카 경제성장의 원천

(단위: %)

구분	2001	2002	2003	2004	2005	2006	2007	2008	2009	2010
노동생산성	-0.6	-2.5	-0.6	4.4	2.8	3.8	3.7	3.0	-3.1	3.0
총요소생산성	-1.2	-2.5	-0.1	5.1	2.6	3.1	2.8	1.8	-3.9	2.4
자본축적	2.8	1.8	1.6	3.3	4.3	5.3	6.0	6.5	4.5	4.6

주: 아르헨티나, 브라질, 칠레, 멕시코, 콜롬비아, 페루, 베네수엘라 등 7개국 단순 평균 기준.
자료: EIU(2011).

〈표 11-28〉 연도별 브라질 경제성장의 원천

(단위: %)

구분	2001	2002	2003	2004	2005	2006	2007	2008	2009	2010
노동생산성	2.2	-1.6	-0.8	1.7	-1.4	2.4	4.3	2.3	-2.1	4.8
총요소생산성	0.7	-1.4	-1	1.9	-1	2	3	1.7	-2.3	4.3
자본축적	3.5	2.7	2	2.7	2.6	2.8	4.1	5.1	2.9	4.8

자료: EIU(2011).

의존도가 큼을 알 수 있다. 이러한 성장구조에서는 글로벌 금융위기 여파로 해외자본 유입이 크게 감소할 경우 급격한 성장 하락세가 불기피할 전망이다. 고성장세를 지속하고 있는 브릭스(BRICs) 국가 중 중국, 인도의 경우 투자율(GDP 대비)이 35%를 웃도는 등 라틴아메리카 국가들에 비해 크게 높은

---

10) 총요소생산성(Total Factor Productivity: TFP)이란 전체 생산요소의 결합적 투입에 대한 전체 산출규모의 비율로서 생산성을 분석하기 위해 널리 활용되는 지표이다. 기술진보 외에 인적자본(Human capital)과 같은 노동의 질적 개념도 여기에 포함시켜 생각할 수 있다. 흔히 총요소생산성이란 같은 투입량으로 더 많은 생산이 이루어지는 정도를 말한다. 여기에서 투입량이란 노동과 자본의 결합을 말하며 생산이 늘어나는 것은 노동 투입량이 늘어나거나 자본 투입량이 늘어날 때뿐 아니라 이 둘의 증가와 관계없이 늘어나기도 하는데, 이 경우가 바로 생산성이 증가하는 경우다. 즉, 생산량 증가분에서 노동 증가에 따른 생산 증가분과 자본 증가분에 따른 생산 증가분을 제외한 생산량 증가분이 바로 총요소생산성이다. http://ask.nate.com/qna/view.html?n=10097405(검색일: 2011.6.18).

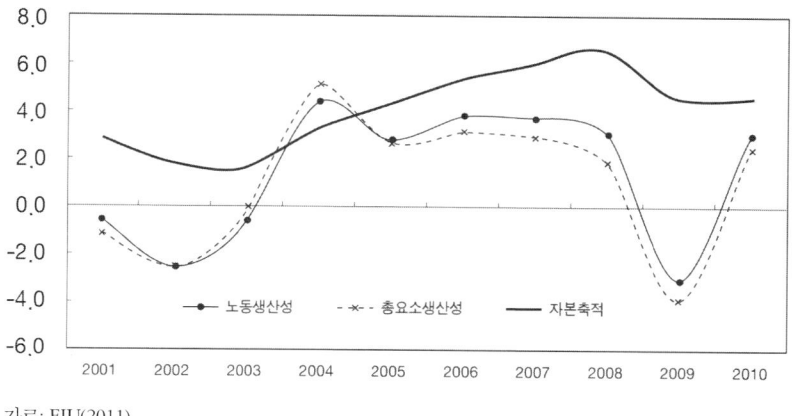

〈그림 11-14〉 연도별 라틴아메리카 경제성장의 원천

노동생산성 · 총요소생산성 · 자본축적

자료: EIU(2011).

상황이다.

최근 라틴아메리카 경제의 투자율이 증가하긴 했으나 아직 그 수준(2008년 GDP 대비 22.4%)은 라틴아메리카 경제가 안정적 성장세를 지속하기에는 크게 낮은 상황이다. 라틴아메리카 국가 중에서는 페루(25.6%), 콜롬비아(25.1%) 등이 상대적으로 높은 투자율을 기록하고 있다. 그에 반해 라틴아메리카 최대 경제 규모인 브라질의 경우 투자율(19%)이 지역 평균에도 크게 미치지 못하는 상황이다. 따라서 라틴아메리카 경제가 5%대의 안정적 성장세를 지속하기 위해서는 세제개혁, 재정개혁, 저축률 확대, 자본시장 발전 등을 통해 투자율을 신속히 확대하는 게 급선무이다.

라틴아메리카 경제가 지속적인 성장을 달성하고 선진국과의 경제발전 격차를 줄이기 위해서는 생산성과 경쟁력 제고도 필수적이다. 불행하게도 최근 라틴아메리카 경제가 전례 없는 고성장세를 보이기는 했으나 기술진보를 의미하는 총요소생산성은 미미한 성장에 그쳤다. 라틴아메리카 경제가 1차산품의 국제가격 변동에 따른 붐-버스트 주기에서 탈피해 안정적인

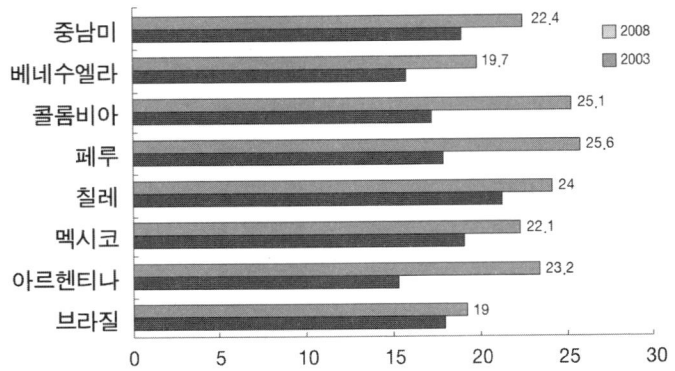

〈그림 11-15〉 라틴아메리카 각국의 투자율 비교

(단위: GDP 대비 %)

〈그림 11-16〉 브릭스 국가의 투자율 비교

(단위: GDP 대비 %)

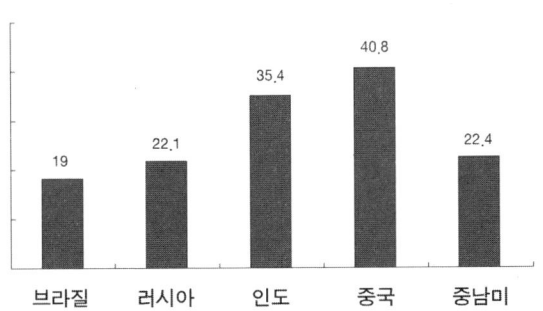

자료: EIU(2011).

성장세를 지속하기 위해서는 생산성과 경쟁력 제고가 선행되어야만 한다.
생산성과 경쟁력 향상을 위해서 라틴아메리카 각국 정부는 인적자본을 개발하고 기업환경을 개선하며, 글로벌 경제환경 변화에 대응해 생산구조의 재편에 필요한 투자 확대, 혁신 및 기술개발 등에 보다 많은 정책적 노력을 기울여야 한다.

참고문헌

곽창헌. 2010. 「중남미 국가의 위기 대응능력 개선 배경과 향후 과제」. ≪해외경제정보≫, 제2010-15호.

이성형. 2009. 「글로벌 금융위기와 라틴아메리카: 각국에 미친 충격과 대안 논의」. 외교안보연구원. ≪주요국제문제분석≫.

한국은행. 1999. 『아르헨티나의 통화위원회 제도 운용경험 및 Dollarization 논의』. 한국은행.

Albrieu, Ramiro and José María Fanelli. 2011. "The Global Crisis and its Implications for Latin America." Working Paper. Real Instituto Elcano.

Barcena, Alicia and Oswaldo Rosales. 2010. *The People's Republic of China and Latin America and the Carribbean: Towards a Strategic Relationship.* Santiago de Chile: ECLAC.

Cardenas, Mauricio. 2010. "What's Next for Latin America After the Global Crisis?" BROOKINGS.

CEPAL. 2010a. "Balanco preliminar das economias da America Latina e Caribe." Santiago: CEPAL.

_____. 2010b. *La inversión extranjera directa en América Latina y el Caribe 2009.* Santiago de Chile.

_____. 2010c. *Estudio económico de América Latina e o Caribe 2009~2010.* Santiago de Chile.

_____. 2009. *Estudio económico de América Latina y el Caribe 2008~2009.* Santiago de Chile.

ECLAC. 2010. *2009~2010 Economic Survey of Latin America and the Caribbean.* United Nations.

Fendt, Roberto. 2004. "The Brasilia Consensus: A New Model of Development?" CIPE: Center for International Private Enterprise.

Fernandez-Arias, Eduardo and Peter J. Monitel. 2009. "Crisis Response in Latin America: Is the Rainy Day at Hand?" Ineramerica Development Bank.

Foxley, Alejandro. 2010. "Market Versus State: Post crisis Economics in Latin America." Carnegie Endowment.

Fitch. 2010. 2. "Global Bank Ranking Trends Q4 2009."

Harinder Kohli, Claudio M. Loser and Anil Sood. 2010. *Latin America 2040: Breaking Away from Complacency: An Agenda for Resurgence.* Sage Publications Pvt. Ltd.

Lustig, Nora. 2008. "Impactos de la crisis financiera global sobre América Latina y el Caribe." http://home.gwu.edu/~nlustig/LUSTIG_CRISIS%20Y%20LAC_SEGIB_UN DP_V% 20DIC%2022%2008.pdf(검색일: 2011.3.10).

IDB. 2011. "One Region, Two Speeds?"

IMF. 2010. *Regional Economic Outlook: Western Hemisphere.*

_____. 2009a. *Regional Economic Outlook: Western Hemisphere.*

_____. 2009b. "Fiscal Rules-Anchoring Expectations for Sustainable Public Finance."

Izquierdo, Alejandro and Ernesto Talvi. 2008. "All That Glitters May Not Be Gold: Assesing Latin America's Recent Macroeconomic Performance." Discussion Papers. April 2008.

Kaltenbrunner, Annina and Juan Pablo Painceira. 2010. "New Forms of External Vulnerability: Brazil in the Global Financial Crisis." Research on Money and Finance, Discussion papers, No. 15.

OECD. 2010. *Latin American in 2011: How middle-class is Latin America.*

Porzecanski, Arturo C.. 2009. "Latin America: The Missing Financial Crisis." Munich Personal RePEc Archive(MPRA).

World Bank. 2010a. "From Global Collapse to Recovery: Economic Adjustment and Growth Prospects in Latin America and the Caribbean."

_____. 2010b. "Natural Resources and Development Strategy after the Crisis." Economic Premise.

Bloomberg 온라인 자료.

BM&F Bovespa 홈페이지.

EIU 온라인 자료.

EIU Viewswire 온라인 자료.

Fitch 온라인 자료.

Global Insight 온라인 자료.

Moody's 온라인 자료.

Oxford Analytica 홈페이지 자료.

S&P 온라인 자료.

부록 원자재 가격의 하락과 라틴아메리카 경제의 위기

1. 2010년 이후 라틴아메리카 경제 개관

　　라틴아메리카 경제는 1990년대 말에서 2000년대 초반에 걸친 위기를 극복하고 2000년대에 원자재 가격의 호황에 힘입어 '40년 만에 최장의 경기호황'을 누렸다. 이러한 경기호황은 2008년 미국발 국제 금융위기에도 불구하고 미국의 양적 완화와 중국 경제의 활성화에 힘입어 2009년 한 해를 제외하고 2013년까지 지속되었다. 그야말로 라틴아메리카 경제의 특징이었던 롤러코스트 경제가 이제는 막을 내리는 것 같았다. 하지만 미국의 양적 완화가 멈추고, 중국 경제가 생산 과다로 인해 성장이 둔화되면서 원자재 가격이 하락하기 시작했고, 그로 인해 라틴아메리카 경제는 다시 과거와 같은 추락을 맛보게 되었다. 2014년 0.9%였던 성장률은 2015년 -0.5%를 기록한 데 이어 2016년에도 −1.1%를 기록할 것으로 예상되었다. 2년 연속 마이너스 성장률을 기록한 것은 1980년대 초 외환위기 때 이후 처음 있는 일이다.

　　수출은 2012년 1조 1,162억 달러로 정점에 이른 후 지속적으로 감소해 2016년에는 8,659억 달러에 불과한 것으로 추정되었다. 한편 수입은 2014

년 1조 1,023억 달러로 정점에 이른 후 역시 점차 감소하여 2016년에는 8,814억 달러가 된 것으로 추정된다. 따라서 2002년 이후 지속적으로 흑자를 기록하던 무역수지가 12년 만인 2014년부터 적자를 기록하기 시작했다. 무역수지 적자는 2015년 575억 달러로 증가했다가 2016년에는 155억 달러로 다소 감소할 것으로 예상되었다. 2003년에서 2007년까지 흑자였던 경상수지도 2008년부터 적자로 전환된 이후 지금까지 계속 적자 행진을 이어가고 있다. 적자액이 가장 컸던 해는 2014년으로 1,889억 달러였고, 그 후 조금 감소해 2016년 경상수지 적자는 1,060억 달러 정도가 된 것으로 추정된다.

다행스러운 것은 경상수지 적자에도 불구하고 외국인직접투자(FDI)가 2010년부터 1,000억 달러대 이상 수준으로 증가했고, 그 외 포트폴리오 투자 자금 등도 지속적으로 유입됨으로써 자본수지가 2010년 1,899억 달러, 2011년 2,109억 달러, 2012년 1,842억 달러, 2013년 1,660억 달러, 2014년 2,177억 달러, 2015년 1,494억 달러, 2016년 1,257억 달러 흑자를 기록했다. 그로 인해 무역수지 나아가 경상수지 적자에도 불구하고 라틴아메리카 전체 외환보유고는 오히려 증가추세이다. 2009년 5,674억 달러였던 것이 2016년에는 8,292억 달러를 기록할 것으로 예상되었다. 2002년 40% 수준이었던 GDP대비 총외채 규모도 2008년 18% 수준까지 내렸다가 다시 증가하고는 있지만 여전히 30%대에 머물러 있다.

재정수지 적자도 아직 GDP 대비 3% 이하 수준에 머물러 있고, 소비자 물가도 베네수엘라나 아르헨티나 등 일부 국가를 제외하면 여전히 한 자릿수에 머물고 있으며, 실업률도 2015년까지는 7%대를 유지했었다. 하지만 2015년 말부터 우파 정부의 등장으로 구조조정 등이 실시되면서 2016년 실업률은 다시 9%대에 진입한 것으로 추정된다.

요약하자면 최근 라틴아메리카 경제는 원자재 가격 하락으로 인해 수출

〈표 1〉 라틴아메리카의 거시경제 지표

항목	단위	2009	2010	2011	2012	2013	2014	2015	2016[a]
GDP	연증가율(%)	-1.7	6.2	4.5	2.8	2.9	0.9	-0.5	-1.1
1인당 GDP		-2.9	4.9	3.3	1.7	1.7	-0.2	-1.6	-2.2
소비자 물가		3.5	5.4	5.8	4.9	5.0	6.3	7.9	-
실업률	(%)	9.2	8.6	7.8	7.4	7.2	7.0	7.4	9.0
총외채 (GDP 대비)		29.9	27.6	26.5	28.4	30.2	32.6	34.9	36.4
경상수지	십억 달러	-34.5	-107.4	-122.9	-132.7	-158.4	-188.9	-179.2	-106.0
무역수지		40.2	36.3	57.5	40.4	2.8	-19.0	-57.5	-15.5
수출		714.3	898.1	1,099.8	1,116.2	1,099.4	1,083.3	924.1	865.9
수입		674.1	861.8	1,042.3	1,075.8	1,096.6	1,102.3	981.6	881.4
자본수지		85.8	189.9	210.9	184.2	166.0	217.7	149.4	125.7
순 FDI		72.2	110.4	153.5	149.2	142.7	143.6	135.1	0.5
그 외 자본 이동		13.7	79.5	57.4	35.0	23.3	74.1	14.4	125.2
외환보유고		567.4	655.3	773.6	835.7	830.0	857.4	811.8	829.2
재정수지	GDP대비(%)	-2.7	-1.9	-1.4	-1.9	-2.6	-2.8	-3.0	-3.0
정부부채		30.9	29.8	29.0	30.5	32.3	33.6	36.5	37.9

주: a: 2016년 자료는 추정치이다.
자료: CEPAL(2016).

이 감소하고, 그로 인해 무역수지와 경상수지 적자가 지속적으로 확대되는 등의 요인으로 경제성장률이 1980년대 초 외채위기 이후 처음으로 2년 연속 마이너스 성장을 기록했다. 하지만 외국인 투자 등 자본이 지속적으로 유입되고 있고(2015년까지도 1351억 달러였던 외국인직접투자가 2016년에 5억 달러로 급감한 것은 라틴아메리카 경제에 또 다른 그늘을 드리운다), 외환보유고도 아직 상승세를 유지하고 있으며, GDP 대비 총외채 규모도 36.4% 수준으로 외채위기를 겪던 1980년대의 50%대에 비해 아직 양호하다.

따라서 원자재 가격의 '슈퍼 사이클'이 끝난 라틴아메리카 경제는 이제

외국 자본을 적극적으로 유치하고, 그를 통해 인프라 투자를 확대함으로써 경기를 활성화하는 전략을 새롭게 구상해야 할 상황에 처해 있다.

2. 원자재 가격의 하락, 교역조건의 악화, 상품과 서비스수지 적자 확대

2008년 글로벌 경제위기에도 불구하고 성장세를 유지했던, 따라서 롤러코스트 경제의 종언까지 언급되었던 라틴아메리카 경제가 원자재 가격의 하락으로 다시 위기를 맞게 되었다. 미국발 글로벌 금융위기에도 불구하고 중국 경제의 호조로 높은 가격을 유지하던 원자재는 2012년을 정점으로 다시 가격이 하락하기 시작했다. 2013년부터 미국 중앙은행(Fed)이 양적 완화 정책을 축소하는 테이퍼링(Tapering)을 시작하고, 중국 경제도 2012년을 정점으로 2013년부터 경기후퇴가 시작되면서 성장률이 7% 이하로 떨어짐에 따라 원자재 가격도 함께 하락하기 시작했다. 일부에서는 이를 두고 원자재 가격이 수십 년에 걸쳐 등락 주기를 반복한다는 '원자재 수퍼 사이클 이론'이 다시 들어맞은 것이라 주장하기도 한다.

<그림 1>은 최근 원자재 가격의 하락 추세를 잘 보여준다. 석유와 천연가스 같은 에너지 가격은 2012년 정점에 이른 후 하락하기 시작했고, 2014년까지 일정 수준을 유지하다가 2014년 중반 이후 폭락했다. 2016년 초 가격은 2010년 가격에 비해 60% 수준까지 떨어졌다. 라틴아메리카의 또 다른 주요 수출품인 옥수수, 대두 등 농산물 가격은 2011년에 정점에 이른 후 꾸준히 하락해 2014년 중반부터는 2010년 가격 이하로 떨어졌으며 2016년 초에는 2010년 가격의 85% 수준에 머물렀다. 구리 등 광물 가격도 2011년을 정점으로 떨어지기 시작해 등락을 반복하다가 2013년을 기점으로 지속적 하락세를 보여 2016년 초에는 2010년 가격의 65% 수준까지 떨어졌다.

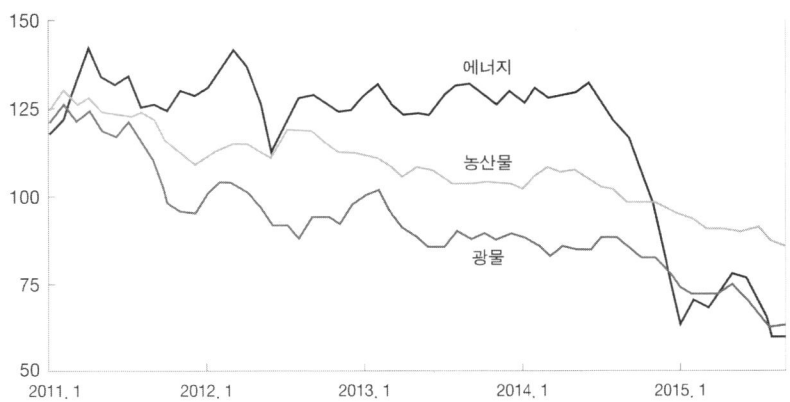

〈그림 1〉 2011년 이후 원자재 가격 지표

주: 2010년 달러 명목가치=100이다.
자료: 세계은행(2016).

이러한 가격의 하락은 당연히 라틴아메리카 수출품의 교역조건 악화로 나타났다. 라틴아메리카 전체 교역조건은 <표 2>에서 보듯이 2010년 수준의 86.8로 떨어졌다. 특히 석유 혹은 천연가스 등 에너지자원 수출에 주로 의존하는 베네수엘라, 콜롬비아, 에콰도르, 볼리비아의 경우 교역조건이 2015년부터 급락해 2016년 각각 57.5, 65.4, 72.5, 61.5까지 떨어졌다. 광물수출 의존도가 높은 칠레와 페루의 경우는 2010년에 100이었던 교역조건이 2016년 각각 84.8, 85.8 정도로 떨어졌다. 반면 농산물 수출 비중이 높은 아르헨티나의 경우에는 교역조건이 2015년 100.8까지 내려갔다가 2016년에는 105.3으로 다시 반등해 2010년에 비해 오히려 개선되었다. 북미자유무역협정의 결과 마킬라도라 산업을 통해 공산품을 주로 수출하게 된 멕시코의 경우에도 2016년 92.2로 교역조건이 크게 악화되었다고 볼 수는 없다.

이러한 교역조건의 악화는 대부분 경우 무역수지 상황을 악화시킨다. 앞의 <표 1>에서 보았듯이 라틴아메리카 전체 무역수지는 2014년부터 적자를 기록하기 시작했다. 심지어 서비스수지를 합한 라틴아메리카 전체 상

<표 2> 라틴아메리카 주요국 교역조건의 악화(2010=100)

	2010	2011	2012	2013	2014	2015	2016
라틴아메리카	100.0	108.0	104.5	102.2	97.7	88.4	86.8
아르헨티나	100.0	110.9	115.7	108.1	105.4	100.8	105.3
볼리비아	100.0	118.1	112.3	94.5	79.9	65.0	61.5
브라질	100.0	107.8	101.5	99.4	96.1	85.5	86.4
칠레	100.0	101.3	94.8	91.9	90.1	86.2	84.8
콜롬비아	100.0	114.6	108.2	100.5	91.6	69.1	65.4
에콰도르	100.0	112.4	112.1	113.2	106.7	80.0	72.5
멕시코	100.0	106.8	102.9	102.8	97.6	92.6	92.2
페루	100.0	107.2	105.0	99.0	93.6	87.7	85.8
베네수엘라	100.0	120.2	121.4	118.9	111.8	66.1	57.5

자료: CEPAL(2016).

<표 3> 라틴아메리카 주요국의 상품과 서비스수지 추이

(단위: 십억 달러)

	2010	2011	2012	2013	2014	2015	2016
라틴아메리카	-1.3	5.9	-29.6	-66.0	-97.6	-113.5	-
아르헨티나	13.1	10.9	12.1	7.0	2.9	-4.3	-2.6
볼리비아	0.7	3.5	2.3	1.8	1.1	-1.9	-2.2
브라질	-10.7	-8.1	-21.6	-44.7	-54.7	-19.4	15.8
칠레	13.5	8.4	0.2	-0.8	2.5	-0.3	0.5
콜롬비아	-1.4	0.9	-0.8	-2.6	-11.3	-18.2	-14.4
에콰도르	-3.0	-1.7	-1.3	-2.1	-1.2	-2.5	0.3
멕시코	-13.0	-15.4	-14.3	-12.9	-15.2	-23.7	-23.9
페루	4.4	7.2	2.8	-1.8	-3.2	-4.9	-1.8
베네수엘라	17.9	32.3	22.0	19.8	12.1	-12.2	-

자료: CEPAL(2012, 2014, 2016).

품과 서비스수지는 <표 3>에서 보듯이 2012년부터 적자 폭이 급속히 확대되면서 그 후로 급격하게 증가하는 추세이다. 2016년은 아직 베네수엘라의 통계가 나오지 않아 확실하지 않지만 2015년의 라틴아메리카 전체 상품

과 서비스수지 적자는 무려 1,135억 달러에 달했다. 특히 2015년에는 주요
국의 상품과 서비스수지가 모두 적자를 기록했다.

3. 외국인직접투자

2012년부터 경상수지 측면에서의 어려움이 부각된 반면 자본수지 측면
에서는 2015년까지 일부 국가를 제외하고 특별한 위기의 징후가 나타나지
않았다. 베네수엘라를 제외한 라틴아메리카 주요국 대부분에서 순 외국인
직접투자 유입액은 2008년 글로벌 금융위기 이전 수준과 유사하거나 그를
초과했다. 다만 베네수엘라의 경우 정국 불안으로 인해 글로벌 금융위기 이
후 외국인 투자가 사실상 거의 유입되지 않았다. 이는 베네수엘라가 다른
라틴아메리카 국가들에 비해 훨씬 일찍부터 경제적 위기 상황에 직면하게
되는 주요한 요인이 되었다.

〈표 4〉 라틴아메리카 주요국의 순 외국인직접투자 유입 추이

(단위: 십억 달러)

	2010	2011	2012	2013	2014	2015
라틴아메리카	109.7	153.7	148.9	141.6	141.4	132.2
아르헨티나	10.4	9.4	14.3	8.9	3.1	11.1
볼리비아	0.7	0.9	1.1	1.8	0.6	0.5
브라질	61.7	85.1	81.4	54.2	70.9	61.6
칠레	3.9	9.5	7.1	7.1	9.4	4.7
콜롬비아	0.9	6.2	15.6	8.6	12.4	7.5
에콰도르	0.2	0.6	0.6	0.7	0.7	0.9
멕시코	11.4	11.9	-1.9	33.7	19.5	19.9
페루	8.2	7.5	11.8	9.2	7.8	7.7
베네수엘라	-0.9	6.1	1.7	1.9	-0.7	2.6

자료: CEPAL(2016).

4. 경제성장률

2008년 글로벌 금융위기를 벗어나 2013년까지 전체적으로 성장세를 유지하다가 2014년부터 원자재 가격 하락으로 인해 경기후퇴로 접어드는 전반적 흐름에서도 국가별로 약간의 차이는 나타난다. 특히 차베스주의 급진좌파 정부가 있는 베네수엘라의 경우 유가 하락이 본격적으로 시작되기 전인 2013년부터 이미 경제적 불안의 징후가 나타났다. 외국 자본의 유입이 거의 이루어지지 않았고, 국내 자본조차 외국으로 유출되는 상황에서 베네수엘라의 성장률 하락은 다른 석유수출 의존국인 에콰도르나 콜롬비아 등에 비해 훨씬 크게 나타났다. 정치적 불안으로 인해 경제 상황이 보다 악화된 또 다른 경우는 아르헨티나이다. 아르헨티나는 페론좌파인 크리스티나 페르난데스 정부가 평가절하, 긴축, 구조조정 등 필요한 조치를 미룸에 따라 경제적 불안이 더욱 커졌다. 아르헨티나는 2016년 -2.0%의 성장률을

〈표 5〉 라틴아메리카 주요국의 경제성장률 추이

(단위: %)

	2010	2011	2012	2013	2014	2015	2016[a]
라틴아메리카	6.2	4.5	2.8	2.9	0.9	-0.5	-1.1
아르헨티나	10.1	6.0	-1.0	2.4	-2.5	2.5	-2.0
볼리비아	4.1	5.2	5.1	6.8	5.5	4.8	4.0
브라질	7.5	3.9	1.9	3.0	0.1	-3.9	-3.6
칠레	5.8	5.8	5.5	4.0	1.9	2.3	1.6
콜롬비아	4.0	6.6	4.0	4.9	4.4	3.1	2.0
에콰도르	3.5	7.9	5.6	4.9	4.0	0.2	-2.0
멕시코	5.1	4.0	4.0	1.4	2.2	2.5	2.0
페루	8.3	6.3	6.1	5.9	2.4	3.3	3.9
베네수엘라	-1.5	4.2	5.6	1.3	-3.9	-5.7	-9.7

주: a: 2016년 자료는 추정치이다.
자료: CEPAL(2016).

기록할 것으로 예상되었다. 비록 급진좌파는 아니지만 지우마 호세프(Dilma Vana Rousseff) 대통령이 부패스캔들에 휘말려 정치가 불안했던 브라질도 성장률 하락이 보다 크게 나타났다. 브라질은 2015년 -3.9%에 이어 2016년에도 -3.6%의 마이너스 성장을 기록한 것으로 추정된다. 급진좌파로 분류되는 코레아 정부가 있는 에콰도르의 경우는 예외적으로 정치적 영향을 크게 받지는 않았지만, 유가 하락으로 인해 결국 2016년에 -2.0%의 마이너스 성장률을 기록할 것으로 예상되었다.

원자재 가격의 하락이 분명 라틴아메리카 경제에 미치는 부정적 효과는 매우 크다. 다만 그러한 효과가 증폭되는 데에는 정치적 요인이 크게 작용하고 있다.

5. 경제 안정화 필요성

원자재 가격 하락으로 인한 어려움에도 불구하고 라틴아메리카 경제는 당장 채무 불이행과 같은 사태에 빠질 것으로 예상되지는 않는다. 앞서 <표 1>에서 살펴보았듯이 라틴아메리카 전체 GDP 대비 외채의 비중이 최근 30% 이상을 넘어서면서 다소 높아지기는 했지만 감당할 수 없는 수준은 아니다. 외환보유고도 아직 일정 수준을 유지하고 있다. 낮은 이자율로 인해 보다 높은 수익을 노리는 국제자본은 라틴아메리카의 경제적 안정만 보장된다면 언제든 상대적으로 수익성이 높은 이 지역에 투자하고자 기회를 엿보고 있다.

더 이상 원자재 수출에 의존할 수만은 없는 라틴아메리카 경제는 이제 외국 자본을 유입해 인프라 등에 투자함으로써 경제를 활성화하는 전략을 세울 수밖에 없다. 그런데 외국 자본을 유입하기 위한 필요조건이 경제의

<표 6> 라틴아메리카 주요국 재정수지 추이

(단위: GDP 대비 %)

	2010	2011	2012	2013	2014	2015	2016
라틴아메리카	-2.3	-2.4	-2.6	-2.9	-2.7	-2.7	-2.8
아르헨티나	-0.1	-1.9	-1.9	-2.5	-4.2	-3.8	-5.0
볼리비아	1.7	-1.1	1.8	1.4	-2.5	-4.5	-
브라질	-1.7	-2.6	-2.0	-2.6	-5.1	-9.2	-7.9
칠레	-0.4	1.3	0.6	-0.6	-1.6	-2.2	-3.0
콜롬비아	-3.9	-2.8	-2.3	-2.3	-2.4	-3.0	-3.9
에콰도르	-2.2	-1.6	-2.0	-5.7	-6.3	-3.8	-
멕시코	-2.8	-2.5	-2.6	-2.3	-3.2	-3.5	-2.9
페루	0.0	1.0	1.3	0.7	-0.3	-2.2	-2.9
베네수엘라	-3.6	-4.0	-4.9	-1.5	-2.3	-2.8	-3.0

자료: CEPAL(2012, 2014, 2016).

안정화이다. 따라서 각국 정부의 재정수지가 중요하다. 하지만 라틴아메리카 국가들의 재정수지는 2008년 글로벌 금융위기 이후 점차 적자가 확대되고 있다. <표 6>에서 나타나듯이 2000년대 한때 재정수지가 거의 균형 수준에 달했던 것에 비해 최근 GDP 대비 재정수지는 2%대 후반의 적자를 지속적으로 나타내고 있다. 특히 아르헨티나의 경우 2014년부터 GDP 대비 재정수지 적자가 4%를 넘어섰다. 브라질도 2014년에 5%를 넘어서 2015년에는 9%대에 이르렀다. 에콰도르도 2013년부터 5%를 넘어 2015년에도 여전히 3%를 넘는다. 라틴아메리카 주요국 중에서는 칠레, 페루, 베네수엘라를 제외하고 GDP 대비 재정수지 적자가 모두 3%를 넘어섰다. 베네수엘라 경우에는 2011년, 2012년 연속 4%를 넘었으나 최근에 오히려 감소하는 추세이다.

이는 2008년 글로벌 경제위기 이후 라틴아메리카 경제가 경기 활성화를 위해 상당 부분 재정에 의존한 면이 있음을 보여준다. 원자재 가격의 하락으로 정부 수입이 줄어든 상황에서 재정 지출을 축소한다면 경기가 급속히 냉각될 수 있어 좌파 성향의 정부들이 재정수지 적자를 감수하고 정부지출 수준을 유지했기 때문이다. 그러나 이러한 재정운영은 결국 경제 안정화를 위협하고, 나아가 외국 자본의 활발한 유입을 방해한다. 원자재 가격 하락으로 인해 외국 자본 유입을 통한 경기 활성화 전략이 필요한 라틴아메리카 국가들에서 좌파 정부들이 최근 위기에 직면하는 것도 바로 이런 경제적 조건과 무관하지 않다.

6. 트럼프의 등장과 라틴아메리카 경제의 불확실한 미래

2017년 1월 미국 트럼프 정부의 등장은 멕시코, 쿠바, 베네수엘라 경제에 새로운 위협이 되겠지만 다른 라틴아메리카 국가들에 미칠 영향은 아직 미지수이다. 트럼프의 등장이 가장 악영향으로 작용할 나라는 멕시코이다. 멕시코의 경우 트럼프가 선거공약에서 했던 것과 같은 나프타 재협상, 멕시코의 대미 수출 35% 관세 부과, 미국 거주 히스패닉의 멕시코 송금 제한, 불법 이민자 대량 추방 등의 정책을 그대로 적용한다면 마이너스 성장이 불가피할 것이다.

쿠바의 경우에도 선거 캠페인 기간에 취했던 것과 같은 강경 입장을 통해 오바마 정부가 행정명령으로 실시했던 여행 제한 완화, 송금 제한액 확대 등의 조치를 트럼프가 폐지한다면 이는 쿠바 경제에 다시 한 번 새로운 위기를 가져다 줄 것이다. 베네수엘라 차베스주의자 마두로 정부에 대한 트럼프의 부정적 입장을 간주할 때 현 차베스주의 정부가 바뀌지 않는 한 베네수엘라 경제 상황이 호전되기를 기대하기는 어려울 것이다

한편 이들을 제외한 다른 라틴아메리카 국가들에 트럼프의 등장이 가져올 영향은 아직 확실치 않다. 우선 트럼프의 낙후한 인프라 투자 확대를 통

<表 7> 최근 5년 주요 원자재 가격 변동 추이

국가	단위	최고점 (일자)	최저점 (일자)	현재 (17/01/19)	최저점 대비 상승률(%)
서부텍사스유	달러/배럴	113.53 (13/09/06)	26.21 (16/02/12)	51.08	95
천연가스	달러/ 단위 열량	6.15 (14/02/21)	1.64 (16/03/04)	3.30	101
구리	달러/톤	8,658.00 (12/03/02)	4,310.50 (16/01/15)	5,721.00	33
니켈	달러/톤	21,830.00 (12/02/10)	7,710.00 (16/02/12)	10,160.00	32
커피	센트/파운드	226.65 (12/01/20)	101.50 (13/11/08)	149.20	47
대두	센트/부셸	1,771.00 (12/09/07)	850.60 (16/03/04)	1,075.00	26
옥수수	센트/부셸	831.20 (12/08/24)	301.40 (16/09/02)	365.00	21
설탕	센트/파운드	26.50 (12/03/02)	10.39 (15/08/28)	20.98	102

자료: 네이버 금융(2017).

한 경기 활성화 전략이 미국의 금리 인상을 가져온다면 달러표시 채무가 많은 나라들은 어려움을 겪게 될 것이다. 다행스러운 것은 지금까지 라틴아메리카 국가들의 달러 채권 규모가 그다지 크지 않다는 점이다.

인프라 투자 확대로 미국 경제가 활성화 되면 원자재 가격의 상승이 기대된다. <표 7>에서 보듯 커피를 제외한 대부분의 원자재 가격은 2012년을 정점으로 하락하기 시작하여 2016년 초를 최저점으로 그 후 반등세를 보이고 있다. 특히 최근 트럼프의 당선으로 이러한 추세는 보다 힘을 받고 있는 것처럼 보인다. 대표적으로 경기 선행지수라 할 수 있는 구리 가격은 2016년 1월 톤당 4,310달러에서 조금씩 상승하기 시작했으나 10월 말까지는 4,600달러 선을 유지하다가, 트럼프의 당선으로 급상승하기 시작해 한때 5,900달러 선까지 올랐다가 현재 5,700달러대를 유지하고 있다. 여전히 원자재 수출에 의존하는 라틴아메리카 경제의 경우 이러한 원자재 가격의

〈표 8〉 라틴아메리카 주요국의 국가신용등급(2017년 1월)

국가	Moody's		S&P		Fitch	
	등급	전망	등급	전망	등급	전망
아르헨티나	B3	안정적	B-	안정적	B	안정적
브라질	Ba2	부정적	BB	부정적	BB	부정적
칠레	Aa3	안정적	AA-	안정적	A+	부정적
페루	A3	안정적	BBB+	긍정적	BBB+	안정적
콜롬비아	Baa2	안정적	BBB	부정적	BBB	안정적
베네수엘라	Caa3	부정적	CCC	부정적	CCC	-
멕시코	A3	부정적	BBB+	부정적	BBB+	안정적

주: 굵은 고딕체는 투자적격 등급을 의미한다.
자료: Trading Economics(2017).

상승세는 위기의 경제에 긍정적 신호라고 할 수 있다.

원자재 가격의 상승 추세에도 불구하고 '원자재 슈퍼사이클의 종말'이 이야기되는 상황에서 원자재 가격이 2000년대와 같은 황금기를 다시 누릴 것을 기대하는 것은 사실상 어려울 것이다. 따라서 라틴아메리카 경제는 당분간 외국 자본의 유입을 통해 인프라 투자를 확대함으로써 경기를 활성화시키는 전략을 택할 수밖에 없다. 이를 위해서는 국가의 신용등급이 매우 중요하다. 다행스럽게도 <표 8>에서 보듯이 현재 라틴아메리카 국가들의 신용등급은 <표 11-23>의 2010년에 비해 다소 향상되었다. 아르헨티나의 경우 피치에서 1등급 상승했으며, 칠레의 경우 S&P와 피치에서 각각 1등급씩 상승했다. 신용등급이 가장 상승한 나라는 페루로서 무디스에서 3등급, S&P에서 2등급, 피치에서 2등급 각각 상승했다. 콜롬비아도 무디스에서 2등급, S&P에서 1등급, 피치에서 2등급 각각 상승했다. 멕시코는 3개사 모두에서 각각 1등급씩 상승했다.

하지만 아르헨티나는 우파정부 들어 2016년 4월 15일, 15년 만에 처음으로 국채 발행을 앞두고 신용등급이 무디스 기준 직전 Caa1에서 B3으로

올랐으나 아직 여전히 2010년 수준 정도에 머물러 있다. 따라서 아르헨티나의 신용등급은 아직 3개 사 모두로부터 투자부적격 등급 판정을 받고 있다. 한편 브라질과 베네수엘라는 정치적 불안으로 신용등급이 오히려 하락했다. 브라질은 무디스에서 2등급, S&P에서 2등급, 피치에서 2등급 각각 하락했고, 베네수엘라는 무디스에서 2등급, S&P에서 4등급, 피치에서 3등급 각각 하락했다. 그 결과 브라질의 신용등급은 2010년에는 투자적격 수준이었지만 현재 투자부적격 수준으로 떨어졌다.

결론적으로 과거와 같은 원자재 가격의 호황을 기대하기 어려운 상황에서 외국 자본을 지속적으로 유입하기 위해서는 신용등급의 상승이 필요하고, 그를 위해서는 정치적 안정이 무엇보다 중요하다. 좌파 정부의 후퇴는 이런 경제 상황을 반영하는 것이다. 하지만 불평등이 심각한 수준이고, 빈곤율도 여전히 높은 라틴아메리카의 상황에서 과거 외채위기와 같은 극단적 위기 상황이 없음에도 불구하고 급진적 구조조정과 긴축정책을 실시하는 것은 사회적 합의를 얻기가 결코 쉽지 않다. 따라서 경제에 앞서 어느 때보다 소통의 정치, 협치의 중요성이 강조되는 시점이다.

참고문헌

CEPAL. 2012. *Balance Preliminar de las Economías de América Latina y el Caribe.* Naciones Unidas.

_____. 2014. *Balance Preliminar de las Economías de América Latina y el Caribe.* Naciones Unidas.

_____. 2016. *Balance Preliminar de las Economías de América Latina y el Caribe.* Naciones Unidas.

World Bank. 2016. "World Bank predicts low oil prices in 2016." https://weeklycorporateambassador. wordpress.com/2015/10/22/world-bank-predicts-low-oil-prices-in-2016/.

네이버 금융. 2017. "시장지표." http://info.finance.naver.com/marketindex/?tabSel＝ materials#tab_section.

Trading Economics. 2017. "신용 등급 - 국가 목록." http://ko.tradingeconomics.com/country-list/ rating.

찾아보기

지은이

김기현

한국외국어대학교 스페인어과를 졸업하고, 멕시코국립자치대학교(UNAM) 정치사회과학대학에서 중남미지역학 석사와 박사 학위를 받았다. 현재 선문대학교 스페인어중남미학과 교수로 재직하고 있으며, 동 대학교 중남미연구소장직을 맡고 있다. 대외적으로 외교부 정책자문위원과 한국연구재단 중남미지역분야 전문위원으로 활동하고 있으며, 최근에는 2018년부터 임기가 시작되는 한국라틴아메리카학회 차기 회장으로 선임되었다.

주요 저서로는 『라틴아메리카 인종과 정치』(2012), 『중남미 엘리트 집단 특성에 관한 연구』(2012, 공저)가 있고, 역서로는 『쿠바: 경제적·사회적 변화와 사회주의의 미래』(2014), 『라틴아메리카 자본주의 발달사』(2009) 등이 있다.

이 책의 서문과 1부 '왜 라틴아메리카 경제는 쇠퇴했는가?', 2부 '라틴아메리카 경제는 체질을 개선했는가?', 부록을 집필했다.

권기수

한국외국어대학교 포르투갈어과를 졸업하고, 동 대학원에서 중남미지역학을 전공했으며 남미공동시장(MERCOSUR) 연구로 경제학 박사 학위를 받았다. 1995년 2월 이래 대외경제정책연구원(KIEP)에서 미주팀장으로 재직 중이다. 한국사회과학연구소 연구원, UN 모잠비크 선거감시인단, 브라질리아연방대학교(UnB) 초빙연구원을 지냈고, 한국외국어대학교 국제지역대학원에서 겸임교수로도 활동 중이다.

저서로 『남미 주요국의 신산업정책과 한국의 산업협력 확대방안』(2015, 공저),

『한국의 대중남미 수출부진요인 분석과 과제』(2014, 공저), 『멕시코 경제환경 변화와 한·멕시코 경제협력 확대방안』(2014, 공저), 『중남미 다국적기업을 활용한 대중남미 경제협력 확대방안』(2013, 공저), 『중남미의 개발수요와 한국의 분야별 ODA 추진방안』(2012, 공저), 『브라질: 역사, 정치, 문화』(2010, 공저) 등이 있다.

이 책의 3부 '다시 부상하는 라틴아메리카'를 집필했다.

한울아카데미 1976

증보판
라틴아메리카 경제의 이해
자원, 불평등, 그리고 개혁

ⓒ 김기현·권기수, 2017

지은이 ┃ 김기현·권기수
펴낸이 ┃ 김종수
펴낸곳 ┃ 한울엠플러스(주)

편집책임 ┃ 이수동
편   집 ┃ 이예은

초   판 1쇄 발행 ┃ 2011년 11월 30일
증보판 1쇄 발행 ┃ 2017년 3월 27일

주소 ┃ 10881 경기도 파주시 광인사길 153 한울시소빌딩 3층
전화 ┃ 031-955-0655
팩스 ┃ 031-955-0656
홈페이지 ┃ www.hanulmplus.kr
등록 ┃ 제406-2015-000143호

Printed in Korea.
ISBN 978-89-460-5976-4 93320(양장)
ISBN 978-89-460-6317-4 93320(학생판)

* 가격은 겉표지에 표시되어 있습니다.
* 이 도서는 강의를 위한 학생판 교재를 따로 준비했습니다.
  강의 교재로 사용하실 때에는 본사로 연락해주십시오.